師 田 史 子

Fumiko Morota

日々賭けをする人々

フィリピン闘鶏と数字くじの意味世界

慶應義塾大学出版会

日々賭けをする人々——フィリピン闘鶏と数字くじの意味世界

まえがき――賭博の魅惑

２０１３年８月、私は卒業論文を書くための現地調査と、新卒で就職する前の人生最後の夏休みなるものを兼ねて、フィリピン・ミンダナオのとあるＮＧＯの施設で暮らしていた。日本ではページをめくるのでさえ困難だった『イーリアス』を数ページ読み、現地の言葉を子どもたちから学び、木々に当たる鋭い陽光や大粒の雨を軒先から眺める以外に、何もすることのない日々を送っていた。ミンダナオに来てから２カ月が経とうとしていた。治安上の問題から１人で好き勝手にＮＧＯの敷地外に出ることは許されず、酒もろくに飲めず、朝昼晩、大量の米を小魚１匹あるいは鶏と野菜のスープ１杯で流し込む、質素で規則的で窮屈な生活に辟易しだしていた。同じ頃に滞在していて同じくこの生活に耐えられなくなった私より少し年上の日本人男性は、どうにかして町に出てフィリピン人の恋人を作ろうとしていた。私はそんな冒険はできず、ただひたすら何もしない時間を消費していた。

ある日曜日の昼下がり、いつもと変わらず軒先にぽつねんと座っていると、今までに耳にしたことのない、地響きのような低く興奮した歓声がどこからか聞こえてきた。祭りでもやっているのかと思い、重低音のありかを突き止めてみようという気になった。ＮＧＯの敷地の果てまで行き、フェンスの穴をくぐり、生い茂った木々をかき分けていくと、広い空き地に辿《たど》り着いた。中央には丸い木の柵を囲む数十人の男性が手を振り回しながらよくわからない数種類の短い言葉を叫び合っていた。少し離れたところには鶏を抱えたりたばこを吸ったりしている男性たちがいた。怒号の中に時々鶏の鳴き声が混じる空間に近づいてみると、顔見知りのおじさんがいた。「闘鶏だ、賭けるか」と言われた。おじさんについていって人と人の間から柵の中をのぞくと、羽をまき散らして交錯する２羽の鶏がいた。すぐに片方が片足を折って体勢を崩し、立てなくなった。もう片方は生気に溢れていて、地面に横たわる体軀を執拗につつき、必死で首を上げようとする相手に羽音を立ててとどめの一蹴りを加えた。わっと歓声を一瞬響かせたのちにざわざわと男性たちは金のやり取りを始め、2羽の鶏は首根っこを摑《つか》まれて退場した。柵の真ん中には新鮮な赤い血がぽつぽつと地面を染めていた。尋常ではない男性たちの目つきと熱気、ケージの中に入れられている鶏のきょとんとした顔、白い羽に血を滲ませ端っこに小さく横たわる死骸、全体を包み込むカオティックな空気。これが闘鶏との初めての出会いであった。まさしく異世界に迷い込んでしまったように感じられ、とうてい理解不可能なような遠い世界、狂気に満ちた世界の入口に触れた体験として色濃く記憶に残り続けた。

2014年8月、紆余曲折を経て、私はニック家に居《い》候《そうろう》していた。あるときニックの妻ベスの里帰りについていった。バスで2時間、そこからバイクの後ろにしがみつくこと3時間、断崖絶壁の山道を跳ねるように進み、大雨でぬかるんだ道を降りて歩き、ズボンの裾を捲《まく》し上げながら川を横断し、これ以上はお尻が耐えられないと絶望する頃、目的地に到着した。電気も水道もない集落で、用便も沐浴も洗濯も川が頼りだった。集落の暮らしは全体的に貧しく、主要な現金収入源であるココヤシも寿命が近づき、コプラ（ココヤシの胚乳を乾燥させたもの）の収量は下降していた。80歳のベスの父は、国からの現金給付と果物の行商、コプラの売上で何とか毎日生活しているようだった。

彼の居間の壁には、カレンダーが貼ってあった。日付の両脇には、数字が鉛筆で書き留められていた。ある夜、ガス灯の光をともしながら数字を書き込んでいる彼に、何の数字なのか尋ねると、「数字の分析をしている」と言われた。どうやら、数字くじの当せん番号のようであった。彼は朝昼晩一日3回ほぼ毎日、数十ペソを賭けていた。ベスも彼女の姉・弟もよくくじを購入しているようで、会話を聞いていると数字に関する話題で頻繁に盛り上がっていた。村での数週間の滞在中、彼らのくじは大方外れていたが、一度だけベスの弟が当せんし、ラム酒とヤシ酒をふるまってもらった。

ベスの父の家の近所に暮らしていたシセルは、5人の子どもを食べさせるのに文字どおり必死であった。米もろくに買えず、子どもたちの主食はバナナやイモだった。0歳の末子の下痢・嘔吐が数日止まらなかったときには、病院にかかる金もなく薬も買えず、「このままだと死んでしまう」と取り乱す彼女に、結局私がいくばくかの金を渡して事なきを得た。そんなシセルでさえも、「数字の夢を見た」と言っては時々数字くじを買っていた。異様だ、と私は思った。ランダムに抽せんされる数字くじに、なぜ彼らはそんなに言葉を尽くし、熱中できるのか。米の代わりになぜ数字くじを買うのか。この村での滞在が、私にとって数字くじに対する単純な疑問を抱くとともに、フィリピン社会における数字くじの存在に足を止める契機となった。

フィリピン生活の中で、視覚的に最も異様に映り、感覚的に最も異世界に触れる体験だったのは、葬式賭博であった。「近所で葬式がある、行こう」とニックに誘われ、暗い中家を出てバイクに数分揺られた。住宅が並ぶ静かな通りに蛍光灯が白く派手に光り、夜中とは思えない人だかりが発生していた。賑わいの発生源である家の庭の奥には棺桶《かんおけ》が置かれ、中には2週間に及ぶ通夜に耐えうる防腐処理を施された死者が白い顔で眠っていた。人々は死者には目もくれず、3、4人ずつテーブルを囲んでカードゲームをしていた。真ん中にはペソ札が重ねられ、男女が混じって和気あいあいと会話を弾ませながら、時に真剣な表情で賭けていた。別の場所ではコイン賭博に男性が集まり、小さな5ペソ硬貨の裏表に熱いまなざしを注いでいた。家の前の路上では、親に連れられてきた小学生くらいの子どもたちが走り回って遊んでいた。曰《いわ》く、棺桶の前には通夜の期間中賭場が開帳し、この騒ぎが連日朝まで続くとのことであった。「死者を孤独にさせないために、死者が地獄に引き連れられないように、生者が賭博をしながら夜通し付き添うのだ」とニックは説明した。

闘鶏、数字くじ、葬式賭博——。当初、私にとってはどれも異様で理解しがたい現象として経験されたが、いざ腰を据えてそれらに関わってみると、どれもフィリピン社会においては存在することが当たり前のような、連綿と続く文化の一つであるようだった。そしてこれらの賭博は、人々の生活の一部に深く根ざしているようだった。こうした賭博の存在様式は地域固有の社会構造を鮮明に反映しているように見えたが、その固有性は必ずしも私の生きる社会と完全に異なる性質を有するような、重なり合うことのない他者の世界だとも言い切れないように感じた。実際に日本でも、パチンコ屋や競馬場、場外馬券場で同じような、でも完全に同じとは言えないような熱量が存在することを知っていたし、私自身も当事者であった。このような現象との出会いとそれに対する直感によって浮かび上がってきたいくつかの素朴な問いが、研究の方向性を定め、本書を記す原動力となっている。いかにしてある特定の賭博がある特定の社会に発生し、持続するに至るのだろうか。賭けを通じて人々はどのような固有の価値を獲得しているのだろうか。なぜ人々は賭博に熱狂し没頭するのだろうか。賭博に没頭することで構築される世界とはいかなるものであろうか。なぜ、人々は賭け続けるのだろうか。

「お前の問いに答えてやる」と言って、あるとき、私の賭博の調査に日々有益な情報をもたらしてくれていたジャンレイが文章をしたためてくれた。

……なぜ、勝つか負けるか不確実（*walay kasiguruhan*）な賭博に、暇つぶしのためだけに賭ける人たち、いや、それを楽しんで賭けている人たちがいるのかって？　最初は金持ちで、人生も順調で、家族もよく食わせられてたのに、賭博をやりだしてから、家から土地、金、売上金、持ってるもの全部を、賭けるためだけに全部、失ってしまって後悔している人がたくさんいる。これが、賭博の不確実性、確かなことはまったくない、ということだ。賭博が好きで、賭博がこの世からなくなることを断固拒否する人たちにとって、賭博への賭けは、水道代とか、電気代とか、食費とか、子どもを学校に行かせるための学費とかと同じように、毎日にとって必要なことで、それが彼らの喜び（*ilahang kalipay*）なんだ……。（2018/10/14、L町）

わかるようで、ますますわからなくなった。賭けは毎日にとって必要なことである。不確かなことに全力で賭けることに、彼らの言う喜びはある。ならば、そうした希求や喜びは具体的にどのような形で、なぜ、存在しているのだろうか……。

ジャンレイの言葉に真剣に取り組むべく、本書は、フィリピン社会における賭博の在立形態と人々の賭博実践を詳《つまび》らかにすることを通じて、不確かなことに賭けることが胚胎している価値や、賭ける人間が賭博に意味を付与するあり方を探索していく。

本書が焦点を当てるのは、主に闘鶏と数字くじに興じる「スガロル（*sugarol*）」（女性の場合はスガロラ、*sugarola*）たちである。スガロルとはセブアノ語で「賭博者」を意味する。彼らを十把一絡げに「賭博者」と呼ぶのは少々乱暴に思われるかもしれない。ポケットに入っている数十ペソの小銭で日々数字を購入するくじ愛好家たちと、屋敷地を売り払わざるをえない金額を鶏の闘いに費やしうる闘鶏家たちの間には、賭けのヒリつき方という点において大きな隔たりがある。一方で、「不確実性に賭ける」という遊戯の本質において両者の実践は同一線上にあるとも言える。本書では、「闘鶏家」「くじ愛好家」という呼称を用いながら、遊戯固有の特質によって駆動する人々の賭け実践の異同を個別具体的に論じつつも、「賭博者」という指示対象の広い語彙を用いることで、不確かな事象に賭ける人間の行為そのものについて思案をめぐらせていく。

私たちの生は、自分自身の選択や意思が現在を決定し未来を切り拓くような瞬間の積み重ねかのように体感されることもあれば、はたまた根源的にはすべてが偶然性の相のもとに生じる無秩序な出来事で支配されているようにも思えたりする。私たちの生きる世界は、たとえ同じ配列であっても、その捉え方次第でまったく異なる相貌を現すこともある。世界をどうやって捉えながら、日々を満たすようにして生きるか。世界と自らとを有機的につなぎ止め生を彩《いろど》っていく人間のあり方を、フィリピンにおいて日々賭ける人々の姿から掬《すく》い取ってみたい。

日々賭けをする人々――フィリピン闘鶏と数字くじの意味世界　目次

まえがき――賭博の魅惑　iii

序　章　彩色の精神　3
1　なぜ、賭博なのか――日々をあやなすということ　3
2　どうやって賭博を論じるのか――日常をアクティベートさせる賭け　9
3　どうやって賭博を捉えるのか――浮かんでは消える事物、賭けが放たれる先　13
4　本書の展開　17

第Ⅰ部　賭博が根差す場、その基層

第1章　賭博との出会い、フィールドワークの輪郭　23
1　四つの調査地と家族たち　24
2　ミンダナオをいかに論じるのか　40
3　調査の内実　43

第2章　フィリピン賭博の歴史　51
1　国家と賭博　51
2　植民地主義による賭博の規制・管理・制度化　53
3　国家に庇護される賭博産業の成立　64
4　違法賭博と国家の共謀　69
5　加速する国家の賭博胴元化　76

第3章　規律訓練されない賭博者たち　85
1　法が善悪を定めるのか――数字くじ合法化「以前」と「以後」　86
2　行使される公権力、恐れる／恐れない／憤る人々　94
3　違法運営の崩壊と維持　99

第4章　善悪と神　109
1　善い賭博、悪い賭博　109
2　日常的賭博実践における善悪の境界線　114
3　善き状態をあらわす分かち合い「バラト」　127
4　何が幸運をもたらすのか――賭博における神　134

第II部　闘鶏――人間と鶏が織りなす伝統的熱狂の円環とリズム

第5章　闘鶏のエコノミー――鶏と関係を結び、鶏に生活を賭ける人々　149
1　フィリピンの闘鶏――産業化されたナショナル・スポーツ兼賭博　150
2　闘鶏を解釈の道具から解放する　153
3　闘鶏の仕組みと諸アクター　159
4　鶏と関係を結び、鶏に生活を賭ける人々　173
5　「蹴爪をつけるための鶏」の生涯　185
6　「戦士」から「食用」へ――闘鶏場の一日　190
7　ポリティクスではなくエコノミー――人間－鶏関係再考　196

第6章　充満する「負けの理由」――鶏に賭ける技法と不運の制御　201
1　闘鶏場を沸騰させる賭けの熱狂　201
2　トラビシヤの賭けの方法　203
3　鶏を選択し賭けを決断する知　206
4　闘鶏場の反復的時間と賭けのリズム　219
5　前景化する不運　228
6　「わからない」現実と賭けの不運――鶏が他者として浮かび上がるとき　238

第Ⅲ部　数字くじ――無根拠性の内に増殖する自己と世界の接続

第7章　つまらない賭博への没頭――数字で世界を埋め尽くす　245
1　つまらない賭博、数字くじ　246
2　「人はなぜ賭けるのか」をめぐる応答　248
3　遊戯の面白さと没頭　251
4　ラストトゥーの日常　256
5　数字を予想し、解釈する　263
6　数字で世界を埋め尽くし、偶然性に深入りする　278
7　世界の謎を解き、幸運を狩りたてる　285

第8章　確率的思考の流転と現実性への接近――異なるレイヤーを往還する　289
1　当たらないとわかっている、けれど賭ける　289
2　確率的思考　292

3 賭博における確率的思考と認知バイアス 294
4 確率的存在としての賭博 299
5 確率的思考の流転 302
6 現実性への肉薄 312

終章 意味に満ち満ちた世界 315
1 賭博者の世界 315
2 醸成する運の観念、自らの側に引き寄せる世界 317
3 創出する特異的現在、先鋭化する現実 320
4 現実に驚く 323
5 賭博者的な生 325

注 329
フィリピン賭博用語解説 345
あとがき 349
参考文献 *7*
索引 *1*

凡例

- 本書に登場する人物の名前はすべて仮名である。調査地の地名も伏せる。
- 本書中の写真は断りのない限りすべて筆者が撮影した。
- 引用や事例、人々の語りの文中の〔 〕は筆者による補記である。
- 本文中の出典を示す（ ）内の数字は日付を表す。たとえば「2002/9/13」は「２００２年９月13日」。
- ビサヤ語（セブアノ語やヒリガイノン語を含むビサヤ地域の言語の総称）やフィリピノ語はアルファベットの斜体で示した。
- ゴシック体の引用文は事例である。
- フィリピン・ペソは調査期間中（２０１４年８月～２０２４年１月）、１・99円（２０１８年３月）～２・78円（２０１５年６月）の間で推移した。

日々賭けをする人々――フィリピン闘鶏と数字くじの意味世界

序　章　彩色の精神

1　なぜ、賭博なのか――日々をあやなすということ

本書は、フィリピンの地方都市・農村における人々の日常的な賭けから、賭博と賭博者について書くものである。賭けを通じた世界への意味付与実践がいかになされているのか、そこにいかなる価値が横たわっているのかを、日常に埋め込まれるように日々賭けるミンダナオの賭博者たちの姿から描き出す。

賭博とは一般的に、「偶然による勝ち負け、賭けられるべき財貨、行うためのルールが組み合わさったもの」を指す（増川 1980: 159）。フィリピン刑法第195条では、「完全にあるいは主に偶然（chance）や運（hazard）によって結果が左右される遊戯」「金銭、財物、財物の代替となるものを賭けること」「機械的発明品や仕掛けを利用し、金銭、財物、財物の代替品の勝者、敗者を偶然に決定すること」として定義されている。賭博の原初的な型は、投げた枝や動物の骨の向き、あるいは鳥の鳴き方などで吉兆を占ったり神託を授かるという行為の内に見出されるという。わからない未来をどうにかして知りえたいという人間の欲望が偶然性の運用を発展させていき、その欲望がやがて賭博という遊戯形態を生み出す動力となった（ibid.: 104）。

人類が世界の至るところで太古の昔からやってきたことに、なぜ、今、足を止めて取り組もうとしているのか、

疑問に思う人も多いだろう。しかも病理学や心理学、経済学の観点からギャンブル依存や賭博産業・政策について論じるのではなく、人間とその社会や文化を扱う文化人類学の領域で――さらにフィリピンを舞台に――賭博を論じるのであれば、大阪ＩＲ構想の是非について議論する方がよっぽど日本社会のためになると訝《いぶか》しむ人もいるに違いない。

なぜ、賭博を文化人類学のテーマとして論じるのか。それは、人間の人間らしさを最も鮮明に映し出す営為の一つが賭博だからである。それは、私自身の、日本における賭博の経験によっている。

賭博の原体験

賭博、特にパチンコと競馬の世界に私が足を踏み入れるようになったのは、大学生の頃だった。当時私は大学のサッカー部にマネージャーとして所属していて、授業に出るのも学食で暇な時間をつぶすのも酒を飲むのも、時間を共にするのはサッカー部の仲間であることが多かった。彼らは「せっさん」――上げた親指の本数とコールする数字の符合を競う指遊び――でことあるごとに金を賭けていた。１万円ほどの会計を背負わされることも何度かあった。自販機のジュース、学食のお菓子、夕食の支払いをする者を、毎回せっさんで決めた。最後の２人に残ったときのヒリつきはたまったもんじゃなかった。泣いて支払いを拒否したいほどに嫌なときもあったが、指を上げて数字を叫ぶこのくだらない勝負が、大学時代の思い出の過半を占めるほどに楽しかった。

そのうち、サッカー部員は練習後に、金沢文庫駅の近くにあるパチンコ屋「アクア」に通うようになった。私も時々ついていった。京楽の台の華やかな演出にハマり、「ＣＲぱちんこ必殺仕事人Ⅳ」ばかり打っていた。アツいときにボタンがせり上がり、超激アツのときには風が吹いてくる。白い手がダーン！　と落ちてくる「ＣＲリング　呪いの７日間ＦＰＳ」も好きだった。やがて、一限の授業に出てから練習開始まで打ちに行き、練習後にまた打ちに行くような子まで出てきた。中でも一番通い詰めていたオッチーは、午前中に10万勝って午後に10万負けるような生活をしていた。彼が「これ、俺の今月分の娯楽費」と言って「誤楽費」と書かれた茶封筒を見せてきたときは、みんなで大爆笑した。「座った台が当たるところを見たくて、育てたのが開花するのを見たくて、（お金を）入れちゃうんだよなぁ」と部員たちが話していたのは深く印象に残っている。

大学院に進学してからは、私は京都のパチンコ屋でバイトを始めた。週の半分ほどを「コーヒーレディ」として働き、たばこのにおいと騒音に包まれながら、遊技客に飲料や軽食を売り歩いた。常連客は台を打ちつつ他の常連客やホールの店員と話を弾ませ、コーヒーをおごり合っていた。「なんでも計算できて選択できる世の中で、今のご時世、自分の運を確かめられるのはパチンコやスロットだけ。ネットで調べれば何でもわかっちゃう世の中でしょ。スクラッチの運試しに賭けられる時間はもって5分だけど、パチンコは違う」という、パチンコ好きのおじさんが飲み屋で語った言葉には妙な納得感があった。

初めて競馬場に行ったのも、サッカー部の仲間とだった。忘れられないのは2018年12月23日の第63回有馬記念である。2番人気のキセキが1コーナー手前で先頭に立ち、若干早いペースでレースを引っ張り続けた。4コーナーを曲がって最後の直線に入ってもなお、リードを三馬身差ほどつけていた。そこに唯一の3歳馬、3番人気のブラストワンピースがスパートをかけた。ミッキースワロー、オジュウチョウサン、キセキを退けて躍り出るブラストワンピースに対し、1番人気のレイデオロが怒濤の追い上げを見せる。レイデオロの猛追を振り切り、ブラストワンピースが一着入線した。あと10メートル長かったら、きっと差されていた。

私はブラストワンピースを軸に馬券を買っていた。3着シュヴァルグランを入れ損ね、3連単は逃したものの、単勝・馬連は取った。払戻金は大したことなかった。それでもこのレースが記憶に色濃く残っているのは、「平成最後の有馬でブラストワンピースが勝った」からだ。「ブラストワンピースの名前に「平成最後」という意味が含まれている。「ピース」が平成の「平」、「ラスト」が「最後」だ」というネット上の誰かの予想を見て、私はそれに乗った。そして本当にブラストワンピースが勝った。本当に、こんなことがあるのか……。仕組まれているかのような、あの偶然に対する不思議さというか驚きは、今でも手に取るように思い出せる。

せっさん、パチンコ、競馬――。くだらない、けれどもこれらが、サッカー部員と私の大学時代の日常の重要な部分を確かに構成していた。何かに賭けるという行為は、ただ大学に通って授業と練習に出る平凡な日々に刺激や興奮、豊かさ、面白さ、時には不思議さなどを与えてくれていた。この楽しみに興じない他の学生たちとは明らかに異なる時間と価値を私たちにもたらしていた。

この感覚を私に再び呼び起こしたのが、「まえがき」で描いたフィリピンの賭博のシーンだった。鶏や数字、そして死者が眠る前での賭けに興じる人々は、真剣に、その瞬間を満たすように生きているかに見えた。賭けを通じて、彼らはただ淡々と過ぎるいつもの日々の中に、価値を生み出しているようだった。それはまるで、定型的で無味乾燥な毎日を鮮やかに彩るような行為に映った。

賭けから抽出する「彩色の精神」

見田宗介（＝真木悠介）は、人類学者カスタネダによるメキシコ北部ヤキの民族誌の中に紡がれた老人ドン・ファンの生き方を手がかりに、近代以降の世界と人間の生き方に思想をめぐらせている。カスタネダに対する老人の「心のある道を歩む」という教えから見田は、高度に合理化されたシステムの中で生の空虚をさまよう人間が失った感覚、「容赦のない文明の土砂のかなたに埋もれた感性や理性の次元」（真木［1977］2003: 39）を掘り起こそうとする。

その中で彼は、『更級日記』の1節——飼っている猫が夢に出てきて「自分は侍従大納言の息女だ」と言うものだからいよいよ大切に扱うようになる——とフロイトの精神分析——夢を人間の心的機制や身体の部分を示すものとして処理する——における夢への異なる態度を、彩色の精神と脱色の精神という言葉をあてがって思索している。

われわれのまわりには、こういうタイプの人間がいる。世の中にたいていのことはクダラナイ、ツマラナイ、オレハチットモ面白クナイ、という顔をしていて、いつも冷静で、理性的で、たえず分析し、還元し、君たちは面白がっているけれどこんなものショセン××ニスギナイノダといった調子で、世界を脱色してしまう。そのような人たちにとって、世界と人生はつまるところは退屈で無意味な灰色の荒野にすぎない。

また反対に、こういうタイプの人間もいる。なんにでも旺盛な興味を示し、すぐに面白がり、人間や思想や事物に惚れっぽく、まわりの人がなんでもないと思っている物事の一つ一つに独創的な意味を見出し、どんなつまらぬ材料からでも豊饒な夢をくりひろげていく。そのような人たちにとって、世界と人生は目もあやな彩りにみちた幻想のうずまく饗宴である（ibid.: 206–07）。


夢によって現実を解釈するような『更級日記』の世界と、現実によって夢を解釈するようなフロイトの世界。近代合理主義は、まぎれもなく後者の脱色の精神によって存立している。見田は、近代科学や産業は脱色の精神のもとで勝利的前進を果たしながら、私たちが生きるこの世界を構築してきたと指摘する。脱色化が、人間の画一化や世界の稠密なシステム化を可能にした。いつの間にか私たちの生活に浸透したＡＩの発達などを見る限り、見田がこの文章を書いた時代以上に、世界の脱色化は進んでいると言えそうだ。対して彩色の精神とは、ドン・ファンの豊饒な生き方と重なる感性であり、人間が喪《うしな》ってきた諸感覚でもある。それは、今ここの関係や行為を「ひとつの永劫におきかえ不可能な現実として、かぎりない意味の彩りを帯びる」（ibid.: 211）ようにして感覚することや、近代合理的な価値から自己（対象・他者）を解放することと同一線上にある。

本書が、一見軽薄に思える賭けや遊びから抽出したいのは、見田が人間の人間らしい生のあり方として構想した、この彩色の精神という概念である。

賭博の人類学

人類の繁栄のために確実な未来を予想し創造しようとする現代社会のシステムは、世界の不確実性を計算可能なリスクといった言葉で表象し把捉し、予測と現実との間に生じるズレを逓減《ていげん》することで、自らの機能を強化する[1]。システムの内に生きる人間は、未来に向かって単線的・不可逆的に進んでいく加速・圧縮・節約的な近代の時間との同期を要請される（白石 2023; ローザ 2022）。

これに逆行するかのようにして存在するのが、賭博である。賭博者は、予想と現実の間に生じるズレの内に、意味を紡いでいく。むしろ、予期とはまったく異なる位相に生起する現実を目の当たりにし、それに対して驚くことを希求するかのように賭ける。パチンコやスロットが自分の運を確かめさせてくれること、ブラストワンピースが平成最後の有馬で勝つこと。賭けていると、偶然にすぎないのにもかかわらず、なぜかその賭けが「そうなった」意味を、立ち止まって考えてしまう。そうやって賭け続けていると、賭ける私と世界の間を取り持つようなつながりを眼で追うように想起してしまう。日本で賭けていた友人や私も、フィリピンで賭けていた人々も、そうやって世界に意味を読み取ったり与えたりするかのようにして、賭博に興じているようだった。

賭博とは、賭けを契機として日常世界や自らの生に意味を付与していくような行為を含み込んでいる。それは、退屈で無意味な灰色の世界において、彩色の精神がまさに駆けめぐる領域だ。見田に倣《なら》って、世界を彩り面白さを自ずと生み出していくことが人間らしい生き方の一つなのだとすれば、それがどのように可能であるのかを、フィリピンの小さな村や町の人々のたわいもない賭けから考えてみたい。それは、人間以前や以後の世界に思いを馳せては人間存在を棄却するような近年のポスト・ヒューマン的論調に対して、世界とつながろうとする人間こそが、世界を紡いでいるのだということを改めて確認する作業でもある[2]。

本書が光を当てるのは、何の変哲もない日常を少し異なる形で現前させ経験することを可能にするような、賭博者の名もなき思考や実践である。世界を絶えず作り変えたり切り替えたり、自己を世界と接合させたり、つまり賭けを介して世界と相関する人々のありさまから、人間らしい生の様態と価値の一形態について考える。これが、本書が賭博の人類学に取り組む動機であって、意義でもある。

（特定の）人間は、なぜ賭けるのか。賭けに何の価値を見出しているのか。賭けを通じて彼らは世界を、どのように彩色しているのか。彼らが言う「運」とは一体何か。こうした問いに加えて、本書の関心は、パチンコ資金が「誤楽費」と称されるような事態や、賭場が贈与や社交の場になるような事態にも向いている。人間らしい行為である一方で、賭博は社会的なやましさをぬぐい切れない。なぜ、いかにしてそうしたやましさ、後ろめたさが賭博に付随して生じるのか。賭けという行為は人々にどのような他者（や多種の物事）との関係を取り結ばせるのか、させないのか。賭博を取り巻くこうした社会的な空気を併せ込みながら、本書は、フィリピンの人々の賭けのあり方とその賭博者的な生について記述していく。

2　どうやって賭博を論じるのか――日常をアクティベートさせる賭け

賭博者的な生に迫るといっても、そのスタンスは無数にある。右の問いに考えをめぐらせるための、本書を貫く賭博の見方をあらかじめ書いておく。

断っておかなければいけないのは、本書は、賭博者たちを介して金融資本主義の精神を礼賛するものではないということである。カジノ資本主義の名のとおり、短期的報酬へのアディクション（依存）によって駆動する今日の世界経済は、賭博的なマネー・ゲームの様相を呈している（鈴木 2023）。巨大な金融市場を主戦場として賭ける人々と、本書に登場する賭博者の間には多くの類似が指摘できる。しかし本書が着目するのは、そうした経済構造に巻き込まれ、それを所与のものとしつつも、その価値に従属しきることなく、あくまで賭けという行為に内在的な意味を見出す者たち、つまり賭けが巻き起こす不思議に足を止めては感情を揺さぶられることを忘れないような、日常的賭博者たちの姿である。

本書は、生活に埋め込まれるようにして賭ける賭博者の思考と実践に目をやり、退屈な毎日をアクティベートさせるような効用を持つ行為として賭博を描き出す。この姿勢は、賭博者の賭けの細部に入り込みながら彼らの世界に肉薄することに通じる。そのために本書は、次に示すように、賭博に対する支配的な表象と、機能主義的な賭博の捉え方から距離を置く。

賭博研究の歴史、社会悪という表象

第一に、賭博を社会悪と前提する表象から距離を置く。賭博研究の歴史をさかのぼれば、（飲酒や薬物使用と同じく）賭博を理論的に論じる唯一の観点であった社会規範や宗教的教えに基づく道徳的立場が、賭博を望ましくない行為として措定してきた（Aasved 2003: 5–6）。富の生産と獲得は勤労、献身、倹約によってのみ達成されるべきとする西洋資本主義社会の価値観は結果として、賭博に対するこの道徳的立場を維持・強化してきた。この観点から発展してきた議論には、賭博参加を端的に個人の意思の問題とする基礎的前提があった。１９７７年、過剰な賭博行為は精神疾患として位置づけられることとなり、「病的賭博」は病理の一つとなった。[3]「病的賭博」概念は、後期近代の消費社会の興隆による歴史的産物だという指摘もある（Reith 2007）。[4] 過剰賭博が精神疾患のカテゴリに収納されたことで病理学的見地に基づく賭博研究が進展し、さらに、文化的、社会的、心理学的、生物学的な観点から多角的に（過剰な）賭博行為を理解しようとする学術的姿勢が確立した。しかしご存知のように今日においても、賭博を道徳の欠損の問題とみなす言説は各社会において根強く残っている（Aasved 2003: 6–11）。社会学や病理学、犯罪心理学などは、人々の賭博参加と社会構造の連関を解明したり、病的賭博者の治療法や、病的な賭博が生じない社会の条件を真摯に検討したり、公衆衛生政策の提言をしたりしてきた。[5] こうした研究潮流が前提とし、共有しているのはやはり、非合理的行為で望ましくない（過剰な）賭博に対する問題意識である。

賭博産業が生み出す病的賭博の実態をないがしろにしてよいわけではもちろんない。しかしそれは本書の射程外である。本書は賭博の悪性を一旦棚上げすることで、特定の社会において賭博がどのような存在として成立しているのか、賭博が国家や社会を、国家や社会が賭博をどのように駆動させてきたのかという、賭博を取り囲む舞台設定について思索する。それとともに、賭博に対する支配的・固定的な言説からではなく、賭博者自身による表象や捉え方、価値の見出し方に依拠するようにして、賭けの現場の動態を描く。

文化人類学の観点

第二に、賭博を何らかの機能として把捉する視座から距離を置く。本書は文化人類学の角度から賭博を論じるが、人類学者は、人間社会の何かを映し出す鏡だったり、何かの機能を有する営為として分析することで賭博の文化的意義を見出してきた。たとえばクリフォード・ギアツは闘鶏をバリ人による社会の再演の場として論じている（ギアーツ 1987、第5章で詳述）。数々の機能主義者は、賭博を富の再分配や個人財産のあぶく銭的消費による平等主義社会の実現の場と定め、交換理論に位置づけている[6]（Mitchell 1988; Binde 2005; Cassidy 2010; Curnow 2012）。またアーウィング・ゴフマンらは、賭博における不確実性への対処を、日常生活にて対峙するより広範な不確実性への対応・反応を繰り出すための「練習」だと述べている（ゴッフマン 2012; Malaby 2003）。賭博は日常世界で遭遇する不確実性を反映する鏡であって、日常生活の予行演習の場として機能することが、その存在意義である。

賭博から何らかの機能を析出する見方の枠組みに対して、近頃は異なる枠組みが提示されている。たとえば、パプアニューギニアの賭博の民族誌を記したアンソニー・ピックルスは、従来の人類学的賭博研究は、調査者が拠《よ》って立つ数学的知識に基づき賭博を確率的現象として盲目的に把捉してしまうことで、調査地の人々による確率論とは異なるゲームや計算の捉え方を見逃してきたと批判する（Pickles 2013）。賭博に再分配機能を見出す諸議論の陥穽を指摘しそれらを退けたうえで彼は、賭博実践をそうした西洋的合理性に位置づけず、（彼が「民俗数学」と呼ぶところの）賭けや計数、貨幣に対する人々の土着の思考法を介して描き出そうとした[7]。しかし、賭博者の思考法を地域の伝統的行為（クラ交換や婚資の支払いなど）との類似性から理解しようとする議論の展開は、賭博実践をメラネシア人類学の大きな理論に回収する結果となっており、機能主義的解釈に限定されない賭博を描くという彼の試みが十分に達成されているとは言い難い。

賭博者の内在から彼らの賭けを理解するという企てをより明確に成功させているのは、ラスベガスのカジノを舞台にスロットマシン依存症の人々の民族誌を紡いだナターシャ・ダウ・シュールである（シュール 2018）。彼女は、予行演習の場として賭博を定位する諸研究に対して、賭博者が「遊戯」と「日常」の間に明確な境界線が引かれた世界ではなく、双方の世界が相互干渉的に作用し、果てには遊戯の世界が日常を塗りつぶすこともあるような不定の世界に生きていることを生々しく明らかにしている。[8] 彼女の著書に登場する賭博者たちは、賭博が単なる日常生活の副次的実践ではなく、日常世界にたやすく浸食し、さらに転覆させる力をもはらんだ行為であることを教えてくれる。

本書は、賭博から何か他の事象を論じるのではなく、賭博を賭博者の内在から、他の何物でもない賭博として論じることに力点を置く。ピックルスやシュールのように、賭博者が自らの賭けをいかに捉えているのか、賭博者の賭けの中で何が問題になっているのかを明らかにしながら、賭博がそれ自体を目的に興じられることの意味に迫らなければ、賭博者のアクチュアリティは摑めないし、賭博が人間をあらゆる形で誘惑する構造も理解できないだろう。賭博や賭博者が社会を構成し駆動する一部であることは認めつつ、賭けそれ自体が賭博者にいかに経験されているのか、という細部に着目して賭け（の集合）を論じるのが本書である。

日常的賭博者

支配的な表象と機能主義的理解を敬遠したうえで、本書が詳らかにしていくのは、とりとめなく日々淡々と続けられていく賭け事と、勝ちに執着し金銭のためには時に泥臭くさまざまな手段を駆使する人々の実相である。この点において、劇的な賭けに注視する賭博論と本書の間には温度差がある。

賭博の美学を語る文章は往々にして、ヒリつくドラマとして賭けを表現してきた。そうした論考は過去や未来に賭けを従属させることなく現在の刹那性や偶然性を享受することに賭博の真正さを描出したり、生きるか死ぬかのような両極端な賭けの内にその価値を見出す。僥倖か喪失しか知らず、ささやかな金に執着しない潔さに真の賭博者を認める。[9] フョードル・ドストエフスキーの『賭博者』はそれを如実に表している。「わたしは生命を賭ける以上の覚悟でこれを獲得し、一か八かの賭をしたのだ——だから、わたしはふたたび人間の仲間に入れたのである！」（ドストエフスキー 1979: 236）という主人公イワーノヴィチの言葉には、ルーレットの偶然性に憑《つ》かれ、身を滅ぼすような賭けを続け、約束されている破滅に自ら墜ちていく賭博者の狂気的な本質がつまっている。遊戯の枠から人間の生そのものに浸潤していく賭博の侵食性や、人生が賭博に狂わされていく賭博者の退廃性や異常性の内に、人間的な魅力やドラマ性は抽出されやすい。本書は、こうした側面を賭博行為がはらむ潜在性として認めつつも、特段悲劇的でもなければ刹那的とも言い難いような、とりとめなく日々淡々と続けられていく賭け事と、勝ちに執着し金銭のためには時に泥臭くさまざまな手段を駆使する人々に目を向けたい。こうした側面は賭博の価値論において捨象されがちだが、賭博の営為の多くが人々の生活の一部に埋め込まれて維持されていることは、たとえば仕事帰りにパチンコに通う人々の姿を見ても明らかである。

大金や命運を賭すドラマチックな賭博でなくても、日々身銭を賭けることは、賭けを通して世界と自らをつなぎとめ、自らの日常や生をアクティベートすることを可能にさせる。それはゴフマンが言うような、綱渡りのごときスリルにつながるアクションを追究することである（ゴッフマン 2012: 155）。あるいは、マルティン・ハイデガーが言うような、根源的な不安に対する本来的な生き方に通じる（難波 2024）。日常的な賭けを通じて世界や賭ける自己を活性化させ、そこに意味を与えていくという彩色の行為を、賭博者の営みの内に見出し論じていくこと、これが本書の試みである。

3　どうやって賭博を捉えるのか――浮かんでは消える事物、賭けが放たれる先

世界の転換

さて、ここまでに「世界と相関する」などの独特な言葉を差し当たって説明もなしに用いたが、これは本書全体に通底する概念の一つであるとともに、本書が賭博を捉える仕方でもある。こうした鍵概念についてもあらかじめ書いておく。

第Ⅰ部から第Ⅲ部までの考察は基本的にすべて、現象から論じている。つまり、賭博実践をめぐる人々の生活、

行為、決断の中で、彼らの世界に「あらわれていたこと」からしか論じていない。

ここで言う世界とは、人々の認識可能な範疇における、彼らを取り囲む物質的環境や経験的世界のことを指す。ヤーコプ・フォン・ユクスキュルの「環世界」概念に近いものを想定していただいて構わない[10]。周囲に広がっていると私たちが思う（客観的）環境は、人間によって切り出された人間固有の主観的世界、環世界にすぎない。あらゆる生物がそれぞれに固有の環世界を有する。人間にもそれぞれ異なる環世界が広がりうる。年老いたきこりはカシワの木の樹皮のこぶには注意を払わないが、少女は人間の顔に似たそれを見てぎょっとする。カシワはこのとき、少女にとって恐ろしい悪魔になる（ユクスキュル&クリサート2005: 146–47）。

本書は、人間の主観的世界の可変的側面を特に注視する。世界への認識可能な範疇を、非固定的で動的なものとして措定する。認識は視覚に留まらない人間の諸感覚によって成り立つ。認識可能の範疇にある対象とは、ある時点ではだれかの認識に浮かび上がり、しかし別のだれかの認識には浮かび上がってこず、別のある時点ではだれかとだれかの認識にともに浮かび上がってきたりこなかったりする、世界における潜在的な存在を指す。たとえば、子どもがバルコニーに座りこんで地面を見ている。私はバルコニーのごみを掃いている。子どもが「アリさんいた」と私に言う。私はそこで初めて自分が掃いていたごみの中にアリがいるのを知る。子どもが「アリさんいた」と言う以前から私の世界にはアリが確かにいたが、私の認識には浮かび上がってこない。子どもはずっと、アリだけを地面から浮かび上がらせている。子どもの「アリさんいた」という発言以後、子どもと私の両方にアリが浮かび上がる。普段、アリに思いを馳せて生活してこなかった私は、喫煙所の地面にアリを探すようになる。このような、平行線上に無限数存在するようなレイヤーをスライドさせることで、世界の潜在的存在が認知主体に（時に間主体的に）浮かんだり消えたり、濃くなったり薄くなったりすることを認識の可能性と呼ぶ。こうした表層的な世界の転換に本書は目を向ける。

フィリピンの調査地で私が関係した賭博者たちの世界において、賭博という行為を彩る事物たち——規律や善悪の境界線、神、賭けのサイン、運の摂理、確率的思考——は、彼らに浮かび上がっては消えていくものとして存在する。こうした事物たちは普段、人々の世界に潜在的にあり続けながらも、後景に退いている。賭けの出来事を経験することによってそれらは明々と前景化し、いつまでも前景に留まることはなく浮かんでは消えるを繰り返す。世界のこうしたあらわれに、それがあらわれている意味を読み取っていく真剣な遊びとして、さらに言えば、賭ける自己とそれを取り囲む世界に有意味なつながりを構築しながら、世界に前景化した事物を頼りに賭けの結果を予想し、その賭けを、自らは関与できない絶対的な賭けの結果＝現実に投じる行為として、本書は賭博を描き出していく。

賭けの予想において賭博者は、過去の存在や出来事の痕跡を現在の世界に浮かび上がらせるように想起し、その世界内を探索することで、未来の賭けの結果を読み解く[11]。この世界内探索において、彼らの過去は現在に穿《うが》たれるようにして常に作り上げられる。本書は、時間を人間の認識に依存する思考の対象とし、過去は究極的には不確かで非決定的な存在であるというスタンスをとる。過去及び未来という時制は、「現在における過去」「現在における未来」でしかない（アウグスティヌス 2014）。過ぎた時間／来る時間をありのままの出来事として二度経験することはできない。必然的に経験した過去も、現在という時間性を通じてでしか想起できない。想起されるたびに、過去は想起する現在の私によって様相を異にするように浮かび上がる。この意味において、賭博者による世界との相関が対象とする時間軸には、現在・未来のみならず、過去が多分に含まれる。

現実の至高性

先ほど、人々の賭けは賭けの結果＝現実を目がけて投げ込まれると書いた。現実とは多義的な言葉であるが、本書では、「現に実際こうである」という辞書的意味で用いる。本書において現実とは、人々が認識する世界が存在する場であるとともに世界を構成する要素でもある。現実は（神の視点から眺めるならば）世界の内と外に充満している。賭博者の一連の賭け実践は、現実の中に浮かぶ彼らの世界内で進展する。しかし、賭けが放たれる先にある現実は、賭博者が構築した世界を超越するような事実性・至高性をたたえて存在する。賭けを通じて賭博者はこの、自らではいかんともしがたい現実性に邂逅することとなる。

少し特殊なこの現実概念は、入不二基義（2015; 2020）の議論に影響されている。入不二は現実に絶対的な価値を見出している。その議論は、彼自身の小学生の頃の記憶から始まる。同級生の転校と知り合いの死去の経験から、「もう会うことはない」という点で離別と死別は同じようなものだと入不二少年は思う。つまり、離別した人と実際に二度と会わないことと、死去した人と会わないことは、「会わない」という現実が起こっているだけだという点で同等だ。それに対し大人は、死んだ人間にはもう会えない、可能性の有無を考慮せよと言う。入不二少年は、離別した友人に飛行機で会いに行くことも、死別した知り合いに死後の世界で会うこともできるだろうと反論する。大人は、非現実的な可能性と現実的な可能性をいっしょくたにしていると指摘する。離別と死別を区別するためには現実（会わないこと）だけでなく可能性も考慮しないといけない。しかし、可能性は現実（実際できること）に絞って考慮しなくてはいけない……。現実と可能性の循環を入口として、入不二は現実性の問題に取り組んでいく（入不二 2020: 1–9）。

その探究の途《みち》を説明する紙幅はないが、探究の先にあるのは「それがすべてでそれしかない」という現実の全一性である（ibid.: 367–88）。現実に外はない。現実は無様相（可能・不可能・必然・偶然の様相はない）であり、至高の存在である。現実は非時間的でもある。何か（原因や物語）が他の何かを決定するのではなく、現実はただ現実であるというだけでそう確定している。現実こそが（世界の）すべてであると同時に、それは偏在的に存在するためにその至高性を感じることはない。しかし、何かが生起したとき――偶然性と必然性が共にあらわれ潰れるとき――に現在は特異的に現実性と接触し、「この現実」という絶対的に揺るがない今の現実が一瞬色濃くあらわになる。

賭博者は、賭けることで、色濃くあらわれる現実の絶対的確かさを目撃する。予期を裏切る現実性との出会いを契機として、彼らは自らの世界を作り変えるように事象へ意味を与えて受容していく。現実の至高性の目撃と、意味に溢れた世界制作との往還が、賭けをなす。しかし本書がより重心を置いて論じるのは後者であり、これから詳らかにしていくのは、賭けの対象がはらむ根源的なわからなさに向かって、人々が世界内のあらわれに意味を付与しながらにじり寄り、摑もうとする人間的な過程である。闘鶏と数字くじという異なる類の賭博から賭博者による世界との相関の仕方を解体していくことは、なぜ彼らが現実の至高性に向かって賭けを放つのかという問いを明らかにしていく作業にも通じている。同時にそれは、「まえがき」にて引用したジャンレイの言葉、「彼ら（賭博者）の喜び」とは何かを考えていく作業でもある。

4　本書の展開

賭博者による世界との相関なるものを解剖し、彼らの生の実相を考えるという取り組みに向けて本書は、国家・社会から個人へと徐々に焦点を絞るように展開していく。

ダラダラとした日々の中でひらめくように賭ける人々の諸行為は、彼らを取り巻く多層的な枠組みにおいて、多重の外的要因に影響されながら生起している。こうした舞台設定なしに、彼らの賭けの全体像は結べない。フィリピンの賭博なるものを成立させている諸条件――国家、制度、社会関係、経済構造――を精査することもまた、賭博者の生を立体的に見て取るための、本書の大切な試みの一つとなる。よって第Ⅰ部では、フィリピンにおいて国家が賭博産業と取り結んできた関係性の歴史を辿ったのちに、国家や社会の内側で賭博者（や非賭博者）が賭博の善悪や価値をいかなる形で浮かび上がらせているのかについて考えをめぐらせることで、賭博者の賭けが根差している基層的な領域を整理整頓する。

第Ⅱ部では、フィリピンのナショナル・スポーツである闘鶏を取り上げる。闘鶏は常に国家権力の管理のもとで連綿と営まれてきた。それに加えて今日では、グローバルな資本主義システムに包摂されることで、経済活動的なマネー・ゲームの様相を呈している。闘鶏場では、人間によって強化された鶏による闘いとそれに対する闘鶏家の熱狂的な賭けがフィリピン全土で日々繰り広げられる。本書はまず、鶏の育成を仕事とする闘鶏家たちの実態から、彼らが鶏と取り結ぶ関係性を探る。そこで示唆されるのは、闘鶏という営為が、闘鶏産業内や闘鶏家間の社会関係に包摂された、「強い鶏を生み出す人間」と「闘いの中で死ぬ鶏」を結ぶ小円の永続的循環であるということだ。この営為において、「鶏の強さ」という人間の介入が許されたコントロール可能な存在が、闘鶏場内での人々の賭けの向かう先となる。しかし、そのコントロール可能性に裏切られるように連敗を喫することが頻繁に起こる。この裏切りが、自己の不運という概念に賭博者を誘い、世界を操作するという道を開く。

第Ⅲ部では、数字くじへの賭けに着目する。数字くじは、闘鶏と対をなす構造を多分に有している。時間／空間限定的に開催される闘鶏に対して数字くじは基本的に毎日いつでもどこでも賭けられる。闘鶏では人間による（鶏への）技術的介入が賭けの結果を左右する一方、数字くじの賭けの対象は人間の恣意性を排除した完全なるランダムネスによって抽せんされる無機質な数字であり、賭博者が結果に作用を及ぼすことは不可能である。1羽の鶏に複数人が賭けを積んだり、複数人と賭けを交渉したり、闘鶏には共同性が見出されるが、数字くじが共同購入されることはない。つまり数字くじでは、賭ける自己と世界との無根拠で恣意性にあふれた個人的なつながりがより一層濃くあらわれる。私は、闘鶏に人々が熱狂する所以は直感的に何となくわかったのだが、数字くじはどこからどう見てもつまらなさそうであった（実際にやってみても当たらないしつまらない）。しかし、彼らが日々数字を予想する姿を横で見続けていると、無機質で運任せの数字くじが面白い賭けとして遊び変えられている様子が、徐々に明らかになっていく。彼らの数字への没頭には、（100分の1という明確な確率的結果に対する）確率的思考の歪みがある。しかし確率的思考とは異なる思考への解放は、確率的数値では把捉することのできない現実の生々しさに対して彼らが肉薄していく方途であり、それこそが賭博者的な生の鮮明なあらわれだと私は考える。

終章では、賭博者的な生とは一体何なのかについて、現実の至高性との邂逅という観点から思索する。世界との相関を通じた賭博者による予想は、あらゆる知、そして運という概念を介して、来《きた》るべき未来の出来事を摑もうとする行為である。賭けの出来事はしかし、その期待をあっけなく裏切るように生起する。思い籠《こ》めた予想と現実が乖離することで、彼らは別様な形で世界と再び相関する。現実への肉薄と、現実からの裏切られは、賭博者が賭けを止めない限り、反復する。

そうして彼らは、現実の先鋭的なあらわれを「驚異の情緒」（九鬼［1935］2012: 234）でもって目撃し続ける。現実がただそう存在するということをまっとうに享受すると同時に、それでもなお、その現実があらわれる意味を紡ぎ出すために、世界内を耕すように探索し続ける。自己が世界に生きているということの色濃いあらわれを求めるために世界と相関し続けるような態度が、賭博者的な生なのではないだろうか。そうした生の形は、人間存在一般に対して、生の本来性に気づかせてくれるようなエレメントかもしれない。こういったことを最後に考える。

第Ⅰ部第1章では、本書の研究が立ち現れることとなったフィリピン・ミンダナオという調査地について、それがいかなる場所なのか、そこで私がどのような人と出会い、いかなる調査をしたのかを、私的経験を暴露するような形で説明する。これが、第2章以降の考察の準備、前提、あるいは入口となる。

第Ⅰ部　賭博が根差す場、その基層

第1章　賭博との出会い、フィールドワークの輪郭

人々の賭博実践の内実に早速足を踏み出したい気持ちを抑え、本題に入る前に、私が調査地に辿り着き、賭博に出会い、調査をするに至った経緯と方法の説明に少々紙幅を割くこととしたい。本書の考察が根差す場所と人物相関図を私の直接経験に沿って案内し、調査のあらまし、特に参与観察という調査手法の正当性と調査者の立場性について手短に示すことで、諸事例の基底となる背景情報をあらかじめ提供する。

そもそも、なぜフィリピンの賭博について取り組むのか。それは単純で、私が行く先々で、何かしらに賭けている人が、大なり小なりいたからである。フィリピンの人々みんながみんな賭けているわけではもちろんない。私を引き寄せたのが、そうした賭博者だっただけである。なぜ生き生きと賭博をしているのか。なぜ私は彼らを魅力的だと思うのだろうか。半ば個人的な、素朴な問いに答えるために、本書はあるとも言える。

しかし、実際にフィリピンにおいて賭博文化が繁栄しているのは確かである。公営賭博のカジノや富くじ、闘鶏、競馬、あるいは違法賭博の数字くじや賭けカードゲーム、賭け麻雀、賭けビリヤードなど、富裕層向けのものから庶民に愛されるものまで、その種類は多岐にわたる。通夜の場では数日から数週間、賭場が開帳され、カードゲームやコインの丁半博打《ちょうはんばくち》などの狂騒が死者を取り囲む――。20年以上前の海外の古い統計だが、男性73%、女性56%が過去1年に何かしらの賭博に参加したというデータもある（SWS 1999）。「フィリピン人は生まれながらの賭博者」（Mr. & Ms. 1989/7/25）、「われわれは賭博者の国民なのか」（STM 1962/4/22）などと銘打ってフィリピン

と賭博の親和性を語る記事は週刊誌に散見される。ある記事は、「フィリピンの子どもは幼いときから賭博を始める。蜘蛛が死ぬまで闘い合う闘蜘蛛に初めて金を賭けるのが典型的だ」(Manila Times 2000/10/25) と書いている。(次章で論じる) エストラーダ元大統領と賭博利権の癒着事件の際には、「賭博共和国」というタイトルが新聞の一面を飾った (PDI 2002/9/13)。

大衆から富裕層、国家元首までを虜《とりこ》にする多様な賭博の営為が、「フィリピン国民の娯楽」として構築されてきた。その内実を探索する舞台として私が到達したのが、フィリピン南部の島、ミンダナオだった。長らく「民俗/宗教紛争の地」という固有のまなざしを向けて論じられてきたミンダナオで、あえて賭博の研究をする理由については後述する。

以下では、当初、賭博を調査対象にするなどというアイデアも算段もなかった私が、ミンダナオでフィリピンの賭博の異様さと不思議さと面白さに気づき、ずるずると引きずりこまれていった過程をつづる。研究調査の手順としては不適切で問題含みかもしれないが、この自らの経験を再録することで、日常生活の内部に溶け込む賭博に人々が精を出すありさまの一端を少しばかりうかがい知ってもらえるだろう。

1 四つの調査地と家族たち

本書の研究のために、私はミンダナオ島内の4地域、P市、A町、L町、J町でフィールドワークを行った。P市とA町はミンダナオ中部、L町とJ町はミンダナオ南部にある。調査地の中で最も北にあるA町から最も南にあるJ町までは250キロメートル近く離れている。なぜ、それぞれ地理的に距離のあるこの4地域をフィールドとしたのか、複数の調査地をまたぐ必要性がどこから生じたのかを説明するにあたり、私がこれらの土地に至り、そこで賭博実践を覗き込むことになった経緯を時系列順に辿っていく。ことの始まりはP市から、2013年に遡る。

P市、レイエス一族——ことの始まり

当時大学3年生だった私は、南部フィリピンの紛争に興味を抱いていた。卒業論文は、紛争下における多民族共生のあり方をテーマにして書こうとしていた。日本国内で得られるデータが限られていたこと、紛争下の社会が実際どのようなものなのか自分の目で見て確かめたいと思っていたこと、地域研究をするなら現地に必ず赴くべきだとゼミの先生に口酸っぱく教わっていたことなどを理由に、休学してミンダナオに行ってみることに決めた。とはいうものの、さすがにバックパッカーのようなノリでは行けないだろうと考えあぐね、ネット上で「ミンダナオ　NGO」と検索して一番に出てきた団体に訪問したい旨を連絡した。何年でもいていいですよ、という懐の深い返事がすぐ

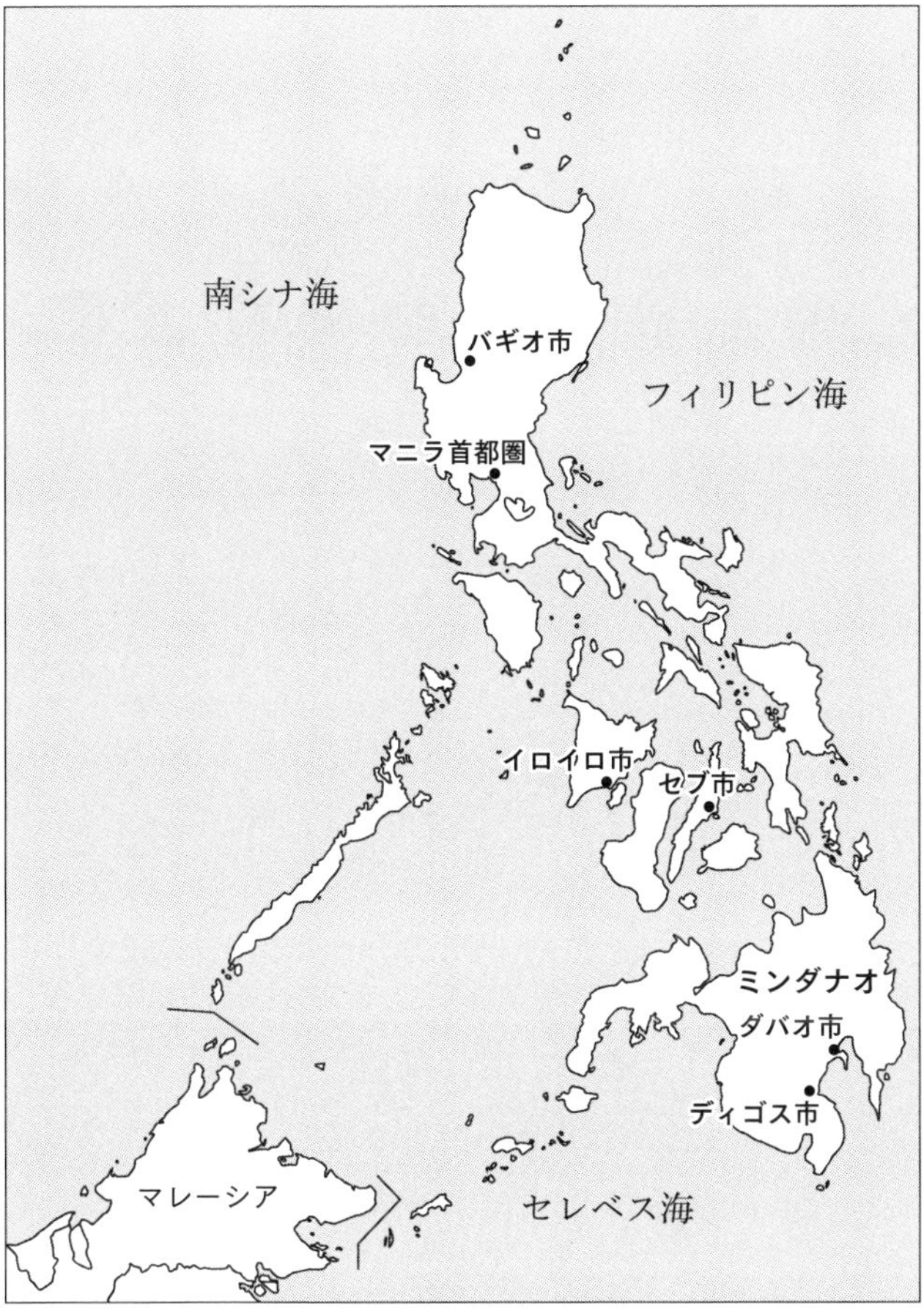

図1－1　フィリピン

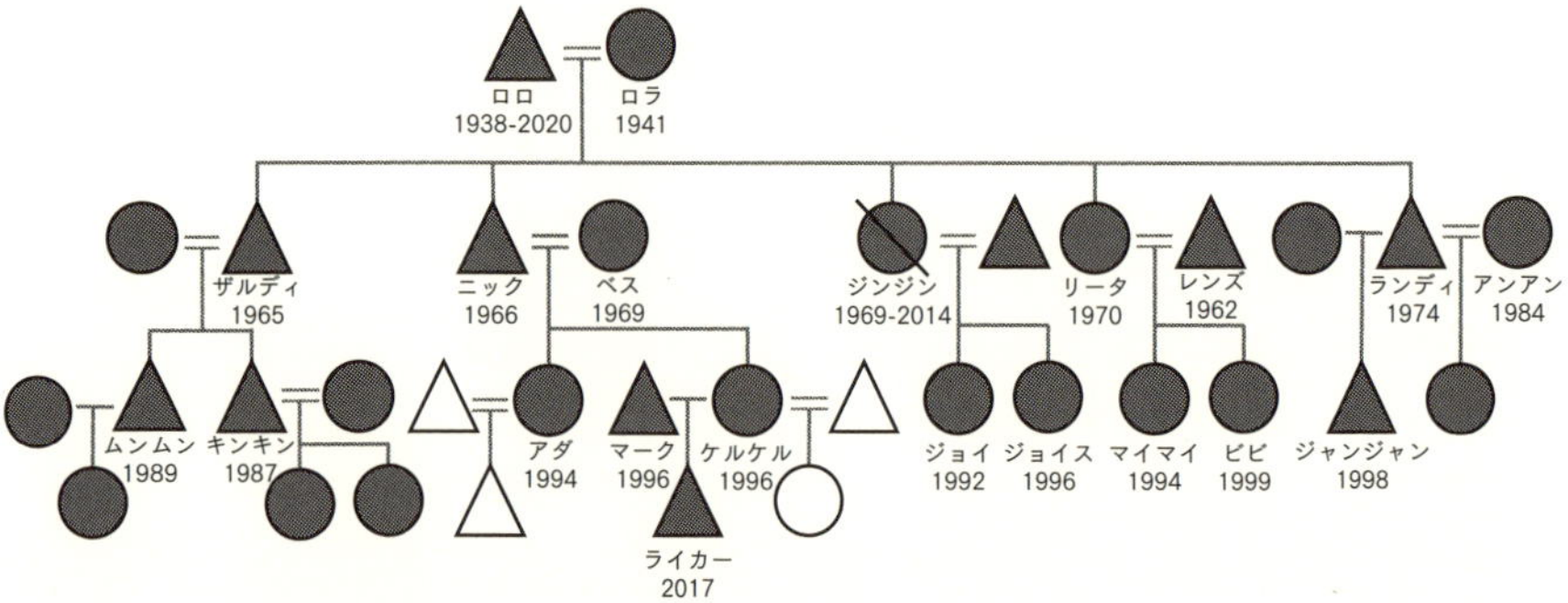

図１－２　レイエス家親族図（2017 年時点）

※●は女性、▲は男性、人名の下の数字は生年を示す。白色は 2017 年時点で存在していなかった人物。

に来て、２０１３年５月から、Ｐ市にあるこのＮＧＯの施設に身を寄せることになった。

１年ほどの滞在の末、具体的な内容は記さないが、私を含め数人のスタッフはＮＧＯの運営の内実をめぐって上層部と対立した。２０１４年８月頃、他のスタッフに追随する形で私も去った。

ＮＧＯを退散した先が、レイエス一族であった。そのきっかけを作ってくれたのはベスだった。ベスはおかずやケーキなどを行商しにＮＧＯによく顔を出していて、当時、私も頻繁に購入していた。おしゃべりでセールストークもうまく、あっけらかんとした性格のベスとはすぐに仲良くなった。彼女の家はＮＧＯの施設から歩いて３分くらいの場所にあり、ＮＧＯでの居心地が悪くなった私は次第にご飯を食べたり、愚痴をこぼしに行ったりするようになった。その日も、組織の施設から退去したいがまだ借家が見つかっていないとこぼしていると、ベスの夫ニックが「それなら家で暮らせばいい。家に荷物を持ってきなさい」と提案してくれた。ご厚意に甘え、すぐに荷物を抱えてお邪魔した。こうして、彼らの家に居候することになった。

Ｐ市は、人口14万人強の地方都市である。フルーツの収穫量が多い土地として有名であるとともに、フィリピン最高峰であるアポ山のふもとにあるため登山客が多いこと、また気候が比較的冷涼であることが特徴である。ダバオから片道１５０ペソの乗り合いバンに揺られ、最短２・５時間で到着する。Ｐ市中心地には２０１３年に市民待望のショッピングモール、ガイサノ・グランドモールが進出し、さらに2017年にはジョリビー（民族資本のファストフードチェーン）が1店舗目のはす向かいに2店舗目を出すなど、経済発展が進んでいた。2023年に4年ぶりに訪れたときにはついにマクドナルドがオープンしていた。2014年当時の市長が、ドゥテルテ元大統領のダバオ市長時代から蜜月であったためか、麻薬撲滅運動や市内禁煙運動が盛んであった。

P市にある40のバランガイ（最小行政単位）のうちの一つが、ニックたちの暮らすM村である。市街地を通る幹線道路を東に曲がり、アポ山に向かって15分ほどトライシクル（三輪タクシー）に揺られ、11ペソの運賃を払うと到着する。住民の大半はビサヤ地域からの移民であるが、多くの家庭が移住から3、4世代を経ているため、故地とのつながりは薄れている。日常的に用いられる言語はセブアノ語であり、国語であるタガログ語が日常会話に出てくることは特別な場合を除いてない(1)。

レイエス一族の屋敷地には、ニックの両親であるロロとロラを中心として、親族が集住していた。ロロはセブ島から移住してきた移民第一世代である。今の土地を一族のものとして正式に所有したのは1953年だったとロロが教えてくれた。ロロとロラは年金暮らしだった。ロロは玄関を開けて椅子に座り、外をぼおっと見ながら日がな一日過ごしていた。突然現れた日本人にも驚くことなく、「ビールがあるぞ、おいで」と手招きして私を誘っては、昼下がりから一緒にゆっくりグラスを傾け、昔話をたくさん聞かせてくれた。ロラはシャキシャキしていて、市場に行ったり手作りのマッサージオイルなどを売りに行ったり、毎日どこかに外出していた。5人の子どものうち、ザルディ、ニック、ランディが同じ屋敷地に家を建てて暮らしていた。長女はすでに死去していたが、ダバオ在住の娘ジョイとジョイスは母親の墓参りに、定期的にこの地に帰ってきていた。

ニック家

レイエス一族の中で一番深い関係を築くことになったのはもちろん、寝食を共にしていたニック家だった。一家の大黒柱であるニックはいわゆる「何でも屋」だった。大工、散髪、鶏やアヒルの販売、犬の予防接種、いろいろな仕事が方々から舞い込んできていた。あえて、複数の収入源を常に維持しているようだった。ベスと同じくビジネスチャンスには常に目を光らせていて、私と知り合う前には数字くじの売人もしていた。妻のベスは食品の行商のほか、２０１４年末頃から1年ほど、友人と共に家の近くの幹線道路沿いで小さな食堂を営んでいた。小学校と高校の前だったこともあり、お昼時や放課後は大変忙しかった。店を閉めたあとも行商に時々出ていたが、孫のライカーの世話が始まったことで家にいる時間が長くなった。

私が転がり込んだ当時、娘2人ともバイクで家から10分ほどの距離にある大学に通っていた。姉のアダは堅実・真面目な性格で、大学卒業後に英語教師になった。はじめは私立学校で働いていたが、激務薄給だったため公立学校に転職した。２０１７年頃から付き合い始めた船乗りの彼氏と遠距離恋愛を経て、２０２３年に結婚した。妹のケルケルは姉とは対照的な性格で、交友関係も広かった。村やラジオ局のミスコンで受賞するほどに容姿端麗だった。アダと同じく大学では教師になるコースを専攻していたが、２０１６年に当時の彼氏マークとの間に子どもができてしまい、卒業間近で休学することになった。ニックは泣きながら怒ったらしい。２０１７年にライカーを産むと、ケルケルは養育費を稼ぐためにダバオでコールセンターの仕事に就いた。アメリカからかかってくる電話を相手にするため、昼夜逆転の生活を送り、ダバオの都市生活も相まって、ずいぶん派手に遊んでいたようであった。それでも仕事が休みの日にはP市に帰ってきていたので、週に1回は私も顔を合わせていた。P市内の別のコールセンターで働いていたマークは、ライカーの世話をしに大体毎日ニック家に来ていた。結局2人は結婚せずに破綻した。２０２３年にケルケルは別の男性と入籍し、子どもを1人授かっている。

ランディ家とザルディ家

次によくお世話になったのが、ニック家の裏に住むランディ家である。ランディは大工で、仕事がある期間は平日の朝家を出てP市内や近郊の町で働き、夕方帰ってくる生活をしていた。酒好きで陽気な、親族随一の宴会隊長である。同じ屋敷地に住んでいた甥のムンムンやキンキンと週に2回は飲んでいて、私ももれなくご相伴《しょうばん》にあずかっていた。ムンムンはフェの店員や豚肉の販売などを転々としていた。キンキンはランディと同じように大工などをしていた。ランディは酒があれば必ず、自ら肉や魚を調理し、大層おいしいあてを提供してくれた。共に暮らしているのは妻アンアンと一人娘だった。アンアンはランディにとって2人目のパートナーであった。別れた1人目の女性との間に息子ジャンジャンがおり、彼はロロ家で暮らしていた。ジャンジャンは当時高校生で、のちに、アダやケルケルと同じ大学に入学し、エンジニアリングのコースを修了した。

ザルディ家は、実のところよくわからない。ザルディはヤクルトや健康食品など、手を変え品を変えいろいろなモノを売っているようだった。外出するときにロロ家とニック家の間をバイクで通るので、そのときに立ち話をした。

ニック家に居候し、レイエス一族の面々と日々を共にするなかで、NGOの世界しか知らなかった私はフィリピン人の生活がどのようなものなのかを体験することとなった。朝から晩まで同じ時間を過ごし、恋愛話から政治談議じみたことまでざっくばらんに会話をし、酒を買っては飲み明かした。特に、ニックが人にものを教えるのが好きなたちで、ベスがおしゃべりだったこと、さらにニックやベスの話をアダとケルケルが訂正したり膨らましたりしてくれたことで、彼らの暮らしの解像度が徐々に上がっていった。その過程において発見したのが、数字くじの存在であった。どうやら、ニックもベスもランディもザルディも、みんな頻繁に数字くじを購入しているようだった。友人と軒先で芋を食べながら噂話に花を咲かせていると思ったら、数字の話に移行していたりして、そばで聞きながらなぜそうなるのかさっぱりわからなかった。このわからなさが、数字くじに関心を寄せるようになったきっかけの一つとなった。

B村、ベスの生家——謎に包まれた数字くじ

しかしまだこのとき、多民族共生をテーマとして卒業論文を書くことを私はあきらめていなかった。どこかうってつけの場所はないものかと考えていた。タイミングよく、ベスが帰省をして老齢の父の様子をうかがいに行

きたいと漏らした。聞くところによるとかなりの田舎だという。この機を逃してはいけないと、2014年9月にベスとケルケルと3人で小旅行をした。

気軽に出かけたものの、その道程は劣悪極まりなかった。P市からミンダナオ第二の都市ディゴスまでバスで2時間、そこから乗り合いバンに乗り継ぎ、マリタという漁師町まで2時間。そこからバイクで4時間、未舗装の凸凹道を進み続けた。行儀よく並ぶココヤシが見え始めると、道路は格段と険しくなった。急勾配の岩肌露わな山道と波の高い海沿いの道を交互に進み、川の浅瀬を数回横切り、時々バイクから降りて歩き、全身疲弊しきったところでようやく到着したのがJ町のB村であった。日はとうに暮れ、闇に包まれた山道を数分歩いてベスの生家に着いた。

B村は、七つのシティオ（集落）が集合し行政村として機能していた。ルマドであるサランガニ・マノボの血縁が過半を占めるが、低地にはビサヤ地域から移住してきたビサヤ系住民も一定数いた。マノボの住民はマノボ語を、ビサヤ系住民はセブアノ語を用いていた。マノボの住民がビサヤ系住民と会話するときにはセブアノ語を用いていた。ビサヤ系住民は、中にはマノボ語を理解している人もいるが、基本的にあまりマノボ語は話せないようだった。

村の主な生業はココヤシ栽培であり、バイク運転業や漁業をする者もいた。初めて訪れたときには村全体に電気が通っておらず、有力な一族の家にジェネレーターが一つあるのみだった。2014年12月にようやく通電した。稲作に向かない土壌で、主食の米はJ町中心部で購入する。海沿いの村だが波が高く、漁業にも不向きの土地だった。現金獲得のため、子どもや配偶者がダバオなど近隣都市に出稼ぎをするケースが多く見られた。娯楽は村の中心にあるビデオケ（カラオケ）やバスケットボール、ビリヤード、闘蜘蛛程度で、当時はインターネットもつながらなかった。2000年代後半までは船とバイクのみが村と諸地域を結ぶ交通手段であったが、幹線道路整備が遅々としつつも進んだ結果、このときにはダバオとJ町を結ぶ乗り合いバンが一日2本ほど走っていた。ただし、その道程も悲惨であることには変わりなく、積載人数を超えて車内に詰め込まれる乗客は、背もた

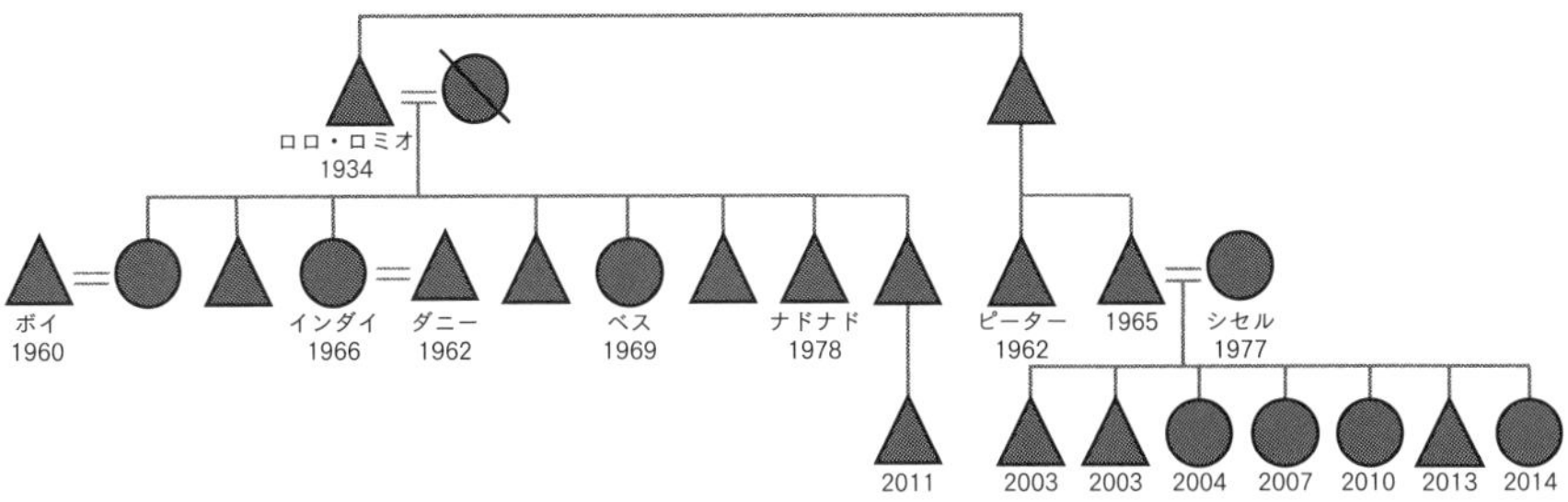

図1－3　ベスの親族図（2017年時点）
※人名の下の数字は生年を示す。

れや窓ガラスに頭を打ち付けられながら舗装された道路に出るまでとにかく耐えるのであった。吐き気を抑えるマッサージオイルが役に立った。

ベスの家族

ベスの父、ロロ・ロミオは、娘のインダイ、インダイの夫ダニー、そして末息子の子どもビンセントと暮らしていた。

　ロロ・ロミオは80歳超にもかかわらず足腰が強く、家の裏山をスタタタと駆け上っては果物のランゾネスやランブータンをとっていた。セブ島からの移民一世で、ミンダナオ南部で土地の開墾をしていたときにボホール島出身の妻と出会い、J町に居を構えることになった。政府から支給される高齢者への支援金が月に５００ペソ、末息子からの不定期送金、果物の行商、年４回のコプラ収穫が現金収入源だった。村に電気が通った後もロロ・ロミオの家には電線が届かず、それを延長するためには５０００ペソもかかるため、ガス灯に頼り続けていた。寡黙なロロ・ロミオだったが、私が質問すれば、入植の経緯や戦時中の経験などなんでも答えてくれた。寝つきが悪く、ラジオに耳をつけて夜遅くまで聞いていた。深夜のあるとき、家の外にある穴に用便をたしに出て戻るとロロ・ロミオが起きていて、「だいじょうぶか」と明瞭な日本語で私に声をかけてくれた瞬間が今でも強烈に脳裏に焼き付いている。日本占領期の記憶を有している、数少ない人物だった。

　同居するインダイは、ビンセントの世話を焼いたり行商する果物の選別をしたりコプラ収穫の手伝いをしたりしていた。久しぶりに会った友人のように、ベスと朝から晩までよく話し込んでいた。村にはもう1人、ロロ・ロミオの四男ナドナドがいた。彼はロロ・ロミオの家には住まず、村随一の金持ちで権力者の一族の家に暮らしながらそこで下働きをしていた。

インダイの夫のダニーは、初回の訪問では漁に出ていて不在だった。再訪問すると関節炎で足を痛めたのでしばし漁を休むと言って家にいた。ダニーはミンダナオ島とカリマンタン島の間にあるスールー諸島、ホロ出身のムスリムだった。ムスリムは、村では彼とその親族男性のみのようだった。ムスリムだったが、村の友人たちとヤシ酒をよく飲んでいて、「酒を飲むから関節炎が治らないのだ」とインダイに叱責されていた。ヤシ酒は甘酸っぱく、つい飲みすぎてしまい、私も頻繁に体調を崩した。それを心配したインダイが伝統療法(2)を施してくれ、驚くべきことにすぐに二日酔いが消滅した。

数字くじに魅せられる

この地で卒業論文を書くことに決め、その後もニックやケルケルを帯同して数回通った。結局ココヤシ栽培の実態と人々の生存戦略について調べることにした。ケルケルは村の不自由な生活にしびれを切らし、家に帰りたいと泣いてニックにすがったことが一度だけあった。川で洗濯、水浴び、用便をし、日が暮れると真っ暗になり、大した娯楽もなく、食べ物も少ないB村の生活は確かに不便だった。この地で暮らす人々の楽しみは酒以外何かあるのだろうかと途方に暮れている頃、ロロ・ロミオが暗闇の中カレンダーをガス灯で照らし、数字を書きつけているのを目撃した。聞くと、書き留めている数字は数字くじの当せん番号で、次の数字を分析しているのだと言った。こんな辺鄙《へんぴ》な村にも数字くじがあることに驚きを隠せなかった。さらに、村で数字くじの売人をしているのがダニーであることも判明した。ダニーのもとにはくじを買いに毎日数字の相談をしに来る老婆がいて、ダニーが助言した数字を毎回購入していた。数字くじフリークのベスも例にもれず、購入していた。

ロロが数字を分析していること、ダニーが売人をしていることの発見に加えて、私が数字くじにとらわれる決定打となったのが、シセルの存在であった。シセルは毎日のようにインダイを訪ねてくる女性だった。そのたびにインダイがおかずや薬やらを持たせていた。ロロ・ロミオが採った果物の行商もシセルがやり、コプラ収穫にも参加していた。彼女の夫はロロ・ロミオの甥にあたった。彼は当時コタバト州内の道路工事の出稼ぎに出ていて村におらず、シセルが子ども7人を1人で育てていた。彼女たちの生活は困窮していて、山に生えるバナナや少量の米と醬油などでしのいでいた。村に住んでいたシセルの夫の兄ピーターはロロ・ロミオの家に来るたびに

「子どもを作りすぎたのが悪い」などとシセルへの愚痴をこぼしていたが、インダイは彼女たちの生活を気にかけていた。インダイに携帯電話を借りて夫に送金を頼み込むシセルの姿は何度も目にしていた。そんな彼女が、ベスやインダイとおしゃべりをしながら、ダニーにくじ購入を頼む場面を目撃した。米を買えないのに数字くじは買うのか、と当惑した。同時に、数字くじに賭ける行為がフィリピンの人々の生活に浸透しながら何か特異な意味を持っているのではないかと考えるようになった。

こうした印象的な出来事にめぐり合ったことが引き金となり、大学院に進学後まもなく、数字くじ、ひいては賭博実践を研究してみようと決断するに至った。

2017年、2年弱のブランクを経て私は再びニック家に戻った。賭博について調べることにしたのだと宣言すると、「じゃあリータと遊んでくればいい」とニックたちにすすめられた。リータはニックの妹で、P市中心部に暮らしていた。夫のレンズはエンジニア、長女のマイマイはオーストラリアで看護師をしていた。次女のビビは当時臨床検査技師のコースにいたが、修了し、医学部に入りなおす勉強をしていた。リータ家はレイエス一族の中で一番裕福で、親族の生活を支える立場でもあった。

こうして時々リータの家にも寝泊まりするようになった。リータは熱心な数字くじ愛好家で、一度に300ペソも購入する姿をよく見かけた。数字くじだけでなく、リータはカジノにも頻繁に足を運んでいた。ニックが「遊んでこい」と言ったのは、カジノのことだった。週に2、3回ほど、レンズと共に家からトライシクルで5分ほどのところにあるカジノでビンゴマシンに興じていた。時々ビビやランディも一緒に行って打っていた。カジノの正式名称は「インスタウィン（instawin）」だが、人々は「ビンゴハン（*bingohan*、ビンゴ場）」と呼んでいた。

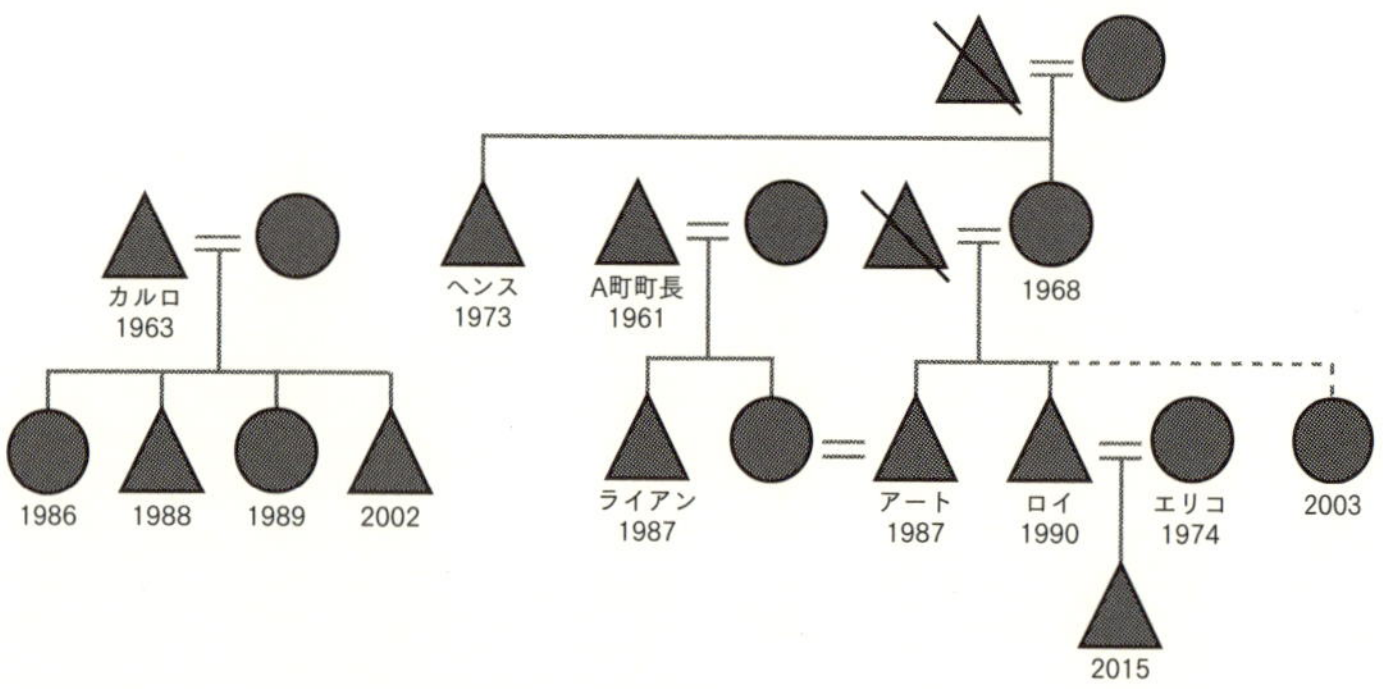

図1－4　アンドリーノ一族親族図（2017年時点）
＊人名の下の数字は生年。

カジノにはビンゴマシンのほかにバカラマシンがあった。小銭を賭ける数字くじとは違い、数千ペソが一夜にして増減するビンゴマシンは、かなりヒリつくものだった。このように私は、人々の遊びに付き合いながら、数字くじからほかの賭博に食指を伸ばしていった。

A町、アンドリーノ一族——賭博実践の散策

フィリピンで賭博ならば、闘鶏は絶対に押さえておかねばならない実践だった。10代から30代まで闘鶏に傾倒していたニックは闘鶏場での思い出話をたくさんしてくれていたし、ランディやキンキンは酒を飲みながらしばしば鶏について語り合っていた。ニックは、義兄ボイが闘鶏を繁殖しているからと言って連れて行ってくれたり、M村にいる闘鶏家の友人を紹介してくれたりもした。しかしニックは闘鶏から足を洗って長いので、闘鶏場にまで同伴してもらうのはさすがにためらわれた。

２０１７年７月、私は闘鶏場に行きたい思いをくすぶらせていた。その頃、ロイが連絡をくれた。ロイはＮＧＯの元同僚で、日本人女性のエリコと結婚して日本で暮らしていた。歳が近いこともあり、ＮＧＯ時代に私が最も仲良くなったメンバーの1人だった。ロイは日本に引っ越してからも、毎年7、8月には、エリコや息子を連れてフィリピンに戻っていた。「僕の町では闘鶏ももちろんあるし、ほかの賭博もある。うってつけじゃないか」と言って、帰省中のロイは私を彼の町に誘ってくれた。こうして、闘鶏を求めてA町に腰を据えることになり、やがてここ

がP市に並んで主要な調査地の一つとなった。

A町は人口4万7000人強の農村である。P市からマルチキャブ（乗り合いジープニー）で北上し、およそ1時間、運賃30ペソで到着する。主な生業は稲作農業であり、町役場やバスケットコートなど町の中心的機能が集まるポブラシオン（町の中心となるバランガイ）から少し離れれば、のどかな田園風景があたり一面に広がる。稲作だけでなく、トウモロコシやゴム、コーヒーの栽培も盛んな肥沃な土地である。住民の大半は、太平洋戦争前後にパナイ島イロイロ州から入植してきたヒリガイノンの人々である。ゆえに、住民同士の日常使用言語はヒリガイノン語なのだが、会話の中にはセブアノ語も混在していた。

ロイの家はポブラシオンからバイクで7分ほど田んぼの間を走り、山道を上がったところにあった。どこまでが屋敷地なのかわからない広い土地にゴムノキが等間隔で植わっていて、そのゴム林の前に2階建ての家があった。ここに、ロイの母が暮らしていた。少し離れたところには、ロイの祖母の家があった。屋敷地の下には美しい田園が広がり、豚の鳴き声が時々響いていた。ロイの祖母もイロイロからの移民であり、ロイは祖母を「アンドリーノ一族はじまりの人物」としてたたえていた。ロイの兄アートは妻とポブラシオンで暮らしていた。病気がちで数カ月入院することもあったが、2017年には元気な姿でいた。

ロイをはじめとする闘鶏仲間たち

ロイは聡明な人物だった。大学のエンジニアリングコースを卒業してすぐは、P市内の電子機器販売店で働いていた。彼自身が学費を援助してもらっていたこともあり、NGO職員に転職した。組織の中ではIT系の業務をすべて請け負っていた。それだけでなく、山奥の寒村まで支援児童を見に行ったり、日本人訪問者の相手をしたり、何でもしていた。エリコとはNGO時代に知り合い、遠距離で関係を構築していた。先に述べた組織のいざこざにロイも多少なりとも巻き込まれ、私が抜けたのちに、2014年のエリコとの結婚と前後してNGOを去った。日本に移住後、息子が産まれ、大学教員として働くエリコを支えながら、幼子を育てていた。子育て中心の生活だったが、2022年からは養鶏場で働きはじめ、現場のマネジメントをしている。

手に職をつけ、日本語も生活の中で習得するなど多才なロイであるが、知り合ってから現在に至るまで、一貫して「農家」としての自負を保ち続けている。アンドリーノ一族代々の生業は稲作であり、たとえ市街地で職を得たり日本で暮らし始めたりしても、ロイのアイデンティティの中核は農家のようであった。

当初のロイは、闘鶏の経験はもちろんあったが、詳しいわけではなかった。フィリピン人男性のたしなみとして携えている程度の知識だったはずである。だが、A町には闘鶏に精通した彼の親族がたくさんいた。そもそも、A町がイロイロからの入植者によって創立されたことにも重なるが、町にはロイの親戚が多く暮らしていた。遠い血縁まで辿れば数えきれない。叔父のハンスは邸宅の庭に立派な闘鶏を複数所有する闘鶏家だった。町長の息子ライアン（当時、闘鶏にのめり込んでいた）とロイの義姉は兄妹で、A町の闘鶏場のオーナーと町長も兄弟だった。ハンスも町長も共通して、鶏に関してはカルロという凄腕の闘鶏家を頼っていた。P市に比して規模が小さく、コミュニティの狭いA町の中では、ロイの血縁や知り合いを辿るだけで町の闘鶏事情がまるわかりになるようであった。さらに、A町の多くの住民の故地であるイロイロは、フィリピンにおける闘鶏のメッカであった。A町の闘鶏家の少なからぬ人数が、イロイロから鶏を仕入れていた。

このような地の利もあり、A町で闘鶏の世界の基本を教わることになった。ロイや周りの闘鶏家は、賭け方や用語、鶏の種類など、初歩的なことを根気強く説明してくれた。

ロイの案内のおかげで、A町では闘鶏だけでなく、人々の生活に根付く他の賭博にも広く出会うことができた。数字くじは言わずもがな、ハンタック（*hantak*、コインゲーム）でのコインの投げ方を教わり、村の女性たちが集うビンゴに和気あいあいと興じ、雑貨屋の裏の部屋で行われる麻雀を観察した。中でも、トンギッツ（*tongits*）は中毒性の高い遊びだった。3人で行うカードゲームで、3枚もしくは4枚の組み合わせを手札の中に作っていくゲームである。A町には当時トンギッツ小屋があり、そこで金を賭けていた。長丁場かつ、数百ペソ、時には数千ペソの勝負になる小屋の中には、観戦者も含めて熱気が漂っていた。

こうして、ロイをはじめとした闘鶏仲間とビールやラムをあおりながら、広い賭博実践のあり方を散策し、闘鶏の基礎的な世界をたたき込んでもらった。闘鶏の世界に足を踏み入れる取っ掛かりをもったことで、闘鶏歴のより長い闘鶏家、A町よりも規模の大きい闘鶏場の世界にも踏み込んでみる必要性を感じるようになった。

L町、ヘルナンド一族——闘鶏の深みへ

2018年3月、NGO時代の友人の結婚式に参加したときに、NGOのスタッフだった日本人男性、ナオと再会した。ナオは2013年頃から当時ダバオで大学生だったグレースと付き合い始め、NGOを去った数年後に結婚した。当時、ナオは彼女の実家に暮らしていたため、友人の結婚式にはナオとグレースだけでなく、グレースの両親、妹たちもそろい踏みで参列していた。グレースや妹のクリスティと感動の再会で盛り上がり、近況報告をしているうちに、私が賭博の研究を始めたところだという話になった。すると、「私たちのパパが闘鶏を仕事にしてるの、知ってた？　闘鶏がしたいならうちに来なよ」と言ってくれた。ナオは「鶏がうるさくて寝れないから、全部殺してほしいくらいだけど」とこぼしていた。飛びつくように私は、近々訪問する約束を交わした。

同年8月から、ヘルナンド一族の家に住まわせてもらうようになった。この地がL町である。L町は人口3万5000人ほどの町である。ダバオからバスで約2時間、ディゴスからもバスで30分ほどの距離に位置し、都市部へのアクセスが良好な町だ。L町は幹線道路の分岐地点にあり、道路はその先で、ミンダナオ南端の都市ジェネラルサントス方面と、調査地の一つであるJ町など山間部方面とに分かれる。この道路沿いに町営市場があり、食料品や衣料品など生活必需品はそこですべて賄える。幹線道路から西に進むと、トウモロコシ畑や田んぼなどが広がる山岳地帯である。

ヘルナンド一族の住まいは、市場周辺のポブラシオンにあった。私が訪ねたときにはすでに、ナオとグレースはナオの母の出身地のアメリカ・ニューヨークに引っ越していた。ヘルナンド一族の屋敷地には、闘鶏家のジェ

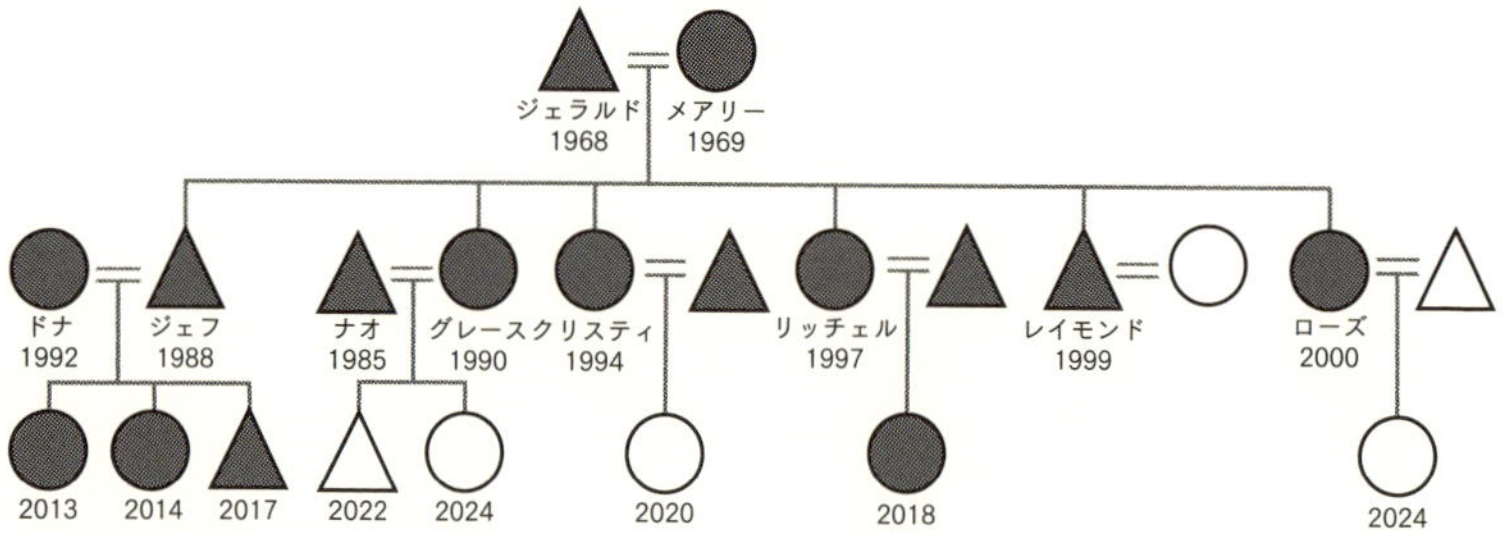

図1－5　ヘルナンド一族親族図
※人名の下の数字は生年、白色の記号は2017年時点で存在していなかった人物を示す。

ラルドとその妻メアリー、グレースを除く彼らの子どもたち5人が居住していた。

屋敷地には色鮮やかで筋肉の浮き立つ美しい鶏たちも悠々と暮らしていた。ジェラルドは歴20年以上の闘鶏家で、鶏を育て闘いに出すことを生業にしていた。彼の名はL町だけでなくディゴスの闘鶏場でも知れ渡っており、家にはトロフィーが5個ほど並んで飾られていた。長男のジェフは、L町から車で2時間ほどの南方の町にある闘鶏チームのメンバーとして闘鶏を生業にしていた。チームのファームに住み込んで働いており、妻のドナと子ども3人が家に残っていた。当時大学を休学していた末息子のレイモンドは、父親の闘鶏業を手伝っていた。ゆくゆくは警察官になると言っていたが、翌年2019年に再訪したときにも復学せずに家にいた。

ジェラルドの古くからの友人であるジャンレイも、ジェラルドの闘鶏業に携わっていた。ジャンレイはヘルナンド一族の屋敷地の裏に祖母と暮らしていたが、昼夜問わず多くの時間をヘルナンド一族の屋敷地で過ごしていて、まるで親族のようだった。

ヘルナンド一族との生活

私は彼らの腰巾着《こしぎんちゃく》よろしく、L町を中心に各地の闘鶏場についていった。彼らに連れ添うことで、私はP市やA町では経験することのなかった、華美で大規模な闘鶏の世界を知ることになった。ダバオやディゴスの闘鶏場ではセクシーなラウンドガールが出場鶏のプラカードを掲げてピット上を歩き、

1回の大会で100以上のファイトが夜通し繰り広げられた。ジェラルド、レイモンド、ジャンレイの闘鶏への関わり方を理解していくことで、闘鶏がフィリピンの一大産業の一つとして君臨しているその構造をひもとけそうであった。

ヘルナンド一族の生業は多角的であった。闘鶏に加えて、L町とディゴスを結ぶジープニー運行、小作人を雇ったトウモロコシ栽培、各種雑貨屋の経営などが、一族全体の収入源となっていた。そうした家計をやりくりするのは、メアリーを中心とする女性たちだった。2018年当時、メアリーはL町の公立高校内の雑貨屋を経営していて、四女ローズと共に店を切り盛りしていた。次女クリスティや三女リッチェル、義娘ドナがおかずを仕込み、雑貨屋に卸《おろ》していた。2019年には町営市場にテナントを獲得した。学校の雑貨屋はローズに任せ、メアリー自身が市場内での雑貨屋開業と経営に奮闘していた。闘鶏に勤《いそ》しむ男性たちを横目に、メアリーは早朝から夜遅くまで働いていた。娘たちもそれぞれ、母から起業家精神を受け継ぎ、独立事業を立ち上げていった。2024年現在、クリスティは夫とともにパン屋、レチョン・バボイ（豚の丸焼き）屋、エアコン修理店を経営し、リッチェルは米屋、肉屋を経営している。

この女性たちの力強さは、ビジネスだけでなくカードゲームにも発揮されていた。彼女たち、特にリッチェルやドナ、ローズは、暇を持て余す日中、白熱したトンギッツの戦いを繰り広げていた。もちろん少額だが金も賭け合っていた。仕事帰りや仕事のない日には、メアリーも参加した。私もたびたび仲間に加えてもらった。彼女たちの集中力と熱意はすさまじく、最長で12時間地べたに座り続け、運ばれる食事を食べながら、カードをめくり続けた。彼女たちから「トンギッツしよう」と誘われる度に私は、財布の中身が空っぽになる恐怖とお尻の色素沈着が進行する心配を抱きながら戦場に向かったものだった。

ヘルナンド一族との生活は私に、闘鶏家としての生きざまの具体例をもたらしてくれた。それと同時に、当初の狙いから図らずも、闘鶏にいやいや巻き込まれ愚痴をこぼしながら、賭博とは隔絶した形で戦略的に生業を展開していく女性たちの生きざまもうかがい知るようになっていった。

こうして、私は四つの地域と四つの家族と出会った。「○日に闘鶏がある」「ビンゴハンにいく」などの誘いをメッセンジャーやSMSで受けるたびに、各地を転々と移動し、賭博に馳せ参じた。それぞれの地や人々が、重なり合いながらも異なる様相を呈し、賭けを日常生活に含み持っていた。どこでもだれでも賭けている数字くじがある一方で、P市にしかないカジノやヘルナンド一族の中で強烈に熱く盛り上がるトンギッツがあるなど、地域によって観察できる賭博実践は異なっていた。特に闘鶏実践について私が知れることは、各地・各人においてかなり違いがあった。J町で闘鶏を観察することはなかったが、P市、A町、L町において大小さまざまな開催規模の闘鶏に参与したこと、多様な属性——引退した闘鶏家のニック、闘鶏初心者のロイ、ベテラン闘鶏家のジェラルドなど——を有する闘鶏家たちが賭け実践や語りを提供してくれたことで、闘鶏の世界の解像度は飛躍的に上がった。調査地や人々との出会いはすべてたまたまそうなっただけの無計画極まりないものだったが、結果的に、四つの異なる地で調査をすることは、この意味において私にとっては重要であり、研究にとっても有益だった。

2　ミンダナオをいかに論じるのか

私が辿り着いたP市、B村、A町、L町は、フィリピンの地方に行けばどこにでも同じような光景が見られるような、ありふれた町や村の一つでしかない。私と懇意にしてくれた人々も、フィリピンのどこで生活していたっておかしくない人たちだった。いたって「普通」な場所や人々の下で私の研究が展開したのには、しかし、わけがある。それは、「フィリピン」らしい、あるいは私たち日本人とも近しい普遍的な日常が、ミンダナオにも確かにあるということを描き出すためである。

人口の9割以上をキリスト教徒が占めるフィリピンにおいて、ミンダナオ島は人口のおよそ19%がイスラーム教徒、移民系キリスト教徒が人口の71％である。また、イスラームが伝播する14世紀以前からミンダナオ島で生活していたルマド（*lumad*）と総称される先住民族が人口の８％を占める[3]。

フィリピンの他地域と比較してこれらの特殊な人口割合は、20世紀初頭から始まった国家主導のミンダナオ島入植政策に端を発している。当時、未開拓の肥沃な土地が広がるミンダナオはフィリピン北部・中部農村の人口過剰を解決するための、まさにフロンティアであった。太平洋戦争後、特に中部ビサヤ地域からの自発的・組織的入植が本格化し、キリスト教徒は急増した（Abinales 2000: 96–98）。先住民は安価で土地を譲り渡し、社会の周縁に追いやられた。増殖する移民と先住ムスリムとの間には軋轢が生じていった。

１９６０年代末から、ムスリム勢力による分離独立運動は加速し、自治拡大・独立を掲げるモロ民族解放戦線[4]（Moro National Liberation Front: MNLF）やモロ・イスラーム解放戦線（Moro Islamic Liberation Front: MILF）などの反政府武装組織がミンダナオ各地で政府軍と武力衝突を繰り返した。２０１７年、マラウィ市で発生したマウテ・グループとイスラーム国（が関与したとされる）による大規模な戦闘はまだ記憶に新しい。合意が近づいては破綻し、を繰り返してきた国家と分離独立勢力であるが、近年になって和平は大きく前進しているようにうかがえる。２０１９年にはムスリム・ミンダナオ自治地域（Autonomous Religion in Muslim Mindanao: ARMM）から拡大移行する形で、バンサモロ・ムスリム・ミンダナオ自治地域（Bangsamoro Autonomous Religion in Muslim Mindanao: BARMM）が設立され、現在、六つの州とコタバト州の一部地域が自治政府に属している。

情勢が安定したことで、ルソン島に次ぐ国内第２位の経済圏となるほどにミンダナオのビジネス環境は大きな変化を遂げている。２０２０年から２０２１年にかけての成長率はルソン島とビサヤ諸島をしのぐ国内最高値の６・１％であった。今日、国内総生産の17・２％をミンダナオ経済が支えており（Manila Bulletin 2022/9/12）、国内外からの観光客も増加傾向にある。フィリピンの経済成長の一翼を担う存在として、ミンダナオの経済と社会は発展の真っ只中にある。

それでもなお、ミンダナオは、世界の中でも長期化・複雑化した内戦の一つである「ミンダナオ紛争」の舞台として、政治的・社会的に位置づけられ続けている。フィリピン国内においても、「ミンダナオ＝治安・情勢の不安定な地域」という認識はまだまだ強い。たとえば、日本在住のフィリピン人と居酒屋で近くに座って打ち解け、フィリピンのどこに行っているのかと訊かれて「ミンダナオの真ん中の方」と答えれば、「そんな危ないところに。なんで。怖くて私は行けない」と反応されるのが（私の体感だが）7割くらいである。

学術的関心もまた、ミンダナオをこのように定位し描き出し続けている。分離運動を抱え込む地として、あるいは、キリスト教徒・ムスリム・ルマドという3アクターが暮らす地として、ミンダナオ社会の歴史や政治に関する議論はあまた蓄積されている（鈴木 2023; 川島 2012; Canuday 2009; 谷口 2020）。そのパースペクティブは、入植、土地収奪、植民地主義、分離独立、自治拡大、暴力、貧困、ムスリム－クリスチャン関係、多民族共生、平和構築などにわたる。また、人々の日常的な生活世界に入り込んだ研究者は、不安定な社会情勢によって疎外される人々の生や、異なる宗教や民族に属する人々が共生するあり方を、誠実に丹念に浮かび上がらせている（石井 2002; 吉澤 2017）。

このような観点から積み上げられてきた「ミンダナオ研究」は、ミンダナオ社会の実態を可視化し、そこでくすぶり続ける問題の解決のために、常に重要な役割を担い続けていることに疑いの余地はない。しかし同時に私は、この研究姿勢がミンダナオに対するステレオタイプを再生産しているのではないかという一抹の不満を抱いている。ミンダナオは、フィリピンの他の地域社会とは異なる特有の事情――分離運動と複雑な多民族共生の歴史と現在――を照らし出されることで、常に特殊な地域としての性格を付与されてきた。たとえば、他地域であれば何気ない隣人同士のいさかいや暴力として把握される出来事でも、ひとたびミンダナオで同じことが起きれば、ムスリム－クリスチャンの対立として報道されたり、学術的に分析されたりしてしまうことも考えられる。前述のパースペクティブに固定した議論の繰り返しと塗り直しは、民族間関係や社会構造を本質化する語りや認識を強化してしまいかねない。

本書は、主流の「ミンダナオ研究」に属すものではない。本書が分析の対象とする人々の多くは移民系キリスト教徒である。彼らと交友や親族関係のあるムスリムやルマドも一部存在する。しかし特段、彼らの民族枠組みや異なる宗教・民族属性の間の関係について言及することは本章以降ない。なぜなら、そうした事項は彼らと共に過ごす時間の中で表面的に問題になることはほとんどなかったから、つまり事例として私が持っていないからである。本研究の調査を始めて以降、私は、私の知っているミンダナオに暮らす人々が、他の地域社会とさして変わらない、普通の生活を営んでいる姿を描き出したいという思いを強く抱いている。もちろん、調査期間中に武力衝突が起きればムスリムの悪口は耳にした。それと同じく、ボホール出身の人がパナイ出身の人を馬鹿にしたり（逆もしかり）、商売敵《がたき》の陰口をたたいたり、発砲沙汰を起こす暴力的なカトリック教徒の隣人を恐れたりしていた。人と人との摩擦は、至るところに発生しては消えたり薄れたり残ったりしているようだった。だからといって、本書はムスリム－クリスチャン関係を他の民族関係と同質化するわけでもなければ、ミンダナオの諸問題を存在しないものとして扱うわけでも決してない。そのようなリアリティのすぐそばにある、多数派の人々の日常生活もまた、ミンダナオ社会を構成する一要素であることを確認したいだけである。

よって本書では、ミンダナオ社会を照らしてきた固有の枠組みを一旦保留し、首都マニラを中心とした国家の最周縁に位置する地域社会の一つとしてミンダナオを定位する。そのうえで人々のとりとめのない賭ける実践にフォーカスすることによって、ミンダナオで暮らすの人々の「日常」生活の一端をうかがい知る切り口を提供したい。

3　調査の内実

さて、流れに任せ、人々に巻き込まれながら辿り着いた賭博の世界に、どのような方法で接近し、教えてもらい、実践し、分析に至ったのか、調査の内実について説明する。

調査期間と調査方法

本書のデータは、2014〜2015年、2017〜2024年の間に計15カ月間、断続的に行った現地調査と文献調査に基づいている。2014年8〜9月と2015年5月・8〜9月におけるP市、J町での調査は、賭博実践を目的としたものではなかったが、副次的に集まったデータを事例として用いている。賭博をテーマに据えて行った初めての現地調査が2017年8〜9月であり、P市、A町で数字くじを中心とした賭け実践を幅広く観察するとともに闘鶏の基礎的データを収集した。2018年8〜10月はP市、A町、L町の3地点を回り、特にA町とL町の闘鶏家の生業構造について重点的に調査した。2019年10月〜2020年2月はP市とL町を拠点とし、必要に応じてA町に足を運んだ。この期間は主に、各種の賭博行為における賭け実践全般の参与観察に費やした。2018、2019、2020年の調査期間中、毎回数日から2週間は首都マニラにて、1900年代初期から2000年代までの週刊誌記事や新聞記事などを収集する文献調査を行った。2023年12月〜2024年1月、新型コロナウイルス感染症のパンデミック以来4年ぶりにミンダナオを訪れた際は、P市のレイエス一族、A町のアンドリーノ一族、L町のヘルナンド一族の近況をアップデートした。

本書は、そのほとんどを参与観察に依拠している。それぞれの調査地に参入する際、私は参与観察の第一人者であるウィリアム・ホワイトと同じ手段をとった。つまり、調査地に住み、調査対象の人々と共に暮らし、同じ時間を共に過ごすことで、受け入れてもらおうとした（ホワイト 2000: 298–302）。各地域で私は、各家族の食堂や雑貨屋の手伝い、家族の買い物、果物の収穫、そして最も重要な親交の機会である飲み会への参加と出資など、賭博に直接関係のない諸生活に与《くみ》し続けた。一日中、L町のメアリーの雑貨屋でお釣りをさばいたり、P市のベスの食堂で注文をとったりしていたこともあった。A町ではロイたち、P市ではランディたちと、ことあるごとに酒を飲み、翌日の午前中を無駄にすることもしばしばあった。

人々と同じ時間を過ごし、賭博以外の行いにも全面的にコミットすることは、調査対象の賭博実践を理解するうえで欠かせなかった。そもそも、調査地の人々の賭博への関与は彼らの生活の中心ではもちろんなかった。闘鶏家でさえ、闘鶏以外のことに従事する時間の方が週平均にすると多かった。たとえばジェラルドは、トウモロコシ畑に行ったり妻の雑貨屋に駆り出されたりしていたし、レイモンドも規則的な鶏の世話以外の時間は友人と遊んだり無為にスマホをいじって過ごしたりしていた。だからといって、くじ購入にだけ付き添う、あるいは闘鶏場にだけ赴くといったやり方では、賭博者の世界のほんの隅っこしか理解できなかったはずである。数字くじであれば日常の何気ない会話の中にそのエッセンスが詰まっており、闘鶏であればその大会自体は空間的・時間的に限定されて催されるものの、鶏を育て鍛える営みは闘鶏家の生活リズムと連動するものだった。賭けは、人々の暮らし全体の中から生み出されているようだった。

親切心によって人々はよそ者である私が自らの家庭に身を寄せることを受け入れてくれただけでなく、次第に私を「珍しい日本人」というカテゴリから移行して「友人」「娘」「キョウダイ」として位置づけるようになっていった。たとえばケルケルは、私の素性を友人に紹介する際に、「ずっと一緒に暮らしてきた、姉妹みたいな感じ」と説明した。ニックやベスは、「ここがフミコの第二の家なんだから」と言いながら、時に過保護なんじゃないかと思うほどに私の行動を諫《いさ》めたりしていた。表層的なパフォーマンスであったとしても、こうした発言は拠点となる家の隣人たちが向ける私への疑念を払拭し、調査地における私の居心地の良さを作り出してくれ、調査を円滑に進めることに大いなる貢献をしてくれた。もちろん、程度の濃淡はあるかもしれないが、いつまでも私が調査地においてよそ者であり、人々にとっての「他者」であったこと、今でもそうであることは言うまでもない。

フィールドノートの記録

データはフィールドノートに書きつけた記録に依拠している。フィールドノートをとるという行為は、現場の混沌とした出来事や事象、情動を書き留めるという、現地における人類学者の仕事の中核をなすものであり、フィールドノートは、書き留められた瞬間を精査し、経験を抽象化し、そこに意味を与えるという一連の過程において「証左」となる存在である（Rapport 1991）。私もこの人類学のしきたりに従った。たとえば、闘鶏場における賭けの最中には、人々が私に授ける助言や鶏に関する評価の仕方、彼らの賭けの内容、そして自らの賭けの内容を殴り書きした。翌朝、朝食後にそれを清書し、記憶を頼りに前日の出来事を整理した。これを毎日繰り返した。「自然」な会話や雰囲気を壊さないよう、長話をしたり会話に加わったりする際に、目の前でフィールドノートをとることは避けたし、レコーダーも使わなかった。データのほとんどは参与観察から得たものだが、一部の闘鶏家には半構造化インタビューを行った。質問内容は、「闘鶏歴は」「どれくらいの頻度で闘鶏をしているか」「なぜ闘鶏をしているのか」「今までで一番負けた／勝った日を覚えているか」「鶏の強さは何で決まるのか」などであり、これはレコーダーで録音した。

こうして、さまざまな賭博事象を中心としながら雑多に収集されたデータを、各章のテーマを論じるために整頓し、抽出し、一貫性のあるものへ再構築したのが本書である。このスタンスは、文化とは解釈にほかならず、民族誌の営みとは、一次テキスト（当事者の解釈）をめぐって二次的な解釈を与えていく作業であると位置づけたギアツやポール・ラビノーに、ある一定量を倣っている（ギアーツ 1996; ラビノー 1980）。「当事者の解釈」という事態もまた、参与観察という状況において特殊に生起したものである。私の賭博体験に協力してくれた人々は、私が投げかける初歩的な質問はもちろんのこと、「なぜ賭けるのか」「なぜ私は負けてしまうのか」などといった面倒くさい問いにまで、答えを返してくれたり、返そうと考えあぐねたりしてくれた。よそ者である私との問答を通じて、彼らは、自らの認識と経験のパターンを混乱させていたに違いない。普段立ち止まって考えることのない問いに対する回答を用意し、よそ者、他者、あるいは賭博初心者の私を納得させるために、自ら住み慣れた世界を再点検し、自らの行為を反省し、そうして客体化した出来事の解釈を言語化してくれた。ラビノーによれば、参与観察内部から浮かび上がるこうしたデータは、調査地の人々の思索と調査者の思索が短絡接触することで生じるものであり、「不自然」な経験である（ラビノー 1980: 56）。外在者と解釈のやり取りをすることで、内在者は無意識的に生きている世界の境界線を意識しながら自己の世界の輪郭を描いていく。私は、人々が／ともにに築くこうした境界領域的世界の中で、彼らとの共通理解を獲得してきた。

見方を変えれば境界領域的世界とは、箭内匡の言葉を借りるならば「アイデンティティの識別不能地帯」、あるいは箭内のこの概念を引いている里見龍樹に言わせれば、自己と他者が「不確かになる」事態としても立ち現れている（箭内 2002; 里見 2022）。里見は、まったく異質な世界（里見が言うところの「自然」）に入ることで調査者が異なる「私」になるということと、調査地の人々が「われわれ」は「われわれ」であるという自らの同一性の自明さに疑問符をつけること、この二つがともに揺り動かされることによって、フィールドワークや民族誌は可能な実践になっていると指摘している（里見 2022: 141–43）。たとえば私が、脚の色や鱗の数によって鶏を峻別するようになっていくことなどをはじめとして、諸存在に対する自己のあり方を変成させながら、賭博者になっていくこと。私の問いに応じて自らの何気ない賭けや発言を再帰的にと捉える行程において、自らの世界の自明性を点検する調査地の人々。この揺らぎと交わりの帰結の一つとして、本書は存在している。

調査者の立場性――「何者」として賭けるのか

ここで、調査地における私の立場性について明言しておきたい。私は参与観察という大義名分のもとで、自ら賭博に参与し、賭けていた。数字くじはみなが購入するタイミングで一緒に買った。闘鶏場に行って賭けなかった日はないし、カジノでは大勝と大敗を繰り返した。つまり、第一に私は賭博者であった。

先ほど「よそ者」という言葉を用いたように、私は各調査地において異質な「外国人」賭博者であった。特に参加者のほとんどを男性が占める闘鶏場においては、「外国人」かつ「女性」の異色さを放っていた。当初、闘鶏場での自らの異質感をどうにかしないことには、円滑な賭けをするための障壁となるかのように思われた。

女性としてのポジショナリティは、しばしば調査の方向性を変えるほどに、研究自体に大きく影響を与える（Abu-Lughod 1986）。しかしふたを開けてみると、女性として闘鶏に参与することは、さして難しいことではなかった。確かに、闘鶏場には毎回数人しか女性参加者は見かけなかったし、フィリピン社会でもいまだに闘鶏は男性的な遊技であると理解されている。しかし、闘鶏場は排他的な空間ではなかった。これは男性優位社会ではないフィリピンという国全体の特徴を反映しているのかもしれない。女性の闘鶏家は未だ少数ではあるが、ゆえに「現代的」で「かっこいい」存在としてしばしばテレビやＳＮＳで取り上げられていた（GMA News Online 2014/4/10）。

ハワイの違法闘鶏を調査したキャサリン・ヤングは、男性的実践に女性が入り込むために、結婚指輪をはめたり男らしい表現をしたり、身体的には女性であるが社会的には男性性の資本を多く有しているようなふるまいをしたと述べている（Young 2017）。私は、女性性を覆い隠そうという彼女のような強い自覚は持っていなかったが、たばこを吸ったり酒を飲んだり、闘鶏場の人々の行為をマネするかのようにふるまい続けていたことは、フィリピンの闘鶏の非排他性に加えて、何らかの効果を発揮していた可能性はある。結果的に私は、調査地の各闘鶏場において、女性が闘鶏に興じること自体への障壁を感じることは少なかった。一度だけ、Ａ町の闘鶏場で、すれ違いざまに酒に酔った男性が卑猥な言葉をかけてきたことがあったが、一緒にいたロイたちが即座に男性を戒め、私以上に怒りの感情を露わにし、事なきを得た。私が女性であることに起因するいざこざが発生したのは、私が気づいていないだけかもしれないが、記憶にある限りこの一度だけである。

それでも、「外国人」女性となると周囲から数奇な目で見られることは避けられなかった。そのような状況下で、闘鶏場のコミュニティに入れたのは、私を居候させてくれたり、私と懇意にしてくれたりした闘鶏家たちのおかげであった。彼らは闘鶏場のコミュニティの成員に、私が調査者であり闘鶏初心者で勉強中であること、闘鶏が好きであることを説明した。どこの調査地においても、コミュニティに精通した彼らが同伴することで、闘鶏コミュニティは私を賭ける人間の１人として迎え入れてくれた。さらに、２０１８年から私がロイの闘鶏事業にいくばくか金銭的に関与していたという事実は、私が冷やかしではなく、本当に闘鶏に足を踏み込み始めているという印象を闘鶏場の人々に与えたようであった。

闘鶏に限らず、数字くじやカジノ、カードゲームなどの場においても同様に、「外国人」としての私の存在は大なり小なり異質なものであったが、遊戯に連れ立ってくれるニックやリータ、ロイなどが橋渡しをしてくれたおかげで、他の遊戯者からも、賭けという共通目的を有する人間の1人としてカウントしてもらえたようだった。

彼らの存在と同時に、賭博という領域に特有の構造も、よそ者の私が飛び込めた背景に働いていたに違いない。「市長であっても普通の人であっても、賭博の前では平等だ」と、A町の闘鶏場の審判（40歳代男性）が語ってくれたことがある。「自らの金を賭ける」というその一点において共通した目的を持った人々が集まる場所が賭場であった。（人々が完全に匿名化することはないが）賭ける限り、普段の社会的役割や地位は宙づりにされ、「賭博者」として存在することになる。そして賭けの結果はみなに等しくもたらされる。人々をある種平準化する賭場の性質は、たとえよそ者であっても賭博者の1人である限りにおいて、存在を許されるという安心感を与えた。

調査の特徴と限界

最後に、本研究の調査方法がはらむいくつかの問題点についても弁明しなければならない。第一に、私が自ら賭博に参与して賭けていたという根本的な方法についてである。

カーステン・ハストラップは、調査地の現実と社会的関係性に埋め込まれ、自らの認識論ではなく調査地の知覚のモードから事象を見つめること自体が、人類学的調査における知識であると論じている（Hastrup 2004）。そしてその知覚のモードは、先に言及した里見や箭内の指摘と重なるが、ホームの地とは異なる存在として自らが調査地を生きはじめることでのみ獲得できる（ibid.: 465）。ハストラップにとってそれは羊飼いとしての生であった。私の場合、それは賭博者としてであった。

言うまでもなく、賭け金は研究費ではなく個人的な支出だった。賭け額は状況によって大きく変動したが、たとえば闘鶏では1回の賭けで最小100ペソ、最大3000ペソほど、数字くじでは1回10～50ペソほどであった（これは平均的な闘鶏家の賭け金、あるいは数字くじの購入金額だと言える）。賭博者としての参与がなければ、私自身が賭けの勝ち負けにヒリついたり、人々とともにああでもないこうでもないと予想をしたりすることはなく、賭博の世界に入り込めなかっただろう。失っても痛くもかゆくもない金を安全地帯から賭けていれば、身を切るような切迫した雰囲気を自らにまとうことはできなかっただろう。周囲も、私を賭博者、あるいは闘鶏家とは認めなかったはずである（どの賭博においても結局私はひよっこのままであったため、賭博者として人々がどこまで認めてくれるのか、私にはまったく自信がないが）。

「賭けなければ勝てないし、幸運を摑むことも、負けて不運に陥ることもない」。ニック家に居候して間もない頃、どうせ当たらないし、お金がもったいないからと数字くじを買うのを躊躇していた私に対して、ベスの口から出た金言である。これは核心をついていた。人々とともに自らも賭け、目の前の賭けに没頭することではじめて、彼らの知覚のモードに自らも触れることができた。こうした点において、私が調査者然とした距離感を捨て、賭博者として存在することは必要不可欠であった。

第二に、調査方法の限定性について。テーマの性質上、質問票調査などによる定量的なデータはほとんど得られず、ゆえにそうした観点からの分析もかなわなかった。

第三に、インフォームドコンセントについて。数字くじを購入し、私とともに数字に賭けていた人々は、特定の人物に限られていていたこともあり、私が賭博に関する調査研究をしていることを理解していた。しかし、不特定多数が集合する賭場においては、完全無欠な調査許可を得ることはできなかった。闘鶏場では、私に連れ立ってくれる闘鶏家が闘鶏場のマネージャーに、私が研究者である旨を説明してくれた。カジノなどの場においても、同伴者が私の素性を明かしてくれた。しかし大勢が集まる闘鶏場ですべての闘鶏家に調査許可をとることは現実的に不可能であったし、カジノの遊戯者全員に挨拶もできなかった。ゆえに、私が研究をしている旨を承知している人物の発言や行動のみ、本書には利用している。

第2章　フィリピン賭博の歴史

1　国家と賭博

本章では、フィリピンにおける賭博の歴史を辿ることで、次章以降に探索する人々の賭け行為が根差す大きな舞台設定の成立過程を素描する。具体的には、スペインの入植前から営まれ続けてきた賭博に国家権力がいかに介入したのか、その関係性が時代を追うごとにいかに変遷してきたのか、そして現在、その統治のあり方はいかようなのか、といったことを考える。

国家と賭博の関係性をフィリピンの賭博シーンから眺めてみるとそこには、普遍性と特殊性が見て取れる。まず、国民の道徳の毀損を阻止するという使命を掲げる国家によって賭博は規制・管理される存在であるということ。この使命は建前でしかなく、国益をもたらす賭博産業を国家が庇護下に置いて振興させている実態は、権力に包摂されることで繁栄し続けてきた闘鶏の例からも明らかである。また、莫大な利益を生み出す賭博市場が大衆を魅了し、権力者の目を眩《くら》ませ、社会制度に腐敗をもたらす一因であり続けたという点は、他国家においても往々に散見されるような、普遍的性質である。

一方、国家権力による統治から大胆に逃れてきた違法賭博は、大衆の一定の支持を基盤として、「法的には違法（illegal）だが道義的には合法（licit）」という性質を保ちながら社会に存続してきた。この「道義的合法性」が賭博行為全般の内に担保され続けることで、フィリピン社会では、大衆の娯楽として存在せしめるようなある種の文化的価値が賭博の領域に見出されてきた。この最たる例が違法数字くじである。

国家に包摂されずに発展した違法数字くじは、運営シンジケートに莫大な利益をもたらし、インフォーマルな政治資金源として地方政治家を潤すことで、めぐりめぐって国家を駆動させてきた。国家は違法数字くじの抑圧と規制にことごとく頓挫し続け、違法な営みは地下に潜って存続し、全国に根付いた。違法数字くじは今も昔も、フィリピンのどこにでもその存在を確認することができる、ありふれた大衆賭博の代表格である。それと同時に、数字くじが社会に存続し続ける仕組みや、国家によるその規制と管理のあり方からは、フィリピンにおける賭博と政治社会の積年の関係性が最もビビッドに読み取れる。

フィリピン国家・国民・賭博の関係性の特殊性を提示してくれる数字くじに本章の叙述の多くが割かれるのだが、それには、数字くじの違法性にドゥテルテ政権（２０１６〜２０２２年）が大きな変容をもたらしたという事実も影響している。１世紀以上、国家の管理の及ばない違法状態で運営されてきた数字くじが、２０１７年以降、順次合法に転換した。かつての違法運営シンジケートは国家の管理する合法組織に様変わりし、法に則って国家に税金を納めるようになった。今まで法の及ばなかった違法数字くじの撲滅・合法化に、なぜ転機が生じたのか。賭博の中央集権化という事態も、考えるべき課題である。

さて、違法賭博とそれを御しきれない国家をめぐる歴史的関係性の議論は、弱い国家論の安直な上塗りに思われるかもしれない。往々にして、フィリピンは国家の規制力が弱く、支配的な社会勢力による非合法な制度が社会の秩序を実質的に担っていると論じられてきた。(1) しかし、ジョン・サイデルによれば、社会を牛耳る支配勢力の権限は国家に根差すものであり、その点ではフィリピン国家は必ずしも弱い国家とは言えない（Sidel 1999）。また、パトリシオ・アビナレスは、社会と国家の境界の曖昧性を指摘しながら、国家と社会が双方向的に適応する動態に着目している（Abinales & Amoroso 2017）。翻って本章では、賭博と国家の非固定的な関係性を理解するために、社会と賭博市場における諸アクターの一つとして国家を措定する。国家による規制・管理の変遷を、国家と競合他者による市場利益の奪い合いの過程と捉えるわけである。

この視点による本章の小目的は、①過去の諸政権がいかなる戦略でもって賭博市場のパイを確保しようとし、なぜ市場競争に負け、反対に違法賭博が利益を保持し続けたのかを考察することで、②賭博市場の一つのアクターにすぎなかった国家が現在、数字くじ市場のパイを奪取できているのはなぜかを検討することである。結論を先取りすると、国家の失敗要因にはまず、賭博市場における競争力の欠如、つまり違法運営に対抗しうる国営賭博の創出の失敗が挙げられる。次に、賭博政策における道徳性の欠落がある。合法化によって違法数字くじを国家の管理下に置こうと試みたエストラーダ政権は、合法化の過程において市民社会や違法数字くじ運営者の社会規範を蹂躙したことで頓挫した。これに対して、ドゥテルテ政権は、ベニグノ・アキノ政権期に策定された制度を有効活用しながら、市場競争力と政策の道徳性を兼ね備えたプラグマティックな方策をとることで違法運営の廃絶と合法運営への転換に概ね成功した。

以下では、国家による規制・管理の性質と方途を四つの時期から考察する。「道徳」の言説を用いた賭博の規制・管理が開始された、スペイン・アメリカ植民地期。選択的合法化への転換期となった独立以降、マルコス独裁政権期。違法賭博産業と国家権力が邂逅し、国家の道徳性と信頼を大きく揺るがすこととなったコラソン・アキノ政権期からエストラーダ政権期。そして国家胴元化に舵を切ったドゥテルテ政権期である。

2　植民地主義による賭博の規制・管理・制度化

賭博制度化の萌芽――スペイン植民地期

国家権力による賭博の法規制はスペイン植民地期から始まった。スペインの入植以前から、のちにフィリピンと名付けられる諸島ではすでに、賭博、ことに賭け闘鶏が盛んに行われていた。1521年にフィリピン諸島に到達した航海記録士アントニオ・ピガフェッタはその様子をこう書き残している。

よく馴れている大きな鶏を飼っているけれども、なにか祟りを恐れて肉を食べることはしない。かれらはこの鶏をたがいに闘わせるのである。各人がそれぞれの鶏に賭けて、それが勝てば賞品を獲得する（ピガフェッタ 2011: 141）。

1570年にスペインがマニラを制圧し、本格的にフィリピンの植民地運営を開始したその初期段階から、植民地政府及びカトリック教会はフィリピン人による賭博行為を問題視していた。1582年にはすでに、アウディエンシア（*Real Audiencia Chancilleria*、王立司法院）が、マニラにおける賭博の罰金に関して命令を下している（Felipe II 2005: 291–92）。時の総督アントニオ・デ・モルガは1598年、「マニラの人々は頻繁に、大きく賭けることを習慣にしている。この種のいかがわしい行為は正すべきである」（Morga 2004: 77）と報告し、特に「兵士が服や武器までを賭けてしまう」状況を危惧し、賭博で浪費しないよう兵士の給料に関するシステムの是正を強く主張した（ibid.: 82–83）。また、神父ホセ・ヴィラらは1701年の報告の中で、「神に対する違反行為」である賭博に興じることは「罪深い時間の浪費」であると非難した。

賭博という悪徳は、神への反逆であり……次のような有害な結果をもたらす……貧困や妻子の放棄、そして喧嘩やいかさま、賭博にふさわしいその他の不道徳な行為のための罪深き時間の浪費。さらに、それらの行為を監視すべき立場にある一部の州知事が……秘密裡に賭博へ認可を与え、認可料として毎月金銭を受け取っている。その結果、村と畑はカード、サイコロ、闘鶏、その他多くの賭博に侵されている（Vila et al. 2015: 134–35）。

賭博を村落に蔓延させていたのはまさに、賭博に認可を与え認可料を得ていたスペイン人州知事たちであったことが、ヴィラの記述からうかがえる。この状況に対してアウディエンシアは、1768年に賭場開帳と先住民の賭博を禁止する条例を施行する。条文には、「法が禁止している偶然の遊戯の不条理な許容範囲は精神的かつ物質的に先住民を傷つけるため、州知事による賭場の認可付与を禁じる」(Raon 2018: 242–43) と記された。しかし、条例施行後も、人々の間で賭博が下火になることはなかった。神父ホアキン・ズニガは1800年、「賭博に関しては、非常に腐敗している。これは人々の不活発さ、限られた警官の数、統治する側の人々の怠慢の結果である」(Zuñiga 1973: 237) とその原因を分析している。また、総督アンドレス・カンバは1838年に次のように述べている。「[賭博は] 多くの家族の幸運を破壊し、怠惰を奨励し、公の富の源を妨げ、人々の道徳を腐敗させるとともに地位の低下を招き、人々をみじめな状態へと導く破壊的な癌である。不幸にも、この豊かな地に悪徳が急激に拡大している」(Bankoff 1996: 51 より重引き)。

「禁止をしても賭場には原住民、スペイン人、役人、軍曹、兵士、女性、すべての階層」がおり、「中国人は他人の資産まで賭ける」ほどに、フィリピンにおいて賭博は幅広く人々を魅了していた (Bankoff 1996: 51)。この活況のもとで、賭博禁止条例施行から間もなく、植民地政府は闘鶏の徴税 (1779年)、闘鶏場のライセンス管理 (1781年) に舵を切った (Jagor 1875: 28)。1861年には闘鶏の催行に関する厳格な法を施行し、賭け金の上限は50ペソ、鶏に付ける蹴爪は一つのみ、ファイトはどちらかあるいは両方の鶏が死ぬあるいは逃げた時点で終了、などの細かい規定を設けた (Foreman 1906: 351)。アメリカ人植民地官ジェームス・レロイがのちに「[スペイン] 政府は闘鶏を罰するだけではなく、道徳的に促進」(Bankoff 1991: 280 より重引き) したと語るように、スペイン植民地政府は禁止と制度化という両義的な態度を闘鶏に示していた。

この態度の大きな背景には、スペイン本国の財政難に伴い、植民地内部での歳入増加の必要性に迫られていたという国家運営の苦境が挙げられる。植民地政府は政府の管轄下に闘鶏を置き税収を見込むことで、フィリピンでの歳入拡大を目指した。制度化は闘鶏のみならず、1833年には国営富くじ（*Loteira Nacional*）を、1868年には国営競馬・マニラジョッキークラブ（*Manila Jockey Club*）を設立し、公営賭博を増加させた。「マニラの富くじは巨大な制度である……フィリピン先住民の国民的性格の一つである先天的な賭博の本能を〔富くじは〕加速させ、多くの貧しい悪魔は自身の最後の1セントを富くじに費やし、税金が払えなくなって牢屋に入れられる」（Worcester 1899: 38–39）と、当時ミシガン大学の教授としてフィリピンを探索していたアメリカ人、ディーン・ウースターが苦言を呈するほどに、富くじは人気を博した。フィリピン国内のみならず、富くじは香港や厦門、上海、シンガポール、カルカッタでも販売された。フィリピンの独立運動に携わった「国民的英雄」ホセ・リサールも、ミンダナオ島のダピタンに流刑されていた1892年に友人2人と富くじを購入し、2等賞を当てたという。リサールが当せん金の6200ペソを教育事業に寄付したというエピソードは、現在のフィリピン国営富くじのウェブサイトにも掲載されており、富くじが社会福祉や慈善活動に貢献しうる証左として用いられている。[2] こうした賭博の合法化の結果、1888年における政府歳入の1・5%を闘鶏が、5%を富くじが占めるに至った（Foreman 1906: 228）。

植民地政府の両義的態度は、国家の治安維持をめぐる天秤にもかけられていた（Guggenheim 1994: 138–39）。フィリピン人の熱狂が最も注がれていた闘鶏において、そのジレンマは顕著だった。闘鶏場に大衆が集まれば暴動の危険性が生じるものの、闘鶏は大きな利益が上がるビジネスである。国家にとって闘鶏は社会的緊張を緩和する便利なバルブとして作用しており、理想的な解決法ではないがほかに代替できる娯楽がない。全面的に禁止をすれば隠蔽して行われるのは目に見えている。ならば植民地政府の監視下で行った方がよい。こうしたロジックのもとで賭博の制度化と徴税が選択された結果を、1890年代にフィリピンを訪れたアメリカ人、ジョージ・フォアマンは次のように述べている。「賭博のライセンスはよい収益をもたらしたが、イギリスの賭博同様に、諸島において闘鶏を鎮圧することを不可能にしてしまっただろう……イギリスにおける競馬と同じ熱量で、闘鶏は先住民の間で熱く語り合われている」（Foreman 1906: 351）。また、イルストラード（開明的知識人）のビクター・ブエンカミーノは、スペイン植民地期を振り返り、「我々の植民地政府は賭博に寛容だった。一つに、大衆が自らのみじめさを忘れさせるために、二つに、怠惰な金持ちを退廃的な国家においてコントロールしやすくするために」（McCoy 2009: 153より重引き）と書き残している。スペイン植民地政府は、禁止の一言では制御できない人々の賭博への欲望を、財政維持や不満のはけ口として国家運営に利用しながら管理統制するという道を拓いた。(3)

カトリシズムを布教するとともに本国の植民地統治を支えた教会は、賭博による道徳の退廃を糾弾していた。しかし内実は、闘鶏をはじめとした賭博を実践レベルで促進していたのはほかでもない教会だった。神父が賭博者たちに祈りをささげるだけでなく、あろうことか教会敷地内で賭博を催していた。闘鶏場に入る前の雄鶏《おんどり》には聖水を与えることで神的な強さがもたらされるとされ、また、聖体のパンを食しキリストの身体をその体に宿した雄鶏は無敵になると信じられていたという（Kershner 1921: 67–69）。リサールは、貧困層を餌食にする闘鶏はアヘンよりも悪い風習であるとし、それをミサと抱き合わせで開催する教会に苛烈な嫌悪感を示すとともに、賭博からの徴税によって慈善事業がまかなわれることにシニカルな祝福をあげた（リサール 1976: 268–69）。

道徳向上運動と違法賭博の誕生——アメリカ植民地期

1898年の独立革命によって、フィリピンはスペインから独立を果たした。1899年にフィリピン第一共和国初代大統領になったエミリオ・アギナルドは、リサール同様、自制と市民の義務という共和制の価値を浸透させたフィリピン人エリートとして、道徳的美徳のもとでの国家運営を目指し、「賭博はフィリピンの犯罪の源以外の何物でもない」と述べて闘鶏場を閉鎖した。(4) しかし独立は束の間、米西戦争後にスペインとパリ講和条約を締結し、2000万ドルでフィリピンの主権を購入したアメリカとの間で米比戦争（1899〜1902年）が始まった。この間、アメリカ陸軍准将ジェームズ・ベルはアギナルドと同じく、国内の闘鶏を禁止した（Davis 2013: 558）。国営富くじも停止を余儀なくされた。(5) 反乱を終息させたアメリカは、スペインの植民地支配から解放しフィリピン人を文明化させるという「友愛的同化」の使命を掲げることでフィリピン支配を正当化し、統治を始めた。

アメリカ植民地政府は統治初期、在比アメリカ兵の合法的な気晴らしの必要性に応じて、スペイン政府が遺した賭博の規制を緩和した。スペイン植民地期には年に8日開催であったマニラの競馬場は、規制緩和のもと、1906年までに年220日開催へと拡大した（Aguilar 1998: 192）。「幅広く開かれた都市」であったマニラでは、制限されることなく至るところで賭博がなされていた（PFP 1940/7/13）。一方、この規制緩和は在比アメリカ人に向けた政策であり、1902年にはフィリピン人の間に蔓延する賭博の悪徳を根絶やしにすべく、植民地政府は闘鶏を禁止している。しかし、人々からの抗議によってたちまち軟化し、町の闘鶏場における祝日・フィエスタ（守護聖人を祝う祭り）の闘鶏開催は許可されるようになった(6)（Golay 1997: 96）。

アメリカ軍のフィリピン平定が落ち着き、国民の道徳向上へと関心が向き出すと、フィリピン委員会を構成するアメリカ人・フィリピン人委員双方の間で賭博の問題が取り上げられ始める。ここから、個人の悪習を正すことで国家を成長させ、フィリピン人をアメリカの市民権を得るにふさわしいあり方へと規律する試みが動き出す。フィリピンの内務省大臣となったディーン・ウースターの次の見解は、当時のアメリカ植民地政府がなぜ賭博の蔓延を問題視していたのかを如実に示している。

フィリピン人は生来の賭博者である。賭博は彼らの先天的な罪である。貧しい人々は金を借りる機会を得ることを喜び、悪習への熱中を続けるために、必要であればどんな言葉でも用いて借金をする。彼らは自身の返済能力には考えが及ばず、よって文字どおり金貸しの地主階級の権力に落ちる。そして、実質的に債務奴隷にならざるを得ない状況のもとで、彼らは使用人や労働者として使われる（Worcester 1930: 535）。

アメリカ植民地統治と共に宣教を開始したプロテスタント教会にとって、フィリピン諸島の害悪の元凶であり、フィリピン人から「生命力」を奪う反道徳的な賭博の習慣を撲滅させることは喫緊の課題であった（Clymer 1986:

77)。特に闘鶏は動物愛護の観点からも問題視され、その残酷さはフィリピン社会の未開性の象徴として映った。また、長老派宣教師のチャールズ・ブリッグスが「［カトリック］教会は問題のある娯楽を促進し、国の悪習に深く関わっていた……闘鶏と賭博は日曜日のミサのあとを占め……修道士や教会は賭博や富くじに反対するのではなく逆に扇動し、そこから利益を得ていた（Briggs 1913: 101）」と批判するように、スペイン植民地期において人々の賭博の慣習を止めることのできなかったカトリック教会は、プロテスタント教会の非難の的となった。

アメリカ人でフィリピン最高裁判事を務めたジョージ・マルコルムによれば、貧困層のみならず、「賭博の悪魔は全階層に感染して」いた。「フィリピン人は慢性的賭博者であるがゆえに単調な存在でしかない」（Malcolm 1936: 31）ため、未開なフィリピン社会の発展のために賭博を撲滅し、フィリピン人をアメリカの市民権にふさわしい人種に育て上げることは、アメリカ植民地政府にとって「白人の責務」であった。

こうした状況下において整備された教育制度は、賭博の撲滅を図る道具となった。教育局は闘鶏に代わる娯楽の創出を目指し、「フェアプレイとスポーツマンシップの精神」を養うべく、野球などを取り入れた体育のカリキュラムを作成した（Worcester 1930: 408–09）。公教育における体育の導入には、プロテスタント教会が精力的に肩入れをした。教会は1905年から闘鶏をはじめとした賭博に代わる娯楽となるべく運動競技の促進を開始し、メソジスト派が中心となって「道徳向上同盟（Moral Progress League）」を結成した。特に、「野球伝道者」として名をはせた長老派宣教師ジョージ・ダンラップは、「闘鶏場を打ちのめす」と称してセブやドゥマゲッティの高校で野球を指導した（Clymer 1986: 85）。フィリピン人教育者にも同様に、公教育の中で賭博の悪徳を説く姿勢が見られた。教育者カミオ・オシアスが1940年に作成した公民の教科書は、「ただで何かを手に入れるということへの人々の盲目的な信仰、何かが賭けられていないと娯楽や遊びがつまらないと捉える錯綜した見方は、フィリピン人のバイタリティを搾り取り、我々の人生に恥をもたらす価値観と実践である」（Osias 1940: 137–38）という文言で学生に賭博の反道徳性を説いている。

賭博規制の始まり

マニラを賭博のオープンシティにしていた法律の改正も進んだ。「ひっきりなしの競馬開催によって労働者の生産性が低下している」とフィリピン委員会に苦言を呈した華人とアメリカ人の商工会議所による抗議を皮切りに、規制は競馬から着手された（Aguilar 1998: 192）。フィリピン委員会は１９０６年、法令１５３７号（ACT No. 1537）によって競馬の開催日を祝日と第一日曜日のみに変更した。[7] １９０７年にはほとんどの賭博を禁止する法令１７５７号（ACT No. 1757）を施行した。[8] しかし、フィリピン人のみならずアメリカ人も熱を上げ、アメリカ人・フィリピン人両政府役人からも「スポーツ」として認識されていた闘鶏の規制は遅れた。法整備のきっかけは、マニラカーニバルとそれに伴う道徳向上同盟やプロテスタント教会の大規模な闘鶏反対集会だった。

マニラカーニバルとは、米比の親交・融和の促進や商業振興を目的として１９０８年から１９３９年まで年一度開催された祭典である。カーニバル協会はその創設時、開催予算の不足を闘鶏の興行によって賄おうと計画した。カーニバル期間中の闘鶏をマニラ市が許可すると、かねてから闘鶏反対を訴えていた道徳向上同盟やプロテスタント教会の怒りが頂点に達した。フィリピンの文明化を祝福する祭典において、蛮行の象徴である闘鶏が開催されるのは確かに理解しがたい矛盾である。闘鶏禁止に踏み切らず煮え切らない政府の態度にしびれを切らし、反対運動の中心であった福音主義連盟は決起集会を開いた。「死の契約、地獄の合意」と題した説法の中で政府を糾弾し、教師や学生など約２５００人が闘鶏反対を訴えた（Davis 2013: 560–61; Clymer 1986: 169–70）。一方、改革派や聖職者たちの訴えに対し、ある在比アメリカ人は「鶏を闘わせましょう……古典的な鶏のスポーツは、愛玩動物が自ら進んで闘うという数少ない娯楽の一つであり、〔カーニバルは〕多くのアメリカ人が闘鶏の熱心な支持者であることを確認できるよい機会になるでしょう」と、時の大統領セオドア・ルーズベルトに信書を送っている（Aguilar 1998: 265）。反対勢力の奮闘むなしく、闘鶏は結局開催された。興行は赤字に終わり、さらに闘鶏場に詰めかけた観客のほとんどは中国人と白人であったという（高嶋 2017: 129）。

１９０９年、法令１７５７号に２年遅れて、アメリカ植民地政府はようやく闘鶏の開催を規制する法令を定めた。しかし禁止はせず、キューバでの経験を基に漸次的教育によって闘鶏の営みを削減していく方針をとった。[9] 闘鶏のルール策定完了をもって、アメリカ植民地政府による賭博規制の法制度構築は達成されたが[10]、改革派や教会の抗議をもってしても闘鶏は禁止されることなく、その熱狂は国家権力に黙認されて生きながらえることになった。１９３０年代頃にはアメリカ人による改良闘鶏品種「テキサス種」の持ち込みが始まったことで、闘鶏の制度整備のみならず遊戯自体の近代化もが、皮肉にもアメリカ植民地期に加速した。

道徳の毀損だけでなく動物愛護の観点からも教会が強く抗議した闘鶏は、フィリピン人とアメリカ人の熱狂に支えられる形で、国家の制度の中に回収され、教育による啓蒙もむなしく繁栄の一途を辿った。それでも賭博全般に対してアメリカは規制を明文化し、政府が認める合法賭博以外を違法とする強固な境界線を引いた[11]。公教育を通じて、賭博の不道徳性についてフィリピン国民に説く土壌も整えた。

さて、こうした合法／違法の枠組みの明白な制定と規制・管理の始まりは、「違法賭博」とみなされる市場の創出の始まりをも意味していた。

図２－１　「ボクシングが闘鶏を根絶する」
出典：The Independent（1921/9/3）

違法賭博市場の興隆——違法数字くじ「フエテン」の誕生

政府の敷いた厳格な賭博規制法は人々の賭博欲を抑圧した。そこに商機を見出したのが、犯罪シンジケートであった。賭博欲が満たされない大衆の需要をかぎつけたシンジケートは違法賭博運営を開始し、人々の需要に呼応しながら闇経済の中で拡張していった。

他方、賭博規制法の制定と時を同じくして、１９０７年、下院にあたるフィリピン議会が設置された。これによってフィリピン人の政治参加が促され、地方政治における自治が拡大した。選挙政治を通じて自身の地盤において権力を強めていった各州のフィリピン人政治家は、この力の維持のために政治資金の獲得に迫られた。そこで、地方政治家は、犯罪シンジケートが運営する違法賭博を庇護することで利益を獲得する仕組みを作り上げていったのである。地方選挙が始まって10年たらずで、州政治の内部に違法賭博は統合された[12](McCoy 2009: 156)。

つまり、違法賭博は政府による賭博規制と地方選挙政治の導入をきっかけに誕生したということである。規制によって賭博欲が抑圧された大衆、地方選挙の発展によって政治資金の獲得を要したフィリピン人地方政治家、違法賭博の運営をビジネスとする犯罪シンジケート、この三者の需要と供給が一致することで、違法賭博市場は拡大していった。

違法賭博の中でも爆発的にフィリピン各地に蔓延したのが違法数字くじであり、その先駆けとなったのがルソン地方で運営されるフエテン(*jueteng*)である。[13] フエテンとは1から37の数字を一つないしは二つ選ぶ数字くじで、1センタボの賭けで1週間の収入に及ぶ1ペソが最大額で得られることから、主に下層の労働者の間で人気が高まった。[14] 当せん確率は1369分の1だが、簡単に勝てるという幻想によって人々の一攫千金の思想を刺激するフエテンは、フィリピンの大衆文化と融和し、日常的娯楽の一つとなった。[15] アルフレッド・マッコイは、闘鶏やモンテ(カードゲーム)が男性の遊びであるのに対し、くじの購入はもとより、くじの売人に至るまで女性も多く携わっていたという点を、フエテンが大衆へ広く浸透した要因に挙げている(McCoy 2009: 156)。

中国人プロモーターをはじめとしたフエテン運営者は、地方政治家と地方警察からの庇護を受ける代わりに贈賄をすることでその運営を存続させた。フエテンは、その高いオッズが運営者と庇護者に大きな金銭的利益をもたらすだけでなく、日々のくじの売買を通じて運営者と下層の遊戯者の間に構築されたつながりを、選挙キャンペーンの際に票田として動員できるという利点もあった。フィリピン各地にフエテンに似たルールと運営形態を持つ数字くじが作り出され、全国的に大衆に浸透すると、違法数字くじは「法的には違法(illegal)だが、道義的には合法（licit）[16]」という立ち位置、つまり社会的には許容されている違法賭博としてフィリピン社会に根付くこととなった。

「［フエテンは］ほかのすべての違法賭博を合わせてもかなわぬほど人々の賭博精神の養分となっている……［フエテンは］99％の市と町に普及している」（McCoy 2009: 156より重引き）と、フィリピン警察隊少佐エマニュエル・バジャが違法数字くじの蔓延する状況を嘆くなか、しかし、警察が逮捕できるのは末端の売人だけで、運営者はその基盤を別の場所に移すのみであった。また、安月給の警官たちは、シンジケートを取り締まるのではなく、賄賂をもらうために彼らとの共生を選択した。1934年の『グラフィック』誌は、ラグナ州においてフエテンが公的な庇護を受けて蔓延する様子を、「フエテン・パラダイス」と題して報じている（Graphic 1934/2/8）。さらに、地方の警察官のみならず、アメリカ人警視など警察上層部においてもシンジケートとの汚職が生じていた（McCoy 2009: 246）。

フィリピン人の未開性の象徴としてやり玉に挙げられた賭博に対して厳格な規制を設けることは、アメリカ植民地政府にとって、友愛的同化と道徳の規律を達成するための白人の任務であった。しかし、1907年の賭博規制法の施行は、違法賭博という範疇が成立しその市場が生成・拡大する契機となってしまった。同時に、急速に進んだ選挙政治の資金繰りに苦しむ地方政治家たちにとって、違法賭博の存在は資金源として欠かせなくなった。違法賭博シンジケートと州政治家・地方警察の汚職関係が強靭になるにつれて、フエテンなどの違法数字くじは増殖していった。政府や警察による規制・管理が熱を帯びれば帯びるほど、違法賭博は庇護を受けながら地下に潜り、人々の賭博の欲求を満たしていった。アメリカ植民地政府のフィリピン人道徳性向上計画は、こうして限界を迎えた。

3　国家に庇護される賭博産業の成立

賭博の選択的合法化――コモンウェルス期

１９３４年にフィリピン独立法が可決され、10年後の独立が約束されると、独立準備政府としてコモンウェルスが成立した。翌１９３５年に初代大統領に選出されたマニュエル・ケソンは、アメリカ植民地政府が遺した問題山積の賭博規制法の対処に奮闘した。「遍在するフエテン、「チャイニーズ・ロッタリー」の悪に終止符を打ち、マニラや他の都市に数多く存在する賭場を閉めようとしているケソン大統領の努力――彼は政府の持つすべての力を投入している――を、善良な市民は支援すべきである」（PM 1936/3）という記事からも、ケソンが違法数字くじ規制に精力的に取り組んでいたことがうかがえる。

一方、違法数字くじシンジケートは、各地に精緻なネットワークを構築した。図２-２のように、くじを売り歩く集金人（*kubrador*）、それを管理するマネージャー（*kabos*）、運営を総括するフィナンサー（*bankero/kapitalista*）というピラミッド型の組織を維持することで、警察の強制捜査に対処した。大規模なシンジケートでは、町レベルのフィナンサーの上位に州レベルのフィナンサー、地域レベルのフィナンサーが位置し、広大なネットワークを用いた数字くじ運営がなされていた。

フエテンのゲーム自体の魅力も向上していった。１９０５年に記録されている最高裁判例では、フエテンの抽せんプロセスについて、銀行員やオペレーターが1から37までの番号がついたボールを並べる様子を公衆に見せたのち、37個のボールを小瓶（*tambiolo*）に入れ、ボールを取り出し、発表するという公開抽せんの方法が明記されている。しかし、いつ、どのように慣習が変化したのかは定かではないが、ゲームの射幸性は徐々に高められていった。現在では、ボールは2組用意され、数字は一つではなく二つ選択することが可能となっている。抽せんは非公開、秘密裡に行われる。この「シークレット・ドロー」の仕組みは、需要や収益性を維持・拡大するために当せん確率を変動させたり、特定の購入者に有利になるよう抽せんを不正に操作したりする技法として進化したのではないかとの推察がある（Desierto et al. 2011: 4）。

ケソンは違法数字くじの撲滅に奮闘したものの、検挙されるのは精緻に作り上げられた運営ネットワークの下層に位置する構成員ばかりで、運営母体は法の網を逃れ続けた。[17]そこで政府は、蔓延する違法数字くじの撲滅ではなく、違法運営に競合する代替物を創出することで違法賭博市場を縮小させるという手段をとった。それが、米比戦争期以降停止していた国営富くじの復活、1935年におけるフィリピン慈善富くじ事務所（Philippine Charity Sweepstakes Office、以下PCSO）の設立である。[18]PCSOは競馬の結果を富くじの抽せん結果に結びつけるシステムを採用し、チャリティーに利益を献じることをアピールした。[19]対して、週刊誌や新聞などのメディアは当初、教会の意見に傾聴し、国営富くじの実施に反対の姿勢を見せていた。しかし、「マニラの貧しい人々が富くじで利益を得る」（PFP 1940/4/27）、「10歳の女の子が大きな富くじの賞金を勝ち取る」（Graphic 1934/1/4）などと題して徐々に一攫千金の当せん者を華々しくレポートするようになり、「命を救って賞金を得よう」というフレーズを伴ったPCSOの富くじの宣伝広告は定期的に紙面を飾った。[20]

PCSO設立のために国庫から借り入れた25万ペソを、1935年9月の第1回抽せんからたった2カ月で全額返済したほどに、富くじは全国的な売上を記録した。[21]ところが、頻度の少ない抽せん、高額なくじ、売人の低いインセンティブなどが影響し、

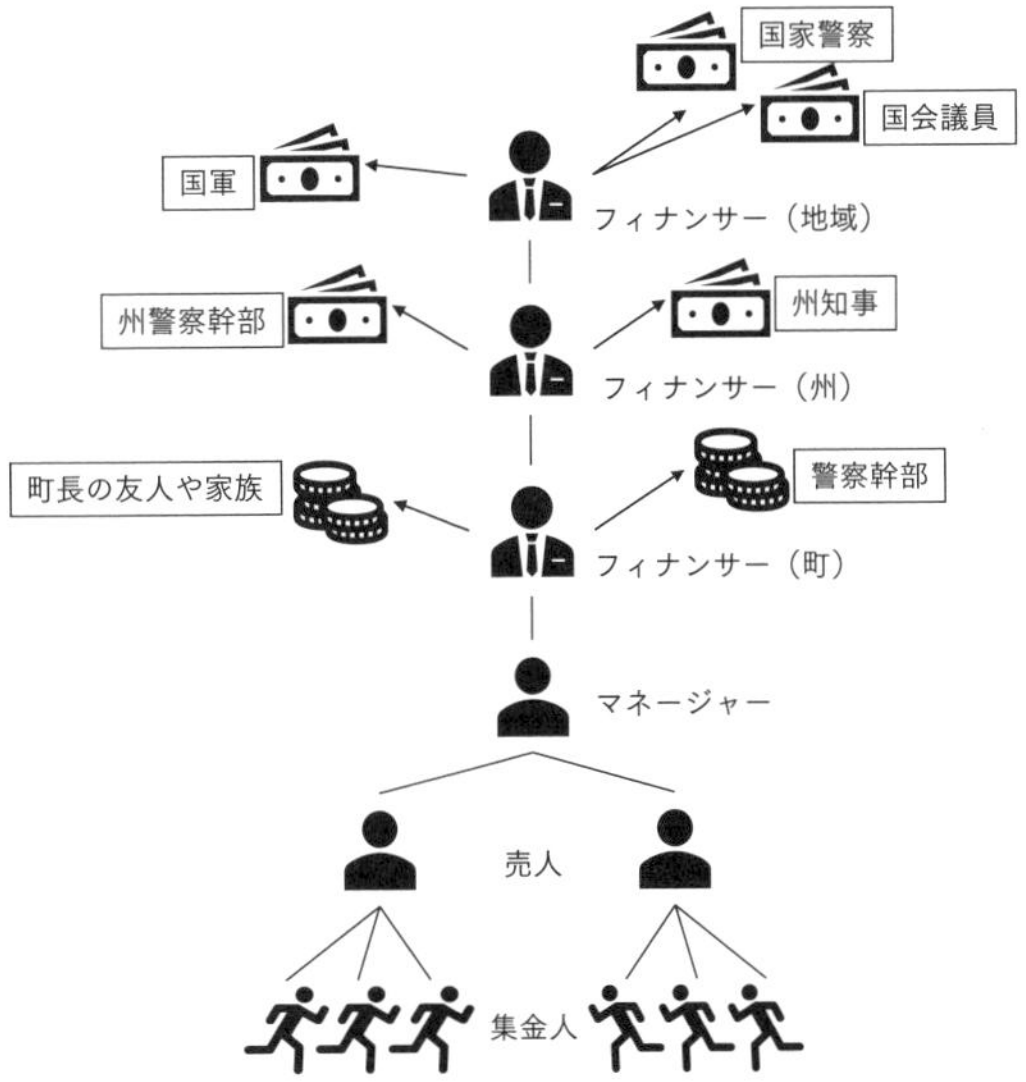

図2-2　違法数字くじ運営の構造の一例
出典：Coronel (2000: 29) より筆者作成。

その人気に反して国営富くじは地方社会の違法数字くじシンジケートを撲滅するには至らなかった(22)（PM 1939/9）。

さらにこの時期、特にマニラにおいては、政治家やビジネスマン、官僚などのエリート層をパトロンとして違法カジノが運営され始めた。日本占領期には、「ネズミ王」との異名を持つアメリカ人、テッド・ルーウィンが日本軍の捕虜収容所内でカジノを催し、戦後もマニラ市内で多数のカジノを開帳した(23)（PG 1992/12/14）。大衆層の娯楽である違法数字くじとは異なり、違法カジノは富裕層を魅了し拡大していった。そして違法数字くじと同様、法権力は大規模なカジノ運営を統制することができず、検挙されるのは小口の賭博者ばかりであった（PFP 1940/12/7）。

図２−３　「大魚は逃げる」
出典：PFP（1940/12/7）

違法カジノに対しても、ケソンはアメリカ植民地期の前任者たちに倣って厳格な法の適用を主張したが、腐敗した警察とシンジケートのつながりを断絶できなかった。こうして、またしてもケソンはカジノ問題の解決策として賭博の選択的合法化へと駒を進めた。ゲーム娯楽委員会（Games and Amusement Board、以下ＧＡＢ）を設立し、ハイアライ(24)に公式ライセンスを付与することで公営賭博の拡大を図ったのである。しかし、ハイアライも違法カジノ以上に人々を魅了することはできなかった。

コモンウェルス期において、ケソンは警察の強制捜査による違法賭博の根絶に見切りをつけ、公営賭博の促進によってその撲滅を実現させようとし、選択的合法化政策に打って出た。しかし結果は、精緻な運営ネットワークに基づく違法賭博の市場競争力に太刀打ちできずに終わった。コモンウェルスが排除に失敗した違法数字くじや違法カジノは、太平洋戦争後のコスト高な選挙戦の資金源として政治家とさらに深い関係を結び、生き続けることとなる。

大規模な賭博の国営産業化――マルコス期

太平洋戦争を経てさらに、政治家や汚職にまみれた警官・役人の庇護のもとに個人宅やナイトクラブで開帳される違法カジノは繁栄した（PFP 1952/1/19）。警察隊が賭場に強制捜査をしても、運営者はその数週間後には別の地域、時には町の交番の目の前で賭場を開いた。賭博の借金を引き金とした家庭崩壊や売買春などが社会に頻発し、人々の道徳性を低下させているという報道も相次いだ（PFP 1959/12/26）。1961年には、当時の国家予算を上回る20億ペソが、違法カジノ、闘鶏、競馬、富くじなど合法・違法を問わないさまざまな賭博に賭けられたという[(25)]（STM 1962/4/22）。そのうちの違法数字くじは、1970年代までに、年間2億から3億ペソの収益を上げるまでに拡大した（Today 1995/11/19）。

戦後復興期の混沌に乗じて違法賭博がより社会に蔓延したのち、フェルディナンド・マルコスが1965年から政権を握った。マルコスは1972年に戒厳令を敷くと、カトリック教会や中間層へのアピールとして厳格な賭博政策を掲げた。まず、闘鶏が国家に認可されていることを明確に定義する大統領令449号（P. D. No. 449）を1974年に発した。通称「1974年闘鶏法」と呼ばれるこの大統領令は、現在でも闘鶏を規定する法律となっている。1975年には「新しい社会のもとで社会経済開発を遂行すべく、悪習と社会の病を撲滅し最小化する必要がある」と言って各種賭博のライセンス付与の中央集権化を大統領令771号（P. D. No. 771）で示した[(26)]。1978年には大統領令1602号（P. D. No. 1602）によって違法賭博を仔細に定義し禁止を厳格化した[(27)]。そして翌年、「政府の収益を増加させる……だけでなく、国の社会的・道徳的・経済的成長における賭博の有害な影響を削減する」（Letter of Instruction No. 797）ために、反賭博タスクフォース（Task Force Anti-Gambling）を設立した。警察による違法カジノへの強制捜査を厳格に行い、続々と閉鎖に追い込んだ[(28)]。

カジノを中心とした違法賭博を厳しく取り締まる一方で、マルコスはカジノ合法化を推進した。国営カジノは、新しい財源の創造、外国人観光客向けの観光業の発展、そして違法カジノの撲滅という3点を名目上の目的とした事業であった。「新しい社会の到来を目前とするなか、政府に何も恩恵や利益を授けない違法カジノによる利益搾取を防ぐために、フィリピン全土で行われるすべての偶然の遊戯を中央集権化し、効果的な統制・指導・監督のために国家が介入する必要がある」(P. D. No. 1067-A)と、違法賭博の根絶という文脈から国営カジノ創設の意義を訴えた。また、カジノ反対派への対抗策として、収益の6割をメトロマニラの洪水対策、下水整備、人口政策、美化のための財源など社会福祉事業に充てるとした(P. D. No. 1067-B)。こうした大義名分を謳い、マルコスは1977年の大統領令1067－A号(P. D. No. 1067-A)をもってカジノのライセンス付与事業を担うフィリピン娯楽ゲーム公社(Philippine Amusements and Gaming Corporation、以下PAGCOR)の運営を開始した。[29]

マルコスのカジノ合法化政策は、大統領の縁故者や側近、友人、取り巻きといったいわゆる「クローニー」による汚職の根源となった。PAGCORがライセンスを付与した公営カジノの多くは、マルコスの妻イメルダの弟、アルフレッド・ロムナルデスによって運営された。マニラ首都圏知事であったイメルダは、「賭博は望ましくない悪」と発言したものの、その真意は弟のカジノの競合他社を阻止し、親族のモノポリーを守るためであった。また、1982年までにPAGCORは17億ペソもの収入を生み出していたが、所得税や輸入税、会計監査が免除されるなかで、その収益の用途は不透明であった(シーグレーブ 1989: 195)。マルコスが政権を掌握する間、カジノは増殖し続け、公営カジノ運営は政府の最たる収入を担う事業の一つになっていった。この一連のカジノ合法化政策の大義名分の陰には、違法なカジノ運営を撲滅することで敵対関係にある政治家の資金源を断つというマルコスの目的がまずうかがえる。そして、カジノを国家の管轄下に置くことでその賭博利益を大統領とクローニーが独占するという、独裁体制をより強靭にするための目論見も察せられる。

上流階級の賭博として公営カジノが繁栄した一方で、小口の違法数字くじは警察司令官たちが掌握していた。マルコスによる警察権力の中央集権化とともに、警察役人が地方のシンジケートを庇護し、これらシンジケートが地方の犯罪集団のボスへと成長していった。警察役人への高額な贈賄がなされるようになり、警察はシンジケートの庇護者から指導者へと変容した（McCoy 2009: 402）。国家はカジノという大規模賭博市場に目をつけ、その利益を間接的に中央政府の権力へと流入させる道筋を設けたが、大衆向けの違法数字くじは大きく構造を変化させることなく、地方政治・警察権力と結託し続けた。このとき、国家はカジノ運営権を、既得権益のネットワークはフエテンの運営権を暗黙理に分担するという、賭博市場における利益配分がなされていたのである。

カジノ産業の国営化は、大統領権力と賭博市場の腐敗したつながりを構築したが、大衆人気を誇る違法数字くじはそれでもまだ地方政治家と警察権力、各地域のシンジケートによって成り立つ地方ごとの違法賭博産業に留まっていた。しかし、次政権以降、地方の政治社会の秩序として脈々と受け継がれてきた違法数字くじ市場に、ついに大統領権力が接触・介入することとなる。

4　違法賭博と国家の共謀

フエテンと大統領権力の邂逅――コラソン・アキノ政権期

１９８６年、ピープル・パワー革命を経てマルコス政権に終止符を打ったコラソン・アキノは、マルコス政権期の公営カジノの汚職を一掃すべく、カジノ運営に関する監査委員会を設置し、ＰＡＧＣＯＲからロムナルデス勢力を追放した[30]。１９８７年には反賭博タスクフォースの権限を強化する行政規定19号（A. O. No. 19）を発令し、反賭博タスクフォースのヘッドには、ポテンシアノ・ロケが就任した。不透明な資金管理を正した結果、マルコス政権期には10年で計21億ペソだったＰＡＧＣＯＲからの政府歳入は、アキノ政権発足からの４年間のみで計77億ペソにまで増加した（PG 1992/12/14）。「持っている者とそうでない者の格差を橋渡しする」という名目のもとで、国家によるカジノ運営は継続・促進され、国税庁、関税庁に次ぐ第３位の国家歳入を確保する組織となった[31]（IFF 1993/1/15b）。

また、1987年にはPCSOによるスモール・タウン・ロッタリー（Small Town Lottery、以下STL）が開始された。STLは各地の違法数字くじのルールに準じた合法数字くじであり、この合法的代替物の促進によって違法数字くじの撲滅が目《もく》された。歴代政権同様、政府主導の賭博運営を導入することによって違法賭博を減退させ、社会の腐敗を食い止めるという政策がとられた。

しかしその直後、違法賭博を取り締まるべき立場にある反賭博タスクフォースによる汚職が露呈する。反賭博タスクフォースが各地方の違法数字くじシンジケートからキックバックを徴収し、違法運営に庇護を与えていたことが発覚したのである（G.R. No. 125532）。ヘッドであるロケ自身が公にしたところによると、彼が個人的に受け取った金額は5000万ペソに及び、反賭博タスクフォースの収集した金は反軍事クーデターと違法賭博運営の取り締まりのために使用されたという（PG 1995/12/18a）。STLのフランチャイズ権も、ロケらにキックバックを収めた違法数字くじ運営者へ配分されていた。STLの利益は、違法運営の仕組みと同様に、警察と政治家に流れていた。1989年にこの汚職関係が露呈し、翌年STLは運営を停止した。

STLがなくなると、違法数字くじシンジケートの活動は再び拡大し、中央政府とのつながりを構築し公営賭博の運営経験を得た運営者らはより合理的・資本集中的に賭博の販路を広げ、より大衆の人気を獲得することとなった。そもそもSTLは、違法運営のフエテンと比較して配当の期待値が低いこと（フエテンは1から37の数字から二つを選ぶのに対し、STLは1から40から選択せねばならず、勝率が低く設定された）もあり、ゲームの性質という観点においてもフエテンを打ち負かすことは難しかったと考えられる（Inquirer. net 2015/11/11）。

アキノ大統領が新規導入したSTLは、違法数字くじ市場を縮小させるどころか、違法数字くじの隠れ蓑として従来と変わらない受益機会をシンジケートにもたらしただけでなく、違法数字くじ運営者がより大きな富と影響力を持つきっかけとなった（IFF 1993/1/15a）。モラリストであったアキノ政権が、PAGCORによる公営カジノ運営の促進と違法数字くじからの献金による違法賭博のインフォーマルな利益化に舵を切ったのは、マルコス政権によって底をついた国庫を支え、国家の危機的状況を打開するためであったという（PG 1995/12/18b）。とはいえ、反賭博タスクフォースと違法数字くじ間の汚職関係の醸成は、違法数字くじと国家権力が直接結合し腐敗を起こしたフィリピン史上初の政権あるいは、違法数字くじが各地域の小規模運営から全国規模の産業となるきっかけを与えた政権、という汚名をアキノにもたらした。地方単位で運営され、地方政治家の資金源として機能していた違法数字くじの莫大な利潤に、ついに国家が手を付けたのである。

バタンガス州では毎日２００万ペソに及ぶフエテンの利益が上がっていた（Manila Chronicle 1992/11/7）と報告され、「フィエスタや日曜日のミサ、闘鶏やヤシ酒と同じように、フエテンは今日、私たちの文化と生活の一部になっている」（Smart File 1993/1/1b）と揶揄される状況の中、１９９２年からフィデル・ラモスが政権を引き継いだ。

図２－４　「悪徳を美徳にリサイクルする」
出典：PG（1992/10/26）

彼は、賭博の合法化をさらに促進することによって違法賭博シンジケートが占有する市場を縮小させようとした。アキノ政権期に停止していたハイアライを再開し（１９９５年）、翌年にはＰＣＳＯによるオンラインロトを開始し、公営数字くじ（ロト）の抽せん頻度を上げた。合法賭博の拡大に反対を示した教会勢力に対し、当時のＰＣＳＯ議長は「政府に税金を払わない人々に対する解決策である……自発的納税である……もし〔ロトの推進を〕しなければ違法賭博がその税金を回収し続けてしまう」（PG 1995/11/6）と反論した。しかし、「ロトはフエテンを殺せるだろうか。〔ＰＣＳＯの取り組みは〕警官と地方役人に守られている違法賭博にではなく、伝統的な国営富くじに影響してしまっている」（PG 1995/11/6）と週刊誌が嘆くように、この試みは、違法数字くじの撲滅に貢献するのではなく、人々の賭博のレパートリーを増やす結果に終わった。大衆の日常に溶け込んだ親しみのある既存の違法数字くじ、既得権益のネットワークにとって金のなる木である違法数字くじの競合相手に、政府主導の合法数字くじはなりえなかった。

１９９６年には警察幹部や国会議員の違法数字くじへの関与が告発され、ラモス政権による合法賭博推進政策をもってしても違法数字くじに関連した政治腐敗は改善できないことが明白になった[32]。結局、大統領選挙に向けて政治資金を必要とする政治家たちの需要に応えるべく、再び違法数字くじの運営は増殖した[33]。フィリピン国家警察の調べによると、この頃には違法数字くじが生み出す利益の30％にも上る金額が賄賂として警察権力や地方政治家に渡り、違法数字くじ市場を繁栄させた[34]（Manila Chronicle 1995/11/12）。

そして、１９９８年、サンン・ファン町長時代からフエテン・シンジケートと蜜月関係を築いてきたジョセフ・エストラーダが選挙戦を勝ち抜いた[35]。彼の時代において、大統領権力と違法数字くじ市場の腐敗的な関係は最高潮を迎える。

賭博利権の私物化――エストラーダ政権期

１９９０年代末には、国の税収源の２位を賭博産業（ＰＣＳＯ、ＰＡＧＣＯＲ、ＧＡＢ、競馬委員会（Racing Commission）、闘鶏委員会（Gamefowl Commission））が占め、合法／違法賭博が国の一大産業になっていた（McCoy 2009: 474–75）。特に、労働機会に恵まれない貧困層にとって違法数字くじの集金業などは生計を維持するための重要な収入源として確立していた（Medel 2003: 108–09）。

この状況下において、エストラーダ大統領は国の一大賭博市場である違法数字くじの中央集権化を目論んだ。この計画は徐々に進められた。まず、大統領の右腕であったパンフィロ・ラクソンの助力をもって国家警察をエストラーダの傀儡《かいらい》組織に改編した。ラクソンはエストラーダが新たに立ち上げた大統領反組織犯罪タスクフォース（Presidential Anti-Organized Crime Task Force）のヘッドに指名され、警察内部の汚職や違法賭博を含む組織犯罪の摘発を一任された。さらに、組織内の政敵を一掃して国家警察長官になったラクソンは、警察組織内の汚職を厳格に取り締まり、重役に旧友を配置することで、自身を頂点とする強固なヒエラルキーを創り出した。こうして、国家警察はエストラーダの違法数字くじ集権化計画に忠実に従う組織に再編成された。

続いてエストラーダは、違法数字くじの流通網を掌握するための「密談」を開始した。密談の参加者は、ビサヤ地方の違法数字くじ、マシアオの運営者チャーリー・〝アトン〟・アン、中央ルソンのフエテン運営者ロドルフォ・〝ボン〟・ピネダ、北ルソンのフエテン運営者・南イロコス州知事ルイス・〝チャビット〟・シンソンであった。エストラーダは、フエテン運営の実権を握る彼らとのネットワークを構築することで、全国的に違法数字くじからキックバックを回収する仕組みを確立した（PDI 2000/10/6）。大統領や家族へ月に最大3300万ペソの上がりをもたらしたこのネットワークは「真夜中の内閣」と称され、エストラーダとその取り巻き間における権益分配がなされていた（川中 2001: 296）。

そして2000年、違法数字くじ市場の直接支配の試みが始まった。PAGCOR管轄下によるクィックピック2とビンゴ2ボールの導入である。両者ともにフエテンに似た数字くじだが、クィックピック2は実業家ダンテ・タンが、ビンゴ2ボールはアンがその運営を掌握する合法賭博であった（PDI 2000/10/25）。その促進に向け、まず、「真夜中の内閣」メンバー以外が取り仕切る既存の違法賭博の大規模強制捜査が行われた（Coronel 2000: 33）。大統領のクローニー以外の違法な数字くじ運営をすべて排除し、エストラーダやアンなどによる合法賭博の利権集中が計画された。そして取り締まりの対象外であった違法数字くじ運営者たちにビンゴ2ボールのフランチャイズ権を与えることで、合法化への転換を図った。フランチャイズ権の獲得には、売上の27%を、ビンゴ2ボールを管理するPAGCORではなく、アンが所有する民間団体に上納することが条件とされた（Fabella 2007: 111）。真夜中の内閣メンバーは、競合勢力の排除と合法なフランチャイズ権の付与によって中央集権型の合法数字くじを創り出し、上納金の回収によって数字くじ市場の利益の独占と私物化を図ったのである。

こうして達成されつつあったエストラーダによる数字くじ産業の中央集権化の試みは、市民社会の道徳的社会規範を犯すものであった。真夜中の内閣を介して行われるキックバックの回収は、国家の利益のために遂行されるのではなく、エストラーダ個人への献金・汚職としてのみ機能していたことからも、違法数字くじの集権化というよりもむしろ、大統領による賭博産業の「私物化」と称した方が適切であろう。政権下で拡大する賭博市場に対し、『インクワイアラー』紙は「この国にさらなる賭博はいらない。人々が誠実な生活を保ち家族を支えるために必要なものは仕事と生計手段である。家族のための収入源として賭博が道徳的でも名誉ある行為でもないということに人々は気づくべきである。賭博は絶対に国家の繁栄と発展に寄与しない」と強い批判を展開した(PDI 2000/8/15)。

違法賭博の秩序破壊

大統領による数字くじ市場の私物化は、地方社会において違法数字くじの営為を紡いできた既得権益のネットワークによる秩序も蹂躙した。つまり、違法数字くじの強制捜査とフランチャイズ権の付与がなされたことで、排除された各地の違法数字くじ運営者やそれらと汚職関係にある地方政治家が生業の危機にさらされたのである。まず、大統領お墨付きの証であるフランチャイズ権を得た運営者は、もはや地方政治家や警察などからの庇護を必要としなくなった。それだけでなく、合法的な運営権を持つシンジケートは、「法的合法性」という印籠を振りかざすことで、自身の生業を阻害する違法賭博運営者たちの取り締まりを警察に訴えるようになった。一方、フランチャイズ権を与えられなかったシンジケートは、サブフランチャイズ権を得ることで細々と運営を続けたり、警察や政治家との既存のネットワークを維持することで、大統領権力に身をさらしながらも、生業を維持したりした。こうして、地方社会で維持されてきた違法数字くじを取り巻く運営秩序とパワーバランスは破壊され、違法賭博市場がもたらす利益で資金繰りをしてきた地方の警察や役人、政治家は大きな経済的損失を被《こうむ》った(Fabella 2007: 112)。

市民社会の中で不満がたまり、既得権益のネットワークの中で歪みが肥大化する最中の2000年10月、エストラーダの賭博私物化計画に決定的な亀裂が生じる。「真夜中の内閣」内の権益争いに敗れ、フランチャイズ権を逃したチャビットが、エストラーダや警察高官によるフエテンからの利得を国民に告発したのである[36](PDI 2000/10/5)。政権発足以降に送られた献金が2億2000万ペソに上ることを暴露されたエストラーダは、「フエテンは止められないものだから、たとえ〔違法〕賭博運営をしている〔チャビットのような〕友人にひどい仕打ちをしてでも、政府がフエテンから受益できるようにしたかった」と弁明した（Philstar Global 2010/10/9）。しかし、試験運用中であったビンゴ2ボールの停止は回避できなかった。告発に至ったチャビットは、エストラーダの政策によって既得権益を奪われ、賭博市場から排除された被害者であった。すなわち、大統領とクローニーによる数字くじ利権の独占と敵対勢力の排除を経て、違法数字くじ運営を支えていた秩序内の均衡が崩れたことが、内部告発とも言えるこの騒動を誘発したのである。

違法政治献金の発覚は、教会・中間層によるエストラーダへの反対姿勢を確固たるものにした。２０００年12月にフィリピン史上初の弾劾裁判所が開廷し、２００1年1月、教会・中間層を中心とした市民デモ、ピープル・パワーⅡによってエストラーダ政権は退陣した。[37] 賭博好き、女性好きといった悪癖で知られていたエストラーダは、大統領にはふさわしくない反道徳的な人物として、大統領立候補時からすでに教会・中間層からの反発を買っていた。ピープル・パワーⅡを率いた国民にとっては、エストラーダの存在自体が、賭博をはじめとした反道徳性の権化であり、市民社会の道徳秩序に脅威をもたらすものであった（日下 2013: 145–46）。賭博市場と大統領権力の大規模で大胆な汚職関係に対する怒り、かねてからのエストラーダに対する道徳的不満が交差したことで、教会・中間層勢力に潜在していた反発力はピープル・パワーⅡという大統領を退陣させるほどの熱量に達した。

エストラーダの失敗には二つの理由が挙げられる。第一に、賭博の法的合法化が税収の拡大といった国益に寄与し国民に還元されるという性質を伴うのではなく、大統領の「しのぎ」となってしまったこと。第二に、地方単位の政治社会の秩序をインフォーマルに支える存在として機能してきた違法数字くじ運営の勢力図が、国家権力の介入と一部の支配層による独占を経て崩壊してしまったこと。市民社会の規範と違法賭博運営の秩序をないがしろにしたことで、エストラーダの数字くじ合法化は破綻した。違法数字くじは、警察や政治家をはじめとした地方の権力者が運営を司り、地方の政治社会の秩序に組み込まれることで、「法的には違法（illegal）だが道義的には合法（licit）」という長年の性質を保っていた[38]。チャビットの言葉を借りれば、違法数字くじの世界は「警官、巡査部長、軍人、町長、知事、メディアまで[39]」、「全員が幸せ」な仕組みの上に成り立ってきたと言える（Coronel 2000: 35–36）。それに反して、エストラーダの数字くじ合法化＝私物化は、市民社会とシンジケートの社会規範を犯したという点において、数字くじを「法的に合法（legal）だが道義的に違法（illicit）」な性質へと変化させた。マルコスにとっての公営カジノと同様に、数字くじは政権にとっての潤沢な政治資金となるはずだったが、政策過程の道徳性を反故《ほご》にしたことで、エストラーダは数字くじの独占、つまり莫大な政治資金の源泉の独占と敵対勢力の排除に失敗したのであった。

エストラーダ大統領の退陣によって副大統領から昇格したグロリア・マカパガル・アロヨ大統領は、中央政府とフエテンの共生に対して身の潔白を証明するべく、違法数字くじへの圧力を強化した。２００４年には共和国法９２８７号（R.A. No. 9287）の施行によって違法数字くじを法的に定義し[40]、２００５年には停止していたＳＴＬをルソンとビサヤの一部に限定して試験的に再開することでフエテンの市場奪取を図った[41]。しかし彼女自身もＰＡＧＣＯＲの資金を選挙キャンペーンに流用したことなどがスキャンダラスに報道される始末であった[42]。

5　加速する国家の賭博胴元化

クリーンな政権による潮目の転換――ベニグノ・アキノ政権期

計９年に及ぶアロヨの長期政権が終わると、「汚職がなくなれば貧困もなくなる」をスローガンとして汚職撲滅を公約に掲げたベニグノ・アキノⅢが大統領選挙戦を大勝した。政治腐敗に辟易した社会の中で、ベニグノ・アキノ政権は政治的意思決定における透明性や説明責任の向上に取り組んだり、雇用創出を中心とした社会政策の拡充に尽力した（原 2021）。

賭博政策に関しては、２０１２年にアキノは「実験としてのＳＴＬを廃止する」と述べ、それに代わるＰＣＳ

O運営の数字くじを発足させる旨を表明した（Inquirer. net 2012/9/18）。アロヨ政権から再開したSTLは、2010年までに全国で29のエージェントに運営認可が下り、15州・4都市でのみ試験的運用が継続していた（Inquirer. net 2012/9/19）。しかし、これらは当該地域の違法数字くじの隠れ蓑として機能したにすぎなかった。STLのフランチャイズを購入したフエテン運営者に雇われた売人たちは、公式の売人であることを示すIDを振りかざすことで堂々とくじを売ることができていた。PCSOは、STLの想定売上は年間500億ペソであるにもかかわらず、STL運営者は47億ペソの収入しか申告しておらず、残額は国家の利益になることなく直接運営者の懐に収まっていると吐露した[43]（Inquirer. net 2015/11/11）。また、パンフィロ・ラクソン上院議員は、STLを隠れ蓑にしたフエテン運営者の一日の収入は5000万ペソに達し、回収額のうち、PCSOに収めているのはわずか20％にすぎないと苦言を呈した。ラクソンはほかにも、違法数字くじ運営を庇護する地方警察長官は月に200万から300万ペソを、州警察長官は月に50万から150万ペソを受け取っていると語っている（Inquirer. net 2012/9/18）。制度構築の不徹底により、不正行為は安易に横行し、STL運営による違法数字くじの撲滅というミッションが失敗していることは明白であった。

そこで、新たな公営数字くじとしてPCSOが起案したのが、全国富くじ（PCSO *Loterya ng Bayan*、以下PLB）であった。当時のPCSOゼネラルマネージャー、ホセ・フェルディナンド・ロハスⅡは、「政府が損をしない制度構築」と「人気を博すゲーム設定[44]」をその構想の軸に据えた。特に、違法数字くじの隠れ蓑に陥ることなく政府の収入を確保するためにも、すべての運営者に対して、毎月の小売店の領収書を要求し、政府に収めるべき毎月のノルマも提示するという制度案を示した。年間売上目標は100億ペソから150億ペソと設定された。フランチャイズ権の保有には、5000万ペソ以上の授権資本と1000万ペソ以上の払込資本金を条件とし、運営者には売人などへの健康手当、固定給、制服、身分証明書の支給も要求する計画であった（Manila Times 2013/5/30）。

当時のSTLの売人たちは「STLがなくなったら何を食べればいいのか」とSTLの廃止に対して苦言を呈

した[45]。この雇用問題に関してロハスは、「もし全国80州すべてでこの新しいゲーム〔ＰＬＢ〕が実施されれば、雇用は、現在ＳＴＬのもとで雇用されている10万〜12万５０００人から、40万人にまで増えるだろう」と述べた（Inquirer. net 2012/9/19）。ＳＴＬの制度改定版として、ＰＬＢは、２０１３年６月末のＳＴＬフランチャイズ権失効期限をもって開始される予定であった。

しかし、腐敗を防ぐ制度構築は一朝一夕でなせるものではなかったようである。ＰＣＳＯによる制度草案をアキノは「ＳＴＬの背後にある問題や課題に対処できない」として棄却し、期日の２０１３年６月末には、「雇用と政府収入を減らすような空白を避けるため」に、ＰＬＢの運営開始の代わりにＳＴＬのライセンスが３カ月延長されることとなった（Inquirer. net 2013/6/17）。結局、その後も厳しい審査によってＰＬＢの導入は遅れに遅れ、軌道に乗ることはなかった[46]。

違法数字くじの撲滅が進まないことに対する批判の矛先は制度を創出するＰＣＳＯに向き、組織の脱税行為が問題視された。ハイアライ、競馬、ロト、その他の公認数字くじには、１ペソの賭け金ごとに10センタボの文書印紙税が課される内国歳入法の規定がある。ＳＴＬにもこの規定が適用されるとしたが、ＳＴＬが試験運用中であることを理由に、２００６年から２０１５年までＰＣＳＯはこの判決を無視していた。国税庁は２００８年の最高裁判決を受け、ＳＴＬは実質、実験段階をとうに過ぎており、会計検査委員会（Commission of Audit）による監査も免れていることから、組織自体への不信感が募った。未納額は29億ペソにも上っていた（Inquirer. net 2015/11/11）。ＳＴＬが違法賭博の隠れ蓑になっている状況に対しても、国会ではＰＣＳＯによる管理不行き届きが咎められた[47]。

クリーンな政治運営を進めたアキノ政権期では、腐敗を許さない姿勢ゆえに、公営数字くじの創出に慎重となり、制度構築の議論も軌道に乗らず、その結果、新たな違法数字くじ撲滅のアクションを起こすことはかなわなかった[48]。違法賭博にまつわる不透明な状況は依然として解決しなかった。劇的な進展はなかったが、アキノによる慎重な賭博政策は、エストラーダ・アロヨと12年もの間継続してきた違法賭博と国家権力との不健全な関係性を清算するのに十分な土壌を、次期政権に用意したと捉えることもできる。

違法賭博の合法化――ドゥテルテ政権期

２０１６年に政権を握ったロドリゴ・ドゥテルテ大統領といえば、人権度外視の麻薬戦争を真っ先に思い浮かべる人は多いであろう。その麻薬撲滅の次の目標として彼は違法賭博の撲滅を掲げた。行政命令13号（E. O. No. 13）を２０１７年２月に発令し、違法賭博の取り締まり強化の姿勢を明示した。「社会の脅威と腐敗の原因になり、人々の勤労・忍耐・倹約の価値観を損なわせる」（Inquirer. net 2017/2/10）違法賭博の撲滅と国民の道徳性向上を目指した。また、前政権期にはＰＣＳＯが違法賭博シンジケートに利用され、その損益は年間70億ペソにも達したと公表し、「［腐敗した職員が］公営ロトとフエテンの両方をコントロールしている」として、政府組織内部の腐敗を撲滅するためにもＰＳＣＯの組織改革の必要性を訴えた（Inquirer. net 2016/9/16）。

ドゥテルテの宣言した違法賭博撲滅は、意外にもＳＴＬを全国的に促進することで進展を見せた。ポイントは、ＳＴＬの運営のあり方にある。彼は、従来の違法数字くじ運営者にＳＴＬを興行するフランチャイズ権を譲渡し、ＰＣＳＯ傘下の合法的な組合（Authorized Agent Corporations、以下ＡＡＣｓ）としてシンジケートを再編成することでＳＴＬからの収益の一部を納税させるという政策をとった。フランチャイズ権を得た運営者には、推定月間小売売上高（Presumptive Monthly Retail Receipt）[49]のＰＣＳＯへの毎月の支払い義務を設けた。また、違法数字くじを営んでいた違法運営者たちの既得権益を完全に奪い取るのではなく、合法的な運営権を付与し、闇経済であった違法数字くじの市場をフォーマルな経済の中に位置づけなおすことで、違法数字くじの撲滅と同時に税収の拡大を図った。

この政策により、２０１７年には、ＳＴＬはロトと富くじに次いでＰＣＳＯ事業の３番目の収入源となり、２０１７年１月から９月までの９カ月間で１０４億ペソを稼ぎ出した。ＰＣＳＯの２０１８年度収益は前年度比20％増を果たし、中でもＳＴＬの収益は66％も増加した[50]（Manila Times 2019/2/6）。ＳＴＬの促進はＰＣＳＯによる雇用創出プロジェクトの最たるものとしても機能した。ＰＣＳＯゼネラルマネージャーのアレクサンダー・バルタンは、２０１６年に11万２３９１人だったＳＴＬ関連労働従事者は１年で１２０％増加し計27万４１３５人に達したと述べ、「ＳＴＬによってフエテンが合法化されれば、労働者たちはもう警察官とかくれんぼをする必要はない。彼らは今、〔雇用の〕尊厳を手に入れたのである」とＳＴＬ促進の正当性を語った[51]（Inquirer. net 2017/11/18）。

違法数字くじは前述のとおり、特有のインフォーマル性がシンジケートや運営を庇護する権力者に利益をもたらしてきたからこそ、国家の管理を逃れ続けてきた。その運営者たちがＳＴＬという合法賭博への鞍替えをなぜ受け入れたのか。それは、国家のもとでの合法運営を選択する方がよいという判断を違法運営者に迫る環境を政権が構築したという点が大きいだろう。まず、就任当初、ドゥテルテは超法規的な手段をいとわず違法賭博を撲滅させるという強硬姿勢を示すことで、違法運営を継続していくことのデメリットを突き付けた。反対に、法的合法性に則ってＰＣＳＯの組合になれば、生業の安全は国家に保障され、利益も安定することを知らしめた。生業を暴力的に阻害されうるリスクと比べれば、国家に「テラ銭」を支払うことは大きな損失にはならない。このように、国家の傘下に入ることで違法運営者たちが得られるメリットを提供し、国家と賭博運営者双方が利益を保有できる関係性を展開したという点が、歴代の諸政権とは異なる戦略だった。

ドゥテルテ政権のＳＴＬ転換政策は、違法運営の換骨奪胎という目的だけに留まらなかった。かつて違法数字くじの運営がなかった地域にもＳＴＬのフランチャイズ権が振り分けられ、その販路は拡大の一途を辿った[52]。違法数字くじの撲滅のためのＳＴＬ転換政策には、国営賭博の推進という側面が隠されながらも含まれていたと言える。「とるべき税収を得る」（Inquirer.net 2017/1/15）、「税金を払えば死ぬまでギャンブルしても構わない」（Mindanews 2016/8/24）という発言からも、ドゥテルテの訴えた賭博政策とは賭博自体の排除を意味してはおらず、違法な営みを合法化し国家の直接的な規制のもとに再配置するという目論見だったことがうかがえる。国営賭博の推進という政権の姿勢はかつての違法運営シンジケートに対し、合法運営に転換しドゥテルテを庇護者とすることで、国家による数字くじ運営の恩恵に与りうるという大きなメリットをもたらすに至った。

違法数字くじの合法化というドゥテルテの政策は、エストラーダ政権による合法化政策を彷彿とさせる。両者ともに違法運営に国家のお墨付きを付与することで合法運営へと転換させるという趣旨である。エストラーダは市民社会の規範と違法数字くじシンジケートの秩序の双方を犯したことで、合法化に失敗した。一方ドゥテルテは、この二つのアクターに対し、合法化に際してある種の誠実さを維持した。

まず、ドゥテルテはクリーンな合法数字くじ運営の実現に労力を惜しまない姿勢を示した。２０１８年にロドルフォ・ピネダによるダミー企業のＳＴＬ運営疑惑[53]が浮上し、その後、ＰＣＳＯ内部による大規模な汚職と、退役軍人や警官への贈賄によるＡＡＣｓ（組合）の脱税[54]が発覚すると、２０１９年７月26日、ドゥテルテは３万店舗を超える全国のＳＴＬを一斉に停止した（Inquirer. net 2019/7/26）。彼は、「裁判所までをも含めたすべてが大規模な腐敗に加担している」（Gulf News 2019/7/29）と訴え、政府は「汚職をなくし、将来的にも生じないシステムを構築し、ＳＴＬ運営のグレーゾーンがなくなるまで」、ＳＴＬの運営を停止すると発表した。再開にはおよそ１カ月を要した[55]。再開に当たって、ＡＡＣｓに対するＰＣＳＯへのデポジット支払い時の義務化、不正発覚時のデポジットと運営権の没収という、汚職に対する対抗策が講じられた（Inquirer. net 2019/8/23）。集権化した合法数字くじ運営内部の腐敗に対して迅速かつ厳格に対応し、違法行為を徹底的に排除する行動力を顕示することで、国家による賭博利益の適正利用、ひいては国家による数字くじ運営の必要性——賭博利益が税金として国家に寄与するという性質——を間接的に国民へ訴えかけ

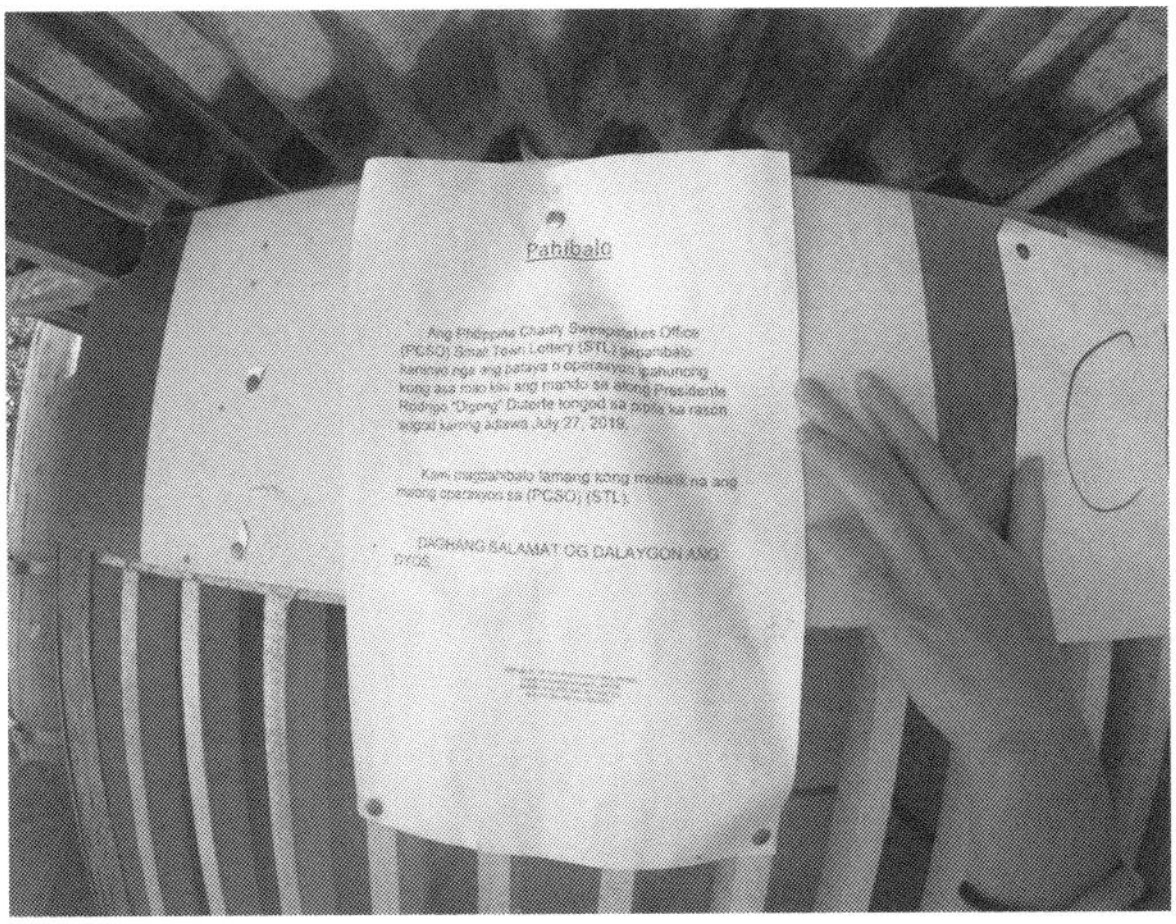

図２－５　営業中止中の STL 売店（2019/10/28、マリタ町）

た。

また、長い歴史を経て築き上げられた違法数字くじの社会秩序に対しても、ドゥテルテはプラグマティックな態度を示した。ＳＴＬの導入によって多くの違法運営ネットワークが合法運営に転換したものの、違法運営がすべて消滅したわけではなく、インフォーマル性が生み出す利益を独占しようとするシンジケートも残存した（第3章参照）。この状況に対してドゥテルテは、違法数字くじ産業の強靭な仕組みを「一番成功しているネットワークだ」と、構造の完成度を認める発言をした。そして、多くの貧困層が数字くじの売人として生計を立てている事実を踏まえたうえで、売人の代替となる生計手段を提供できるようになるまで、弾圧から手を引くだろうという見解を示した（Inquirer. net 2019/6/26）。「フエテンは違法だ。許されない」とし、将来的な撲滅を目標としながらも、「もし〔フエテンの売人以外の〕仕事が見つからなければ、薬物売買がその代わりになる」事態を危惧し、暴力的な弾圧には乗り出さないと述べた（Inquirer. net 2018/6/28）。麻薬と賭博を天秤にかけ、より小さな悪を選び、そしてその小さな悪である違法数字くじの存在意義を半ば認めたともとれる発言だった。連綿と構築されてきた違法数字くじの秩序に対し、漸次的かつ現実的な対処を模索するという姿勢は、シンジケートを統括するにふさわしい庇護者としてのドゥテルテ自身の素質を示すことにもつながった。

このような政権の姿勢は数字くじだけに留まらない。カジノやオンラインカジノに対しても、ドゥテルテは「嫌悪」を表明するものの、税金として国益に寄与するのであれば容認するという方向性を保った（Inquirer. net 2016/8/25）。中国人による違法オンラインカジノへの強制捜査や、汚職を働いたＰＡＧＣＯＲ職員の解雇など、賭博と政治の腐敗関係には厳格な対応を取りつつ、合法賭博の推進を黙認した（Inquirer. net 2016/11/29; 2016/12/5, Philstar Global 2018/5/21）。コロナ禍で闘鶏場が封鎖された際には、オンライン闘鶏（*e-sabong*）を全面的に促進した。

以上のように、ドゥテルテ政権は、賭博市場全体の規制と賭博運営の規律化を推し進めていった。これは、歴代の政権がなしえなかった「国家の賭博胴元化」、つまり国内のあらゆる賭博——富裕層におけるカジノから大衆における違法数字くじまで——から、国家が「テラ銭」を確保するシステムへと向かう、強力な歩みであると言える。国家が国内賭博の胴元となることとは、賭博に合法と違法の境界線を引き、違法賭博市場が誕生したアメリカ植民地期から今日に至るまで国家が希求してきた、賭博管理の理想像である。賭博市場の合法化が国家、あるいは国家リーダーによる賭博利益・政治資金の独占と他の政治家の資金源の剝奪という結果をもたらすという点は、マルコスによるカジノの合法化が証左であり、ドゥテルテにもこの効用をもたらしたに違いない。市民社会に対しては腐敗に抗う姿勢を通して誠実さを見せ、既得権益のネットワークに対しては庇護者として君臨することで進展した合法化政策は、長年の間「法的には違法（illegal）だが道義的には合法（licit）」であった違法数字くじの道義的合法性を維持しつつ、法的合法性を付与することに（ある程度の）成功を収めた。

賭博はスペイン植民地期に初めて国家権力の介入を受け、アメリカ植民地期においてはフィリピン人の未開性の象徴として規制・管理の対象として浮かび上がった。スペイン占領前からフィリピンの人々の熱狂を一手に引き受けていた闘鶏はこの頃から、動物愛護や道徳的観点からの強い批判を浴びせられながらも、ほとんど中断することなく現在まで続いている。スペインのもとでは本国の資金繰りを支える財布として重宝し、アメリカのもとではアメリカ人を熱狂に巻き込むことで教会の反対運動を押し切り、国家の制度内に安寧する場所を作り出した。アメリカの技術が輸入されたことで闘鶏の近代化は促進し、（第5章で論じるように）それは今日、グローバルな資本主義経済に位置づけられる巨大闘鶏産業を構築するに至っている。闘鶏やカジノのような潤沢な利益を生む賭博市場は、国家権力に包摂されながら肥大化していった。

一方、国家から逃れ続けてきた違法賭博は、制度の外側で大衆と迎合し政治とつながることで肥大化していった。シンジケートが運営する違法賭博を庇護する政治家たちの姿からは、違法数字くじがフィリピンのコスト高な民主主義政治を生き抜くための必須手段であったことがうかがえる。「ライバルがフエテンに関与しているなら、自分も関与しなければ選挙に負けてしまう」とは、とある政治家の言葉である。選挙政治の賭け金が高騰するとともに、賭博利権の奪い合いは激しさを増し、国家リーダーまでをも巻き込むこととなった。国家がアクターとして賭博市場に参入し、敵対勢力による違法運営からパイを確保した結果がマルコスによるカジノの合法化であり、エストラーダによるインフォーマルな数字くじの私物化であり、ドゥテルテによる数字くじの合法化である。国家と賭博市場が緊密な関係性を築いていった変遷の背後には、フィリピンの民主主義政治の進展に伴う、賭博の政治的利用価値の上昇が潜んでいる。

国家の枠組みの中で発展し、国家を潤してきた賭博。国家の枠組みの外で発展し、政治を動かしてきた賭博。国家と賭博の関係性を眺めるとそこには、賭博が生み出す富に大勢の政治経済的アクターが引き寄せられ続けている力場の様相が浮かび上がる。この賭博の引力の源泉は、力場の布置がどうであっても日々賭け続ける賭博者、一人ひとりであることは確かだ。次章よりその賭博者の実態に迫っていきたい。

「うちがラストトゥー〔数字くじ〕を売ってたのは10年前くらいかな。まだ1週間に1回のウィークリーの抽せんのときだ。よく売れた。警察がよく金をせびってきた。昔はフィナンサーがたくさんいて、抽せんが週1回だったから賭けもよく集まった。一つの数字は1人10ペソまでとリミットを決めてた。うちは少額の賭け専門だったんだ。当せんしても、700ペソが最高。2000ペソ集めてきて、払い戻し額が1000ペソくらいまでなら利益が出る。売った数字にまるで穴があるみたいに当たりが一つもないときはカビッグ(*kabig*)っていって、そのときは大儲けだよ。

抽せんが毎日になって売上が減って、払戻金の方が売上より多いことが増えた。〔ニックにとっての〕外れ(*pusoy*)が続いたし、何より違法だったからやめた。今？　組合に入って売らないと、捕まっちゃうよ」（ニック、2019/12/29、P市）

ここまで辿ってきたように、フィリピンにおける賭博の領域は、違法運営者と国家によるその利益の奪い合いの様相を呈し続けた。闘鶏のように制度の内側で繁栄し続ける賭博や、カジノのように制度構築によって国家が囲い込みに（おおよそ）成功した賭博もあるなかで、数字くじは常に制度の外側で違法に運営され、大衆人気を誇り続けてきた。この状況を一変させたのが、2016年から2022年まで政権を握ったドゥテルテだった。

100年近くにわたって違法運営が主流であった数字くじは、彼の強権的政策によって合法に転じた。この劇的な変化を、数字くじに賭ける人々はいかに受容し、経験したのか。本章では、法制度の変更が人々の日常的な賭博実践にいかなる影響を与えたのかについて考える。

1　法が善悪を定めるのか——数字くじ合法化「以前」と「以後」

西洋の歴史において賭博は、勤労を是とするイデオロギーの創造と並行して近代国家の生成と共に社会悪へと転化された結果、規制されるべき遊戯としての認識が拡大していった（池上 1994）。前章で書いたように、フィリピンを含む植民地支配を経験した国々では、宗主国の啓蒙的態度によって人々の賭博行為が規制され、制度化されていった。近代国家において、国民による過度な賭博への没入を「危険」とみなしたうえで、公権力が賭博を規制・管理するのは、その厳格さの強弱はあれどもごく一般的である。たとえば、日本においては、公営賭博として合法とみなされる範疇が設定され、合法の範疇から外れた賭博は一概に違法とされるかあるいは、（パチンコのように）制度上賭博の範疇に当てはまらない遊技産業として、「射幸心をあおらない」よう設定された規制の内部で発展してきた[1]。

近代国家による賭博の管理は、賭博の遊戯に合法／違法の境界線を引くことで、国民の道徳の毀損を防ぐことが（たとえ大義名分であったとしても）その目的の一つとして挙げられる。国家権力による統治が、国民の身体に規律を植え付け、自らを律する主体を構築することを目指しているとすれば、賭博の領域にもその規律訓練型の統治は深く浸透し、人々の賭けをめぐる善悪の観念にまで影響しうる[2]。フィリピンにおいても、国民の道徳を管理することは、国家の課題であり続けた。前章で言及したように、法の施行だけでなく公教育などの場面が、賭博行為に対する人々の道徳観念を身体的に規律するテクノロジーとして機能するように企図されてきた。

では、こうした公権力による統治は、人々をいかに規律し、人々の行動をいかに変容させたのか。合法／違法の定めは、人々の実際的な賭けの実践に対し、どのような、どこまでの規範となりうるのか。つまり、国家権力は人々の行為を果たしてどこまで矯正できるのか。ドゥテルテ政権による数字くじ合法化の時代に焦点を当て、「以前」と「以後」の調査地の状況を概観する。

先に結論を言ってしまえば、法制度の変更と警察権力の行使は実際に違法賭博を中断、減少させ、人々に恐怖を与えた。しかし、それでものらりくらりと生き延びる違法賭博運営は存在し、人々は恐れつつも違法なサービスを享受していた。ドゥテルテによる暴力的統治は、それに対する恐れによって人々の行動変容を促し善悪のカテゴリを表面的な形で揺り動かしはするものの、根底から規律するものではなかったと言える。

「以前」——ミンダナオの数字くじ事情

ルソン島のフエテンを筆頭に、セブ島を含むビサヤ地方のマシアオ（*masiao*）など、フィリピン各地で各シンジケートが大衆の娯楽として違法数字くじを運営し巨大な闇経済を築き上げてきたなか、ミンダナオではラストトゥー（last two）がその地位を担っていた（Nery ed. 2013）。ラストトゥーとは、簡潔に説明すると、ＰＣＳＯ（フィリピン慈善富くじ事務所）の抽せんする数字くじ下2桁あるいは3桁を当てる賭博である。（詳しくは第7章で述べるが）調査地において、ラストトゥーは、老若男女問わず幅広い層の人々に日々購入されていた。ラストトゥーを実施・販売する組織的なネットワークがミンダナオ各地に張りめぐらされており、そのネットワークの最末端である売人が人々の生活圏内のどこにでもいるという点や、数字２桁を選ぶだけというルールの簡単さ、最低５ペソから賭けられる手軽さが、人気を博す理由であった。起源は定かではないが、１９８６年の『サン・インクワイアラー』誌が「特別報道　インサイドミンダナオ「ラストトゥー　最新の賭博業」」と題して当時のラストトゥーの実態を報じている。

……ミンダナオを席捲している「ラストトゥー」は文字どおり……マニラのＰＣＳＯが毎週抽せんする富

くじの数字の下2桁に賭けるゲームである。

……背後に強力な出資者（founder）を持つ仲介人（bookie）が、賭け金を集める売人（agent）を雇っている。仲介人は、普段はタバコ売りだったり至って普通の人であったりする。売人が集めた賭け金を仲介人に渡し、それは出資者にまで渡る。当せん番号が出たら出資者から仲介人を通して売人に金が払い戻される。仲介人と売人は出資者から集められた賭け金の一部と当せん金の一部をもらう。

……〔ディスコクラブのオーナーでラストトゥーのヘビープレイヤーである〕サミーは、「〔政治家や警察、軍などの〕何かしらの権力が、たとえ間接的にであってもラストトゥーの運営に関与しているとしか思えない。これは違法賭博だが、しかし公然のものとなっているよ」と語る（Sun Inquirer 1986/10）。

運営の仕組みは2017年まで右記の記事と大差はなかった。[3]「ギャンブル王（gambling lord）」と称されるフィナンサーを頂点として、ミンダナオ各地に存在する末端の売人（*tayador*）が人々から賭け金を徴集し、その金をピラミッドの中間に位置する取りまとめ役（centralizer）を通してやり取りする。以下はダニーの例である。

［事例3－1］売人ダニーの仕事

ダニーは、関節痛で足を痛めているために本職である漁業に出られず、その間はB村でラストトゥーの集金をしていた。集金した中で当せん者がいればその配当金の30％がダニーの収入になる。集めた賭け金はB村の中心部にある雑貨屋に持っていく。自分が売ったくじの中から当せん者が出た場合も、雑貨屋にその配当金をもらいにいく。自分の売っているラストトゥーのフィナンサーがどこの誰なのか、ダニーは詳しく知らない。（2015/8/12、B村）

末端の売人の利益は地域や組織によって異なっていたが、B村で2015年に売人をしていたダニーの場合は、基本的には日々のくじの売上から得られる数パーセントの利益を稼ぎとし、臨時収入として自分が売ったくじの配当金の30％の金額を得ていた。ダニーのような売人は看板こそ掲げていないものの、地域住民はどこでラストトゥーが購入できるのか、だれがラストトゥーを売っているのかを正確に把握しているため、買いたいときに売人のもとへ赴いたり、逆に売人が常連客のもとに赴いたりしていた。売人は購入者が賭けた数字と金額、日付、売人のサインを書き記した紙を購入者に渡し、当せん者はその紙を売人に提示し、配当金を受け取っていた（図3－1）。2015年から2016年にかけてラストトゥーの運営に加担していたクリスティは、自らの経験を次のように語った。

図3－1　ラストトゥーのレシート（2017/9/14、P市）

「妹2人〔リッチェルとローズ〕と一緒にラストトゥーを売っていたことがあった。フィナンサーは闘鶏場のオーナー・ヤンヤン（70歳代男性）で、くじの発行はヤンヤンの住んでいる町で行われていた。私たちは近所にあるジーン（40歳代女性）の家をオフィスにしていた。ジーンの家族はオーナーの運営するラストトゥーだけでなく自分たちが出資する別のラストトゥーも運営していた。警察には月に5万ペソの賄賂を渡していたらしい。

　お金があればラストトゥーは誰でも運営できる。自分が売ったくじの中から当せん者がいるか、当せん番号をケータイで確認するんだけど、ミスをすれば自腹で当せん金額を払うことになっていた。私は1回それで250ペソを払ったけど、中には数千ペソの自腹を切った人もいた。私たちはヤンヤンから給料をもらっていて、〔ヤンヤンと直接金銭のやり取りをするコーディネーターである〕私のパパ〔ジェラルド〕は売上の5％をもらっていた。家の庭で売っていたから、警察が家の前を通るたびにくじを隠してた。私の家の斜め向かいにある豪邸、ほら、バイクで事故をして片足になったポール（30歳代男性）の家はミンダナオ全域でくじを売っている大規模なラストトゥー運営者で、警察に渡す賄賂は私たちの比じゃないくらいで、豚の丸焼きをあげたりもしていた。

ラストトゥー売りをやめることになったきっかけは、２０１６年の12月。〔ＰＣＳＯの数字くじの下2桁が〕00とか01とか、小さい数字ばっかり出るようになって、みんなが小さい数字に賭け始めたから、フィナンサーの資金が底をついた。12月までは簡単にお金が稼げてたのに、急にお金がなくなったから大変だった。あと、ジーン一家と売上金についてもめたことも、このビジネスをやめる原因だった。うちのジープニーでドライバーをしていたジーンのいとこもくじを売ってたんだけど、いつも抽せん締め切りを過ぎた夜9時過ぎに帰ってきた。彼の売ったくじの中で当せんがやたらと多かったの。ジーンも、当せん者がいたことを私たちに隠したりして。周りは私たちが当せん金をちょろまかしてると叱責した。ちょうどその頃、うちはジープニーを買って、エアコンのついた家も建ててたから、余計にそう疑われた。ずるをしていたのはジーンたちだったのに！

この一件で、もともとはよかったジーン一家との仲は解消した。私たちはラストトゥーからも手を引いて、ジーン一家だけでやることになった。ジーンたちは地域の権力者だから、私たち一家は黙ってるしかなかった。金持ちはみんなずるい。友だちにもこの件について尋ねられるくらい、噂は広がった。パパは運営に関連してた人たちと口論して、ジープニーのドライバーもクビにした。私が知らない事情もパパは知っていて、絶対に何かあったはずなんだけど、真相に近づくのは怖いからやめておく」（2018/10/13、L町）

当時、運営は村レベルの小規模なものから島全体を商圏とする大規模なものまでさまざまであった。合法化

図３－２　STL の売店（2018/8/23、P 市）

図３－３　組合名の書かれたレシート（2018/8/29、P 市）

「以前」は、ラストトゥー運営への参入は、配当金などの資本金が用意できれば夫婦や家族単位でなせるほどに容易なものであり、さらに警察権力からの庇護を受けるに足る賄賂が用意できれば、運営組織を拡大させることも不可能ではなかった。クリスティの発言のとおり、警察と運営組織との贈収賄関係は合法化直前まで確認されていた一方で、取り締まりも一応は行われていたようである。それに対して運営側は証拠隠滅のために携帯電話のテキストメッセージで購入者と購入数字や金額のやり取りをするなど策を講じ、いたちごっこが続いていた（Mindanews 2010/7/17）。合法化「以前」においてラストトゥーは、土着の秩序の中である意味、安定した違法運営によってそのサービスが提供されていたと言える。

「以後」――急速に進む合法化

２０１７年以降、ドゥテルテによる賭博規制の強化はミンダナオにも迅速に適用され、違法運営は大きく方向転換を強いられた。２０１８年初頭から、調査地各地ではＰＣＳＯのマークと「公認販売代理店」という赤文字を掲げた黄色く目立つＳＴＬ売店が幹線道路沿いに点々と建ち始めた（図３－２）。この時期に、従来の大規模ラストトゥー運営者が地域ごとの組合に再編され、ＳＴＬのフランチャイズ権を得て納税をする仕組みが確立したようであった。２０１８年８月には、各調査地の末端のラストトゥー売人のほとんどが、黄色い売店に立つＳＴＬの売人へと転身していた。フィナンサーから売人まで、賭博運営を実際に担う人員は何も変わらず、

図3－4　電子発行されたSTLのレシート（2018/8/22、P市）

図3－5　STLの販売機（2020/1/17、P市）

看板を掲げずにくじを売っていた「違法」な業務形態が、納税の義務を請け負うことで公式の看板を掲げることのできる、「合法」な業務形態へとがらりと変貌を遂げた。

ＳＴＬへの転換は、くじ販売と運営のデジタル化を進展させた。従来、紙切れに手書きで記されていた購入数字のレシートは、地域を管轄する組合の名前が書かれたレシートになり、順次電子機器によって印字されたバーコード付きのレシートへと変わった（図3－3、3－4、3－5）。この電子機器はスマートフォンにレシート印刷機を搭載したようなもので、どの数字にいくらを賭けるのかを入力し、レシートを出力するほか、組合が管轄する地域の各数字の売上状況などを売人が一目で確認できる。売人はこの機械を用いて、どの数字が売り切れなのかを、顧客に即座に伝えることができる。

「ハイテクだよ、今や」（ロイ、2018/8/22、Ａ町）という言葉どおり、こうした合法化に伴う数字くじ市場の近代化は顕著であった。売店が立ち並ぶことで、購入者は以前にもましてくじ購入が容易になった。販売ネットワークのデジタル化によって、運営者はより合理的・効率的に売上を管理することが可能になった。数字くじの合法化は、国家による制度構築の近代化だけでなく、賭博運営の手法の近代化を推し進めることにも一役買っているようだった。

しかし、2桁あるいは3桁の数字に賭けるというルールや抽せん頻度など、従来のラストトゥーの富くじとしての性質に大きな変化は見られなかった。ラストトゥーの人気の源である単純なルールと低額な賭け金、頻繁な抽せん回数という特徴がほとんど変化を加えられず保持されることで、合法化に伴う購入者数の低下を防ぐことができていた。さらに、オッズや売人の人数にも変化がほとんどないため、新たな違法運営者が参入し競合する余地も極めて少ないように見受けられた。

一方、調査地における購入者たちの日々のくじ購入はというと、支障を来《きた》たしている様子はなかった。彼らは、STLへの急激な転換劇はラストトゥー運営者が納税をするか否かの差でしかないと冷静に認識していた。

「違法でも合法でも〔購入する〕私たちには何も関係ない。STLに変わったのは国が税金を取りたいからでしょう」（リータ、2018/8/29、P市）

「今のSTLは違法が合法になっただけ、隠れなくなっただけ。市長も警察も賄賂ではなく税金という形で金をもらっている。チャリティーになるという理由でドゥテルテが緩くしただけ。今でも既得権益は変わらない。PCSOも市長も儲かってる、前と変わらない」（ニック、2020/12/28、P市）

こうした数字くじ愛好家の発言のとおり、くじを購入する人々にも、今回の合法化によって国家が意図しているものは、賭博から税金を取り、その管理下に置くことであるとの理解がなされていた。また、合法化政策は国民に利益が分配される仕組みだと評価する者もいた。以下はリータ家の隣人で不動産業を営むトッド（50歳代男性）の意見である。

「ドゥテルテは、国民のためにならないことはしない。ドゥテルテがダバオ市長だったとき、ダバオには市長に近い存在のラストトゥーのフィナンサーがいた。でも、彼らのしのぎは多くの人々を食わしていた。何より、その仕組みを変える方が、無駄な金がかかった。だからドゥテルテは、違法なままにしておいたんだ。ドゥテルテは、〔賭博の利益が〕人々のためにならないと許さない。ＳＴＬに俺たちが賭けるのも、間接的に〔弱者のために〕税金を払ってるのと同じだよ」（2019/12/27、Ｐ市）

トッドは、違法か合法かはドゥテルテの関心外であり、国民の利益につながるか否かによって賭博運営の是非を判断しているのだとその意図を解釈し、合法化政策を支持していた。あたかも、賭博の善悪について、人のためになるかどうかという基準を満たすことが肝要であり、ラストトゥーの法的位置づけが変更されることには何ら重きを置いていないようだった。トッドのように、弱者の助けになる事業であれば法制度の枠組みを無視しても構わない、といった仁義を優先するドゥテルテの義賊的な姿に、賛同の意を表する人々も多かった。

2　行使される公権力、恐れる／恐れない／憤る人々

以上のように、ミンダナオの違法数字くじをめぐる環境は、表面的には、合法数字くじＳＴＬへの転換という劇的な変化を見せた。では、この環境変化はいかにもたらされたのか。今まで野放しになっていた違法賭博に公権力が触手を伸ばした結果、人々がどのような反応を示したのかについて、ＳＴＬ転換過渡期である２０１７年の事例から見ていこう(4)。

恐れ

ドゥテルテが政権を握った２０１６年以降、各調査地における違法賭博を取り巻く状況は、運営側に不利な形であからさまに悪化していた。大統領の掲げる「違法賭博撲滅運動」は、「警察による取り締まりの厳格化」という目に見える形でミンダナオの地方社会の日常にも影響を与えた。今までは何の危機感も抱くことなく日常の

ルーティンとしてラストトゥーを購入していた人々の間で、公権力への「恐れ」が見受けられるようになった。ラストトゥーだけでなく、他の違法賭博に興じる人々にも同様の事態がうかがえた。

[事例3－2] ラストトゥーはない

A町ではラストトゥーにみんな賭けているのかと私が訊くと、ロイは、「ここの人たちは、ラストトゥーはしないよ。ポリスが厳しいし、何よりドゥテルテが怖いからね」と返答する。(2017/8/12、A町)

[事例3－3] 真夜中のハンタック

朝4時すぎ、P市中心部を通るハイウェイ脇で、「ハリ、パタイ(*hari, patay*、表、裏)」という声を響かせながらハンタックをする人々を見たと、朝市帰りのニックが私に教えてくれる。「彼らは夜遅くから始めて早朝まで賭けるんだ。日中は警察につかまってしまうからね。タゴタゴ(*tago tago*、隠れる)だよ」と言う。(2017/9/13、P市)

「ポリスが怖い」「つかまってしまう」という彼らの発言は、政権を握ったドゥテルテの厳格さへの恐怖に起因している。調査地の人々の間で、大統領就任以降のドゥテルテは「ストリクト(厳格)」であるという表象が頻繁になされていた。ダバオ市長時代の治安改善政策など、目を見張る彼の活躍と成果が肌で感じられたミンダナオ地方では、ドゥテルテは圧倒的な人気を博し、各調査地の人々も例外ではなかった。人々はドゥテルテに、その厳格さをもって、常態化したフィリピン社会の腐敗を是正することを期待していた。

その厳格さを日常生活で実感する出来事の最たるものが、麻薬犯罪者の超法規的殺人であった。P市においても売人などは問答無用で射殺された。ニック家の近くの幹線道路でも、バイクの後ろに乗っていた売人がすれ違いざまに撃たれて死んだことがあった。こうしたセンセーショナルな暴力の発露と並行して、警察による違法賭博取り締まり強化が進んだ。ドゥテルテ以前、A町ではラストトゥーは公然と実施されていた。P市のハンタックも、ドゥテルテ以後、幾度か警察に検挙された例があったために、夜な夜な隠れて行われていた。調査地において、警察はブラフ（はったり）ではなく、実際に違法賭博の取り締まりを厳格化し、以前は注力していなかった賭博行為の管理に権力を行使するようになった。

警察という日常的に接する機会のある身近な存在が（以前は気にも留めていなかった）違法行為に対して実際的に力を行使するようになったこと、厳格なドゥテルテによる暴力的統治が麻薬と同様に賭博の領域にも延伸していることを察知するなかで、人々は当たり前のように続けてきた賭博が「違法」行為であることを認識しだした。その結果、権力を恐れるがゆえに中止したり、警察に隠れて続けたりといった行動変容がもたらされていた。それと同時に、公権力を飼いならすような運営のあり方も確認された。

［事例３－４］警察への賄賂

A町ではラストトゥーは禁止らしい、P市ではラストトゥーは禁止じゃないのか、と尋ねると、「禁止ではない」とランディが言う。曰く、「フィナンサーたちは警察に毎週３００ペソを払えばいい。M村では、公立高校の隣の家の主人が売人として、依然としてラストトゥーを売っている。でも、警察にお金を払わないフィナンサーは逮捕されてしまう。実際に9月14日はP市中心部のラストトゥーの売人が逮捕されたから、タヤ（*taya*、賭け）はなかった。賭けるか（*taya ka*）？」（2017/9/13、P市）

M村においても違法賭博であるという認識は高まっていたものの、人々はラストトゥーが売られていれば、それを購入すること自体には何も罪悪感を抱いていないようにうかがえた。警察権力が出資者から金銭を授受し続ける限り、ラストトゥーの運営には庇護が与えられている、という安心感をもたらす共通認識が人々の間に存在していた点がその理由の一つとして挙げられるだろう。警察への賄賂を怠ることで売人が逮捕されたという話も、贈賄の実態の信憑性を高める結果となっていた。P市内のラストトゥー運営において、警察がその運営に直接関わっていたのか、私は真偽を確かめられなかった。しかし、噂としてそのような事態が広まっているだけで、購入者も末端の売人も、公権力による暴力を恐れる必要性から解放されていたのは事実である。

憤り

ランディが教えてくれた売人の逮捕は市街地での出来事であり、ベスやアンアンも「賄賂を怠ったから仕方がない」と噂話程度に一蹴していた。しかし、逮捕劇に身近な人物が関連すると、事態は一変した。

［事例３－５］町内のラストトゥー売人が捕まる

ロイは「ない」と言ったものの、実はドゥテルテ以後においてもA町にも依然としてラストトゥーの売買はあった。しかし、A町のラストトゥーの売人が２０１７年９月13日に逮捕されてしまった。彼女は保育所の保育士であった。私服警官が子どもをおとり捜査に使い、彼女のもとにくじを買いに行かせたところで足がついたのだという。彼女のフィナンサーはA町に住んでいるにもかかわらず一時保釈金を払ってくれず、彼女は20万ペソとも噂される金額を自腹で払った。公務員である保育士の仕事はクビになり、さらに借金もできてしまった。

長年売人をしていた女性が捕まった理由として町で噂されていたのは、A町に警察が新しく任命されたからだという話である。新任の警察は町にまだコネクションがなく、賄賂や人脈を築いていなかったために、今回のような逮捕者が出てしまったのだと人々は分析する。

この逮捕劇は一大ニュースとして町中を駆けめぐった。個人宅で行われているトンギッツに対してもポリスからの警告がなされた。村の管轄のもとで時間制限を設けて行われているビンゴも、警告は受けていないものの、参加者たちがおびえてしまい、開催されなくなった。（2017/9/14、A町）

町に根付き、賄賂を受け取ることでラストトゥーを見逃してくれていた警官から新任の警官に代わり、権力からの庇護を失ったことで、売人は逮捕されてしまったと人々は推理していた。注目すべきは、「違法行為に加担していたのだから当然の帰結である」として売人を責める発言をする者は1人もいなかったという点だ。むしろ人々は、何もわかっていない新任警官の横暴であると非難したり、ラストトゥーの仕組みの中で末端に位置し脆弱な立場にある女性に対して、上司である出資者が救いの手を差し伸べずトカゲのしっぽ切りをしたことに憤慨したりした。人々は、違法賭博に与《くみ》していた売人に対してではなく、連綿と続いた町の秩序を改悪した新任警官と、パトロンとしての義務を放棄した出資者の無慈悲な行為に、「正しくなさ（*dili maturong*）」を見出していた。数字くじだけでなく、トンギッツやビンゴも中断に追いやられたA町では、警察への恐れが充満していた。そんな中、平常運転を続ける者もいた。

［事例3－6］恐れない売人

稲の収穫作業の休憩中に、女性売人の逮捕劇の経緯が話題になる。「逮捕された女性がかわいそうだ」と言い合っていると、その中で1人の男性（30歳代）が「俺はまだラストトゥーを売っているよ、賭けるか」と訊いてくる。私が「怖くないのか」と訊くと、男性は「怖いことあるか」と即答する。（2017/9/14、A町）

同業者の逮捕の知らせを聞き、誰よりも恐れを抱くであろう売人が、ラストトゥーを売り続けていると断言していた。逮捕された女性売人とは異なる確固たる庇護者が彼には存在していたのかもしれないが、定かではない。実情がどうであれ、彼の言葉を聞いていた人々は彼の示した自信が安心材料となって、今後とも町内でラストトゥーに賭けられることが明確になった。

以上が、ドゥテルテ政権による違法賭博撲滅強化期・STL転換の過渡期に調査地で観察された、取り締まり厳格化に伴う人々の対応である。法の定めで警察が行使するようになった権力は、確かに自らを脅かす危険として認識された。人々はこの権力に対して、従う、隠れる、飼いならす、恐れる、あるいは恐れないといった複層的な態度を示し、権力に脅かされながら賭博を中断したり継続したりした。

挙げた事例は数あるうちのほんの一部だが、この期間において（でさえも）各調査地では、公権力が人々の賭博行為に深く干渉することはなかった。公権力は、合法／違法の境界線を操作することで「善き賭博」「悪しき賭博」のカテゴリを根本的に改変するような効果を十全に発揮していないようであった。警察権力への恐れは露呈し、暴力を回避するための行動変容は生じたものの、「違法賭博に興じる」ことがすなわち「悪しき行為」であるという等式が、人々の間で必ずしも成立するには至らなかった。数字くじへの賭けは、その違法／合法を問わず「道義的に許される行為」であり続けた。むしろ、法を遵守する警官による正当な取り締まりは、「違法」ではあるが日常の一部と化している賭博の営みと秩序を破壊する、道義に逆らう行為＝「悪」として、人々の憤りを生起させていた。

3　違法運営の崩壊と維持

崩壊

さて、売人の逮捕劇や警察の圧力強化を経て、P市やA町ではSTLへの転換が進展した。2018年の調査時には、贈賄をしていた両地域の違法運営者はSTLの公式組合への加入に至り、売人はSTLを売り、人々はSTLを購入するようになった。従来までのラストトゥーの営みは、看板を合法賭博へと変えて地域内で維持された。違法賭博撲滅運動期にはまだSTL組合に入らず警察への贈賄を通じて運営を維持する違法な方法もあったが、2019年にもなると組合の力は強まり、数字くじのサービスのほとんどは（管見の限り）STLによって提供されていた。

「昔は、賄賂（*dilensya*）で生活する腐ったワニ（*buaya*）がいた。水面から口だけ出して獲物を待っているワニみたいだから。警察とかね。俺はそういう警察への賄賂をいろんな場所に行って回収する仕事をしてた。警察の相棒みたいな仕事だ。今は、こういうワニはドゥテルテに逮捕される。ドゥテルテはラストトゥー［の違法運営者］をすぐに逮捕する。今のP市のSTLのフィナンサーは前市長ともう1人。絶対に彼らは何かのコネを持ってる。すごく豪奢な家が建ってるだろ、あれがあいつらの家だ」[5]（ニック、2019/12/28、P市）

これに反して、ラストトゥーの売買がSTLの売買へと単純に転換されなかった地域もあった。ここでは、STLが各地に安定供給されるようになった2019年以降の事例から、合法化が一筋縄ではいかなかった実態を簡単に述べる。

まず、他の調査地に比して地理的にも社会的にも島の周縁に位置するB村である。辺境の村であっても、2015年の調査時にはダニーのような売人は村内におり、村の人々は売人や雑貨店を介して容易にくじを購入することができていた。しかし、2019年10月の調査時には、事態は一変していた。数字くじ愛好家のロロ・ロミオの家にはもはや当せん数字を書きつけたカレンダーはなくなっていた。「ラストトゥーはもう村では買えなくなった。捕まってしまうから。フィエスタの闘鶏も闘馬もなくなった、取り締まりが厳しくなった」と悲し気に話すロロ・ロミオの顔は今でも忘れられない。STL転換期における運営者の組合再編の際に、村内での違法数字くじ売買は消滅し、寒村であるB村にSTLの売店が建てられることもなかったのである。「村にはまだ組合が入ってきていないから、STLがないのだ」と、隣人の男性（40歳代）が教えてくれた。

村内でくじ売買が不可能になったため、ロロ・ロミオは、日課としていたラストトゥーへの賭けをやめざるをえなかった。STLの売店は、B村より栄えた隣村には確認された。しかし、B村からは徒歩で1時間ほどかかり、村の人々、特に高齢者が頻繁に賭けられる状況ではなかった。B村は、STLへの転換によって、違法な数字くじ売買が禁止され、その代わりにSTLの売買が開始されることもない、という事態に陥った。以前までのラストトゥーの営みの日常が、ぱったりと消失してしまった。

維持

違法数字くじが忽然と姿を消した地域もあれば、ＳＴＬと競合しながら違法運営が存在する地域も見られた。それがL町における例である。L町では、２０１９年の調査時、ＳＴＬの売店が各地に建っており、ＳＴＬ販売機を携える公式の売人からくじを直接購入したりスマートフォンのテキストメッセージで購入を依頼したりする光景が当たり前になっていた。そのような状況下で、違法なラストトゥーの売買も確認された。

［事例3－7］ラストトゥーの違法運営

「俺の今の仕事はこれだ」といって、ジャンレイが私にスマートフォンの画面を見せてきた（図3－6）。数字が複数書かれたテキストメッセージであった。「仕事始めたんだよ、ラストトゥーのとりまとめだ。以前まではジェラルドの闘鶏の世話をしてたでしょ。今やっていないのは、これが忙しいから。だから闘鶏場に行っても賭けられるんだよ」とジャンレイは笑う。

ジャンレイは現在、12人の売人のまとめ役であるという。メンバーにはコードネームがついており、チャイナなどもいるが、「俺はジャパンだ」と言う。ジャンレイのもとには賭けられた数字と賭け金の各金額、合計金額が一日3回、テキストメッセージで売人から送られてくる。すべて揃ったら用紙に書いて整理し、総額を計算する。まだ始まって1年もたっておらず、本格的に運営が始まったのはつい最近の2020年1月31日だと言う。「まだ売人は12人だけど、今後運営を拡大していく。L町には売人はまだいなくて、A市に4人、山間部の隣町に2人、ほかの山にもいる。顔を見たことのある売人もいるけど、テキストや電話だけで、知らない人もいる。あんまり顔を知られるのはよくない。フィナンサーがばれて、捕まってしまうかもしれないからね。でもここら辺に住んでいる人たちは知り合いだし、警察にチクる心配もないから大丈夫」とジャンレイは語る。

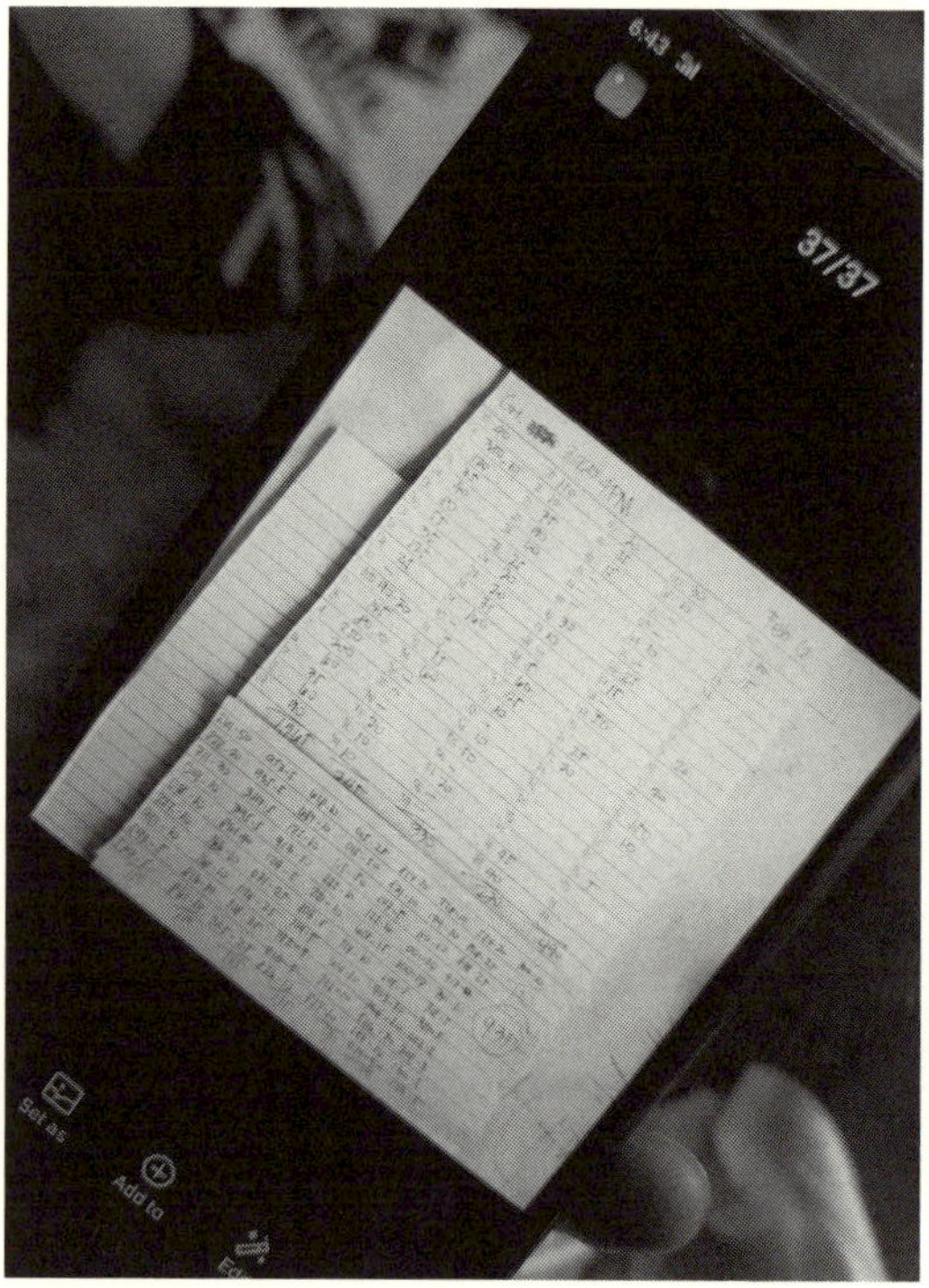

図３－６　ラストトゥーの売上表（2020/2/6、Ｌ町）

フィナンサーは、ジェラルド家の斜め向かいの豪邸に住む、片足のポールだという。ジャンレイ曰く、「ポールが副業で始めたんだ。彼のお父さんはＳＴＬの組合に入っているマネージャーで、雇ってる売人は１００人以上いる。毎月30万ペソの利益が上がるらしい。売人は一日３００ペソの固定給にしているって。ポールが始めたのは違法のラストトゥーだ。お父さんとは別の収入源が欲しくなったんだって。ジャンジャンのお父さんはいろいろな人とコネのある「ビッグ・マン（*dakong tao*）」だから、簡単に捕まることはないよ。政治家とも知り合いだし。違法の運営は、売上の20％が売人の収入になるんだ。だからみんな頑張って、「賭けるかー、賭けるかー」って呼びかけて売り回るんだよ。もし売った中に当せん者がいれば、バラト〔配当金のおすそ分け〕もある。たとえば、売人の売上が４００ペソだったとしたら、彼がこっちに送金する額は20％を引いた３２０ペソのみ。売上が多いほど現金で手元に残る額が多いから、みんな頑張るんだよ。ポールのラストトゥーは、一日1万２０００から1万５０００ペソの売上になる。当せんがなければ、全額そのまま収入になる。一日の賭け金の総額が10万ペソに達したこともあったよ。さっきは、朝11時の賭けで計４３０５ペソ、夕方４時で３９０２ペソの売上だった。夕方の抽せんは06に55ペソの賭けがあって、その分払い戻したから、プラスにならなかった〔配当金７２０ペソ×５・５ペソ＝

３９６０ペソ］」。

この配当金の設定が、ラストトゥー運営の鍵であるとジャンレイは教えてくれる。「ＳＴＬは10ペソの賭けで配当金が７００ペソだけど、違法なら自由に設定できる。俺たちのラストトゥーは７２０ペソに設定してるんだ。３桁で当せんすれば５０００ペソ、４桁なら４万ペソだ。プラス収入になる設定をするには、７００ペソから７５０ペソくらいの、みんなが賭けたいと思う金額を配当しないといけない」。

横で話を聞いていたレイモンドが会話に割り込んでくる。「昔うちも〔ラストトゥー運営を〕やってたけど、配当金の計算を間違えて失敗したんだよ。お父さん〔ジェラルド〕はそれがわからなかったんだ。だからもう、お父さんは鶏しかやってないんだ」と言う。

最後にジャンレイは、「今は紙にまとめる仕事は１人でできるけど、売人が増えたら１人ではできなくなる」と言いながら、売上表を見せてくれる。「日本で見せる分には何も問題ないけど、ここでばれたらまずいから、フィリピンでは見せないでね」と付言する。（2020/2/6、Ｌ町）

Ｌ町では、なんとも大胆に違法運営が行われていた。しかし、Ｌ町内でくじを売りさばくのではなく、人口が少なくＳＴＬ売り場の少ない山間部や、逆に人口が多くＳＴＬと競合しやすい都市部で売人を雇い、拠点をＬ町に置く形で運営していた点からは、慎重さも読み取れる。ジャンレイが売上表をフィリピン国内では見せびらかさないよう釘を刺したのも、警察に捕まらないための一応の用心であった。

この事例からは、ポールの違法運営を可能にしていた条件が２点指摘できる。第一に、警察権力に目を付けられることのない環境がすでにあること。出資者のポールは、警察や政治家とつながりのあるＬ町の権力者でＳＴＬの運営権も有している父親の力を借り、その陰に隠れることで、違法運営に着手することができていた。第二に、ＳＴＬと競合しうる環境を整えること。ポールによる運営の仕組みは、合法な数字くじの売人になり固定給を得るよりも、自助努力によって高額な収入が得られる可能性のある労働環境を売人に用意していた。また、Ｓ

ＴＬよりも高額な配当金を設定することで、違法なラストトゥーの購入を人々が選択しうるインセンティブを作っていた。配当金の金額設定が違法運営の成否を分ける分水嶺となることは、レイモンドの発言からもうかがえる。

配当金の金額設定だけでなく、各数字の販売上限の設定も運営上重要である。次のフェイスブックでのメッセージのやり取りは、２０２０年8月にジャンレイと私が交わしたものである。当時、フィリピンでは新型コロナウイルス感染症が蔓延し、闘鶏やＳＴＬなどの賭博は停止していた。

ジャンレイ（以下J）　まだここではＰＣＳＯの抽せんはなくて、ネグロスの抽せん結果を使ってやってるんだよ。

筆者（以下F）　ネグロスの結果を使ってるの？

J　〔売上表を添付して〕うん、さっきの結果は２６１だった。フェイスブックのライブを見て、ネグロスの「ラッキー3ディジット」の抽せん結果を使ってるんだ。

F　プラス収支だったんだね！

J　ちょっとだけだよ、総計しても高額にならない。君が俺のフィナンサーだったらもっと稼げるのに。

F　私は無理だよ、違法行為に参加するのは禁止されてるから。

J　違法な闘鶏だって賭けてたじゃないか。

F　賭けるだけならいいの、運営するのはさすがにまずいよ。

J　やり方がわかればできるよ、フィリピンに戻ってきたら、ここではフィナンサーになれるから。

F　わかった、フィリピンに戻ったらね。今のフィナンサーに何か不満でもあるの？

J　日本にいながらでもフィナンサーになれるよ、俺が回収した賭け金をそっちに送金して、配当金があればこっちに送り返してくれればいい。

J　そうなんだよ、配当金の支払いが遅いんだ。賭けた人たちが翌日まで支払われないのは遅すぎるって俺たちに怒ってくるんだよ。

F　送金はできないよ。

J　いちいち送金しなくてもいい。俺たちのところに最初に出資金をいくらか送っておいてくれればいいんだ。

F　支払いが遅くなってるんだね。資金繰りに問題でもあるのかな。

J　たぶんね。フミコ、一つの数字に賭け金の上限を設ければいいんだよ。君が出資金に合わせて決めるんだ、500ペソとか、200ペソとか、1000ペソとか。

F　じゃあ〔資金は〕3万ペソくらいかな。

J　それじゃ少ないよ。2桁の賭けをたとえば500ペソを上限にして、それが当たったら3万5000ペソ支払わないといけなくなるだろ。3桁だったら10ペソで5000ペソになっちゃうんだぞ。もし上限を1000ペソにしたら、ラストトゥーの配当金が7万ペソになる

F　うわぁ、そんなお金ないからやめておく。（2020/8/19）

コロナ禍によってミンダナオのSTLが停止していても、ポールの違法数字くじは他地域の抽せん結果を用いながら運営を続けていた。ジャンレイによると、運営破綻を防ぐには、配当金の金額設定に加え、出資金の金額に合わせた各数字の賭け金の上限を正しく設定することもまた大切である。

このメッセージのやり取りでは、ポールの資金繰りの雲行きが怪しくなっている様子がうかがえたが、1年後にはとうとう立ち消えてしまったようである。

J　フミコ、まだフィリピンに戻ってきてないの？

F　まだ。元気?
J　元気だよ。闘鶏はまだ再開されてないよ、まだ闘鶏場に人が集まるのは禁止なんだ。
F　まだなんだ、闘鶏家のみんながかわいそう。ラストトゥーはどう?
J　ポールからの支払いがとっても少なくなったよ。それで、もう俺はL町から離れたんだ。今はSM町にいるよ。取り分は少ないけど、資金繰りはよくて、売人への支払いもいいフィナンサーを見つけたんだ。
F　SM町にいるの?　知り合いがいてよかったね。
J　いるよ。ここはいいよ、ラストトゥーの競合が少ないんだ。フミコがフィナンサーをするならここがいい。ここは警察の取り締まりがないんだ。(2021/8/7)

結局、ポールの運営は苦しくなり、売上も下降したため、ジャンレイはフィナンサーを変えた。移動した先は警察の取り締まりが緩いという。地域によって、あるいは地域社会に醸成された関係性によって、違法賭博に対する警察の権力行使の程度はまちまちであるようだ。L町の例のように、警察との良好な関係を維持することで違法運営が見逃されるケースもあれば、SM町のように、警察の取り締まり自体が形骸化している地域もあった。STLへ一面的に換骨奪胎されたように見えた違法数字くじだが、その状況を深く掘り下げると、撲滅成功とは一概に言えないような事態が地域によっては観察された。確かに違法運営の総数は減り、数字くじの営み自体が消滅してしまった場所もあった。だが、違法運営は地方警察権力との関係性のうえで、STL転換後も続いていた。STLの合法性を隠れ蓑として違法運営で稼ぐという形態は、前章で見てきたように、かねてから違法賭博運営者が採用してきた方法である。つまり、ドゥテルテ政権によるプラグマティックな合法数字くじ運営の制度構築をもってしても、違法運営への抜け道を完全にふさぐことはできなかったと言わざるをえない。

制度の変容と国家による暴力的統治が市井の人々の賭博実践に劇的な変容をもたらしたかというと、必ずしもそうではなかった。合法化が帰結する先は国家の徴税能力の向上と既得権益の保存であると人々は冷静に捉えていた。公権力が行使される実態を認識し、日常が脅かされながらも、賭博に興じる人々は合法であれ違法であれ、最終的には供給される賭博に興じ続けていた。他方で、違法賭博を取り締まる警察に対する人々の怒りは、法的な合法性ではなく道義的な正しさという、国家権力とは別次元の価値基準によって、賭博実践が市井の人々の社会倫理の中に埋め込まれてきた実態を反映していた。[6] また、人々のこうした論理を基礎として、違法運営の一部には圧力を受けながらも柔軟な事業継続や新規事業の立ち上げが見受けられた。

では、人々が賭博行為の善し悪しを推し量る「別次元の価値基準」とはいかなるものなのか。これについて次章で考えたい。

第4章　善悪と神

1　善い賭博、悪い賭博

ビンゴハン

クリスマスと新年の間の高揚感が町にも人々にも漂う、２０１９年12月27日。リータの家で朝ごはんを食べたあと、リータの遠い親戚にあたるマナン（50歳代女性）と軒先に座っていると、「昨日ビンゴハン〔カジノ〕で大当たりしてたデブの男、あれはケチだったねえ」とマナンが切り出す。昨夜、派手に連チャンしていた男性を私も覚えている。マナンも含め数人、見物客がいた。「押すたびに当たって、しかも何回もカバーオール[1]してたのに」と、マナンはバラト（*balato*、勝ち金の分かち合い）の恩恵に与かれなかったことに愚痴をこぼす。リータが便乗して「賭博の場でケチはダメに決まってる。もし夫がケチだったら嫌でしょ」と私に言い、続けて、「でも、あのデブは、財布を見て「金がなくなった」って言ってたし、もしかしたら、昨夜《ゆうべ》の私みたいに出ては食われての繰り返しで、本当に増えてなかったのかもしれない」と訂正する。

この話を聞いて私は、2カ月ほど前にビンゴハンでバラトの恩恵に与った記憶を思い出す。このとき、リータとレンズとビンゴハンに入ってすぐに、男性が大勝している場面に遭遇した。彼はボイ（50歳代）という名で、レンズの大学時代の同級生であり、市役所に勤めていた。リータは「おい、〔ビンゴハンの〕クラスメイト！」とボイに役所で声を掛けられた話を面白おかしく話す。リータはボイと別の店でバカラマシンにバカス（*bakas*、複数人で賭け金を出し合う方法、ノリ打ち）したことがあるが、そのときは負けたという。

店の警備員いわく、ボイは「いつも同じ台で遊んでるんだよ。もう2週間は同じ台に座ってる」らしかった。この日一気に9000ペソ勝ったボイは、レンズや他の常連客に200ペソずつ配り、私の隣の台で打ち始めた。私は数日前に聞いた「警察官、教師、軍人は外で賭博をしてはいけない、「ロールモデル〔模範〕」にならないといけないから」というアダの台詞《せりふ》を思い出し、役人はここに来ていいのかをボイに尋ねた。彼はあっけらかんと、「役所の制服を着ていくのが禁止なのだ」と言い放った。

「今度一緒に闘鶏に行こう。奥さんがうるさいんだけどさ」などと話しながら隣同士で打ち続けていると、私は1万ペソの当たりを引き、合計2000ペソくらいのプラスになった。後ろで見ていたレンズが、「これが賭博だ」と呟いた。ボイは同じ台でまた9000ペソ当たり、席を立った。「1カ月、ジョリビー〔フィリピンのファストフード店〕で食べられるじゃないか」と見物していた警備員が笑っていた。キャッシュアウトしたボイは、リータに500ペソ、私にも「まだ打つのか」と訊きながら200ペソを渡した。そのまま、「俺は明日、闘鶏に行く」と言い残して帰っていった。これが、ビンゴハンで初めてバラトに与ったときだった。初対面の人間にお金を渡す気前の良さに、私は非常に感動したのを覚えている。

19時30分、トッドの車に乗って、リータとレンズとビンゴハンに行く。マナンも誘ったが、「昨日負けたから今日は行かない」と断られた。新台が入荷していて、80台近く並んでいる。電源がついていない台もあり、実際に稼働しているのは68台だ。常連のバヨット（*bayot*、女性らしい仕草を好む男性）など含めすでに客が9人いる。

22時32分、私の負けは3000ペソに達する。新台入荷でテンションが上がってしまったのか、うまく流れに乗れない。トッドは1時間以上前にキャッシュアウトし、「少しだけ勝った」と言って一足先に帰っている。常連客のJM（20歳代男性）に調子を訊くと、投資1000ペソですでに6000ペソプラスだという。「我慢すれば幸運がくるはずだ」と私を励ます。

「運の悪いマシンもあるから、そうだとわかればすぐ台を移動しなさい」と、当たりとハマりを繰り返しているリータに言われる。何カ所か移動し、最終的に私はレンズの隣の台に落ち着く。レンズと同列の台に座る夫婦が３人同時に大当たりし、けたたましい音を出す。夫婦は「この台壊れてるんじゃないの」と言って笑みを押し殺す。３０００ペソをキャッシュアウトしたあと、レンズは隣の台に移動してまた打ち始める。またビンゴになる。「この列、やたら出てるよ」と店員の女性も仕事そっちのけでレンズの台をのぞき込む。派手に連チャンするレンズの台には３人くらい見物客がつく。私はレンズの横で取り返し、計９８０ペソ負けで落ち着く。

図４−１　ビンゴハン（2019/12/27、Ｐ市）

23時30分、レンズが最後の当たりを終わらせる。席を立ちカウンターでキャッシュアウトすると、常連客や私に２００ペソずつ、女性店員に１００ペソを渡す。女性店員は「ありがとう」と短く言って１００ペソ札をズボンのポケットに押し込む。帰路につくトライシクルの中で、レンズとリータはお互い１０００ペソ程度のプラスだったと計算しながら、「勝っては負けての繰り返しだ」と確認し合う。

賭博をめぐる善悪の論理

賭けで勝った金を初対面の人間にまで分け与えること、分け与えないこと、ケチであってはいけないこと、「ロールモデル」である人々は賭けてはいけないこと、そうとも限らないこと……。リータと連れ立って通ったカジノだけではなく、多くの賭博の現場において、こうした「善き行い」や「悪しき行い」、あるいは「すべきこと」や「すべきでないこと」が、賭ける人々の間で明確に認識されながら、しかし非決定的な部分を残しつつ、曖昧に実践されているようだった。

前章で見たように、法制度をもって賭博行為の内に善悪の境界線を引くことで国民の道徳観念の毀損防止を（表面的には）目《もく》している公権力による規律は、人々に浸透しているとは言いがたい。合法／違法の線引きは、賭博に対して人々が抱く善悪のイメージと合致していなかった。つまり、公権力が説く論理とは異なる論理によって、人々は賭博をめぐる善悪を見定めているようだった。

この「異なる論理」とは一体何なのか。賭博行為の中の善悪、あるいは賭博行為自体の善悪をめぐって、人々の間で何が行われているのか。善悪や賭けの摂理を司るものは何なのか。本章では、この問いへの答えを探すべく、道義や信仰と賭博との間の関係性を提示し、調査地における賭博の社会的位置づけを確認するとともに賭博実践の基層としてこれを把捉したい。

賭博のあぶく銭は勤労主義に反するものであって後ろめたいという漠然とした感覚や、そもそも賭博自体が人間を堕落させるであるとか、社会において諸悪の温床となるという半ば事実に基づいた評価など、一般論的に、賭博には反道徳的な印象が多少なりとも付いてまわる。調査地においても、（アダの言うように）「ロールモデル」であるべき人間の賭博行為が禁じられていることや、「彼は賭博をきっぱりやめたから、雑貨屋やビデオケ（カラオケ）屋だけじゃなく運送業まで広げて、ビジネスで大成功している」（インダイ、2014/9/6、B村）という発言が他者から自然な理解を得られることなどからもわかるように、賭博は推奨されざる行為、あるいは真っ当な生を阻害する行為としてイメージされている。賭博と道徳をめぐる問題は、人間の賭け行為を論じるうえで無視できるものではない。（序章でも述べたように）現に道徳的見地による議論を始原とする賭博研究は、賭博を社会悪として措定しながら発展してきた。

しかし、社会悪として賭博をア・プリオリに定める固定的な視座からは、能動的な努力を是とする近代資本主義社会において、あるいは近代国家の規制・管理のもとで、賭博をめぐる道徳観念が人々の間でいかに醸成されていくのか、いかに社会において賭博が「悪」として実体化するに至るのかという経路は不問に付される。[2] ついては、本章ではこの経路を探索していく。善悪の境界線の立ち現れ方を追うなかで本章の議論は、そうした観念の基底を流れる宗教的なコスモロジーの立ち現れ方（賭博の道義の中に宗教的価値規範がいかにあるのか、さらには賭けにおいて神的存在者がいかにあるのか）にも接続・展開していく。社会規範や宗教的世界観が賭博をめぐって確認されたり操作されたりする様相を、賭博者の賭けが位置する日常生活の全般から（非賭博者の目線も交えて）整理することで、賭博を取り囲む社会的状況を描き出すのが本章の役目である。そして、人々が経験する世界において、善と悪の線引き、社会関係、宗教的美徳、幸運、神といった価値・観念が、非決定的な濃度で、浮かび上がってはは消えていくようにあらわれることを明らかにしていく。

以下、結論を先取りながら道行を述べる。まず、何が人々にとって行為の善悪を推し量る寄辺《よるべ》となっているのかを考察する。賭博者、非賭博者にかかわらず、賭けへの過度な没入が及ぼす実際的な危険を覗き見、賭博が人間を破滅に導くリアリティを直接的・間接的に経験することで、人々は賭博に悪のイメージを認めていた。各種賭博における「すべきこと」「すべきでないこと」をめぐる人々の発言からは、善悪の境界線が瞬間的な頑強さと恒久的な曖昧さの双方を併せ持つこと、平穏な賭けへの関与の中で生じる不穏な出来事との遭遇を起点としてこの境界線が状況依存的な仕方で浮かび上がることが示唆される。

次に、賭博の場のみならずフィリピン社会のさまざまな場面で善行とされる「富の分かち合い（バラト、*balato*）」を取り上げ、金銭などを分配するという行為によって人々がいかなる善を達成しようとしているのかを考える。そこではバラトが単に金銭を他者と分かち合う行為ではなく、分配者の善き状態――自己と他者の関係性、他者への憐れみ、幸運――をあらわす行為であることが明らかになる。

最後に、バラトにあらわされる美徳や幸運の観念の背後に存在する宗教的価値規範に焦点を当て、キリスト教国であるフィリピンにおいて、賭博の善悪の観念や賭ける行為に、信仰や神の存在はどのように関与するのかを整理する。賭博を悪しきものとする宗教的な教えは道徳的指針となっているものの、その教えは絶対的ではなく、善と悪の境界線は人々の経験的な行為によって確かめられていた。また、賭けの実践において、神は時に引っ張り出されたり、時に否定されたり棚上げされたりしていた。賭けにおいて神は唯一の参照点ではなく、都合の良い存在として、賭博者の世界にある他の徴《しるし》たちと同じ位相に潜在している。

2　日常的賭博実践における善悪の境界線

スタインミュラーは、中国湖南省における「社会的に許容される賭博（socially acceptable gambling）」を分かつ境界線に、「社会的熱（social heat）」が望ましい様態で生成されるか否かを据えた（Steinmüller 2011）。社会的熱は、一定の範疇に留まる限り、人々の社交を促進し紐帯《ちゅうたい》を強化するとともに、行為者の幸運や善きバイタリティの発露として捉えられる。祝祭的空間におけるカードゲームや客をもてなすための麻雀は「遊び／楽しみ」としての賭博（「玩《ワン》」）として位置づけられ、望ましい社会的熱を生産する行為として推奨される。一方、金を得ることだけを純粋な目的とするような高額な賭けは「賭《ドゥー》」と呼ばれる。賭は、望ましい社会的熱を生成しない、腐敗と混沌をもたらす反社会的な賭博として位置づけられる。多くの賭博は玩と賭の両極の間で社会的に許容されるか否かが測られ、その境界線は何が望ましい熱であるかを拠《よ》り所として流動的に、曖昧に引かれる(3)。

スタインミュラーが概念化した「熱」は、中国の個別具体的な文化的枠組みの中で適用されるものであって安易な一般化は許されないが、ミンダナオの調査地においても、「望ましい社会／個人的状態」が賭博によってもたらされるか否かが、賭博行為の善悪を分かつようだった。この善悪について、「ライン（*lain*）」という概念を軸に、各種賭博の場面から具体的に人々の語りや実践を見ていこう。

「ライン」――受け入れがたい他者として賭博者が線引きされるとき

「賭博者はよくない（*Lain ang mga sugarol*）」と、特定の個人が陰で非難されるのを私は時たま耳にした。「よくない」と意訳したライン（*lain*）の語義は「違う、異なる」であり、直訳すれば「賭博者は異なる」という意味になる。この語は単純に異なる（*lahi*）だけではなく、「自らの範疇にあるものとは異なるもの」「われわれとは異なる、受け入れがたい他者」というような否定的なニュアンスを含んで用いられる。「豚の味が〔いつもと違って〕悪い（*Lain lasa ang baboy*）」「身体の調子がおかしい（*Lain ang lawas*）」のように、異常なことや異質なものと、正常なもの、われわれの側にあるものとの間に線を引く言葉として、日常的に頻繁に使用される言葉である。豚の味や身体の調子の異質さが一時のものであり固定的でないことからもわかるように、ラインという語に内包される異質なものは、浮かび上がるたびに線引きされ、われわれの側から排除される。本節では、賭博をめぐって何がラインという悪に転じるのか、ラインのライン（line of *lain*）について考える。

調査地において、われわれとは異なる他者として賭博者が線引きされ、受け入れがたいと表現される状態を指す最たるものは、依存的な賭博行為であった。依存は、賭博をしない人々、する人々、かつてしていたがやめた人々に共通して、人間の善き生を損ねる危険な状態として捉えられていた。「もう賭博はしない。昔はラストトゥーに狂っていた（*buang*）けれどね」（ロラ、2020/2/7、P市）、「途中で気づいた、賭けるより米を買った方がいいって……私は〔ラストトゥーに〕アディクト（*adik*、中毒）だった」（メアリー、2020/1/7、L町）というように、過度な賭博への没入は、「狂気」「アディクト」という言葉でもってその異常性が表現されていた。

程度の差はあれ、調査地における賭博全般に依存的状況は生起するとみなされているようであった。遊戯あたりの賭けの発生頻度が高く、賭け金が高額になりがちな「ホット（*halang*）な遊戯」、つまり闘鶏やカジノのマシンゲーム、麻雀における依存の語りは相対的に多かった。しかし、賭けの反復性や賭け金が低い数字くじにおいても、先に挙げたように依存の語りは見られた。「カードは好きだけど、アディクトにはならない。闘鶏は楽しくてのめりこんでしまうから、ついつい闘鶏場に戻ってしまう。アディクトになる」（ジャンレイ、2018/9/2、L

町）との発言からもわかるとおり、遊戯間における依存を引き起こす程度の差は遊戯の性質だけでなく、個人の嗜好にも左右されると理解されていた。さらに、依存は「自己規律」の欠如によって引き起こされる問題、すなわち個人的な責任の問題として糾弾された。たとえば、賭博はしないと断言した男性（30歳代）はその理由を次のように述べた。「運がないってのは置いといて、よくないからね。僕には規律（*disiplina*）が足りないってことに自分でも気づいてるんだ」（2017/8/12、A町）。

総じて、賭博に狂い、自制が効かなくなり、依存することは受け入れがたい状態とみなされる。その背景には、過度な賭博への没入によって生じる破産や家庭崩壊についての、具体的な認識が働いていた。

［事例4－1］闘鶏で破産する資産家、ビンゴで崩壊する家庭

日中、ロイとライアンにトンギッツ小屋に連れて行ってもらう。道中、ジュディス（20歳代）という女性と遭遇し、ライアンが彼女も連れて行く。10時過ぎから16時前までジュディスと私は小屋の人々とトンギッツをし、ロイやライアンは観戦する。その後、麻雀を見に行く。教師や警察官、役人などが卓を囲んでいる。ライアンとジュディスと別れ、アンドリーノ家の軒先で明るいうちからビールを飲む。2ケース目のビールを買うタイミングで、ライアンとジュディスが車でやってくる。

麻雀をしていた人たちは頭に血が上っていた（*init sa ulo*）、彼らはビジネスマインドで真剣すぎるなどとおしゃべりをし、ライアンが話題を広げる。「闘鶏で破産（*pordoy*）する人が多かったから、昔、A町では闘鶏を禁止していた。でも、人々の闘鶏への熱意に抗《あらが》えずに続けることになった。闘鶏はフィリピン人の血を騒がせる」。この発言に続いてジュディスが、「私も寝ていると手が震えて、思わず「ドロー（*draw*）(4)！」って叫びたくなっちゃうことがある」と言う。「それはアディクトだね」とライアンが返し、一同が笑う。

そのまま、賭博で身を滅ぼす実例を挙げて盛り上がる。「町で最初にジープニーを購入し、広大な土地を所有していた資産家がいただろう。この息子たちが闘鶏家であったために、一家は闘鶏で破産し、土地を売り払って

しまった」とロイが思い出しながら語る。「彼女はリミットを知ってたから破産はしてない」とジュディスが反論するも、ロイは「いや」と言って続ける。「息子たちは賭けるだけじゃなくもちろん闘鶏のオーナーでもあり、鶏たちの世話にも出費がかさんだ。賭け以外の出費があるから、闘鶏は一番破産に陥りやすい賭博だ。でも、麻雀やトンギッツとは違って、敵〔賭けの相手〕が1人だから、遊戯者同士の喧嘩が一番少ない賭博でもある」。うなずきながらライアンが、「闘鶏は仕事の休憩程度に楽しまなきゃいけないんだ」と付け足す。

　次の日、村の中心地で毎日行われるビンゴをロイと見に行く。15時前、女性たちが3人集まったところでスタート。数字の書かれたボールを混ぜる音、数字を読み上げる声が響く。徐々に人が増えてきて、最終的に遊戯者は14人になる。そのうち男性は1人だけだ。他の男性は隣の小屋でたばこをふかしながらヤシ酒を飲んでいる。下校中の小学生が女性たちを囲み、ゲームを見物している。ビンゴを埋める女性に抱かれる乳児もいる。17時過ぎに終了。ヤシ酒飲みに加わると、輪の中にいた村の評議員が、ビンゴが時間制限付き開催に至った経緯について説明してくれる。「昔、ここでは終日ビンゴが許されていたんだ。でもその頃は、夫が一生懸命働いて家に帰ってきたら、妻が一日中ビンゴをして米を買うお金までつぎ込んだせいで、夕飯が食べられなくなる、というようなことがよくあったんだよ」。（2017/8/14; 15、A町）

破産や家庭崩壊など、賭博で身を滅ぼした哀れな者たちの物語は事例のように事あるごとに具体的に引用され、賭博に依存する人間の末路を繰り返し教える語り草となっていた。過去に実際に生じた悪しき出来事に立脚し、そうした出来事に説得されながら、賭博への過度な熱中は危険であること、それを防ぐための心構えや規制が必要なことを、人々は確認しているようであった。

　賭博への過度な熱中が賭博者自身あるいは家族に災いをもたらすものとして非難されていたのに対し、賭場において「よくないふるまい（*lain batasan*）」をする者は他者に災いをもたらす迷惑な存在として非難される。

［事例４－２］大敗する医者

ビンゴハンのオンラインバカラに興じる人たちは、結果の履歴を逐一紙に記し、マシンの傾向を探りながら賭けることを戦術としている。遊戯者は富裕層に多く、ビンゴマシンと比べても賭け金は大きい。リータはもっぱらビンゴマシン派だが、時々、常連客である医者のドンドン（50歳代男性）に誘われ、ノリ打ちをしていた。リータ曰く、「ドンドンはバカラで１００万ペソも勝っていたが、今では負けの方が大きい」。ドンドンはベットのたびに大声を出し、結果によってはマシンに罵詈雑言を吐いていたため、周囲の遊戯者は時に顔をしかめていた。ドンドンのような安定した職に就いている常連客は、手持ちの金がなくなっても店から借金をして賭けることができるシステムになっていた。

この日の夜は、いつもいるドンドンがいなかった。店員の話によると、先日ドンドンはバカラで28万ペソ勝ち、その後70万ペソ負け、今までの借金がついに払えなくなったとの宣言をしたという。数日後にドンドンの妻が借金を返しに来たが、ドンドンは入店禁止になった。これを聞いたリータや常連客は「彼は無礼（*bastos*）だったから」「ダメな素行だ」「しょうがない」などと言いながらやれやれといった表情をしている。（2018/10/8、Ｐ市）

ラインなふるまいには、ドンドンのようにマシンを乱暴に扱う、他者に配慮せず騒音を立てるなど、無礼で敬意に欠ける行為（*walay respeto*）全般が当てはまる。こうした素行の悪さは、大敗や金銭的損失といった負の結果と相関的に受け止められ、周囲の人々からの評判を落とす原因となっていた。事例４－１で「闘鶏は仕事の休憩程度に楽しまなきゃいけない」と規範的な言葉を述べていたライアンも、ある時期、陰口の対象となっていたことがある。

［事例４－３］破滅する政治家

ダービーの翌日、闘鶏場のオーナーの家で彼らの鶏を見せてもらったあと、コーヒーをごちそうになる。前日の闘鶏を振り返るなかでライアンの話になる。ライアンについては数日前にも、「遊び人で、闘鶏にお金をつぎ込んで家を売って、町の評議員なのに今は家族で貸家に住んでいる」と噂されているのを私は耳にしていた。

オーナーは、「闘鶏場でのライアンの態度は政治家らしくない。ひどい。なんであんなに機嫌が悪かったんだ」と口火を切る。ライアンの秘書をしているアートが詳細を語り出す。「ライアンはジュディスとの浮気が奥さんにばれたらしい。寝ている間に奥さんにスマホのテキストメッセージを見られた。それでかなり喧嘩して、だから昨日、闘鶏場でもかなり悪酔いした。公共の場で、下品なことをしたり酒を飲みすぎたり、無礼なことはするなと言っておいたよ。次期町長候補なのに。無礼だ」。

アートの言う下品なこととは、ライアンが私に「勝ってるか」と訊き、私が「いいえ」と答えたときに、「たぶんこれが足りないんだよ」と言って腰を振る動きをした場面を指している。「闘鶏場に集まる人を味方につければ大きな票田になるのに、それを失望させるようなことは政治家としてよくない、って諫《いさ》めておいた。闘鶏場は社会なのに」とアートが続ける。「政治家が性に合わないんじゃないの」と私が訊くと、「彼はいろんなビジネスに手を出して全部失敗してる。彼はダメだ（*lain*）」とロイが無情に返答をする。（2017/9/15、A町）

公共空間である賭場においてよくないふるまいをする者は、それを目撃した人々からの信頼を損ねるだけでなく、噂や陰口によってその逸脱的な様子がたちまち拡散された。次第に、「彼はアディクトだ、よくない（*lain*）」という評価が固定的になっていった。ライアンにとっては特に、そうした言説が流布されるのは政治家として致命的であった。確かに、酔っぱらって血走った目で賭け、負け、（禁煙である）場内でたばこを吸う姿は異様であった。ばつが悪いのを知ってか、私やロイなどが闘鶏場にいるのを見つけるとライアンは隠れ、闘鶏場をあとにするようになっていった。「「恥ずかしい（*maulaw*）」から来ないって言ってたけど、コソコソ来ているんだ」と、陰口をたたかれていた。

しかし彼は、この状況を自ら打開した。ロイいわく、ライアンは選挙に向けて闘鶏も女遊びもさっぱりやめたという。町民に対する献身的な態度をアピールすることで、過去の自堕落な印象を払拭し、２０２２年には晴れて父親の跡を継ぎ町長になった。もはやロイは彼のことをラインだとは決して言わない。

資産家の破産、幸せな家庭の崩壊、無様な医者の大敗、政治家の退廃……。人々は、好ましくない賭博への関わりによって身近な人間が私生活を衰退させていくさまを実際に見聞することで、賭博によって身を滅ぼす危険を具体的に捉えていた。ドンドンの出禁やライアンの失態のような、印象的な破滅の出来事に出くわすことは人々にとって日常茶飯事ではなかった。調査地の賭場は、平穏が基本であった。日々の平穏な賭場の空気や賭けの実践の中で突如として、こうした不穏な出来事は生じた。この不穏さが、普段は取り立てて言明されることのない賭博における悪のイメージ、ラインのイメージを人々にまざまざと浮かび上がらせる契機となっていた。すなわち、不定期に生起する不穏な出来事の実際的な目撃や、身近な他者による出来事への関与を通じて、そのたびに、人々は「よくない（*lain*）」行為や態度の具体的な輪郭を見定め、受け入れがたい異質な他者となる悪、ラインの境界線がどこに引かれているのかを確認していた。賭博者に引かれたラインの線は、ライアンのように自らの素行を変化させることで、あるいは時が経《た》って賭場と人々に平穏が戻ることで、消えてなくなったり後景に退いたりするのであった。

不穏な出来事に出くわすことで、「賭博は人々を破滅に導きうる習慣であるがゆえに過度な没入は危険である」という教訓が呼び起こされる。これは、スペイン植民地期から現在に至るまで、繰り返し国家が人々に説いてきた、賭博規制の必要性を支える論理と大差ない。国家権力の論理においても、市井の人々の認識においても、個々の生を堕落させるかどうかを境界線として、賭博行為がラインに転じることに変わりはない。それでもなお、国家が定める合法／違法の線引きは、人々が実際に日常的に抱く賭博行為の善悪の観念にそぐわず、形骸化している。それは、賭博行為にまつわる善悪の境界線が、国家による規律訓練を賭博者の身体が内面化するという過程を踏むことで規定されるわけではなく、賭博によって身を滅ぼす危険を自らの生活の中で目撃するという現実的な経験を経て、そしてそれをラインの範疇へと線引きし他者化することを経て、アクティベートされている実態を示している。

かくあるべきこと――「ライン」に陥らないための構え

賭博者が転落していった／していくさまは、人々にラインな賭博者のあり方を突き付けると同時に、そこに陥らないための心構えを再確認させる。それは、「私は転落する賭博者とは異なる」健全な賭博者であり続けるために必要な、「かくあるべき（*dapat*）」という語りを引き起こす。人々が自己や他者の賭博関与のあり方を振り返りながらそれを肯定的に語ったり、その効用を述べるとき、多く言及されたのが「遊び（*lingawan*）」であることと「ほどほど（*tama tama*）」であることだった。

［事例４－４］遊びの賭博

ロイと共に、ロイの親戚の家にお邪魔し酒を飲みながらおしゃべりをする。叔父が中東に出稼ぎに行っているという闘鶏家の男性（30歳代）が、５歳の息子の話などをする。その流れで、「家庭用と賭博用のお金は分けなくちゃだめだ。家に帰って食べ物を買うお金がなかったら奥さんと喧嘩になるだろ。負ければ不運（*malas*）、勝てばたまたま（*tsamba*）だと思うんだ。ただの遊びじゃなきゃだめだ（*lingaw lingaw lang*）」と持論を饒舌に展開し出す。周りの男性たちもうんうん、と首を縦に振って同意を示す。そのまま、３日前の闘鶏の話になる。

（2017/9/16、A町）

［事例４－５］楽しければよし

20時47分、リータとレンズとビンゴハンに到着。台を選びながらリータは「この台は私の運のいい台。あっちは不運。まあ勝ったあとは〔台が当たりを〕くれなくて負けるんだけどね。次フミコが戻ってきたときには家がなくなってるかもよ」と笑い飛ばす。リータは台に投入した５００ペソが２００ペソになった頃に当たり、連チャンし、4000ペソをキャッシュアウトする。そこからまた500ペソを投入し残高25ペソにまで追いつめられる。ここで大当たりし、プラス500ペソに巻き戻す。「とっても面白い」とリータ。結局この日はレンズが負けて、2人の収支はマイナス1500ペソ。23時24分、家に帰りコーヒーを飲みながら、「負けるけど、私たちは楽しんでるからいいの。楽しければ損じゃないでしょ。レンズは仕事のストレスを発散できるから、疲れてもビンゴハンに行く。彼は打ち続けるのが好きなんだよ。少なくとも楽しければいい（*At least lingaw ka*）」とリータが言う。（2018/10/8、P市）

まずもって、賭博は「楽しい遊び」であるべきという言説は、否定されることのない、賭ける人々に広く共有された規範のようであった。「遊び」であり続けるために、利益の深追いは禁物である。リータが言うように、負けても楽しいと思えるならばそれは悪ではない。ストレス発散のためにビンゴマシンを打ち続けることを快とするレンズからは、マシンプレイへの依存的な状態を看取できなくもないが、(5) 彼らの論理に従えば、賭けが「楽しみ」である限り、善であり続ける。

［事例4－6］リミットを設ける

クリスマスイブに、日付が変わるのを待ちながら、ベスの友人のタンボック（50歳代女性）の家の前で彼女の親戚らと飲む。カタールで働いていて一時帰国していた男性（40歳代）が、普段見かけることがほとんどない、箱に入ったジョニー・ウォーカーのブラック・ラベルを注いでくれる。私が最近はもっぱら闘鶏をしていると話すと彼は、「俺は出稼ぎが終わって帰国したら、闘鶏で生計を立てるプランを持っている。そこで大切なのは、「リミットを設ける」ことだ。たとえば、上限1000ペソで、1000ペソ負けたら取り返そうと思っちゃだめだ。その日は一日中不運なんだから、次の機会に改めなくちゃ。逆に、1000ペソ勝ったら、もう賭けちゃだめだ。さらに増やそうとして、0になってしまうだけだ。破産しないためにも、リミットを設けるのが重要な

んだ」と熱く解説する。（2019/12/24、P市）

［事例4―7］負けてもどうにかなる金額でしか遊ばない

ビンゴハンにて、22時頃。「すごく運が悪い」と言って席を立った男性が、近くで打っていた私に、「日本人みたいだね」と話しかけてくる。日本人だと返答すると、彼はJMと名乗り、3年間厚木で研修生をして、2016年に帰ってきたと話し出す。すでに2000ペソ負けている、と私が落胆していると、「まだまだ少ないじゃないか。俺はもう1万7000ペソ負けてるよ」とJM。「なんでそんなに負けてるの⁉ いつ来たの？」と、話を聞いていたマナンが驚いて横から口を出す。負け額の大きさを耳にして、マナンはJMがすでに長時間プレイしているのだと考えていた。しかしJMは「ストレートで負け続けてるんだ。来たのはついさっきだよ」と答える。マナンはJMが金持ちであると解釈しなおし、「一番勝ったのはどれくらい？」と訊く。「2万5000ペソかな」「ジャックポット〔大当たり〕で？」「いや、ゆっくりプレイし続けてだよ」「いつも来てるの？」「仕事がないときだけしか来ないよ」「〔数字の出目に〕何かパターンはある？」「ないね」という会話がなされる。

23時過ぎ、店の外で私がたばこを吸っていると、JMが話しかけてくる。今はP市で日本語を教え、日本に渡航する手続きの補助をする仕事を主にしているという。マニラにも仕事で行くことがあるともいう。「たくさんのラインに賭けると、その分たくさんベットしなくちゃいけなくなる。今日は4ラインに1ペソしか賭けていない。大きく勝ちたいときは大きく賭けないといけない。自分が熱を上げず忍耐していれば、マシンは幸運（*suwerte*）を授けてくれる。流れが悪かったら休憩しなくちゃいけない。疲れているときのプレイは判断力を鈍らせるからね。今までの損益は勝ち負け半々くらいだよ。毎回、そのときに負けてもアフォードできる〔どうにかなる〕金額でやらなくちゃね」と言う。（2019/12/26、P市）

賭けの金額だけでは、その賭けが許容される行為か否かの判断は下せない。たとえ高額な賭けであったとしても、それが個々人の「どうにかなる」額であればよいとされる。各人にとっての「ほどほど」の賭けに留まるために、賭け金の上限を定めるべきという見解は、特に連続的にベットが繰り返される闘鶏やビンゴマシンなどの遊戯において頻繁に取り上げられていた。ＪＭの発言に見られる、大勝／大敗中に大きく賭けすぎない、判断力が低下した状態では賭けないなどは、勝つためのストラテジーであるが、同時に、賭博で身を滅ぼさないために推奨される自らの律し方を説くものでもあった。

さて、模範的な賭博者像を饒舌に語ったり、そもそも賭博を批判的に捉えている人々が、果たして自らが口にした言葉を実行できているのかというと、厳密にはそうとは言えない。

［事例４－８］当せんして散財する

ピーターソンは普段、「ラストトゥーは1回勝ったらもうやめるべきだ。いずれ負けるんだから。金もないのに賭けてばかりいて、当たったら当たったですぐに金を使い果たして、バカみたいだ」という持論を展開しては、特にシセルを念頭に置きながら、ラストトゥーを買う人々を半ば軽蔑している。しかしこの日は昼下がりから機嫌よく酔っぱらっていて、ダニーに「〔数字〕何にする？」と訊かれ、酒の勢いで21と15を10ペソずつ購入する。さらに「ラストトゥーで勝つんだから、もうすぐお金持ちになるじゃないか」とダニーに言いくるめられ、ピーターソンはその場にいたみなにおごるラム酒とタバコ代として５００ペソを財布から出す。

夜、抽せん結果を見にビデオケ屋に行くと、15、ストレートで２１５である。ピーターソンが７００ペソを当てる。

次の日、ピーターソンは友人たちと昼からラム酒を飲み、16時にはもう5ペソしか残っていないという。

（2015/8/23、B村）

ダニーにそそのかされて数字くじを購入したピーターソンは見事当せんしたものの、自らが普段批判する人間のふるまいをなぞるように、当せん金を使い果たしていた。事例４－４でかくあるべき賭博への関わり方を語っていた男性も、２０１８年には家族に隠しながら闘鶏で多額の借金を作ってしまい、返済のために親族へさらに借金をしたり、共同経営の稲作の利益分配について自身の取り分を増やすように文句をつけたり、不穏な様相を呈していた。最終的には金銭をめぐって友人や親族と銃や包丁を持ち出すほどの喧嘩に至る始末であった。きれいごとを語る人々も、実際は賭博にのめりこんでしまう。わかってはいるけれどやめられない。

悪しきラインの領域へ転落しないために「かくあるべきこと」を自らに言い聞かせつつも、ひとたび賭けに身を投じれば、ラインかそうでないかという善悪の境界線が非決定的で曖昧であるのを知ることとなる。どこまでが身を滅ぼさない範疇なのか、その線引きを人々は賭けながら推し量ることになる。この曖昧に揺らぐ境界線の位置を見誤ることで、包丁を持ち出した男性のように、いつの間にか破綻してしまう。この男性の転落という不穏な出来事をもって、周囲の人々は賭博における悪のイメージを明確に決定的に見出すことになり、男性は「ラインな人」の代表格として線引きされることになる。

話を戻そう。自らの賭博が健全な範疇の中にあり、悪、ラインに転じる賭博とは異なるという認識は、（「楽しい遊び」に留めることと近似しているが）賭けを「暇つぶし」に留めることによっても生起していた。

［事例４－９］回るだけの金

「フミコ、暇だからトンギッツしようってママが言ってるよ」と、ドナの娘が私を呼ぶ。17時頃から、リッチェルとローズとトンギッツをする。家の前に机を出してやっていたが、雨が強くなってきたので小屋に移動する。「去年は妊娠してたからすごくツイてたけど、もう勝てなくなっちゃった」とリッチェル。しかしリッチェルが連続して勝つと、私の隣に座って助言してくれているドナが「妊娠したんじゃないの」とからかう。「ちょっと冗談やめてよ」と言うリッチェルを遮《さえぎ》って、ドナは帰ってきたリッチェルの夫に「これでパンパースとミルク買えるよぉ」と叫ぶ。こんな調子で、遊びながらおしゃべりをし続ける。「ピャットピャットだと２００ペソなんてすぐになくなるけど、トンギッツは遅くていいよね」とローズが言う。夕飯ができても続行する。リッチェルは負けが込んできて、「20ペソに上げよう」と言って賭け金を倍にする。しかしそれでもローズが勝ち続ける。22時過ぎに終わり、ローズの一人勝ちでプラス３５０ペソ、リッチェルは１００ペソ、私は２５０ペソ負ける。

　ローズと遅い夕飯を食べていると、「私は8歳のときからトンギッツやってた。おばあちゃんが教えてくれた。暇なときはいつもおばあちゃんとやってた。1ペソずつの賭けだったけど、昔の1ペソは高かったんだよ。バナナ1本にアメが四つも買えたんだから」とローズが思い出を語る。「ローズたちはいつもトンギッツしてるよね」と私が言うと、「違うよ、フミコがいるからやってるんじゃん！　私は何にもほかにやることがなくて寂しいときにだけやってるの。今日みたいにずっと雨の日とか。面子《メンツ》はいつもママ〔メアリー〕とかお兄ちゃん〔レイモンド〕、お姉ちゃんだし、お金はぐるぐる回ってるだけ（*tuyok tuyok lang*）」とローズは反論する。（2020/1/2、L町）

ローズは時折、「朝から晩まで遊んでる。私、ギャンブラー（*sugarola*）だ」と冗談めかして言っていたが、こうした発言の裏には、自らの賭けはあくまで暇つぶしであり、家の中に限定された遊びであって「賭博」ではないという位置づけが明確に表れていた。これは、ヘルナンド家の隣のビリヤード場で行われていた高額なトンギッツやピャットピャット（カードゲームの一種）と比較したうえでの認識でもある[6]。賭け金が遊戯をする家族の成員の中で循環するだけであることも、健全な賭博である理由として認められているようだった。実際、私が滞在していた間、私も含めてそれぞれがまんべんなく勝っていた。

技術を要するカードゲームでは、しかし、強い特定の人物が勝ち続けるという事態も避けがたく発生した。２０２０年1月は特に、レイモンドが持ち前の頭の良さで頻繁に勝っていた。そのようなとき、たとえば、ほかに数百ペソの差をつけて独り勝ちした際など、彼は遊戯中にスナックや飲み物を差し入れしたり、「じゃあこれはバラト」と言ってゲーム終了時にほかの面子に50ペソほどを渡したりすることで、自らの勝ち金を分けていた。

3　善き状態をあらわす分かち合い「バラト」

こうした勝ち金の分配（シェアリング）はバラト（*balato*）と呼ばれ、賭博において推奨される「すべきこと」の筆頭格である。本章冒頭で言及したように、富を分かち合わない者は「ケチ」と後ろ指をさされる。人々が抱くこのバラトの論理について、なぜこの慣行が賭博の領域において重要な位置を占めながら続いているのか、少し足を止めて考えたい。

善き関係性

まず、闘鶏場におけるバラトのやり取りを見てみよう。

［事例4－10］人間関係をメンテナンスするバラト

P市の闘鶏場にロイと一勝負しに行く。ちょうどロイの友人（20歳代男性）がいて、われわれのクリスト（*kristo*、賭けを媒介する役）になってくれる。5戦賭けてロイも私も負けが上回る。ロイは「ビールを飲もう」と言ってピットの脇の食堂に行き、クリストと私にビールおごってくれる。「ここ最近の戦況は6勝4敗だ。8000ペソ勝ったときはクリストに1000ペソをバラトで渡した。日曜日も6000ペソ勝った。ビールを飲むと頭が冴える」とロイ。6戦目は勝ったものの、7戦目からは負けが続く。最終の10戦目で勝って多少取り返したものの、私は1300ペソの負け。ロイは「プラマイゼロだ」と言う。

終了後、ロイがおごるビールを飲みながら、クリストが「俺は誰かのクリストはするけど、自分でも賭けるし、負けてもバラトがある。君たちが負けても（クリスト代として）バラトがもらえるから」などと自らの賭けのスタイルを話す。さらに、「今日は俺たちの日ではなかった。明日こそは君の日だよ」と負けた私を励ます。闘鶏場をあとにする際、ロイがクリストに100ペソを渡して別れる。ロイが運転するバイクの後ろに乗りながら、ロイの話を聞く。「負けても勝っても、バラトは大切だ。闘鶏場の人間関係をメンテナンスするためにね。闘鶏場では敵でも、一歩外に出れば友だちだ。ケチ（*dalo*）になってはいけない。あいつはケチだと噂になってみろ、闘鶏場に行けなくなる」。（2018/9/5、P市）

ロイが明言したように、バラトは人間関係の維持のために行われる慣習である。これは、フィリピン社会を規定する人々の行動様式について論じたリンチによる古典的論文の中で、最も重要視される価値として中核に据えられている「円滑な人間関係（smooth interpersonal relation）」の実現に向けた行為としても位置づけられる（Lynch［1973］2004）(7)。本章冒頭のビンゴハンにおける例や、前節で言及したカードゲームにおけるレイモンドの例などからもわかるが、基本的にバラトは「その日の勝負で勝った金の分かち合い」である。しかし、事例4－10では、勝負に勝たずともロイはビールをおごったり、クリストにお金を与えるなどの分配行為を行っていた。賭けを代理してくれたクリストへの対価と捉えればわかりやすいが、あくまでその金銭はバラトと呼ばれる。負けてもなおバラトを配る羽振りの良さをあえてロイが見せたのは、狭い闘鶏場のコミュニティの内部で「ケチ」とみなされることを避けるためであった。「ケチ」とみなされることはすなわち、当該の賭場における、あるいはそこから広がる人間関係にひび割れが生じ、賭博に正常に関与できなくなるだけでなく生活全般における自らの評価を落とすことにつながりうる。バラトを気前よくすることで人々が達成しようとしているのは、第一に、嫉妬を回避し、他者との善き関係を維持することで、コミュニティにおける自らの位置を健全に保つことであった(8)。

しかし、冒頭のビンゴハンの場面でも見たように、勝者や富める者がみなバラトをするわけではない。家計の必要に迫られたり、誕生日や葬式などの出費がかさんだりといった理由を用いて分配を回避したり当せんの事実を隠匿したりすることもある。多額の当せん金を得たものは（日本でもままあることだが）その金銭を狙った犯罪や他者からの過剰な分配圧力を避けるために外出を控えたり、果てには引っ越したりする場合もあった。「ケチ」と揶揄されることと利己的に利益を確保することが、人々の天秤にかけられているのもまた事実である。

他者への憐れみ

バラトを配ることの意義は、人間関係を善きに保つこと以外からも語られる。むしろ、ロイのような感情を排した目的が明言される方が稀であった。気前よく富を分け与える行為を駆動する価値には、「かわいそう（*luoy*）」な存在として他者を憐れむ態度がまず挙げられる。

［事例4－11］かわいそうだから

「賭け代だって」とマナンの娘アロット（20歳代）がマナンに200ペソを渡す。リータがくれたという。アロットも300ペソもらっている。「おばさんありがとう」とリータに言う。

14時50分、リータ、マナンと娘とビンゴハンに到着。「停電中だ」と警備員。店の中で待っているとすぐに回復する。先客には常連のバヨットと太った男性。「こいつ、昨日も勝ってた」と太った男性がバヨットを指し、「遊び上手！」とリータが言うと「そんなことないわよお」とバヨット。リータはいつもの「パンダ」の台に座る。

14時58分、再び停電するがすぐに回復。「何回目（の停電）？」と訊くと「まだ2回目よ」とバヨット。「2ラインビンゴしてたのに！」とマナン。

15時10分、私はマイナス300ペソ。高額な賭けをしているバヨットは1万6000ペソを当てる。「幸運なこと」とリータがバヨットに言う。リータもビンゴし、6000ペソを当てる。「連チャンするわよ」とバヨットが言うも、単発で終了。バヨットはその後も5回ほど当てる。レンズの到着と同時にリータが当たり、4500ペソ獲得する。「さっきまで1500ペソ食われてた」とレンズに説明する。

リータが再び1200ペソを当て、「もう帰る」と言う。そのまま連チャンし、追加で2000ペソ獲得。マナンやマナンの娘、店員に100ペソを渡す。「バラト～」と言って私にも200ペソ渡す。

16時、マナンとアロットを残して帰宅。トライシクルの中で「これで大工の給料〔家の修繕費〕が払える」とリータ。家に着くと、親戚の男性がタブレットで動画を見ている。リータは彼に500ペソ渡す。「何?」と訊かれ、「バラト、ビンゴで勝ったの、1万1000ペソ」とリータ。「私はいつも勝ってるけど、問題はいつもみんなに賭けの資金を渡しちゃうこと」と腰を落ち着かせながらリータが言う。そばにいたラストトゥーの売人の女性が、「あげなきゃいいじゃん、マナンなんてお金持ちなんだから」と言うと、「かわいそうだから。レンズはいつも負けててお金なくなっちゃってかわいそう。だからバラトをする」とリータ。

16時42分、マナンだけ帰ってくる。「さっきのデブは8000ペソ勝ったって。アロットはリータにもらった200ペソを800ペソにして、ジョリビー〔ファーストフード店〕に行った」とマナン。「アロットには300ペソ渡した。彼女はこの前も渡した100ペソを2400ペソにした。マナンは1000ペソ渡してもいつも負けるのに」とリータがあきれて言う。(2020/2/19、P市)

負けて金を失った人への憐れみから、リータはついついバラトをしてしまうと述べた。気前のいい彼女はそれだけでなく、勝負のための資本金も親戚に渡していた。他者を憐れに思う感情によって、かわいそうな他者へ自らの富の一部を分け与える行為へと突き動かされる。ことに賭博の場においてこの美徳的なバラトの行為が規範的な慣習となっているのは、分け与えられる富が「あぶく銭」とみなされている点に大きくよっているようである。

［事例4－11］風の金

ランディとムンムンと酒を飲みながらハンタックの運営の仕組みを詳しく教えてもらう。一とおり聞いたあとに、「なんでお金がなくても賭けるの?」と訊くと、「フィリピン人の習性だ(*ugali sa pinoy*)」とムンムン。「金がなくても賭博で金を作ろうとするんだ。彼らは米〔を買うため〕の金を賭けてる。そうやって金を失った人たちがかわいそうだから、バラトをするんだ」と説明してくれる。「元手の金以上に得た金は「風の金（*kwarta sa hangin*）」だから、あげるんだ」とランディが付言する。（2020/2/16、P市）

セブアノ語圏において、勤労によって得た金と対比して、偶発的に見つけたり獲得したり贈与されたりする金銭は「風の金」と呼ばれる。風のように消えてなくなる、風に乗って吹かれていく金という意味である。調査地では、賭博で勝ち得た金はこの「風の金」にあてはまるとされた。労働をはじめとした何かしらの価値を表現するトークン（目印）である金銭は、賭博の場において、そうした明確なものの価値を表現しえない状態で発生／消滅する。価値ある何かと等式で結ばれることのない宙ぶらりんの金銭は賭博者へ偶然に贈与され、本来手に入れることのなかった余剰の富として認められる。人々は、この富の非本来性や宙ぶらりんな性質を認めたうえで、たまたま獲得される賭博の勝ち金をバラトとして「風に乗せる」のを是としていた。

幸運

賭博で獲得する金銭と等式で結ばれる明確なものがないと述べたが、非定量的で不明確な形でこれと結びついてあらわれるものはある。幸運（*suwerte, bwenas*）である。バラトは、幸運によってもたらされた富を分ける行為、すなわち幸運を分ける行為として広く理解されている。

［事例4－12］幸運を返す

台所でお昼ご飯を食べているとき、リータが「これはラストトゥーの記念（remembrance）」と冷蔵庫を指しながら数字くじで大勝した経験を教えてくれる。「私はストレート〔3桁の数字への賭け〕をよく当てる。冷蔵庫、スマホ、炊飯器、サウジのゴールドアクセサリーとか、全部ラストトゥーで勝ったお金で買った。冷蔵庫は3万

1000ペソ。30ペソ賭けて1万8000ペソ当たったときに1万2000ペソで買ったのがスマホ。当たった記念としてモノを買うの。3月に親戚の葬式があって、79歳になる前に亡くなったんだけど、誕生月が3月だったから379に30ペソ賭けたら当たった」。そのときも何かモノを買ったのか訊くと、「1000ペソを葬式の飲み物代として〔喪主に〕あげた。葬式で得た幸運なんだから、葬式に返さないとだめ。ケチになってはだめ」と返される。（2018/8/29、P市）

［事例4－13］また幸運になる

晩酌中、ニックから昔の闘鶏の経験について話を聞いていると、ベスがおしゃべりに加わる。「私の友だち、旦那はOFW〔海外出稼ぎ〕でフィリピンにいなくて、奥さんは楽しみがなくて闘鶏をしてる。すっごく達者。記憶力が良くてめったに負けない。家も立派で子どもも薬剤師。旦那さんも高給取りだから奥さんが闘鶏してても怒らない」と言う。翌日の朝ごはんの席で、ベスが話の続きをしゃべる。「闘鶏家の私の友だちは、マニラの闘鶏も観て賭けてる。カラーコーディングとか戦略は全部知ってる。そして何と言ってもケチじゃない。また幸運になるためにバラトを惜しまない」。それを聞いていたマークが「風の金だ」と言う。（2018/9/4, 5、P市）

余剰の富を分配するバラトの慣習は、人々の幸運の観念と深く結びついている。フィリピンにおいて、バラトは賭博の領域に限らず実践される慣習としてさまざまな事例が報告されている。漁民における大漁の際の魚の分配（Russel & Alexander 2000）、移民における故郷へのおみやげの分配（細田 2019）、当選した政治家における支援者へのバラマキ（Aguilar 2005）なども同様に、余剰の富を得た者による幸運の分配として考察されている。勤労の対価としての金は自らの能力と時間の行使がその源であるのに対し、賭けから得る棚ぼた的な「風の金」は（一定量の能力を含みつつも）根本的には賭博者の幸運を源泉とし、よって勝ち金は幸運の物質的なあらわれとなる。幸運の形や摂理がいかにイメージされているのかについては第6章以降の主題となるのでここでは深入りしないが、これまでの事例においてもわかるように、賭けに勝つことは「幸運」、負け（続け）ることは「不運」な事態として立ちあらわれ、理解される。「また幸運になるために」というベスの言葉のように、幸運によって勝った者が自らの幸運を他者に分け与えることで、次なる幸運を引き寄せることにつながるという論理に支えられて、バラトは人々の間を回りめぐる（Aguilar 1998）。

回りめぐるバラトに託され表現されているものとは、人々の間の善き関係性であり、他者への憐れみであり、そして幸運である。こうした事項の総体が、「颪の金」を分配する人々の「善き状態」として、他者にそのイメージを与えることになる。

さて、富を分け与える者がそのバラトに託す、他者への憐れみといった美徳、あるいは幸運という観念に、宗教的な価値規範の底流を大なり小なり認めないわけにはいかないだろう。

［事例4－14］ウルトラロトに当たったら

ウルトラロトとは、PCSOの販売する富くじの一つで、1から58の数字を六つ選ぶルールである。三つの数字が当たれば賭け金の24ペソが払い戻され、四つ当たれば5万ペソ、五つだと100万ペソほどになる。この六つの数字を完全に当てる1等の賞金がキャリーオーバーし続け、今日の時点で8億ペソに到達している。最近のワイドショーを賑わせており、L町でもP市でも、当せんしたらどうするかという話があちこちで話題になる。数字を考えながらベスとニックは、「8億当たったら、まず100万は教会に寄付、そのあと病院、奨学金とかに使うかな」と語る。あくる日の夜も、酒の肴となる話題はウルトラロトである。ランディに勝ったらどうするのか訊くと、「貧しい人々にあげる。次に、教会にあげて、病人にもあげる」と言う[9]。（2018/10/6; 7、P市）

颪の金の最も善き使い途として、教会に寄付することや、病める者や貧しい者に分け与えることが第一によどみなく挙げられた。こうした教科書的な美辞麗句は「もし当せんしたら」という文脈での、理想のふるまいとして連ねられるだけであり、分配が実際に行われるかどうかはまた別の問題である。とはいうものの、キリスト教国であるフィリピンにおいて、宗教的な教えやコスモロジーが賭博をめぐる社会規範とどのように関係しているのか、さらに賭博において神はどのように存在するのかは、見逃せない点である。

4　何が幸運をもたらすのか——賭博における神

クリスマスやフィエスタなどの宗教行事が年のめぐりを知らせるビッグイベントとして確立しているように、信仰、ことにキリスト教信仰はフィリピンの人々の生活の隅々に浸透している[(10)]。この宗教的コスモロジーには公式なカトリックの教義に則った信仰だけでなく、精霊信仰をはじめとした土着の信心が混淆しており、そのさまは「フィリピン化したカトリシズム」あるいは「フォーク・カトリシズム」と呼ばれる（東 2011）[(11)]。社会関係や生活世界の構成からフィリピン国家の歴史、政治的事象に至るまで、フィリピン社会の深層にはフィリピノ・カトリシズムの精神構造が読み取られてきた（清水 1991; Cannell 1999; 川田 2003; イレート 2005; Bautista 2010; Soon 2015）。フィリピン現代社会においても、世の摂理や出来事を理解するための意味の枠組みや、理想的状態とは何たるかという指針を提供する存在として、こうした宗教的教えや世界観は一定の影響力を有している。

フィリピン社会の根底に横たわるとされるカトリシズムや諸宗教のコスモロジーは、調査地の賭博の領域においてどのように位置づけられるのか。賭博をめぐる価値規範との関係性、賭けの実践における神のあらわれ方という観点から整理したい。

宗教的価値規範

強弱はあれど、調査地の人々はカトリック、プロテスタント系教会、イスラームなど、自らが属する信仰を自認していた。それらの宗教は総じて、金銭への執着を生み、勤労を阻害するものとして、賭博を推奨せざる行為あるいは禁止された行為として扱っていた[12]。賭博の規制をめぐる歴史においてキリスト教勢力が影響力を有していたことは第2章で触れた。エストラーダ政権の追放においてはカトリック教会が道徳問題を指南する権威としての重要な政治的役割を果たした（宮脇 2019）。現在でも、宗教組織は地域社会において実際的なアクションを起こしており、たとえばカトリック教会は、教義的に賭博を禁止するプロテスタント教会、イグレシア・ニ・クリスト（Igresia ni Kristo）[13]とタッグを組んで、ミンダナオ島北部の都市カガヤンデオロ市内のカジノ建設に対する反対運動を展開している（Rappler 2022/1/10）。「キリスト教徒として」の善き生を阻害するものとして賭博をたしなめるような批評は、フィリピンにおいて事欠かない。

私はお金を第一に考えない変わり者の１人だ。正直で道徳的な生活の中で、満足できる達成感のあるキャリアを追求し、それを倫理的に生きることが、お金よりも優先される。……フィリピン・オフショア・ゲーミング・オペレーター（Philippine Offshore Gaming Operators、以下ＰＯＧＯｓ）[14]は排除されるべきだ。彼らはキリスト教的生活において何の役割も果たさない。

これはＰＯＧＯｓだけでなく、あらゆる賭博に当てはまる。賭博は利益をもたらすよりも、はるかに多くの人々を傷つける。賭博者たちは、豪華なカジノを建設するために必要な巨額の資金がどこから来ていると考えているのだろうか――彼らの負けたお金からだ。しかし、他人に悪影響を与えない限り、自分の人生を選んで生きる自由は絶対的だと私は考えている。だから、お金を無駄にしたいなら、させればいい。それは彼らのお金だ……（Inquirer. net 2022/12/19）。

日常生活の中でも、たとえば以下のような場面で、宗教的な教えに基づきながら賭博や賭博で得た富が悪しきものとして言及されていた。

［事例4－15］ロトの賞金で巡礼に行き、クルアーンから数字を探す

大学院に入学して初めての現地調査の際、私はカウンターパート（身元引受人）のシェイラ先生（60歳代女性）のジェネラルサントス市にある邸宅に居候していた。シェイラ先生はボホール出身で、キリスト教徒だったがムスリムの夫と結婚して改宗した。「イスラームでは賭博はハラーム〔禁忌〕だけれども、隠れてやっている人は多い」、「ティボリの鉱山地帯では麻雀が大人気」、「マラウィの前市長の元奥さんは映画女優。カジノで大負けしているところに、前市長が金を貸した。女優は結婚してムスリムになったけど、離婚してキリスト教徒に戻った」、「私の父は闘鶏家だった、母が鶏に嫉妬するほどの。私もよく闘鶏場に連れて行かれたよ、日曜学校って言ってね」と、賭博にまつわるゴシップや情報をたくさん提供してくれた。

シェイラ先生はかつて、ムスリムの友人から、「お金がかからずに巡礼に行けるけど、一緒に行かない？」と誘われたことがあるが、「そういった機会は仕事のない人が利用するもので、自分には稼ぎがあるから断った」と言う。のちにその友人は、実はロトで70万ペソが当たり、その賞金で巡礼に行こうとしていたことが明らかになる。「巡礼は勤労の末に行うものであって、賭博で作ったお金で行くことは極めて恥ずかしいことなの。彼女もそれを知っていて、私に黙っていた」とシェイラ先生は熱を込めて言う。

3日後、シェイラ先生の大学にお邪魔し、同僚の教員と歓談する。ムスリムの賭博の話で盛り上がる。「スカーフをまいた女性がモールのロト売り場にいたり、私のレジの前に並んでたマラナオが「ロトで使うからお釣りは細かくして」とか言ったり。モールのロト売り場に集まっている人たちは、クルアーンをパラパラめくって出たページ数に賭けるらしい！」と女性教員が呆れた顔をして言う。別の女性教員も「マギンダナオに行ったときには驚いた。みんな、お酒は飲むし賭博はするし」と話を続ける。秘書の女性が「よくあることじゃない」と言うと、「直接見たのは初めてだったから……」と返す。（2017/8/4; 7、ジェネラルサントス市）

宗教的価値規範に照らしながら賭博を批判する語りは、特に賭博が禁忌とされるムスリムの人々においては、

彼らの日常において明確に存在した。明確に言及される規範はしかし、ミンダナオにおいては十全に機能していると は言いがたかった。B村で数字くじの売人をしていたダニーはムスリムであったが、賭博を生業とすることに、彼は何の問題意識も有していなかった。ダニーは賭博だけでなく飲酒も好み、頻繁に仲間と酒を交わしていたことからも、イスラームの規範に対して総じて逸脱的であったと言えなくもない。それでも、ダニーが特殊例というわけではないことは、事例の女性教員たちが批判する内容からも明らかである。

また、第3章第1節で数字くじの売人経験の語りを引用したクリスティは、自他ともに認める敬虔なプロテスタント系キリスト教徒であった。ヘルナンド家はもともとカトリックだったが、グレースとナオが最初にボーン・アゲイン教会に改宗し、クリスティもそれに倣《なら》った。のちにレイモンドとローズも改宗した。クリスティは自宅から車で30分ほど離れたボーン・アゲイン教会に毎週通い、教会関連の集会やイベントにも足しげく通っていた。2019年のグレースの遠隔誕生日パーティー（グレースはニューヨークにいた）では食事の前に2、3分間を費やして、（兄妹が目を見合わせるほどに）熱心に神への祈りを捧げていた。「闘鶏はクリスマスにもあるんだってね。クリスマスに賭博をするなんて、変なこと」などと、父や兄弟の賭博参加に対してしばしば批判的な物言いをしていた。

そんなクリスティだが、数字くじに関する彼女の語りからは、売人として賭博に関与していたことに対するうしろめたさや罪悪感はまったく看取できなかった。そのような疑念が生じてこないほどに、ラストゥーが調査地において健全な「娯楽」として当たり前に存在することの証左とも捉えられる。しかし、彼女が闘鶏場についてきたときにはさすがに周囲の人々を驚かせた。

［事例4－16］初めての賭博

「17時過ぎに闘鶏場へ行こう。今夜は100戦以上のダービーになるはずだ。レイモンドはジェフと鶏と一緒に闘鶏場に前日入りしている」とジャンレイに聞かされ、準備をしていると、クリスティが「私もついていく」と突如言い出す。「昨日、友だちとジェンガ〔ブロックを積み上げるゲーム〕をして、賭けたの。1ペソずつだけで、引き分けたけど。人生初の賭博だった。25年間、一度も闘鶏場に入ったことはない。小さいときにはあるけど、記憶にない。経験してみるだけ（*experience lang*）」とテンションを上げる。ジャンレイにクリスティもついてくる旨を伝えると、彼は「〔クリスティは〕入れないよ、信心深いんだから（*kay relihiyoso sya*）」と真剣な顔で言う。17時50分頃、家を出る。クリスティは「お兄ちゃんに見つかったら怒られちゃう」と言いつつ、ワクワクを隠しきれていない。

18時14分、闘鶏場に着くともう14戦目が始まっている。闘鶏の仕組みがわからないクリスティにレイモンドやジャンレイが説明する。「こっちがいいんじゃない」とクリスティが指した鶏に私とジェラルドは賭け、負ける。クリスティは血まみれの鶏を見て「かわいそう」としきりに言う。「俺たちが育てた鶏が負けたときはそりゃあかわいそうだったよ」とジャンレイが言う。クリスティは家族が関係するファイトのとき以外は興味がない様子でスマホに目を向けている。

23戦目、ジェフとレイモンドがピットに上がるのを見て「お兄ちゃんとレイモンドが！」とクリスティは興奮する。「100ペソ賭ける！」と宣言したが直前になって「やめとく」と言って取り下げ、しかしギリギリで100ペソを賭けた。「ゴー、レイモンド、ゴー！」とクリスティが叫んで応援するも負ける。ジェフが席に戻ってくる。クリスティが「なんで負けたの」と訊くと、ジェフが「最初に一撃を食らったから」と返す。

21時30分、全員が負けて帰路につく。暗い市場でバロット（アヒルの卵をゆでたもの）を食べながら賭けを回顧していると、「〔負けるのは〕不運のせいじゃなくて誤った判断のせいだ」と、クリスティが知ったような口を利く。（2018/9/12、L町）

クリスティが闘鶏場についてきたのはあとにも先にもこの一度きりであった。闘鶏デビューという彼女の冒険は、「信心深いクリスティが賭博をするわけがない」と思っていたジャンレイや家族にとって予想外の出来事であった。宗教的教えにおいて賭博が望ましくない慣習であることを知り、賭博が人間を堕落させうることがわかったうえで賭博に批判的な立場をとっていたクリスティだったが、同時に彼女にとっては、「一度きりの経験」[15]として闘鶏場に足を踏み入れいくばくかの金銭を賭けてみることを妨げるものは何もなかった。むしろ周囲の人々の方が彼女の宗教的敬虔さと賭博への否定的態度を決定的に結びつけて考えていた。

フィリピンにおいて諸般の道徳を（政治的にも社会的にも）説き、正しさの指針となってきた宗教的価値規範は、賭博を悪しきものとするまなざしを信仰者の内に醸成してきた。そうしたまなざしは実際に賭博者に向けられていて、賭博者もそれを承知しているようだった。しかし、宗教的教えが導く正しさに必ずしも人々はがんじがらめになっているわけではないようであった。信仰が導く価値は緩やかに、状況依存的に適応されていた。絶対悪として位置づけられていない賭博の領域においては、宗教的価値規範を拠り所としながらも、何が踏み越えてはいけない悪で何がそうではないのかは、自らの生活の中で、自らの経験の相において感じる手触りによって確かめられていた。

賭けを司《つかさど》り幸運をもたらす神

最後に、人々の賭ける行為に焦点を移し、賭博実践のただなかにおいてどのように宗教的なコスモロジーが賭けと接続しているのか、つまり賭博者にとって神はどのように存在しているのかを考える。

歴史上のさまざまな時代と社会における宗教と賭けの関係性を論じるなかでペア・ビンデは、「かつては神が賭博を司る存在であり、現在は賭博が宗教に代わる存在である」という大胆かつ奇妙なことを結論づけている(Binde 2007)。数多《あまた》の神話や宗教的コスモロジーの中で（特に多神教的信仰およびアニミズムにおいて）賭博が神聖性の一部として存在し、宗教と調和的関係を結んできたのは、偶然を生起させる賭博が端的に（偶然ではなく神の仕業として結果がもたらされることで）神の超自然的な支配力を表出する場として認められていたからである。世俗化し、宗教が賭博を弾劾する現代社会においては逆説的に、超自然的で神秘的な領域と関わりそれを探求する限られた方法の一つとして賭博がある。なぜならば、賭博がもたらす「幸運」が神からの世俗的な恩寵として人々の前にあらわれるからである。賭博が宗教に代わって、人生の希望を開き、超自然的な経験を提供し、運命や未知との交感をもたらす。この意味において、賭博は宗教的性質を内包し続けているのだとビンデは指摘する(ibid.: 15–16)。

現代においても賭博が宗教儀礼の一部をなしていたり、賭け実践と宗教的コスモロジーが連続性を有している事例は世界各地に存在する。顕著なのは闘鶏である。たとえばバリ(インドネシア)の闘鶏(tajen)は原則的に寺院祭礼の際にヒンドゥー寺院の内外で行われる。鶏の血は土地を浄《きよ》め悪霊をなだめるための供物であり、闘鶏によって作り出される激しさや賑わい(rame)は儀礼に重要な要素とされる(Johnsen 2008: 316)。インド・西ベンガル州のサンタルでは、闘鶏家がヴィシュワカルマ神への祈りを込めた蹴爪《けづめ》を鶏の脚につけたり、神々を満足させるために鶏を生贄《いけにえ》として捧げるといった、闘鶏のスピリチュアルな側面が報告されている(Chakraborty & Chakrabarty 2016: 2119)。

富くじの実践においても宗教と関連した報告が多数ある。ミャンマーの上座部仏教徒はくじを偶然の結果としてではなく運気、すなわち過去の優れた功徳によって導かれる優れた現在・未来として捉える。人々は未来を見透かしているとされる僧侶に数字の予言を乞うたり、僧侶の言葉や行動から数字を読み解こうとする(土佐 2011: 395–402)。タイでは寺院の境内でくじが売られ、功徳を積んだ果報を得んとする人々に購入される。毘沙門天が富くじの神とされ、くじが当たることで有名な寺には数字を浮かび上がらせる線香があったり、数字を授ける御神木や像があったりなど、直截的に寺院が世俗的なくじと関与している(小川 2023)。他の遊戯を挙げるとすれば賭博化しているムエタイ(格闘技の一種)もタイ上座部仏教と深く関係しながら発展し現在に至っている。たとえば、試合前の儀礼的な舞は仏教の教えを体現するものであり、選手は僧が作る護符を身につけることで攻撃から身を守る(菱田 2014: 150–51)。「賭博–偶然性–超自然–宗教」の間の通時代的/現代的連関を示すこうした事例からもわかるように、賭博と宗教的領域が親和性を有するというビンデの指摘はあらかた納得できる。

一方、フィリピンの賭博において、遊戯が宗教儀礼の一部としての起源や機能を明瞭に有することを明らかにした資料は見つからなかった。第2章で概観したように、数字くじは政治資金を生み出す装置として教会とは離れた場所から極めて世俗的に拡大したし、闘鶏が宗教的なコスモロジーの内部に位置づけられて催されることは(スペイン植民地期にはミサの人集めのために教会が闘鶏を催してはいたものの)今も昔も確認されていない。

宗教的世界観と賭博実践との関連はしかし、神を根源とする観念としてカトリシズム的な枠組みから理解されてきた「幸運」からを見出すことができる。フィリピンにおいて幸運とは、神(*Diyos*)が定めた運命(*palad*)を源泉とする観念であり、「神様からの贈り物」として認識される(Mercado ed. 1980)。フィロメノ・アギラーによれば、宿命論的価値観とは異なり、個人の能力と技術によって交渉可能な事柄を示す観念でもある(Aguilar 1998)。

調査地において、幸運を指す言葉には主に「スウェルテ(*suwerte*)」と「ブイナス(*bwenas*)」があり、双方ともスペイン語由来の言葉である。その使用について明確な区別はないようだが、語感の違いは認識されている。ロイは、「闘鶏で勝つときにはたびたび起こりうる幸運という意味のブイナスとかチャンバ(*tsamba*、たまたま)と言うけど、ラストトゥーに当たるときはスウェルテかな」と説明したが、この解釈の一般性については定かではない。それに対して、不運は「マラス(*malas*)」である。

幸運を主題とした民族誌に、細田尚美の著作がある(細田 2019)。サマール島の人々の移動を「幸運探し」として解き明かすなかで細田はまず、幸運という言葉が人々の日常生活の中でどのように使われているのかを丹念に記述している。漁業と闘鶏の場面における幸運という語の使われ方から細田は、物質的な豊かさだけを意味するのではなく、「人為的な力を超えた、何か別の力の作用が働いたと思われるような状況」(ibid.: 130)で喚起される観念として幸運を措定している。幸運なる結果を決めるのは人間を超えた大きな力である。さらに、幸運者として他者から認められるには、物質的に豊かであることに加えて道徳的に善き存在であらねばならない。

こうして、幸運を得ることと神と個人が良好な関係を取り結ぶこととの相関を細田は指摘する。職を得た幸運を神からの祝福として語る女性の例などから、神に祈ること、悪しき行いを避けること、神や他者に対して善き

（*kabuotan*）存在であること（たとえばバラトをすること）が、祝福（≒幸運）を獲得する道筋として浮かび上がる。移民にとって幸運探しとは「祝福を求めて神と絶え間ないコミュニケーションをとる」（ibid.: 329）行為にほかならない。幸運の観念への着目を通じて細田は、神から与えられる幸運を他者に分け与えたり（フィエスタの際など に）神に返したりといった「祝福の流れ」を共有するつながりが、他者や神との関係性の基礎をなしていると結論づける（ibid.: 339）。

細田の議論からは、幸運の観念がカトリシズムのコスモロジーの中で物語化されることで、人々の間に幸運が実現していくさまがわかる。辛抱や忍耐、努力を神に捧げ、利他的な行為を貫くというキリスト教的な善き行いが、人々を幸運≒祝福に導く。こうした幸運の理解は、生活の細部に宗教的世界観を宿す人々の現実に即しているように思える。

都合の良い神

賭けの実践においても、賭博の勝利＝幸運をもたらす根源としての神や宗教的世界観に基づく物語が想定されている様子は次のような形で浮かび上がっていた。

（私が闘鶏でも数字くじでも全然勝てないとこぼすと）「フミコは祈ってないでしょう。祈りが足りない（*kulang ampo*）。とりあえず祈っておきな」（ベス、2018/9/7、P市）

「この数字が当たりますように、と祈らないで賭けるより、祈った方がなお良い。祈るのに特別なものはいらないし、いつでもどこでも祈っていい。ジーザスにでもブッダにでも、神様に祈らないとダメ。当たったときは神様が私の願いを聞いてくれたってこと。外れたときは、神様はまだ聞こえてないってこと」（アダ、2018/9/8、P市）

「学費が払えずに大学進学をあきらめなくちゃいけない、と死んだ父の墓の前で泣いていたら、煙が上がるように墓石から50という数字が浮かび上がってきて、有り金の200ペソ全部を賭けた。すると1万4000ペソ当たった。別のときには父が夢に出てきて87を授けてくれた。するとまた8000ペソ当たった。これで無事に進学できた。父のガイドは唯一確かなものだった。ラストトゥーで得た幸運が、僕を生かしてくれている」（ロイ、2017/9/15、A町）

ロイの事例は、彼が16歳の頃に起きた出来事だった。大学に進学する直前に父が亡くなり、途方に暮れて自分の苦境を父の墓の前で嘆いていたところ、数字が墓から浮かび上がってきたのだという。こうした、「神へ祈る」あるいは「(神/死者へ) 憐みを乞う」ことに対する神/死者からの応答として賭博の勝利=幸運がもたらされるという摂理の捉え方や個人の経験は、稀《まれ》にではあるが語られた。この点において、宗教的なコスモロジーと賭けの接合は確かにあり、賭博の出来事がフォーク・カトリシズムの物語に回収されうることが指摘できる。

しかし、管見の限り、具体的な出来事として語られたり実践としてなされたりしていたのを確認できたのは「祈り」と「憐れみを乞うこと」だけであった。数字や鶏の予想といった賭けの判断を下す場面で、神や信仰、宗教的な象徴が持ち出されて語られたり用いられたりする現場を目撃することはできなかった。唯一、葬式賭博には、賭博をすることに宗教的な意味合いが付与されていた。フィリピンでは、死者があれば、公権力の許可がなくとも賭場を開帳できる。1週間、時にはそれ以上にわたって開帳される通夜の賭場には、賭け金の一部（トン、*tong*）を喪主に渡し経済的援助をするという機能がある。P市のロロが亡くなり（詳細は第7章で述べる）、通夜2日目に交わされた会話では、この機能とは異なる枠組みから葬式賭博が説明された。

［事例４－17］死者を１人にさせないための賭博

昨日ダバオからP市に着いたジョイスが、ロロの棺桶の近くのハンモックに寝転がりながら私に「日本では〔葬式の時に〕夜寝ちゃいけないっていう決まりはないの」と訊く。ないと答えると、「ここでは、死者を１人置き去りにしちゃいけない。だから昨日、賭博をしてたみんなが〔棺桶のそばに〕いなくなってから、代わりばんこで私たちが座ってた。人がいなくなると、死者がはぐれちゃう（*saag*）って、おばあちゃんの葬式のときに教えてもらった」と説明してくれる。同じ場にいたベスが「悪霊（bad spirits）に死者が邪魔されてしまうから。賭博もあれはお金のための賭博じゃなくて、みんなで騒いで寝ないためなんだよ。賭博があれば人が集まるから。〔賭博に参加していなかったので〕昨日は眠くて眠くて。賭博は徹夜するためなの。はぐれた死者がとらえられてしまわないように」と話す。（2020/2/8、P市）

死者の安息のために開帳される葬式賭博だが、そこに集まる人々は、自らの賭けと死者とのつながりに時折言及したりはするものの（第7章）、それ以上の宗教色を見せることはなかった。死者を前にしても、賭博はあくまで賭博として行われていた[16]。

賭博――まさに幸運の獲得を目的とする現場――において、幸運の結果を一手に統《す》べる存在が神ではないこと、宗教的な意味の枠組みが人々の行為に底流する中核的なものではないことは、神へ祈ることに対して直截的に否定の考えを露わにしたり、宗教的な実践と賭博を対比して説明したりする賭博者の姿からも推察することができる。たとえば、クリスティが闘鶏場についてきたときの道すがら、ジャンレイは、神はいないと言った。

［事例４－18］神はいない

闘鶏場に向かうトライシクルの中で、「〔P市でベスに〕祈りが足りないって言われた」と私が言うと、クリスティは不思議な目で見てくる。ジャンレイは「おいおい、闘鶏場は教会じゃないんだから。神はいないよ」と言

って苦笑いする。（2018/9/12、L町）

また、別の闘鶏家はこう述べた。

「闘鶏場にいる奴らは、教会にいる奴らより誠実だ。闘鶏家は負けた金をよこさずに逃げたり、人が投げた金を盗んだりしない。教会に行く奴らは信心深いけど簡単に騙したり嘘をついたりする。闘鶏場はそうじゃない」（30歳代男性、2017/8/13、A町）

こうした発言からわかるのは、次のようなことだ。神への祈りが有効なときもあれば、そうではないときもある。カトリシズム的な善き行いが賭博の勝利＝幸運をもたらすと考えることもできれば、無関係なこととして考えることもできる。教会に行く人々とは異なる仕方で、賭博者は善きことを賭けにおいて実践している。言うなれば、調査地において、神は賭博の実践において都合よく用いられたり、用いられなかったりする存在である。

フォーク・カトリシズム——一神教的な世界観から土着的な精霊の世界観までを内包した信仰——の精神構造を深層に認め、その物語に人々の賭けを回収しておしなべて理解するのは難しい。なぜなら、賭博者自体が、この世で生起する事象を説明する「万能の」装置として宗教的なコスモロジーを持ち出すことはないからである。

彼らにおいては、神、信仰、象徴はメタレベルに存在する世界の天蓋ではなく、あくまで賭けの知識の構成要素の一つ、あるいは賭けを理解する手段の一つでしかない。神に祈りを捧げることは、ビールを飲むことや、席を移動すること、数字予想新聞を読むこと、クルアーンから当せん数字を探すことといった、経験的なことと同じ位相に存在し、そうしたことと同じように現に結果をもたらす（あるいはもたらさない）。

賭けによって得る幸運もまた、神と賭博者の関係性によって達成され、受容される観念としてだけでは理解できない。賭けの勝利＝幸運の獲得のために、神との交渉という回路以外の数多の道が開かれており、世界にはその道標となる徴が浮かんでは消えていく。この点において幸運は、宗教的コスモロジーが提供するコードや意味体系に限定されることのない、偶然（*tsamba*）の連なり＝超自然的と言える何か（神とは限らない）の発露として浮上する。そうした何かとの一回性の邂逅や交渉、交感が、賭けの実践で希求され、繰り返される[17]。

世界に潜在するさまざまな事物・徴とそれらのあらわれ、そのあらわれと戯れる人々……。こうした事柄の諸相が、次章以降で賭け実践の実態に分け入っていくなかで、徐々に具体性を帯びてくるはずである。

第Ⅱ部　闘鶏——人間と鶏が織りなす伝統的熱狂の円環とリズム

第5章　闘鶏のエコノミー
――鶏と関係を結び、鶏に生活を賭ける人々

第Ⅱ部では、数ある賭博の中でもフィリピンの「伝統」としての確固たる地位を有する闘鶏の世界を探索する。高度に産業化された今日のフィリピンの闘鶏は、娯楽として関与する人々だけでなく、それを生業とする人々によって栄華を極め続けている。第5章では、闘鶏で生活している人々が、鶏を「戦士」として育成するなかで鶏と結ぶ、愛着と分離、興奮と冷徹が両義的に混じり合った「深くなりすぎない」関係性について考える。闘鶏家は、個々の鶏の状態を深く繊細に感知し鶏の身体に積極的に介入することによって、勝てる強い鶏を育て上げる。しかし、ひとたび人間の手を離れて賭けに晒《さら》され闘いが始まれば、鶏は、闘鶏家の知識をもってしても理解しきれない、人間の制御が及ばない完全なる他者として浮かび上がる。闘鶏場において、闘う鶏の魅惑とファイトの反復的リズム、鶏の根源的なわからなさに絡めとられながら、自らを取り囲む世界を操作するように賭けの判断を繰り出してゆく人々の技法を第6章で描く。ギアツが捨象した「シャロー・プレイ」への着目を通じて闘鶏の営為を探索し、その果てに明らかになるのは、鶏が自らの生死を賭すように、人間もまた金銭の獲得のために自らの身銭を賭けることで、彼ら自身の地に足の着いた世界を実際に揺り動かしているのだということ、それこそが闘鶏の熱狂の淵源なのだということである。

1　フィリピンの闘鶏――産業化されたナショナル・スポーツ兼賭博

フィリピンの伝統？

フィリピンにおける闘鶏（*sabong*）の熱狂と隆盛は、日本のどのスポーツや娯楽を例に挙げても説明しきれないように感じる。どこの町にも村にも大体、三角屋根が規則正しく地面に並び、それに脚を結ばれた鶏が土をついている、長閑《のどか》だが異様な光景を見ることができる。その鶏によく目を凝らせば、サラブレッドのように発達した筋肉と羽色の美しいグラデーションが融合して体軀の内側から光を放っているのに気づくだろう。彼らは、鶏卵の生産のためだけにこの世に生を受けた白色レグホーンやロードアイランドレッド、食肉として最効率化された設計に基づき肥えに肥えたブロイラーとは明らかに異なる鶏生《けいせい》を送っている。彼らの気高さに日々磨きをかけ、彼らの生を最も輝かせんとして闘いに出し、金を賭けるのが、フィリピン全土に生息する闘鶏家（*sabongero*、女性の場合は *sabongera*）たちである。全国約2500カ所の闘鶏場（*sabongan*）では、年間約3000万羽の鶏が日々生死を賭けて闘っている。

闘鶏とは、2羽の鶏を闘わせる遊戯・スポーツであり、賭博である。(1) 第2章でも述べたように、フィリピンにおける闘鶏の歴史はスペイン植民地期以前にまで遡る。同国における「一番古いスポーツ」（Lansang 1966: 1）が、闘鶏だ。政府発行の文書でも闘鶏はきまって「3000年以上の歴史を持つ」「フィリピンの伝統」として説明される。闘鶏を国家お墨付きの「国技」たらしめているのは、マルコス元大統領が制定した1974年の大統領令449号、通称「1974年闘鶏法」である。法令は、「ナショナル・スポーツ」である闘鶏が「商業主義やビジネスの対象として利用されるべきではなく、またコントロールの効かない賭博の道具とされるべきでもない。むしろ、それはフィリピンの伝統文化の保存と継承の手段として用いられ、したがってわれわれのナショナル・アイデンティティを高めるものとされるべきである」と説いている。

「闘鶏がフィリピン人のアイデンティティを高める」と言うとき、そこには（植民地）支配への抵抗のモチーフとしての闘鶏が浮かび上がっている。スペイン人に発見される以前から諸島の人々に営まれてきた闘鶏は、歴代の支配者（スペイン・アメリカ・日本）によって幾度もの廃止の危機に晒されながらも現代に至るまで存続してきた。（闘鶏反対派であった）ホセ・リサールは、大国スペインから小国フィリピンが独立するメタファーを鶏の闘いから看取し、反植民地主義を駆り立てた。[2]「フィリピンで真の革命を実現しようとするならば、闘鶏を禁止することである」と揶揄されるほどの熱狂が、この国には培われてきた。[3] 闘鶏はまさしく、人々と鶏によって絶え間なく営まれ続けてきたフィリピンの伝統である。[4]

図5－1　三角屋根につながれた鶏（2020/2/4、P市）

今日、闘鶏は農村部だけでなくマニラをはじめとした都市部でも盛んに行われる。毎週決まった曜日に開かれる闘鶏場（*sabongan*）には、男性たちが腕によりをかけて育てた自慢の鶏たちを抱えて集まる。鶏の生死に数十ペソから数千ペソの身銭を賭け、固唾《かたず》をのむ観客たちの熱狂が渦巻く。これがフィリピン各地で見られる日常の光景である。方や、マニラやイロイロで開催される大会の規模は桁違いである。たとえばケソン市のスマート・アラネタ・コロシアムで2年に1回開催される「ワールド・スラッシャー・カップ」[5]は、闘鶏のオリンピックと称される。フィリピンのみならず世界各国から参加者が集い、一試合に数百万ペソが賭けられる。

一大産業としての闘鶏

闘鶏の世界的中心地として機能する今日のフィリピンは、

人々の伝統的娯楽としてだけでなく、大金が投資される国の一大産業として闘鶏が展開する場でもある。闘鶏関連産業は裾野が広く、鶏の繁殖販売、飼料、製薬などを併せた産業規模は年間１０００億円以上とも言われる(Esquire Philippines 2020/12/28)。飼料市場は３００億円、サプリメント市場は40億円規模とも推定され、「２００万人のフィリピン人が闘鶏から直接に利益を得て〔おり〕……政府に雇われている人口よりたぶん多い」(ロウラー 2016: 134)と評されるほどの「ビッグ・ビジネス」である。

この異様さは、全世界的に闘鶏が違法であることと比較するとより際《きわ》立つ。闘鶏はフィリピンにおいてだけでなく、人類史上一番古いスポーツの一つであり、スペイン入植以前の北部・南部アメリカとサブサハラアフリカ、北西ヨーロッパ以外の全域にその形跡が確認されている(Dundes 1994a: vii)。そもそも、鶏の家畜化と世界的伝播の契機が闘鶏だったという仮説すらある(赤木 2000)。集団内の社会的順位を決めるべく自然と闘いを始める性質によって鶏は、男性性と美と力の象徴、あるいは人間社会の構造を映す鏡として、人間にとって重要な役割を押し付けられながら世界中に拡散した(Potts 2012)。その中で、儀礼・娯楽としての闘鶏が世界各地で興じられるようになった。

しかし今やほとんどの国家が闘鶏を法で禁じている。国王から大衆までが闘鶏に熱を上げていたイギリスでは１８３３年に禁止された。アメリカは２００８年にルイジアナ州で違法になったことで全州において闘鶏は違法である。(6) 理由の多くは動物の権利に鑑みたもので、(7) フィリピンにおいてもこの観点から闘鶏を禁止すべきであるという言説は散見される。

闘鶏家が言うように鶏が「自然の」戦士だとしたら、なぜ彼らの攻撃性を高めるための投薬が必要なのだろうか……世界のほとんどが反対している闘鶏を国民の娯楽としていることに、フィリピン人は恥を覚えないのか。フィリピン人は自らを憐れみ深いと言う。多くのフィリピン人がそうだ。しかし、憐れみ深い人間は他の生き物が殺され苦しむ姿を観るのを楽しんだりしない。ありえない！　これは公に議論されなくてはならない道徳的問題だ……おそらく、私たちは闘鶏をなくすことはできないが、人々の思いやりに訴えかければ、文明化した世界からフィリピンの恥晒しとして映るこの蛮行を、一部の人は思い留めるだろう（PDI 2000/7/29）。

この投書のような意見が国内に存在してもなお、闘鶏はフィリピンになくてはならない営みとして――国民のアイデンティティとして、あるいはフィリピン経済に重要な産業として――動物権利主義者からの批判をものともせず、深く深く根を張っている。

本章と続く第6章では、この、フィリピンの賭博の王座に君臨し続ける闘鶏の営為をひもとく。次章で鶏への賭けに迫る前に、本章ではフィリピンの闘鶏家たちの実践の特殊性を生み出す源泉となっているように思われる、産業化した闘鶏の構造を概観する。闘鶏は産業としてどう成り立っているのか。地方における一般的な闘鶏の営みが、どのように中心地のマニラやイロイロと接続しているのか。こうしたことを、調査地における闘鶏を生業とする人々に光を当てながら明らかにする。特に、賭博を仕事にするという特殊な状況の中で、人間が鶏とどのように関係しているのかについては、本章の最後で立ち止まって考えたい。

フィリピンの闘鶏を探索するにあたり、まずは闘鶏が文化人類学においていかに論じられてきたのかを概観しよう。

2　闘鶏を解釈の道具から解放する

ディープ・プレイ――社会を再演し（抗）権力と男性性を象徴する

人間は鶏の数奇な習性にさまざまな象徴性を見出し、鶏を利用してきた。このような歴史的事実もあいまってか、闘鶏はこれまで長らくの間、人間社会や文化を解釈するための格好のテキストとして学術的に機能し、各社会における権力構造や暴力性、特に男性性が読み解かれてきた。その嚆矢《こうし》が、バリの闘鶏を「社会の再演」として描出したクリフォード・ギアツによる「ディープ・プレイ（深い遊び）」である（ギアーツ 1987）。

ギアツは、なぜ功利主義的見地からは非合理である闘鶏が、法を犯してまで人々を魅了させるのかという問いを立て、その理由を、金が実際の効用の尺度としてよりも精神的意味の象徴として賭けられているからだとした。バリの闘鶏は、「感情の発露、地位の争い……社会にとって中心的意味をもつ哲学的ドラマの複合体」（ibid.: 396）である。高額であればあるほど面白く「深い」とされる賭け金には、物質的利益以上に尊敬や名誉、威厳、敬意といった地位が賭けられている。この地位の賭博に参加する真の闘鶏家にとり、賭け金は単に移動するもの、あるいは集団内を循環するものでしかない。誰の地位も実際には変化せず、そこにあるのは虚像の中の地位の劇的な急転という芸術的経験であって社会的現実は何も変わらない。

闘鶏の存在意義をギアツは、社会的情熱を示すという社会的機能に読み取った。バリ人にとって闘鶏場は舞台装置であり、闘鶏は彼らの社会における死、男らしさ、激怒、誇りなどを主題として閉じた構造に配置させた演劇である。そこでは雄鶏《おんどり》は男根の象徴として認識され、闘いは男性性の表れとなる。イメージ、虚構、モデル、隠喩として、闘鶏は一つの表現方法であり、その構築物を理解できる人々にとってのみ意味がある。

真の闘鶏家による象徴形式としての闘鶏「ディープ・プレイ」と対置して、彼は金銭の賭博に耽《ふけ》る人々の「シャロー・プレイ（浅い遊び）」にも言及している。社会の再演のためではなく、金銭獲得のためだけに関与する純粋な賭博耽溺者は、闘鶏が何であるかを知らない馬鹿者、下賤な者として真の闘鶏家から軽蔑される。ルーレットやコインスピンといった闘鶏場の周りに無分別に開帳される偶然任せの賭け事も、闘鶏を中心としたヒエラルキーの周縁にあるシャロー・プレイの賭博だ。社会の再演に与《くみ》しない彼らだけが、現実において実際に地位を下方に変化させるとギアツは一蹴する。

ギアツの解釈人類学的分析の方法論をめぐっては、ヴィンセント・クラパンザーノの痛烈な糾弾を筆頭に多くの批判が差し込まれてきた(8)。それでもなお、闘鶏に対する学術的まなざしはディープ・プレイを常に議論の始祖として構築され、権力構造への従属／反抗の象徴として、そうした権力と絡み合う男性性が発露／操作される空間として、各地の闘鶏実践は分析されてきた。

闘鶏をめぐる学術的議論

たとえばアギラーはフィリピン・ネグロス島の砂糖プランテーションを舞台とした著作の一部で闘鶏を主題とするなかで、社会の再演の場として闘鶏を解釈する手法をなぞりながら、フィリピン人と植民地政府の関係性（支配・隷属・反逆）を赤・白の鶏の闘いに照らし合わせ、さらにキリストの受難の再演へと解釈を昇華させた（Aguilar 1998）。一方、テキストを紡ぐ人々の社会的現実（闘鶏が営まれる細部）を無視しているとギアツを批判し、フィリピンの闘鶏実践を仔細に記述したのはスコット・グッゲンハイムである。彼は、闘鶏が土着の伝統的秩序を反映し続けるのではなく変動する現実の社会構造に即して刻一刻と変容し続ける様を、ルソン島北部の町で生じた戒厳令時代の経済的・政治的変化の中に闘鶏を位置づけることで論じた。そこでは、強靭なパトロン－クライアント関係に基づく社会経済構造に埋め込まれ、現実をそのまま映す鏡としての闘鶏が描かれる。[9] グッゲンハイムは闘鶏の実践や象徴性の時代／場所に応じた可変性に言及するものの、それでもなお強調するのは、闘鶏はヒエラルキーを語るに適した空間であること、闘鶏がフィリピン人男性の自己同一性や自己肯定感、社会的・政治的忠誠を象徴するシステムとして機能しているという（ギアツに同調するような）ことであった（Guggenheim 1994: 168–69）。

闘鶏から社会構造を読み取ることのみに注力したギアツやグッゲンハイムらによる「シャロー・ディープ」（Dundes 1994b: 275）な議論に対して、フロイト流の精神分析的象徴解釈を施し男性性をめぐる闘鶏の隠喩的機能を極限まで析出したのがアラン・ダンデスである。彼は「象徴的自慰」（ibid.: 251）として闘鶏を定位し、無意識的な心理的宇宙の構造分析を試みた。闘鶏家は、闘鶏を通じてのみ獲得することのできる男性性の価値——名誉、威厳、勇敢さ、正しさ——すなわち「男根」を獲得することで、男性器の保有だけでは到達できない「男」になることができるのだと、世界各地の事例からダンデスは華麗に証明していく[10]。

こうしたいわば古典的とも言える考察は今日、男性性（と女性性）の流動性や可変性に着眼したジェンダー研究のアプローチによって刷新されている。たとえば、男性器を持たないが男として生きるトンボイ（tomboy）も闘鶏の象徴的意味体系にアクセスできるとして、生物学的見地に則《のっと》った男性性と闘鶏を固定的に結びつける見方に疑義を呈する議論（Fajardo 2008）や、男性性／女性性の生成・変転する意味の場として闘鶏を捉える議論（Hicks 2006）などが展開している。

鶏を男性のアルターエゴとしたり闘鶏を地位と男性性の象徴的闘争とみなしたりする分析から距離を置き、鶏を「ケア」するという極めて女性的な領域が闘鶏の実践に内包されている点に着目したのがヤングだ（Young 2017）。彼女が調査対象とするハワイの違法闘鶏に娯楽として従事する男性たちは、自らと鶏を父子の養育関係に置きながら、身体的・精神的に親密なつながりを構築する。自らの身体の一部のように鶏を深く知り、鶏の心理を読み取り、死んでもなお鶏とのつながりを感じる。投薬はルールに反するからではなく鶏を傷つけたくないという理由から忌避される。試合の最中に傷を負った鶏の頭を自らの口に咥《くわ》えて蘇生させる。闘鶏は男性にとって感情の発露が許される貴重な空間であり、鶏の勝利や敗北には隠すことなく喜び／悲しみを表現する。我が子同然の鶏の死は心痛の極みだが、「そうなるべく生まれてきた」鶏の死を受容することが、「真の闘鶏家」としての自己を確立する契機となる。翻って、金儲けのためにレディ・トゥ・ファイトの鶏（すぐに闘いに出せる鶏）を購入し、ケアに時間と心血を注がず、鶏に対して無関心・無感情な男性は「ただの賭博者」として劣位に置かれる。

闘鶏の「理想的な男性性」が鶏へのケアと愛着という女性性を通じて達成されるのは、闘鶏の営為が女性や上位の特権的男性によって脅かされることのない、非エリート・労働者層のアイデンティティと権力への抵抗を共有する同質な男性の閉鎖的集合として、男性性の安全地帯であり続けることに起因しているとヤングは考察する（ibid.: 1361–62）。

闘鶏をめぐる学術的議論の傾向をまとめるとすれば、闘鶏という文化的パフォーマンスから調査者が高次の物語を読み解くことで、当該社会の構造を解剖することに焦点が置かれてきた、と言えよう。そこでは、権力構造に対して抗《あらが》ったり従ったりする人々と闘鶏がいかに重なり合って見えるのか、闘鶏がいかに男性性の隠喩として機能しているのかが、修辞的に描かれてきた。ジェンダー研究は社会的実践としての男性性が生成・操作される場という観点から闘鶏を見据え、複層的な男性性・女性性の錯綜を論じるものの、闘鶏家の行為実践のリアリティを一緒くたにジェンダー理論に回収してしまう。

「闘鶏は当の鶏にとってだけ「真の現実」なのである」（ギアーツ 1987: 432）というギアツの洞察に呼応するように、闘鶏には、調査者による解釈あるいは社会理論のためのテキストとしての学術的価値が見出され続けた。その過程で見過ごされてきたのは、闘鶏という営為――人間が鶏を闘わせ、そこに賭けるという行為――が、鶏が命を賭すのと同様に人間にとってもまた「真の現実」であるという事実だ。

鶏にとっても人間にとっても「リアル」な闘鶏

この事実に肉薄するための試みとして、人間中心主義から脱却し「人間以上」の多種の絡まり合いによって存立する世界を捉えようとする、マルチスピーシーズ民族誌の視座が提示されている。カヴェシュは、人間と動物の世界の断絶を前提とするギアツの議論を批判したうえで、「ケア／暴力」「愛着／分離」といった両義性を織り込みながら人間と鶏が親密な関係を構築するさまをパキスタン・南パンジャブの違法闘鶏から描いた（Kavesh 2021b）。彼は闘鶏の複雑な現象を描出すべく、人間と鶏の関係性の中で生起する感覚（におい、味、手触り、痛み）に取り組む。鶏にとっておいしい餌をやること、鶏の勇敢なにおいを嗅ぎ分けること、鶏の長所を理解しそれを伸ばすトレーニングをすることといった感覚の絡まり合いを通じて、鶏と闘鶏家が共働する関係が築き上げられる。鶏は、育成や餌付《えづ》けの段階において享受したケアに報いるために闘いに挑む。鶏を暴力的な闘いに誘うことで自らの真の男性性を示すという、一見すると愛着とはかけ離れた行為は、闘鶏家にとって鶏との互酬的な愛着関係の一端に位置づけられる[11]。

インドネシア・中部ジャワの闘鶏から人間‐鶏関係を考察したサンジャミコは、鶏が人間と同様に闘鶏実践を生成するアクターとして存在することを示しながら、闘鶏を多種間の共鳴が創発する場へと描き直している(Sanjatmiko 2021)。そこでは、人間と鶏が双方向に影響し合う様子が報告される。闘鶏家は我が子のように鶏に名前を付けて愛情を示し、身体的・感情的なつながりを築く。鶏は施されるケアやトレーニングに対してさまざまな反応を示すことで、闘鶏家の行為を引き出す。こうして鶏は、闘鶏家にとっての男性性の象徴という受動的な存立様式ではなく、「強い／弱い鶏」としての自らのアイデンティティを形成し、自らのために闘う意思を持った生命になる。

このような、鶏にとっても人間にとってもリアルな闘鶏の営みを描き出そうとする姿勢と、そのために闘鶏を「人間と鶏が共に関与する営為」として定義するマルチスピーシーズ民族誌の観点を、本書も共有したい[12]。しかし、フィリピンの闘鶏の営為が、鶏が生死を賭すように人間にとってもリアルな事態として立ち現れているのだと言うとき、それは鶏と共働して闘鶏実践を織りなしていく過程において当てはまるというだけに留まらない。「高度に産業化され、合法的に人々の生業となっている」という特異な社会構造の中で、闘鶏を仕事とする人々にとってそれはまさしく、自らと家族の生活がかかった重要な現実として存立している。ギアツや彼に追随する議論が劣位に置いた、金銭のための「シャロー・プレイ」こそが、鶏で生活している人々――そして次章で論じる、賭けに没頭する人々――にとって、闘鶏に参与するうえでの最大の関心事である。そこには、これまで列挙してきた先行研究のほとんどすべてに該当する「娯楽／違法行為としての闘鶏」ではなく、「仕事としての闘鶏」に関与する人々による、食い扶持《ぶち》である鶏に対するケアのあり方や関係性の取り結び方が存在する。この点において本章は、マルチスピーシーズ民族誌が浮かび上がらせた、闘鶏を成立させるアクターとして相互に影響し絡まり合う人間‐鶏関係、あるいはヤングが描出した、惜しげもなくケアと愛情を注ぎ鶏との親密なつながりを認める闘鶏家像とは、重なりつつも異なる相貌を描くことになるだろう[13]。

以下ではまず、フィリピンの闘鶏の仕組みやアクターを概観しながら、鶏の育成を担う「ハンドラー」あるいは「ブリーダー」である3人の闘鶏家の闘鶏への関与の形態を紹介し、彼らがいかに闘鶏を生業として成り立たせているのかを整理する。その後、鶏を戦士へと育て上げる過程の一例を示し、鶏の晴れ舞台である闘鶏場での典型的な一日を素描する。そして、彼らの鶏や闘鶏への関与のあり方から、闘鶏家が鶏の善き生を実現しようとしつつ、「深くなりすぎない」鶏との関係を取り結び続けていることを指摘したい。

3　闘鶏の仕組みと諸アクター

闘鶏をめぐる制度と人間

フィリピンの闘鶏を司るのは先にも述べた「1974年闘鶏法」であり、大統領機関であるゲーム娯楽委員会（GAB）と闘鶏委員会の管轄下に置かれている。両組織は、国内の闘鶏開催に関連した規則・規制の公布・施行や、国際大会開催に関する認可、繁殖または競技目的の鶏の輸入認可、全国の闘鶏場に課されるライセンス料およびその他課徴金の料率の決定などを担う。

しかし、1991年に地方自治法が制定されて以降、闘鶏の開催許可や闘鶏場の設立、徴税など、闘鶏に関する事項は基本的にすべて地方自治体の裁量に任されている。闘鶏法では闘鶏場の設置は一自治体につき一つと定められている[14]が、実際は自治体に決定権が委ねられている。現にダバオ市内には八つもの闘鶏場があり、市が徴税している[15]（5-b）。開催曜日は毎週決まっている。闘鶏法では日曜日・祝日とフィエスタの3日間しか開催が許されておらず、実際に日曜日開催の地域は多いが、P市の闘鶏場は毎週水・金開催だったし、大きな大会が催される場合は変則的な曜日に実施されることもある。リサール・デイ（ホセ・リサールの処刑日）、独立記念日、ナショナル・ヒーローズ・デイ、選挙日などの開催は禁止されている。市や町のフィエスタや創立記念日などのイベント時には、大規模なダービーが開かれる。バランガイ・フィエスタなどの際には、認可された闘鶏場ではなく、村の農地や林の中などに竹や木で即席であつらえられたピットでの開催が許可される。闘鶏場以外での闘鶏の開催には闘鶏場と自治体からの認可が必要で、無認可の場合は違法闘鶏として警察の取り締まりの対象となる。

調査地各地には、市や町単位で闘鶏場が少なくとも一つは確認された。円形か正方形のピットを囲うように、板張りかコンクリ製の階段状の観客席が設置されているのが典型的な形である。ガラス張りでエアコン付きのVIPルームが設置されている場所も多い。場外には鶏の待機場や食堂、喫煙所などがあり、ハンタックも行われる。各地の闘鶏場は、観客から徴収する入場料や、出場する鶏のオーナーの賭け金の一部を収入源としている。たとえばA町の場合、入場料は（大会の規模によって変動するが）２００ペソ、鶏のオーナーの賭け金の10％が闘鶏場の取り分であった。

図５－２　A町闘鶏場（2018/8/12）

図５－３　L町闘鶏場（2020/1/5）

闘鶏は主に2種類ある。平時に開催されるのがハックファイト（hack fight）である。ハックファイトは、闘鶏当日に鶏を各人が闘鶏場に持ち寄りその場で対戦相手を探す（ウルタン、*ulutan*）方法で催される大会である。鶏同士を向かい合わせ、互いが目を合わせ首周りの頸羽《けいう》を逆立ててつつき合いを始めようとすれば戦闘状態とみなされ、対戦が組まれる。ハックファイトには「2ウィンズ（wins）」や「3ウィンズ」などの下位分類がある。2ウィンズのハックファイトの場合、各人は鶏を2羽出場させ、両方の鶏が勝利すればチャンピオンとなり、賞金がもらえる。賞金の額には各地で開きがある。A町の2ウィンズでは2000ペソ～3000ペソ、L町の3ウィンズでは2万ペソであった。

一方、祭日に行われる大規模な試合がダービー（derby）である。ハックファイトとは異なり、ダービーへの参

図5－4　ダバオ市、マティナ闘鶏場（2018/9/29）

図5－5　A町内のバランガイ・フィエスタ時の闘鶏（2018/8/27）

図５−６　重量測定（2017/9/17、Ａ町）

図５−７　マニラの大会の地区予選予定表（2018/9/5、Ｐ市）

戦には事前登録を要する。大会当日の朝、闘鶏場で鶏の重量測定をし、闘鶏場が重量の近い鶏同士で対戦を組む。参戦者はエントリー料（pot money）を納める。これも大会によってまちまちだが、調査地では１１００ペソ〜数万ペソであった。重量測定の際、事前申告の体重とプラスマイナス30グラム（または35グラム）開きがあると罰金が科せられる。[16] ダービーにも2コック（cock）から12コックまで、1エントリーにつき出場する鶏の数が決められている。12コックなどはマニラなどの最大規模の大会でしかお目にかかることはできず、調査地では多くてダバオの6コックダービーであった。出場させた鶏が全勝すると賞金をもらえる。賞金はエントリー料から捻出され、チャンピオンが複数いれば山分けとなる。チャンピオンだけでなく、「ラスト・ウィン（last win、エントリーの最後の鶏だけが勝つ）」「ロンゲスト・ウィン（longest win、一番長い試合時間の末に勝った鶏）」「ファステスト・ウィン（fastest win、一番短い試合時間で勝った鶏）」などへの賞金もある。大きな大会では賞品にバイクなどが用意されていることもある。

また、マニラで開催される「ビッグ・タイム」の大会の地区予選が各地で開催される時期もある。地区予選のダービーでのし上がっていけば、マニラで闘う権利を得る。

図5－8　トラビシヤの賭けの交渉（2018/9/30、L町）

闘鶏場ではハックファイトでもダービーでも、2種類の賭けが繰り広げられる。一つが、鶏のオーナー同士の賭け「パラダ（*palada*）」である。ピットに鶏を上げる前に、各陣営は闘鶏場のマネジメントに任意の金額のパラダを預ける。ダービーではパラダの最低額が決められており、パラダを多く積むために試合前に知人に声をかけて賭けを集める。ミニマムベットは1100ペソのときもあれば1万ペソ以上に設定されていることもあり、大会の規模によって異なる。パラダの額が多い陣営の鶏は「メロン（*meron*）」、少ない方は「ワラ（*wala*）」と呼ばれる。ピット上でMCの役割を担うヤマドール（*llyamador*）が観客に声をかけて賭けを集めることでメロンとワラのパラダの差額（デパレンシア、*deperensya*）は埋められ、同額に調整される。パラダは、闘鶏場の取り分10％を引いた全額が試合後に勝者へと渡る。

他方、観客同士の賭け「トラビシヤ（*trabisya*）」（図5－8）

がある。観客は、自分が賭けたい鶏と反対の鶏に賭ける観客を探し、基本的に観客同士で賭けを成立させる。賭け金は数十ペソから数千ペソと、大会の規模や個人の懐事情によって幅がある。ＶＩＰルームに集う富裕層は一試合で数万、数十万ペソを賭けることもある。賭け金やオッズ（第6章で詳述）に合意する賭けの相手「カラバン（*kalaban*）」が見つかれば、賭けが成立する。トラビシヤは、ピットに上がった鶏の戦闘準備が終わるまでの2、3分の間になされる。

　トラビシヤでの賭けを成立させるには、闘鶏場内にいる大勢の観客の中からカラバンを見つけなければならない。それには、大声で「メロン」「ワラ」あるいはオッズを叫び、ハンドサインで賭け金額を提示し、遠方にいるカラバンとアイコンタクトで賭けの合意に達するという極めて高度な技術が要求される。「自分で声を出して

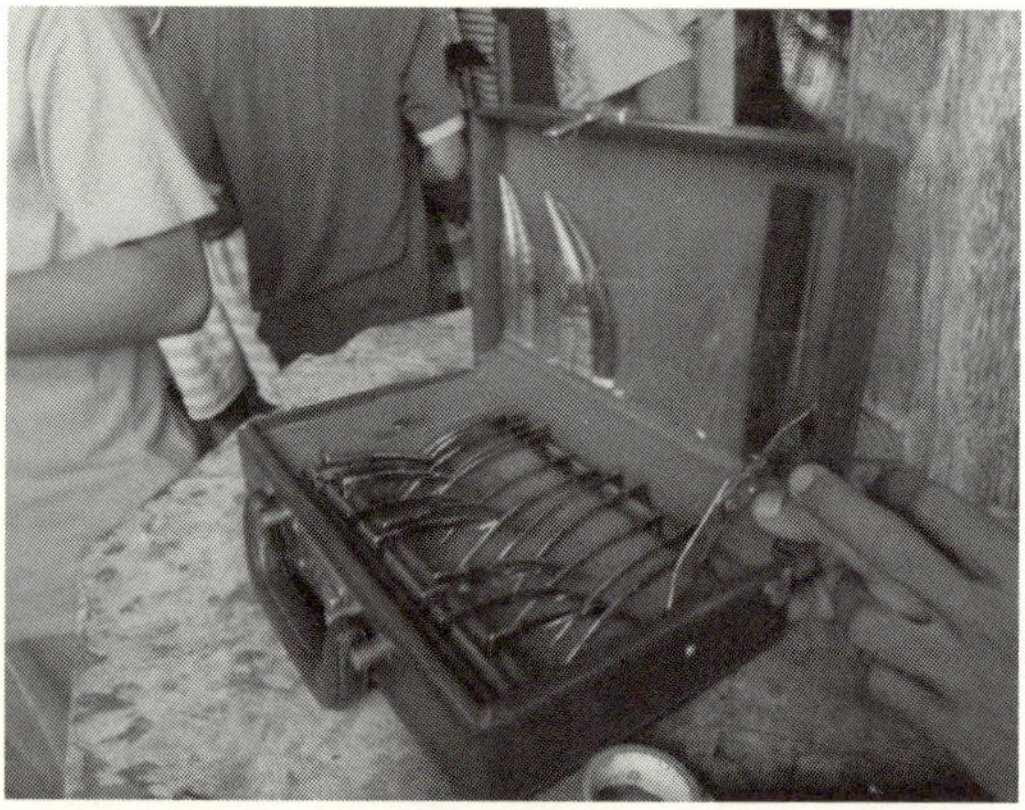

図5－9　蹴爪（2018/9/2、L町）

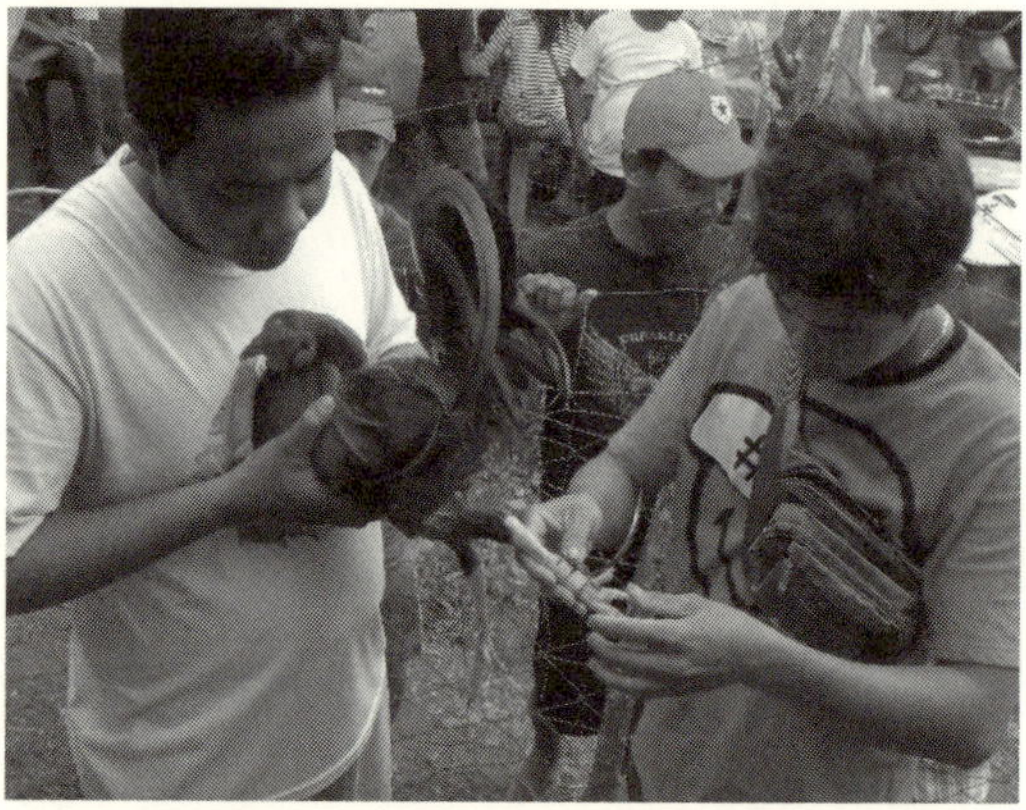

図5－10　蹴爪をつけるガッファー（2017/9/17、A町）

カラバンを探してもいいけど、疲れる」（ロイ、2017/9/14）ので、他の観客に自らの賭けの仲介を頼む者も多い。この仲介者は「クリスト（*krist*）」と呼ばれる。[17] クリストは、依頼された賭け金とオッズでの賭けを成立させるために、賭けを分割して複数のカラバンとやり取りをすることもある。これはＶＩＰによる高額な賭けの場合に如実に観察される。ガラス張りの小部屋で観戦するＶＩＰたちはもちろん自ら叫ぶような真似はしない。数万ペソの賭けをクリストに依頼し、クリストはその賭けを細かく分割し、ピット上から（ＶＩＰのためのクリストは2、3人、ピットに上がることを許されている）複数人のカラバンとの賭けを成立させる。複雑なオッズ計算のうえで的確な配当金のやり取りをそつなくこなすクリストの記憶力・計算能力には目を見張るものがある（Alabanza et al. 1979: 36）。

図５－11　対峙する鶏（2018/9/2、Ｌ町）

図５－12　鶏を見つめる観客（2017/9/17、Ａ町）

図5－13　審判（2018/8/31、ディゴス市）

図5－14　交わされるペソ札（2017/9/17、A町）

鶏は「ハンドラー（handler）」に抱かれてピットに上がる。ハンドラーとは、毎日の鶏の餌やりや試合までのコンディショニングなど、総合的な鶏の世話を行う者のことを指す。闘う鶏の闘志を引き出すためのサポート役としてヒーター（heater）と呼ばれる鶏もピットに上がり、ハンドラー2人はそこで最終のコンディショニングを行う。試合直前に鶏の脚にメタルの蹴爪《けづめ》（*tari*）[18]を付けるのは「ガッファー（gaffer）」の役目である。蹴爪は3・5～4インチ（約10センチメートル）ほどで、ガッファーはカーブの角度や長さの異なる蹴爪を複数準備している。ハンドラー自身が鶏を購入し、パラダを準備し、蹴爪を付けて闘わせることもあるが、大規模な試合になればなるほど、鶏にはハンドラーとは異なる出資者「アモ（*amo*）」が往々にして存在し、チームプレイの分業体制が構築されている。アモはハンドラーの「ボス」に当たる存在であり、鶏への投資を本業や副業、または娯楽としている。アモが闘鶏にかかるすべての出費（鶏の購入費、餌代、薬代、サプリメント代など）を捻出したうえで、ハンドラーは鶏を育成し闘いに出す。パラダに大金を積むのはアモの役割であるが、パラダにはハンドラーやガッファーも身銭を賭けるのが常である。

パラダの差額が埋まり、ヒーターがピットを降り、戦闘準備が整えば、蹴爪のカバーが外される。審判（センテンシャドール／コイミー、*sintensyador/koyme*）が蹴爪をタオルで拭う。[19] ハンドラーに抱えられた鶏2羽がグイッと顔を近づけ合わせられ、ピット中央に向かって放たれると、闘いが始まる。ひとたびハンドラーの手から離れれば、審判以外、鶏に手を触れるなどの直接介入は許されない。どちらかの鶏が戦意喪失して逃げ出したり、死んだり、重傷を負って戦闘不能になれば試合は終了する。勝敗は数十秒で決まることもあれば、制限時間10分をたっぷり使うこともある。制限時間内に決着がつかなければ引き分けとなる。審判は、蹴爪が翼に引っかかったりして鶏同士の身動きが取れなくなると、離して態勢を立て直す。一方あるいは両方の鶏が地面に横たわると頸部をつかんで向かい合わせる。互いにつつき合えば試合は続行する。一方が他方を2回ついたあとに審判に頭をもたげさせられる間、他方がつつき返せなければ、審判がその鶏の頭を土に3回付け、抵抗する様子がなければ決着がつく。

試合が終わると、勝った鶏には審判が蹴爪にカバーを付け、ハンドラーは各々の鶏を抱いてピットを降りる。その間、トラビシヤの賭けの精算が観客間でなされる。負けた観客は勝った観客にオッズに応じた金額を渡す。カラバンが遠方にいる場合は、札束を丸めて投げ渡す。投げられた金を横取りする無粋な者はいない。一方のパラダは闘鶏場のマネージャーによって勝者に授けられる。ハンドラーは、勝てばアモからパラダの獲得金の一部がバラトとして配当される。負ければ通常、アモからのバラトは発生しない。負けて死んだ鶏は「ビハッグ（*bihag*）」といい、勝者に渡って夕食のおかずや酒のつまみとなる。

以上が闘鶏の一連の流れであり、図5－15、図5－16に示した闘鶏場の内外に存在するアクターによって成立している。次に、闘鶏を構成する最重要アクターである鶏がどのように存立しているのかを見ていこう。

図 5－15　闘鶏場のアクター

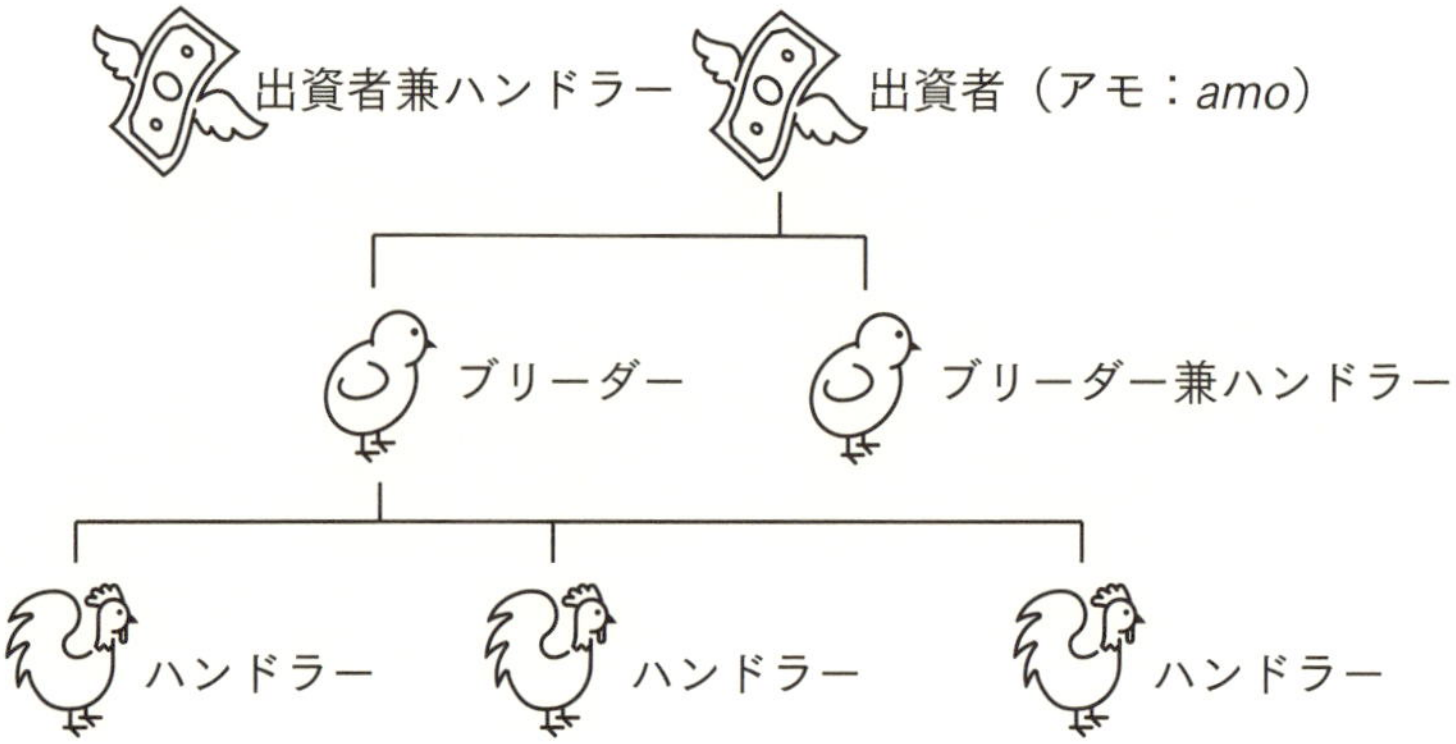

図 5－16　鶏の育成に関わるアクター

蹴爪をつけるための鶏

「闘鶏は鶏がいて、人間がいるから面白い」（ライアン、2017/9/14）という言葉が的確に表現するように、闘鶏家は、鶏と人間の共闘によって作り上げられる実践として闘鶏をみなす。闘鶏家による鶏の育成と闘いに適した状態への調整の過程を経て、鶏は闘鶏家と共にピットに上がる。

民俗学者の菅豊は、中国の闘コオロギを事例として、自然の中のなんの変哲もない虫である「生身のコオロギ」が、人間の手によって意味づけられ、価値を与えられながら、「闘コオロギ」へと作り変えられていく市場流通や育成のプロセスを精緻に明らかにしている（菅 1999）。本来の自然から離脱し、別の枠組みの自然へと人間によってコオロギが仕立て上げられていくさまは、闘鶏における鶏の育成過程と重なる部分がある。鶏はコオロギと異なりそもそも家禽として人間社会に馴化《じゅんか》した動物であるが、それでも、「ただの鶏」と「蹴爪をつけるための鶏（*pangtari*）」は、調査地の人々、特に闘鶏家の間では異なる存在として峻別されていた。そして後者には特別な価値が見出されているようであった。そのことを私に端的に突き付けたのはジャンレイとレイモンドだった。彼らはある晩、トンギッツをしながら私に「日本には闘鶏はないのか」と訊いてきた。私が「ない。だって鶏がかわいそうだから、日本人はそういうのは好まない」と返答すると、口を揃えてこう言った。

「日本人もイハウ（*ihaw*、屠殺）して食べるんだろう。イハウして食べるのも、闘うのも一緒じゃないか。フィリピンではイハウして食べる前に賭ける。鶏を闘わせて、楽しんでから食べるんだ。鶏は闘うために生まれてきているんだ。食べられるためだけに死ぬんじゃもったいないだろう。どっちがかわいそうなんだか」（2018/8/8、L町）

鶏は、闘うために生まれてくる。中でも特に「蹴爪をつけるための鶏」である闘鶏品種は闘鶏家にとってみな

「闘うために生まれてきた戦士」であり、闘いの中でその生を全うする存在である（金澤 2017: 57–59）。雄鶏は生物学上、集団内での序列「つつき順位（peck order）」を規定するために先天的に闘争心を有するとされる（岡本 2019: 24）。本能的に争いを始める鶏の中でも闘鶏品種の鶏たちは、より強い闘争心を抱きより剛健で洗練された体軀を備えるように掛け合わされている。まさしく、ジャンレイやレイモンドが言うように、彼らは人間の栄養となるためではなく、闘うために生み出されている。

この闘鶏品種に対し、闘鶏家は緻密な分類体系を構築している。闘鶏に参戦できる雄鶏には「スタッグ（stag）」と「マノック（*manok*）」の2種類がある。スタッグとは生後12カ月までの若い鶏のことを指す。成鶏となった後2回目の換羽を終えた鶏はすべてマノック（＝コック）である。「3スタッグダービー」など、出場可能な鶏がスタッグに限定されているダービーは多い。

闘鶏家は、まず鶏が「ハイブリッド種」か「在来種」かを区別する。今日、闘鶏に参戦する鶏の多くはアメリカン・ゲーム種にルーツを持つ。オールド・イングリッシュ・ゲーム種で主に開発されたこの種は１９３０年代頃にアメリカからフィリピンの闘鶏場に持ち込まれたとされるが、その歴史は定かではない（Guggenheim 1994: 143）。「鶏は通常、在来種から選ばれる……アメリカのレッド・パイル・ゲームは非常に珍重されているが、この地に蔓延する病にめっぽう感染しやすい……最も望ましい闘鶏品種は南部ルソン原産のバナバ（*Banaba*）だ」（Gardner 1930: 242）という１９３０年の報告からは、この時点ですでにアメリカ産の鶏は存在したものの、熱帯性気候に適応していなかったことが推察される。アメリカがもたらした胴体の大きい強靭な闘鶏品種は、フィリピンにおける鶏の科学的交配の歴史の幕を切った。フィリピンの闘鶏家は、流入したアメリカン・ゲームに、闘鶏で活躍していたバナバやホロアノ（*Joloano*）、パロアカン（*Paraoakan*）などの在来鶏や軍鶏《しゃも》を交配し、より強い闘鶏品種の開発・繁殖に勤《いそ》しんだ。[20] こうして現在に至るまでに生産された品種の総称が「ハイブリッド」もしくは「テキサス（Texas）」である。一方、外来のルーツを持たない鶏は在来種「ビサヤ（*bisaya*）」と呼ばれ、「すぐに逃げてしまう」弱い鶏として認識される。

次に血統がある。1940年代に作られたとされるセーター（Sweater）やハッチ（Hatch）など、アメリカ人ブリーダーによって開発された品種を筆頭に、ラウンドヘッド（Roundhead）、レモン（Lemon）ケルソ（Kelso）、ブラスバック（Brassback）などの有力な品種が存在する。インド原産のアシル（Asil）[21]も有力な闘鶏品種である。こうした血統はさらにマクレーン・ハッチ（Mclean hatch）、ライパー・ハッチ（Leiper Hatch）などの下位分類体系に分岐したり、「4分の1アシル4分の3セーター」のように交配比率で表現されたりする。「フィリピンの蹴爪に最も適した」ライパー・ハッチ、「強力なつつきと優れたスピードを持つ」マクレーン・ハッチ、「相手の闘志がなくなるまで打ちのめす」セーター、「地上戦が得意」なケルソなど、これらの鶏にはそれぞれ長所となる特性が認められている[22]。

そして、羽の色や脚の色などの「外見」による識別方法がある。脚の色は「黄色」「緑」などと単純な呼称で見分けられるが、羽毛の色に関してはそのバリエーションの広さに対応するための分類体系が発達している（表5-1）。白とクリーム色、赤と赤茶色で異なる枠組みがあるだけでなく、同じクリーム色であっても、その羽毛に何色が混交しているのか、どのように混交しているのかによってもまた異なってくる。さらに鶏の色の差異は交配によって現れる特徴であるため、血統と色の分類は分かちがたく混交している。鶏の色は、鶏の美しさを愛《め》でる闘鶏家の美的感性を呼び起こすことに加え、特に、（次章で論じる）月の満ち欠けに連動する相対的な鶏の強さを判断する際の重要な指標となっているために、識別が肝要となる。

産地やブリーダーに基づく鶏の差異も見出される。「イロイロ産、バコロド産の鶏は強い。一番初めの〔闘鶏品種の〕鶏はテキサスだ。そのテキサスが最初に到達したのがバコロドだ。バコロドは鶏の起源で、ブリーディングの中心地だ」（ニック、2019/10/25）というように。あるいは、ビッグ・タイムのファイトで活躍した鶏のブリーダーが全国的に名を馳せ、その名を冠した品種が流通することになる。「マニラの有名ブリーダーが田舎のダービーのチャンピオンを買収して、その鶏を自分のファーム産だと偽って宣伝したりする」（ジャンレイ、2018/9/9）などという話もあった。

名称	英語名称	概要
pula	red	赤い羽毛
ogis	white	白い羽毛
itom	black	黒い羽毛
abuhin	blue	濃灰色の羽毛
kabilyada	gold	金色の羽毛
bulaw	pumpkin	オレンジ色の羽毛
buyugon	brown red	赤茶色の羽毛
banugon	pyle	白／クリーム色に赤茶色などが混交した羽毛
white gold	white gold	白と金色の羽毛
lambuhon	dirty grey	黒の混交したクリーム色の羽毛
bulanting	spangled	赤・白・黒の混交した羽毛
lakton	white splash	白に他色が線状に混交した羽毛
talisayin	grey	クリーム色に3色以上が混交した羽毛
bulik	dom	斑点模様の羽毛
binabae	hennie	雌鶏のような体形

表5－1　鶏の分類と名称の一部

これらの血統・外見、産地による分類は、レモン・セーター、ブリック・アボヒン、ブランティン・タリサイ、ハッチ・ブリック、「○○産グレイ」などの複数の組み合わせによるより細かな鶏の峻別へと深化していく。それぞれの品種や血統についてどこまで「科学的に」見極める知識と技術を有しているかは闘鶏家の間でムラがあり、繁殖を生業とするブリーダーや経験豊富なハンドラーであってもそれがどの程度「科学的に正しい」のかは断言できかねる（PFP 1952/4/12）。しかし、こうした半ば民俗分類的とも言える複雑な体系に基づくことで彼らは、鶏の微細な色彩の差や体軀のわずかな違いを敏感に捉えながら鶏の個体識別を行うとともに、それぞれの鶏の先天的な特性を知ることを可能にしている。それぞれの鶏の生まれ持った強さを磨き上げるために、鶏の身体に介入するのを生業としているのが、闘鶏家の中でもハンドラーと呼ばれる人々である。

闘鶏家という言葉はブリーダー、ハンドラ

ー、ガッファー、出資者のアモ、闘鶏に賭ける観客といった、鶏に関与したり闘鶏に賭ける人々を指す際に用いられる。闘鶏は鶏と人間の共闘であると表現されるとき、鶏の育成を担うハンドラーこそがその営為の中心人物であり、鶏と最も深い関係性を構築するアクターだ。以下では、それぞれ異なる形で闘鶏に関与するハンドラーたち——ロイ、カルロ、ジェラルド——に光を当て、彼らがいかにして鶏の育成や闘鶏への出場を仕事としているのかを探る。そして、そこで彼らと鶏の間に築かれている関係性を見出していく。

4　鶏と関係を結び、鶏に生活を賭ける人々

ロイ——遊びを仕事にした闘鶏家

まず、大きな関心を寄せていなかった闘鶏へ徐々に深入りしていった人物、ロイ（1990年生まれ、男性）である。ロイが闘鶏初心者からハンドラー、ブリーダーへと転身し、闘鶏にハマっていった経緯は、人々が闘鶏への関与の形をいかに「遊び」から「仕事」へと移行させていくのか、鶏がいかに稼得《かとく》機会になっていくのかを示す好例となるだろう。

2017年、私が「闘鶏の調査をしたいと思っている」と言うとロイは「じゃあA町に来て、闘鶏場に行こう。僕の友人や親戚に闘鶏家がわんさかいる」と誘ってくれたのだった。このときロイはすでに日本人の妻エリコと2歳の息子と日本で暮らしていて、年に3カ月ほど、息子を連れて、エリコの仕事の都合がつけば彼女も一緒に、故郷のA町に帰省していた。

ロイはこれまで、闘鶏を観たことはあってルールを知っていても、習慣的に闘鶏場に通うなどということはなく、賭けたとしても機会的なものに留まっていたようなので、闘鶏には縁遠い人物なのかと私は想像していた。しかし、初めてA町の闘鶏に連れて行ってくれたとき、ロイは入場料を払うことなく闘鶏場に入り、働く人々に気さくな挨拶をし、知人を複数見つけていた。闘鶏場のオーナー一家とロイが親族関係にあることは後日知った。

ロイはこの日のハックファイトで、町長の息子ライアンの鶏にパラダを積む約束をしていたようで、私は着いて早々よく理解しないまま鶏の待機場に連れて行かれ、ロイに「２０００ペソ」と言われ、言われるがままライアンに渡した。ロイも２５００ペソを渡した。ＶＩＰしか上がれない2階の観客席に移動したあとで「ライアンはフミコが来るから鶏を用意してくれてたんだ」とロイは説明した。ライアンがロイの兄嫁の兄であることは後日判明した。

これが私の人生初の鶏への賭けになった。そして、ライアンの鶏は勝った。私とロイは興奮して大はしゃぎした。私は３８００ペソ、ロイは４５００ペソを獲得し、ロイはその金でビールを3ケース買い、ライアンや友人とファイトを観ながら酒盛りをした。闘鶏場を出たあとも、ロイの叔父ヘンスの家に場所を移して勝利の宴は続いた。ライアンが獲得したビハッグが酒のアテになった。庭には鶏が十数羽寝ていて、ヘンスが負傷した鶏の傷口を縫合していた。

蓋を開けてみると、ロイは自ら闘鶏に大きく加担しないものの、闘鶏関係者や闘鶏家の親族に囲まれていた。ライアン、ヘンスだけでなく、闘鶏場オーナーの息子も「マニラでチャンピオンになって賞品でバイクをもらった」ことのある敏腕ハンドラーだった。彼らの鶏に蹴爪をつけていたガッファーは「父も祖父もガッファーだった」らしく、世代を超えた闘鶏の世界の住人だった。私を案内するために闘鶏場に通い、鶏に賭けるようになり、さらに周囲に揃った歴戦のハンドラーたちによる鶏の育成の仕方や鶏の闘いぶりをうかがい知ることで、ロイは闘鶏の世界への解像度を徐々に高めていった。そして「自分の鶏を飼っていた方がいい。自分のじゃない鶏にトラビシヤで賭けてたら、せっかく勝っても毎回周りからビールをせがまれる」ということに気づき、次第に自分の鶏を育て闘わせることへの関心を膨らませていった。

２０１８年の帰省時に、ついにロイは実家の広い敷地内で鶏を数羽飼いだした。初期は敷地内に育成の設備が整っていなかったため、ヘンスやライアンらと資金を出し合ってチームを作り、チームの所有物として鶏を育成しだした。「安心だから」という理由で鶏は（次節で紹介する）カルロから購入していた。「スタッグの方が、育てるのに金はかかるけど、自分で育てることができて、どんな鶏なのかを見極めることができる。レディ・トゥ・ファイトの鶏はどんな鶏かわからない。飼い始めた鶏のうち2羽はカルロから買った。2羽で4000ペソ」と言う。

「鶏はとっても繊細（*alti kaayo*）だ。カルロも鶏に対して几帳面すぎるくらいの男（*metikuloso artihan sa manok*）だ」とロイが認識するように、か弱く脆《もろ》い存在である鶏に対して、カルロが心身の健康を維持し強く大きく育てるための繊細なケアの経験と技術を有していること、鶏に尋常ではない思い入れをしていることに、ロイは信頼を寄せていた。ある日、ロイの鶏同士が喧嘩し、脚に怪我を負ったことがあった。鶏の身体の状態を鋭く確認したカルロは怒って「網を張ってビタミンCを与えろ」とロイに助言した。ロイは3000ペソほどする100メートルの網を即座に購入した。ビタミン剤や抗生物質も一とおり揃えた。カルロの言うとおりにスタッグ、マノックと小屋を分けて作り、鶏が雨風をしのぐトタン屋根も導入した。こうして敷地内の育成環境を整えるとともに、鶏の購入数を増やしていった。

鶏に傾倒しだしたロイは、自身の育てる鶏への愛着を深めていくとともに、闘鶏の中心地でありかつA町の住民の故地であるイロイロへのロマンを強めていた。あるときロイは小屋の中から黒い羽毛に覆われて黒い目をギヨロつかせる鶏を大切に抱きかかえ、「これは僕のアイドルだ。血統を残していきたい」と語った。またあるときは、「鶏はいずれイロイロから仕入れたい。イロイロはフィリピンの闘鶏の中心地で、100年以上の歴史がある大会もある。イロイロの人たちは海外へ出稼ぎに行ったあとに鶏に投資するんだ。マニラで闘ってる鶏もイロイロ産だ。イロイロの鶏はアメリカから輸入されている。友人もこの前イロイロの親戚からすごく美しい鶏を2羽仕入れてた」と語った。

ロイが鶏の育成に着手したのは、自分で強い鶏を育て、その鶏にパラダで賭けることによって、散財を防ぐためだった。それでも当初は、鶏を闘いに出すことで利益が上がるとは考えていないようであった。バランガイ・フィエスタのハックファイトの帰路、闘鶏を初めて観たロイの妻エリコが「鶏のオーナーは全然もうからないし、

図5－17　ロイと彼のバックヤード（ロイ提供、A町）

下手したら〔負けたら〕大損じゃない」ロイに言ったことがあった。ロイは平然とした顔で、「そうだ。楽しむだけに留めないと。勝っても利益にはならない。出費の方が多い。勝ってもみんなにビールをおごったりガッファーやクリストにバラトを渡したりして残らない。でも、楽しいからいいんだ。勝ったらそんなこと忘れてしまう」と、あくまで趣味、遊びとして関わっていることを強調していた。当時ロイがやりくりしていた農業収入はA町に残した家族を食べさせていくには十分なものであった。私も微々たる金額を投入したものの、鶏に関する出費はロイが基本的に1人で負っていたし、パラダにも自らが「オーナー兼ハンドラー」として出資していた。金銭的な必要に駆られていないロイにとって、勝っても負けても、自分で育成した鶏がピットに上がることが楽しければよい、という水準にあった。

同時にロイは、経済的上昇志向が高く頭の切れる「商売人（*negosyante*）」の側面も大いに有していた。「血統を残したい」という言葉のとおり、鶏のブリーディングには初期から関心を示しており、鶏が増殖していくにつれ、その鶏で商売ができないか模索するようになった。

2019年以降、ロイは鶏のブリーディングと販売に着手し、自らのゲーム・ファーム（養鶏場）を立ち上げた。A町滞在中に知人から血統の良い鶏を購入してそれを繁殖させ、日本滞在中は親族に育成を任せるというスタイルでビジネスを拡張していった。現地で直接販売に携われないため、フェイスブックページ上で、有名ファームの良血統をアピールしながら鶏や繁殖の様子をアップするのに加え、ロイの日本での生活やA町への支援活動なども報告している。現在、ゲーム・ファームの名を冠した看板が掲げられた作業場には孵卵器が導入され、ブリーディングの規模は拡大の一途を辿っている。鶏の飼料販売も軌道に乗っている。さらに彼は現在、日本でも養鶏業に従事している。

ロイは闘鶏を娯楽に留めるのではなく仕事にする方法を機敏に察知し、それを成功させた。繁殖に軸足を移した今でも帰省のたびに鶏を育成しては自らピットに上がっていて、ハンドラーとしての闘鶏への関与は続いている。闘鶏品種の繁殖を稼得機会として確立させつつ、自分で鶏を育て闘わせ続けることは、彼にとって楽しみであるだけでなく、故地であり闘鶏の中心地であるイロイロへと彼を接続させるロマンであり続けている。

カルロ――鶏だけで生きてきた闘鶏家

ロイはもともと、農業を主としつつ養豚や運送業などを副業として展開するやり手で、ブリーディングもそうした多角化した生業の一つであった。対してカルロ（1963年生まれ、男性）は、今までの人生を闘鶏一本で生きてきた人物である。A町の闘鶏家の間でカルロは練達のハンドラーとして名が知られていて、ヘンスなども彼が育てた鶏を仕入れていた。「僕やヘンスが抱くと鶏はすぐに噛みついてくるのに、カルロが抱くとまったく噛まない。アメイジングだ。カルロは土地も商売もないのに、闘鶏だけで子どもを大学まで行かせた。才能だ」とロイは評する。カルロの経歴からは、ハンドラー兼ブリーダーとして鶏で身を立てることがいかに可能になっているのかを知ることができる。

P市出身のカルロが鶏の育成を始めたのは14歳頃からだ。「もともと俺の父親が鶏の商売をしていた。だから小さいときから鶏が好きだった。父親にはハンドラーがいなかったので、俺がやりだした」という。18歳から22歳までの4年間は州知事が所有するファームで働いていた。当時は毎週のようにダバオ市の闘鶏場でファイトし、5000ペソの月給に加え、1勝ごとに1000ペソのバラトをもらっていた。3年後、P市のショッピングモールビルのオーナーのもとでハンドラーとして従事した。「鶏は強かったよ。毎回ジスティ〔1・7倍のオッズ〕

の人気で、毎回勝ってた。ダービーにはずる賢いやつがたくさんいた。金を払って強い鶏に当たらないようにする人とか、勝っても全然バラトをくれない人とか。そういう汚い世界もたくさん見てきた」。P市の出資者から独立して以降、A町に定住し、自分で自由に鶏を繁殖・育成しながらアモ（出資者）を探すことにしたという。「P市の6コックダービーでチャンピオンになって、賞金100万ペソをゲットしたこともある」と豪語するように、独立後も輝かしい成果を収めている。

調査時、カルロのバックヤード（他人の庭先などの小規模養鶏場）には12匹のスタッグとマノックがいた。彼はブリーダーとハンドラーを兼ねた闘鶏への総合的な関与を通じて身を立てていた。村長や町長などの有力者も含むアモの出資を受けて鶏を育成し闘いに出したり、繁殖した鶏の購入希望者がいれば1羽2000ペソ程度で売却したりしていた。売却後の鶏と購入者へのアフター・ケアを怠らず、鶏の様子をうかがったり育成の知識を購入者に伝授していた。闘鶏当日にロイの鶏を最終コンディショニングし、ウルタン（対戦相手を探すこと）し、抱いてピットに上がることもあった。育成した鶏を他者に売りはするものの、売却先から依頼があれば鶏を引き続き育てたりアドバイザー役を買って出て育成の助言をしたり、鶏の生産者あるいはハンドラーとして、まるで鶏の生涯を最後まで見届けるために鶏とつながり続けているようであった。

1羽2000ペソでの鶏の売却は、繁殖と育成にかかる費用に鑑みると大きな利益にはならない。ハンドラーとして鶏の売却先やアモの鶏を調整し、ピットに上げて勝利すれば、売却先やアモから、彼らの獲得したパラダの配当金に応じたバラトを得られる。しかし負けてしまえばバラトは無か、微々たる報酬のみである。このような状況において、カルロが闘鶏で生計を立てられている要因には、アモの多角化があるだろう。調査期間中、カルロの鶏が負けるところを私は1、2回しか目撃しなかった。確かに彼の鶏は強い。A町周辺の闘鶏家もその強さを知っており、闘鶏場で彼は多くの闘鶏家に鶏の相談を持ち掛けられる。その中でカルロはアモの新規開拓を怠らない。「今日チャンピオンになった鶏、あれは俺が育てたやつらだ。お前も少し出費するだけで勝てるぞ」などと言って鶏の購入者やアモを集める。

図5－18　カルロのバックヤードにて、ロイ（左）とカルロ（右）（2018/10/7、A町）

カルロのブリーダー・ハンドラーとしての名声はまず、長く広い闘鶏歴とその実績に支えられている。有名政治家や資産家のもとで経験を積み、幾多ものファイトを重ね、多くのビッグ・タイムの大会で勝利してきた。A町内部に留まらないカルロの活躍は、彼の次の世代に受け継がれている。「長男はダバオでハンドラーをしていて、この前はT地区の9コックダービーでストレート勝ちした。今年はディフェンディングチャンピオンだ。ディゴスにいる甥は8月31日のダービーでチャンピオンになった。D市の闘鶏場のオーナー〔後述するジェラルドのアモ〕は甥のニノン（*ninong*、名付け親）だ」。闘鶏家の系譜が紡がれていくなかで、ミンダナオ各地で活躍する次世代の存在が、ヒエラルキカルな闘鶏の世界におけるカルロのネットワークを拡張させる。それもまた、「プロ」ハンドラーとしての彼への求心力をますます強めていた。

しかし何と言っても、彼の闘鶏業を現在まで成り立たせてきた根幹は、ロイも述べていた「鶏への繊細さ」であり、鶏のケアに対する絶大な自信である。カルロは、生まれ持った鶏の強さを引き出すために人間によるケアが何よりも欠かせないということ、そのためには鶏を「よく知る」必要があること、人間による深く適切なケアと身体的介入によって、必ず勝つ強い鶏を生み出せるということを、助言の中で繰り返していた。

「負けは事故ったときだけだ。十分に世話している鶏は全部勝つ。俺はもともと血統の良い鶏を育てているから、良い餌だけで十分。ビサヤ〔在来種〕は良い餌をやっても良い薬を飲ませても、負ける。食べさせ続けること、薬も飲ませ続けることが大切だ。良い世話をしている鶏は気絶なんてしない。体が動かなくなっても頭だけ動かしてつつき続ける。

俺の人生は鶏だ。破産しない理由は……今まで破産してないのはたまたまだ。よくないと思った鶏は使わない。鶏のために使う金とその他の金は分ける。個人的な欲のために金を使ったら破産する。

もし自分で鶏を育てて賭ける場合、自分の鶏のことをよく知らずに大きく賭けるのもだめだ。何を食べているのか、何の薬を使っているのか、知らないとだめだ。だから小さいときから鶏は世話しなくちゃいけないんだ。

強さを見極める方法……鶏の手相は信じないが、脚のうろこの数は信じている。うろこの数が多い鶏は脚が長いことを意味する。俺の経験上、これは当たる。血統が反映されるから。負けてばっかりの鶏の血統は増やさない。勝つ鶏を増やす。良い血統、良い世話、良い蹴爪の付け方、これで勝てる。常勝の血統で、ハンドラーが良くても、ガッファーがダメだったらダメだ。自分の鶏を育てるなら、専属のガッファーがいた方がいい。古くなった蹴爪は交換するんだ」(2018/10/7、A町)

つつき合う鶏を見て「この血統はジャンプ力がやっぱり段違いだ」と満足げな笑みを浮かべるカルロに、なぜ闘鶏をするのか訊いてみた。「なぜ闘鶏をするのか……。鶏が闘うのを見るのが楽しいからだ。負けるかもしれなくても、頑張る姿を見るのはいい。負けた鶏を怒ってはいけない。たまには負けるときもある」と、カルロは言葉を選びながら、優しく答えた。

ジェラルド——資本家の傘下で闘い続ける闘鶏家／鶏を嫌う家族

カルロと同じくハンドラーでありながら、1人の強力なアモのもとで闘鶏に携わっているのがジェラルド（1968年生まれ、男性）である。ジェラルドのハンドラー業は、アモとの間で構築されるパトロン-クライアント関係、闘鶏家同士のつながり、そして闘鶏家以外の人々の補填によって持続している。

ジェラルドは2000年頃に闘鶏を仕事にし始めた。かつてはジープニードライバーをしていたが、現在のアモとの出会いによってハンドラーになり、今ではL町の闘鶏場のマネジメントにも関与している。かつて50万ペソの賞金が付くダービーに勝った経験もあり、L町地域の闘鶏家界隈の中で腕利きのハンドラーとしての認知度は高い。日常的な鶏の世話は次男のレイモンドや友人のジャンレイに任せていた。アモから資金を獲得し、鶏を仕入れ、鶏をピットに上げるのがジェラルドの仕事だった。

ジェラルドのアモはヤンヤン（80歳代男性）だ。もともと商売人だったヤンヤンはL町やD市など複数の闘鶏場を所有するだけでなく、地方銀行や800ヘクタールとも言われる土地の所有など、「資本家」としてのさまざまな顔を持っていた。「あんなに肌艶がよくて若く見えて、しかも胸が膨らんでるのは、アメリカに行って子どもの血を点滴してるかららしい。ヘリコプターも持っている。まだ生きてるのに、もう巨大な墓を用意しているらしい」と、ジェラルドの次女クリスティは彼にまつわる噂を教えてくれた。ヤンヤンはジェラルドだけでなく多くのハンドラーを抱えていて、それぞれの鶏の購入費用や育成費用を出資し、闘鶏場ではパラダに大金を積む。遠方でのファイトの際の移動費も含め、闘鶏にかかるすべての出費をヤンヤンが担う。「自分が金を出してる鶏でも、パラダには3万ペソ以上積まないんだ。商売人だから。金持ちだけど、闘鶏で100万ペソとかの大金を賭けたりはしないんだ」とレイモンドは言う。ヤンヤンはジェラルドの育成する鶏の様子をうかがったり触れて確かめたりすることはなかった。闘鶏場に座るヤンヤンの視線は闘う鶏に注がれるものの、鶏や鶏の闘いへの熱狂が彼を闘鶏に投資させているようには到底思えず、お付きの者を介してパラダに大金を積み、ハンドラーたちに金銭を分配する様子は、資産運用のために闘鶏を用いているようだった。

ジェラルドのバックヤードにいる鶏たちは、1羽5000ペソ以上する高級品である。餌も「人間よりいいものを食べている」と妻メアリーが揶揄する高価格だ。ジェラルドの鶏は過去に二度ほど盗まれたことがある。犯人はおそらく違法薬物の使用で刑務所に入っていたメアリーの弟で、「一度、夜中に義弟が忍び込んで鶏を盗もうとしているところを捕まえたんだから間違いない」とジェラルドは思い出して憤慨していた。

高級な飼料や薬を投入して育成される上等な血統の鶏は、ハンドラーとしてのジェラルドのケアの技法と組み合わさって、強い鶏になる。カルロと同じくジェラルドも、鶏が勝てばパラダの一部をバラトとして獲得する。しかし負ければ報酬はない。不安定な収入を微力ながらも支えているのはヤンヤン傘下のハンドラーたちとの相互扶助的なつながりだった。同じアモを持つハンドラーとして、彼らの間には仲間意識が醸成されていた。同じ大会に出場した際には、ハンドラー間で報酬の一部やビハッグなどをバラトとしてやり取りする。たとえジェラルドが全敗したとしても、勝利した他のハンドラーから幾分かのバラトが得られた。

また、20年以上にわたるヤンヤンとジェラルドのパトロン－クライアント関係は、ジェラルド家の生活全般におけるセーフティネットともなっていた。たとえば、娘の結婚式で出費を要するときや家計が逼迫したときなどに、ヤンヤンの金銭的援助が頼りの綱の一つとなった。

仲間同士の連帯やアモとの信頼関係に寄りかかりながら、ジェラルドはハンドラーとして長年身を立ててきた。しかし、闘鶏に関わらない家族にとって、ジェラルドとヤンヤンの関係は決して喜ばしいものではない。ヤンヤンとの関係に起因する父親の不貞を、クリスティは以下のように語った。

「勝てばプラス、負ければゼロ。さらにヤンヤンとの悪い付き合いで知り合った女性と不倫までした。賭博＋愛人＝ゼロ。マラス〔不運〕でお父さんの負けが続いた時期は、ごはんがコーヒーだけのときもあった。お母さんが私たちに列を作らせて、ごはんが配給式のときもあった。とっても大変だった。なんで闘鶏家のお金はすぐになくなっちゃうんだろう。たぶん、もっと勝ちたいと思って、どんどん大きな額を賭けちゃうから。勝ったら賭けがレベルアップしちゃう。

２０１５年頃はお母さんとお父さんがいつも喧嘩してた。お父さんの負けが続いたときで、しかも女の勘でお母さんがお父さんの不倫に気づいた。私がお父さんのフェイスブックを設定してるときに、女の影が見つかった。そこから2週間、テキストメッセージを調べ上げて、女を突き止めた。相手は町市場で働いてる20歳代の女だった。たぶん、ヤンヤンが紹介したの。女は反省するそぶりも見せなかったけど、市場からは姿を消した。それで、家族会議を開いて、お父さんを数日追い出すことにした。こんなことが1回だけじゃなくて3回くらいあった。

今はもうお父さんも年老いたし、私たち子どもも意見ができる歳になったから、その心配はないけれど。もし次そんなことしたら、家から追い出されるってお父さんもわかってるし。賭博者の家族は大変。お母さんが一生懸命働いてたから、家族の危機は乗り越えられた。

お兄ちゃん〔ジェフ〕は、賭博にアディクト〔依存〕してる。酔っぱらったら喧嘩っ早くて大変。お父さんと殴り合いの喧嘩になることもあった。賭博に関わると、問題がたくさん起きる。賭博を商売にするのは金持ちだけにすべきだ。家族がいる人はなおさら」(2018/10/13、L町)

クリスティが言及した賭博好きの長男ジェフも、父の血を継いでハンドラーを生業にしていた。調査当時はL町から車で2時間ほど離れた町にある有力ファームに住み込んでいた。ジェフのアモ「ドクター」(40歳代男性)はその名のとおり医者兼闘鶏家であり、D市界隈の闘鶏家の中で初めてマニラの闘鶏場で闘い、しかもその12コックダービーで11勝したという武勇伝を持っていた。２０１８年にはマニラの20コックダービーに参戦し、ジェフも現地入りした。ジェフは月に数回しかL町に帰宅できず、妻ドナの誕生日に帰ってきたと思ったら闘鶏に行ってしまい、夫婦喧嘩を繰り広げる始末であった。ドナに寂しくないのかと訊くと、「とっても寂しい。でも我慢するしかないでしょう、これが仕事なんだから」と諦観していた。

闘鶏をしない家族にとって、闘鶏は不穏な実践である。それは悪友関係が家族の不和を生み出すという意味だけでなく、闘鶏自体が忌々《いまいま》しい行為であるという点も含む。特に妻のメアリーは闘鶏を嫌っている。それは第一に、鶏が闘って死傷することが「かわいそう」だからであった。あるとき、ジェラルドが闘鶏の動画をメアリー

図5－19　雑貨屋の主メアリー（2019/12/29、L町）

に見せ、「ほら、負けちゃったんだよ」と説明すると彼女は身体を背けて「悲しい。見たくない」と拒絶した。またあるときは、レイモンドがストレッチのために鶏の脚をグニャグニャと広げると、彼女は「信じられない、かわいそう。5000ペソの鶏がもったいない」とぼやいた。

「もったいない」という言葉が示すように、闘鶏の経済的な非合理性もメアリーをいらだたせる要因であった。夫に代わって朝から晩まで商売をし子ども6人を育ててきた自負を持つメアリーは当時、新たに雑貨屋を開業し、そのやりくりで多忙な日々を過ごしていた。仕事が終わって一息つきながら、彼女は「闘鶏なんて稼げない」と愚痴った。

「昔はこの庭に野菜がたくさん植わってたのに、今では鶏が植わってる。野菜を育てる方がずっといい。食べられるし。子どもたちが小さいときは野菜をとって食べれてたのに、今では鶏ばっかり。あんなのイハウ〔屠殺〕した方がいい。うるさいし、餌には人間以上に金がかかるし、鶏自体が高いし。本当に食べちゃいたい。鶏じゃなくて茄子《なす》を植えた方がいい。本当に嫌いなの。私は子どものために努力してお金を稼いでいるのに、旦那は闘鶏。闘鶏家は本当にダメ。負けてばっかり。10回負ければいくらになると思う？　1回2000ペソで2万ペソ！　子どもたちもみんな、旦那よりも私のことを愛してる。訊いてみればわかるよ」（2019/1/7、L町）

前項のカルロは堅実で、自分の育成した鶏に身銭を多く賭けることはしなかった。闘鶏場に行って自分の鶏を闘わせるのに、身銭を賭けない闘鶏家は例外的存在である。ジェラルドは、自身の育て上げた鶏にパラダで賭けるだけでなく、トラビシヤで他者の鶏に賭けることも好む、生粋の闘鶏家であり賭博者だった。ヤンヤンのパラダには1000ペソほどを積み増し、自身が出場しない大会のファイトにも賭ける。勝った場合は自分の賭けた分だけ儲けが上がるが、負けた場合は自らの賭けのせいでマイナス収支になってしまう。「お父さんのマラスは去年から始まって、2019年にも続いている」とクリスティが言うように、調査当時、ジェラルドは自身の鶏の負けが込み、自身の賭けでも負けが続いていた。連敗の中でメアリーにも叱責され、徐々に闘鶏場へ足を運ぶ回数は減っていった。大晦日のD市のダービーにも行かず、メアリーの雑貨屋を手伝っていた。闘鶏場から帰ってきても、「200ペソ勝って、また200ペソ勝って、次に800ペソ勝った。でもそのあと負けて、残りもママに取られた」とうなだれる始末で、完全に妻の尻に敷かれていた。

それでも鶏がバックヤードからいなくなることはなかった。2024年1月、4年ぶりにジェラルドを訪ねると、「見ろ、この前のファイトだ、一撃で相手を倒してしまった」と勝利を収めた動画を見せてくれた。「8月のフィエスタのときに戻ってこい、ダービーに出るから」と私に念を押した。どうやら不運を乗り越え、闘鶏家としての活力を取り戻したようだった。

5 「蹴爪をつけるための鶏」の生涯

ロイ、カルロ、ジェラルドを例に、ハンドラー（兼ブリーダー）がどのように闘鶏を仕事としているのかを概観してきた。次は、鶏に焦点を移す。ハンドラーの仕事の中心をなし、かつ闘鶏の営為の中で最も長い時間と労力を費やされる鶏の育成やコンディショニングに注目しながら、「蹴爪をつけるための鶏」に闘鶏家が施すケアや、闘鶏家と鶏の間で構築される関係性の質について、具体的に書いていく。すでに述べたように、闘鶏家にとって闘鶏品種は闘うために生まれてきた鶏である。そして闘鶏家による鶏の育成は、その生を最も輝かせる場所であるピットへ導くために、鶏を「動物」から「闘鶏」「戦士」へと作り変えていく過程として見て取れる。この過程を、主にジェラルドのやり方と経験に沿って辿っていこう。

「動物」から「戦士」へ――鶏の育成とコンディショニング

ジェラルドは鶏をブリーディング・ファーム（大規模養鶏場）から購入していた。鶏の繁殖には携わっていない。ハンドラーの中には、カルロのように自らのバックヤードで鶏を繁殖させ、ヒヨコの頃から時間をかけて育成し、それを闘鶏家に売ったり自ら闘わせたりするブリーダー兼ハンドラーは多い。しかし、「血統が保証された高品質の鶏が欲しければファームで繁殖された若い鶏を買うのがベスト」であり、ビッグ・タイムの試合に出場するようなハンドラーは購入した鶏を育成・訓練・調整する。先述したとおり、ジェラルドは得意先のファームから1羽およそ5000〜7000ペソ程度で鶏を仕入れていた。個人で繁殖させる鶏と異なり、ファームで生まれた鶏にはその証である「ウイニングバンド」が片翼に付けられている。血統や親の戦歴、月齢などの情報をブリーダーが説明する横で、鶏を抱きかかえて撫で、その肉付きや毛並みの良さを確かめながら、育成する鶏を定めていく。そして鶏をつつき合わせるサンポック（*sampok*）で実際に闘う様子を見ながら、鶏の強さや長所、潜在力を確認していく。

ジェラルドは、「鶏は人間よりわがままでとっても繊細（*alti kaayo*）」だと言う。前述したロイやカルロも同様に認識していたように、闘鶏家にとって鶏は、病気に弱く、摂取する餌や日照などの生育環境に容易に左右され、突発的に喧嘩を始めることで怪我をしやすい、非常にデリケートな存在である。よって鶏の育成には人間と同等かそれ以上の手厚いケアが日々注がれている。それは家族が「嫉妬」するほどの、あるいは「子どもと鶏、どっちが大切なのか」と夫婦の間で喧嘩になるほどの熱量である。

ジェラルドを最初に訪ねたとき、屋敷地には30羽ほどのスタッグとマノックがいた。「これは5戦もしてまだ一度も傷を負ったことのないやつだ。こっちももう3回勝ってる」と、鶏を胸に抱いて背を優しく撫で、愛おしい視線を向けながら、自らの鶏を紹介してくれた。鶏の寿命は5～10年ほどと言われるが、蹴爪をつけるための鶏は闘いの中で死ぬまで、あるいは修復不可能な傷を負って闘えなくなるまで、闘うために育てられ続ける。カルロのバックヤードには「7年で3勝している」鶏もいた。平時の鶏は地面に設《しつら》えられた板張りの三角屋根（バライ、*balay*）に脚を紐づけされ、日中は日光を浴びたり屋根の下でくつろいだりしている。「ビタミンCを摂らないと」いけないため、鶏に日光浴をさせることは重要である。鶏たちはそれぞれ距離をもって生活しており、もしつがいを繁殖させる場合であっても「鶏が感染症にかからないように、1室1室トタンで仕切った方がいい」と言う。

図5－20　ファイト前の鶏を見つめるジェラルド（2018/9/9、M町）

鶏の健康状態を管理する

一日2回、朝6時と夕方に餌をやる。餌は数種類を配合する。ベースとなる餌は小麦、モロコシ、トウモロコシ、オーツ麦、レンズ豆などの穀物にヒマワリ油や魚油を混ぜ、タンパク質、脂質、食物繊維などの栄養素がバランスよく配合された飼料で、1袋2000ペソほどする。そこに、食物の消化率と栄養素の吸収率を上げる大麦などの飼料やペレット状の飼料を配合し、少量の水で混ぜ合わせる。夕方の餌付けにはマルチビタミン剤やビタミンB12を投与し、健康状態の維持や免疫力向上、ストレスの緩和を図る。平時の日々のメンテナンスによって、鶏の基礎的な体力が整えられていく。

鶏の出場試合が決定すれば、通常のケアから「コンディショニング」へと移行する。コンディショニングは試合の21日前から開始され、闘いに向けた特別なプログラムが組まれる。プログラムはハン

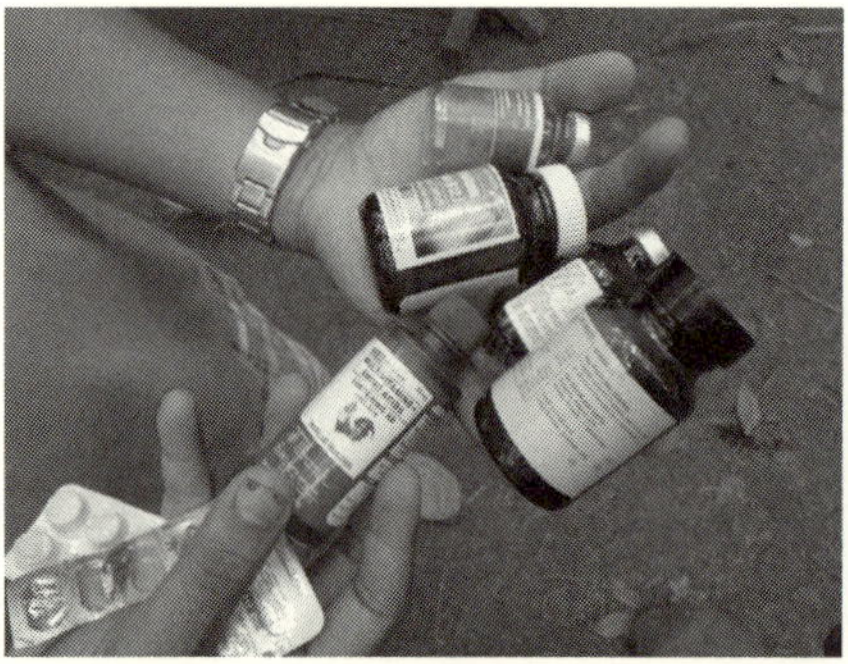

図５－21　ビタミン剤や薬（2018/8/23、Ａ町）

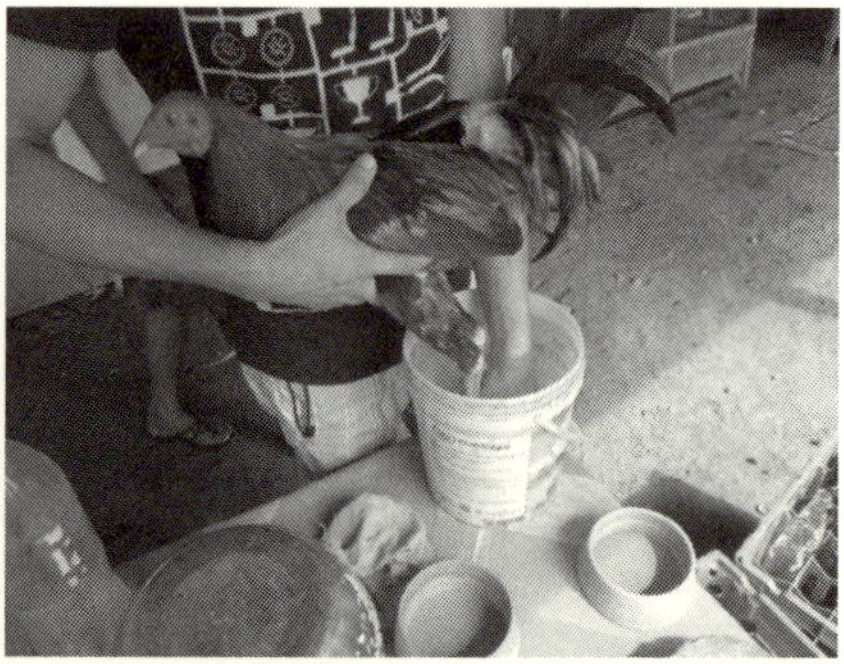

図５－22　沐浴（2017/9/15、Ａ町）

ドラーによって大きく差があり、この期間にいかに鶏を飛躍的に強化し、ファイトまでに万全の状態に持っていけるかが、彼らの腕の見せ所だ。総じて、コンディショニング期間はまず飼料が変わる。通常の飼料に、強靭な骨格を作るカルシウムやリン、筋量の成長と修復を促すクレアチン前駆体と亜鉛、持久力を向上させる有機セレンなどが含まれたペレット状の飼料や、疲労回復効果や集中力と瞬発力の向上が見込まれるデキストロース粉末が配合される。鶏の体調に不安要素があれば、回虫などから鶏を保護する駆虫剤、呼吸器疾患に対する抗生物質などのさまざまな薬品を状態に応じて投与し、身体を浄化する。投薬は経口に限らず、腹域に注射する場合もある。

鶏の状態の良し悪しは、鶏の食事の進み具合、便の色やテクスチャ、羽の艶、筋肉の硬さ、呼吸の荒さなど、ハンドラーのケアに対して鶏が見せるさまざまな反応によって認識される。たとえば「疲れているかどうかは、鶏の息遣いを聞いてみたらわかる。ゼエゼエして荒ければ、疲労が抜けていない証拠だ。これでは勝てない」というような判断をジェラルドは下す。繊細な鶏に対し、ハンドラーもまた繊細に視覚や触覚、嗅覚を駆動させることで、鶏の体調を読み取る。闘鶏に関与していなければ身体化されることのないであろう、鶏に対する鋭敏な感覚が、ハンドラーには宿っている。

コンディショニングは、高タンパクの給餌とサプリメントの投与、そして身体を休める断食が織り交ざって進む。この間、平時には行われない沐浴も導入される。マッサージをするように羽を撫で、逆立ててシャンプー液を浸透させる。おびえていた鶏の筋肉が次第にほぐれ、「人間みたいに気持ちよさそう」な雰囲気を醸し出す。沐浴は鶏を「リラックス」させるとともに、ハンドラーが手触りによって鶏の状態を知るための重要な行為である。

鶏のトレーニング

日が暮れると、闘いに向けた「トレーニング」が行われる。闘鶏場の光に慣れさせるために、白熱電球の明かりが小屋を眩しく灯《とも》す。レイモンドとジャンレイが、鶏の左脚に重りを付ける。本番で自分が付けた蹴爪で自分を傷つけることがないよう、蹴爪を付けている感覚に慣れさせるためである。一旦ケージに入れてオーツを食べさせる。食後、ヒーター（サポート役）となる鶏をケージの前に置き、敵を認識させる。そしてケージから出し、ストレッチをする。脚を前後に90度まで伸ばす。「身体が硬いとよく鳴くが、柔らかくなると鳴かなくなる」とレイモンドは説明する。確かに、鶏は抵抗する様子もなく筋肉をほぐされる。

ストレッチが終わったあと、サンポック（つつき合わせ）をする。ヒーターの鶏の翼を手で立たせて威嚇し、興奮させ、闘い合わせる。このとき、鶏の秀でた能力——ジャンプ力や俊敏性、つつきや蹴りの強さ——が改めて把握されるとともに、状態に不足がないか、身体に異常がないかどうかが確認される。数分間のサンポックが終わると、左脚の重りを外し、ビタミン剤を1錠飲ませる。光の当たらない暗い小屋に移動し、リラックスさせる。身体を休ませている間も、闘鶏場の騒音に馴化させるために大音量の音楽

図5−23　サンポック（つつき合わせ）をするジャンレイ（左）とレイモンド（右）（2018/9/1、L町）

を流す。補欠の鶏にも同様のトレーニングを施す。試合本番に向けて、闘鶏場の非日常的な空間に馴化させること、敵を認識し闘争心を高めること、蹴爪が付いた状態での身体の動かし方を覚えさせること、こうしたことがトレーニングでは重視される。

試合3日前の休息は21日間調整の基本事項である。トレーニングによって蓄積した疲労をここで回復させる。小屋にはマットが敷かれる。水分の過剰摂取はパフォーマンスを下降させるため、給餌の際の水分量が調整される。ビタミン剤の投与を継続するとともに、ストレス回復とエネルギー補給のためのサプリメントを毎回の給餌に追加する。この間、休息とともに、「血の匂いを嗅ぐと興奮して戦闘状態になるので牛肉を食べさせる」など、鶏の闘志を高めるための策を講じるハンドラーもいた。

鶏を購入し、日常的な育成をし、21日間調整を完遂させるまでの間に、ハンドラーは鶏の身体に徐々に介入し、コントロールを強めていく。ハンドラーは自らの身体の感覚を研ぎ澄ませながら鶏の状態を感知する。それに応じて施す給餌、投薬、沐浴、トレーニング、ストレッチ、休息といったケアが、鶏の身体を強靭で大きな、闘う身体へと変容させていくさまを、彼らはまざまざと感知する。骨格・筋肉・持久力・俊敏性・集中力・回復力すべてにおいて不足のない状態に仕立て上げられ、ケージで静かに闘志を燃やす姿を見て、ファイトに値する強さが確かにこの鶏に備わったことを、ハンドラーは認める。そして、鶏は闘鶏場へと運ばれる。

6 「戦士」から「食用」へ——闘鶏場の一日

コンディショニングされた鶏たちの晴れ舞台は、4コックダービーだった。ここでは、この日のフィールドノートを抜粋しながら、闘鶏場の一日を描く。

試合開始

鶏にとって暑い時間の移動はご法度《はっと》であるため、ダービーを迎えたハンドラーたちの朝は早い。レイモンドとジャンレイは早朝4時に起きて鶏を外に出し、ケージなどの準備をする。鶏を段ボール製の箱に入れ、車に積む。5時にL町を出発し、6時半にM町の闘鶏場に到着する。14時開始予定だが、すでに5組ほどの先客がいる。遅れてジェフも到着した。彼はドクターのチームで鶏を出す。

彼らはまず鶏を待機場に連れて行き、ケージに入れる。糞尿は毎回ティッシュで丁寧にふき取る。小石なども誤飲しないように取り除く。細かい目配りを要するため、鶏には常時誰かが付き添っている。6時50分、鶏をエアコンの効いた小屋へ移す。重量測定のために7時30分、再び外のケージに入れる。マネージャーは、翼のウイニングバンドのシリアルナンバーを確認し鶏の個体識別をしてから体重を測る。測定後、野菜をみじん切りにした餌をやる。水は身体が重くなるので飲ませない。8時、「鶏は脚や顔が汚れるのを嫌う」ため、脚や嘴《くちばし》をタオルで丁寧に拭き、エアコン部屋へ戻す。

この町の闘鶏場のオーナーでもあるヤンヤンが到着するまで、ダービーは始まらない。鶏は涼しい部屋でリラックスし、人間は猛暑の中、日陰を探して耐えている。エントリー数は20強、80羽以上の鶏が集まっている計算になる。食堂で昼ご飯を食べていると、ドクターとそのいとこのピーターと同席になる。ピーターは残留日系人らしく、ビールを3本ほどごちそうになる。「日本には行かないで、ここでココヤシ農業と賭博をしているんだ」と言う。どうやらピーターはドクターチームの鶏の資金源のようだ。ピーターはラストトゥー（数字くじ）を売りに来た女性から、33を1000ペソで購入していた。羽振りがいい。

15時18分、ようやくヤンヤンが到着する。酒を飲んだりハンタック（コインゲーム）をしたり、ダラダラとだべっていた人々の背筋が伸び、ヤンヤンに椅子を用意したり挨拶に行ったり、鶏の様子を見に行ったりいそいそと動き始める。15時30分、対戦表が発表され、2回目の測量開始。ジェラルドは1エントリー、ドクターチームは2エントリー。ピーターやヤンヤンは2階のガラス張りのVIPルームへ入っていく。

15時50分、1戦目が始まる。闘鶏場は一度入れば出られないくらい、観客で押し合いへし合いになっている。奥には全国放映するライブ映像向けの実況中継席があり、ピットを映すカメラも2台稼働している。「このファイトは日本でも観られるぞ」とレイモンド。

ドクターの鶏が3戦連続で勝利する。ドクターも自らピットに上がる。3戦目のパラダは20万ペソ以上だった。ピーターが何枚もの1000ペソ札をやり取りしている様子がガラス越しに見える。ジェラルドの1戦目には4万4000ペソのパラダが賭けられる。ジェラルドが鶏を抱え、レイモンドがヒーターを抱える。真剣なのか、無表情である。あっさりと負ける。「心臓に一撃だ」とジャンレイが言う。上段の席からは、決着がつくたびに饅頭《まんじゅう》のような1000ペソ札の束が投げ交わされる様子がよく見降ろせる。「金がない」と言って私にたばこを3本ほどねだってきた隣の男性も、5、6枚の1000ペソ札をやり取りしている。VIPルームの中には、眼前の試合に数万ペソを賭け、負けても顔色一つ変えずに、興味のないそぶりで、別の試合の様子をスマホの動画中継で見ている人もいる。

沸き立つ闘鶏場

ジェフやレイモンドは鶏の最終コンディショニングのためにせわしなく動き、鶏を抱えて何度もピットに上がる。本番2戦前くらいになると、鶏に蹴爪をつける。よく磨かれた蹴爪が20本くらい収納された箱をガッファーが持ってきて、鶏の脚に最もよくフィットし、鶏の体軀の大きさに最も適した長さの、鶏が一番闘いやすい形を選ぶ。紐で左脚に巻き付け、テープで留め、プラスチック製のカバーを付ける。歩かせてみて、違和感がないかをじっくり確かめる。

ジェラルドの2戦目のパラダは3万5000ペソ。ジェラルドではない別の男性がピットに上がる。大勢の男たちが「ワラに（*sa wala*）」「1・8倍（*aisko*）」「メロン、メロン、メロン、メロン（*meron, meron, meron, meron*）」と唾を飛ばしながら叫び、手を振り、指を伸ばし折りし、客席全体を見回す。ぎゅうぎゅうの人込みの中で男同士のアイコンタクトが交わされ、賭けが成立していく。数少ない場内の女性客はやたらと目立つ。

鶏が解き放たれ、向かい合うと、闘鶏場に一瞬の静寂が訪れる。どちらが先に相手を捉え、先手を打つのか、2羽の鶏に全員の視線が集まる。テクテクと各々歩いていた鶏たちの視線が突然交差する。バタバタと翼を乱暴にはためかせる音が響く。声援がぶわっと巻き上がる。嘴が交わされ、蹴りの応酬がヒートアップするたびに、「やめろ!」「いけ!」「おい!」「まだだ」「よし」「とどめを刺せ」「死ね!」という短い単語の叫びがピットに注がれる。勝負は5分以上もつれる。お互い虫の呼吸で頭をもたげながらも、審判に首根っこをつかまれ向かい合わせられると、頭だけを動かしてつつき合う。ピットに横たわり死んだとしか思えない相手の鶏が、急に翼をはためかせて片脚を折りながらも立ち上がり、蹴りを食らわせる。我々は、最後の瞬間まで、目を離すことができない。何度も審判にカウントを取られながらも、鶏は顔を上げ続ける。つつく回数を数える「いち、に(*uno, dos*)」という切実な叫び声が、勝利を待ちわびる観客から漏れ出す。30秒前まで優勢のように見えたジェラルドの鶏は、片足の折れた鶏のつつきに返答できずに首をもたげる。ピクリとも動かない。勝負が決まる。ハンドラーはそそくさと鶏を抱き上げ、ピットを降りる。ぐちゃぐちゃに丸められた札が場内を飛び交う。落ちた羽が箒《ほうき》で簡単に掃かれ、次の鶏がピットに上がる。賭ける人々の叫び声がまた場内を満たす。

ピットの外で

ジャンレイと席を降りて鶏の様子を見に行く。鶏の周りに人が集まっていた。負けたジェラルドの鶏がまだ生きているのだという。目を見開いてぴんぴんしている。頭のかすり傷を指してジェラルドが「こいつはまだ生きてる。気絶しただけだったんだ。相手は死んだのに」と説明する。羽を一つ抜いて翼のウイニングバンドに括り付け、強引に引きちぎる。息絶え絶えの鶏を地面に捨て置く。「内臓も出てるのに、まだ息をしている。こんな強い鶏の出身地がバレちゃまずい」。そそくさと鶏から離れるとき、私とのすれ違いざまにジェラルドは「幸運のために」と呟きながら手に付いた血を私のバッグに擦《こす》り付け、ウイニングバンドを入れる。ジェラルドの鶏と

図5－24　気絶した鶏を囲む人々（2018/9/9、M町）

同じように、ファイトを終えて負けた鶏は待機場の隅に点々と捨て置かれている（図5－25）。それを勝者が持っていく。傷を負った勝者の鶏は、闘鶏場の医者に縫合してもらっている。

ジェラルドは次のファイトも負ける。ジャンレイはジェラルドの鶏のファイトが終わるたびに、どこをどのようにやられたのか、致命傷はどこだったのかを確認しに行く。「最初に当たったここはこんなに深く刺さっていたけれど、まだ平気だった。次のこれが心臓に当たってしまったのか」と分析する。忙しくしているジェフやレイモンドとは対照的に、ジェラルドは力なくふらふらと歩いている。闘鶏場には、「またもやドクター！」というアナウンスが響く。チケットを捌《さば》いていた女性が「ドクター全勝だって。バラトくれるよ」とジャンレイに話す。ドクターはニコリとしてピットを降りる。勝った喜びを大げさに表す者はいない。ピットの上で飛び跳ねて勝ちを喜んでいたハンドラーには、観客の笑いが起こった。押し負けている鶏を鼓舞するために地団駄を踏むハンドラーも、どこか浮いた存在だった。

4戦目はジェフがジェラルドの鶏を抱えてピットに立つ。パラダは９０００ペソにまで落ちる。負けたと思いきや、相手も動かなくなり、引き分け。3敗1分け。ジェラルドの分だけでもパラダで12万ペソ以上を失っているはずのヤンヤンの表情はずっと朗らかだった。鶏に1羽も触れることなく、しかも最後の試合は金だけ置いて観ずに帰った。

ドクターは2戦負けて惜しくもチャンピオンにはなれず。しかし陣営はニコニコしてテンションが高い。ドクターが獲得したビハッグのうち二つをジェラルドはもらう。大雨の中、帰宅する。家に着いたのは0時を回っていた。

翌朝、「また負けたの、フミコまで!? お金、なくなっちゃったじゃない」とメアリーがジェラルドに怒鳴る声が聞こえる。「パパ、一文無しになったって」とクリスティが私にささやく（2018/9/9、L町）。

死んだ鶏

試合が終わり、負けて死んだ鶏「ビハッグ」は、対戦した勝者に所有権が移る。ピット上で決着がついた時点で、負けた鶏の戦士としての価値は、人間の栄養源としての価値へと転化する。息絶えた鶏に対して、ハンドラーは特に感情を表面化させることはない。繊細なケアを施してきた鶏への愛着は、敗退という事態によって、そしてその鶏をビハッグとして勝者に明け渡すことによって、冷徹に断ち切られる。

図5－25　捨て置かれるビハッグ（2018/10/6、A町）

ビハッグとして明け渡すという行為は、愛着のある鶏の死を自らで引き受けないという余地を生み出しているとも言える。というのも、自分が手塩に掛けて育てた鶏を処分することについては、闘鶏家たちは大なり小なり抵抗感を示すからである。カルロは、自分が育てた鶏が勝利したものの試合後に息絶えてしまい、家に持ち帰ることになったとき、「自分は食べない。家族に渡す」（2018/10/6、A町）と言っていた。

闘う生を終えた鶏は、ビハッグとして人間に食べられることで、その生涯を閉じる。闘鶏家は、他者が愛着を持ってケアを注いだ鶏を食べることで、その鶏の戦士としての生を全うさせる。闘鶏において、数多《あまた》の鶏の、闘い、死に、食されるという生涯は繰り返される。この繰り返しを自ら作り出している闘鶏家にとって、他者の鶏を弔《とむら》うことは、翻って自らの鶏――同じく他者に食される――を弔うことと重なり合っていく。他者の鶏を食すことが、かつての／これからの自らの鶏の、闘う生を全うさせ、弔うことに通じる[23]。

こうして、ビハッグを食すという行為が、闘う鶏たちすべての生を結び合わせる円環を緩やかに浮かび上がらせる。この鶏の円環の中に棲まうようにして、闘鶏家たちは絶えず戦士を生み、育成し続ける。鶏と闘鶏家を循環させるこの小円を取り囲んで持続させるのは、資本家のアモや闘鶏関連産業が循環させる大円、闘鶏の経済にほかならない。

7　ポリティクスではなくエコノミー――人間-鶏関係再考

近代資本主義的世界に埋め込まれた闘鶏

ここまで描いてきた闘鶏の営為のあり方から析出できることをいくつか整理し、考えをめぐらせてみたい。

50年前の事例からグッゲンハイムが指摘したとおり、国家によって統治・所有されるフィリピンの闘鶏は常に権力の側にあり続けてきた（Guggenheim 1994）。スペイン植民地期に制度化されて以降、アメリカ植民地期から現在に至るまで、常に国家の枠組みの中に闘鶏の営為はある。また、アメリカからの闘鶏品種の流入は、在来種や他の闘鶏品種との交配による鶏の開発を促し、テキサス種を強い鶏と定位する今日の闘鶏実践のスタンダードを構築した。このアメリカ流の「強さ」の受肉は、闘う鶏自体にも外来の権力を内包させる契機であった。

権力の中に安寧することで、フィリピンの闘鶏は、ギアツをはじめとした議論が各国の事例から見出してきた抗権力や男性性をめぐる「ポリティクス」ではなく、「エコノミー」を築き上げてきたのだと言える。マニラやイロイロを頂点としたヒエラルキカルな構造の中で、闘鶏関連産業が製造する飼料やサプリメントや薬品が鶏に投入され、資本家の金が闘鶏家に投資される。資本主義経済の真っ只中に、今日の闘鶏は成立している。ヤンヤンをはじめとした資本家の鶏の育成や闘う姿に対する無関心さからは、ハンドラーへの資金提供や闘鶏への賭けが経済行為としての投資と化している実態——鶏の存在がもはや後景に退き、マネー・ゲームと化している事実——が透けて見える。自らが投資した鶏に一度も触れることなく多数の鶏とハンドラーを抱え資金を操作する巨大なアモは、まさしくフィリピンの闘鶏が金融の空間であることを体現している。アモと鶏の断絶は、あえてギアツの議論に引きつければ、人々の名誉・男性性・権力・社会的地位を象徴するメディウム（媒体）が、鶏の勝敗から金銭それ自体の多寡へと移行したという事態であり、近代資本主義的世界に埋め込まれた闘鶏の成れの果てを投影しているのかもしれない。

究極的に人間中心的な関係性

鶏の繁殖を生業にしたロイ、多数のアモの開拓によって強い鶏を育成し続けるカルロ、強力なアモとのパトロン−クライアント関係のもとで闘い続けるジェラルド。本章に登場したハンドラーたちはみな、こうした闘鶏の経済構造に組み込まれることで、娯楽や仕事として闘鶏に興じ続ける方法を各々見出し、鶏と特有の関係を取り結んでいた。

まず、「蹴爪をつけるための鶏」に対する認識について。闘鶏家と非闘鶏家の間では、ともに鶏の善き生を実現するための広義のケアの概念に根差しつつも、異なる認識が浮かび上がっていたことが指摘できる。メアリーをはじめとした闘鶏家でない人々は、闘鶏場で蹴爪をつけて闘わされる鶏を「かわいそう」だとして、闘鶏の営為自体に批判的であった。鋭い刃物で残虐な傷を負い、内臓が身体の外に飛び出してもなお闘い続け、引き延ばされる苦しみの中で死ぬことよりも、イハウ（屠殺）される鶏のように最小化された苦しみの中で死ぬことの方が、彼らにとっては鶏の善き生に近い。鶏の痛みに対する共感の発露がそこには見て取れる。(24)

一方闘鶏家は、鶏の本望をかなえるために鶏を闘鶏場で闘わせる。闘鶏品種として開発され闘うために生み出された鶏は、闘鶏家にとって、食用として生まれてくる鶏とは根本的に存立様式の異なる、特別な存在である。人間以上に繊細なケアを施し、身体を鍛え、ピットに送り出すことが、鶏の闘う宿命を全うさせるという論理に、闘鶏家は基づく。闘鶏家と鶏の関係は、傍から見ると親密性と残虐性を両義的にはらむように映るが、彼らにとっては鶏の善き生を実現させる行為として一貫している。

ハンドラーたちの、鶏に対する愛と言っても差し支えのない感情は、自らの胸に抱きながら優しい手つきで背中を撫でる彼らの姿などににじみ出ている。日々の餌やりや投薬、訓練、試合前のコンディショニングにおいて、ハンドラーは自身の視覚、嗅覚、聴覚、触覚を通して鶏を深く知るとともに愛着を強めていく。鶏の微細な変化を機敏に察知し、適切なケアを講じる。呼吸の変化や筋肉の凝りを感じ取る鋭敏な闘鶏家の感覚がなければ、「鶏の不規則な呼吸」や「疲労の蓄積した身体」自体の存在は浮かび上がらない。闘鶏家が鶏への感覚を研ぎ澄まし、感知した異常に対してぬかりのないケアを施し、コントロール下に置くことで、確実な強さを身体に宿した鶏の生成が可能になる。この点で、フィリピンの闘鶏においては、人間と鶏は同等で双方向的な関係性を構築しているとは言いがたい。人間が作り上げた舞台の上で、究極的に人間中心的な様式によって、人間－鶏関係は形作られている。

また、培われる鶏への愛着に反するかのように、ハンドラーは鶏との一定の距離を保ち続ける。そこには、血統主義による鶏の繁殖、商業化した鶏の流通、高効率で射幸性の高いルールなど、闘鶏の経済構造と絡み合った背景が推察される。たとえば、彼らは鶏を名付けることはしない。常に血統や脚色《あしいろ》・羽色《はねいろ》の分類体系に基づく呼称で個体識別をする。また、スタッグの購入はあっても、ヒヨコの頃から長く育成することは推奨されていない。自らが手塩にかけて育て上げるという長期的な関係性の構築よりも、保証された血統を入手しそれをよく知り強く育成することに価値が置かれる。身体的なつながりもある時点で断絶する。10分で終了する1ラウンド制のファイトの中で、ハンドラーは一度手を離せば鶏に触れることは許されない。明確で迅速な決着をつけるために殺傷能力の高い蹴爪をつけた闘いにおいて、負けた鶏は確実に死ぬ。ゆえに、人工呼吸のような鶏を蘇生するための親密な身体接触を伴うケアは必要とされない。鶏に感情的昂《たか》ぶりを見せないという姿勢は、死んだ自分の鶏を無情に捨て置き、相手に明け渡すさまから如実に読み取れる。

愛着を形成しつつもあるラインを超えればふと冷酷に断絶するような「深くなりすぎない」鶏との関係性を、どのように考えればよいだろうか。必ず闘いで生を全うする＝死ぬことを鶏との共闘の前提とする闘鶏家による、喪失に対する身構えだと理解することはできるだろう。あるいは、生まれ、育ち、強くなり、闘い、死に、食べられるという鶏の生が、ほかの鶏の生へと循環する小円をなすように、闘鶏家が自らの仕事を続けるために感情を断ち切る行為ともとれる。ともすれば、高度に産業化された文脈の中で、鶏の生死がもはや金銭的得失より価値の低い出来事として処理されているからかもしれない。いずれにせよ、ケアし、闘わせ、食べるという、闘鶏家と鶏の絡み合いがなす小円は、資本家の金やグローバル企業の薬物、世界中のブリーダーなどを養分とし／されながら循環し、フィリピンの闘鶏という大きな円環を作り上げているのは確かである。そうした巨大な経済に囲まれて、闘鶏家と鶏の「深くなりすぎない」つながりは――人間が仕立て上げる強い鶏の誕生と死滅と、賭けにおける金銭の獲得と喪失と同じリズムで――日々どこかで、生成と消滅を繰り返している。

第6章　充満する「負けの理由」
――鶏に賭ける技法と不運の制御

1　闘鶏場を沸騰させる賭けの熱狂

前章では、近代資本主義にどっぷりと浸かった闘鶏の経済構造の中で、鶏を育て闘わせる闘鶏家たちの姿に迫った。鶏を戦士として育成することが、闘鶏の醍醐味であることは間違いない。しかし闘鶏場には、鶏の育成に関わる者だけでなく、単に鶏の闘いと賭けに魅惑された者たちの熱狂で溢れかえっている。本章では、闘鶏のこの熱狂の淵源を、闘鶏家の賭ける姿から探る。闘鶏場の外側で起こっている事態に着目した前章に対し、闘鶏場の内側で起こっている事態を分析するのが本章ということになる。

闘鶏場において彼らが繰り出す賭けの至上目的は「金銭を獲得する」こと、それ一点に尽きる。すでに述べたが、ギアツは闘鶏の存在意義を、自らの地位を賭け、男性性や権威、暴力性などを再演する哲学的ドラマに見出した（ギアーツ 1987）。他方、そのドラマを理解しえない、金のためだけに賭ける人々に対しては辛辣に言及し、多くを捨象している。私は、この「シャロー・プレイ」への着目こそが、賭博としての闘鶏を理解するうえでは重要であるという立場にある。人々が構築する社会的な関係性が賭けに影響を与えたり、賭け金に自らの地位や名誉という象徴が含まれていたりするという側面は、調査地の闘鶏の現場においても少なからず当てはまり、それらが闘鶏を生み出し再生産する根源の一つとみなすこともできなくはない。

だが、社会階層を問わず、人々が闘鶏に関与する究極的な目的は「賭けに勝ち、利益を得る」ことにある。男性性の発露や威厳の誇示といった象徴的行為を調査者が読み取れたとしてもそれは、この目的を覆い隠しているだけのいわばオブラートのような付随的存在にすぎない。闘鶏が賭博として興じられている以上、そこに賭けられる物質的利益が人々を魅了するという側面を捨象してしまえば、闘鶏場に充満する熱狂に対して十分な説明を与えることはできない。鶏を介して物質的な利益を得ようとする闘鶏家＝賭博者の「リアル」な実態を詳らかにするために本章は、金銭を賭ける決断を彼らがいかになしているのかについて考える。

闘鶏家と賭けを共にし、彼らが意思決定を繰り返す様子を隣で見ていくうちにわかったのは、そこには、技術と運の観念の錯綜状態と、儀礼的とも言える反復のリズムが存在するということである。賭けに勝つために人々は、経済合理的な思考、科学的な見解、伝統的な信仰、呪術的な信念など、複数の知のレイヤーを臨機応変に相互参照していた。前章で書いたように、鶏は人間の手によって生み出され、操作され、強くなる。ゆえに、「どちらの鶏が強いのか」を判断する際には、鶏と人間のケアに関する知識が強い説得力を持つ。ハンドラーが鶏の体躯を十分に鍛えているか、鶏を疲れさせていないか、「この日・この場所」で強い鶏を適切に出場させているかなどを、闘鶏家は見極める。少しずつ異なりながら同じ様式で絶え間なく繰り返されるファイトに賭け続けながら、闘鶏家は「賭けのリズム」を調整しつつ生成していく。

鶏に関する知識を蓄積し、その知識を賭けの決断に用いることが彼らにとっての正攻法である。しかし、理論上「2分の1」で勝てるはずの選択において連敗の事態に陥ることは、なぜか、ままある。強い鶏に関する妥当な知識に基づく判断が、賭けにおいて機能不全に陥る。人間の操作によって作り出された鶏は、ここにおいて、人間が触れることのできない完全な他者として前景化する。

不可解な連敗に陥落したとき、闘鶏家は運の観念に接近する。賭けを繰り出す自己の環境を操作することで、自らの不運を制御しようとする。運の布置は、「絶え間ない賭けのリズム」のただなかで一層色濃く映る。運の布置を生成・変化させる知と実践が闘鶏家にとって重要かつ妥当となる背景には、鶏自体の根源的な「わからなさ」とその2羽の闘いの結果に関する因果関係の曖昧性と不明性によって生起する、「原因の充満」という事態がある。原因が充満してもなお賭けの因果を求め続ける闘鶏家の辿り着く先が運の観念であり、それは制御不能な偶然性に抗って賭博者としての能動性を極限まで発揮せんとする彼らの足掻《あが》きであるとともに、真っ当な知識をもってしても裏切られる現実の不可知性に耽溺するための領域である。

以下では、闘鶏家の没頭につられるようにして、こうした鶏への賭けの実相を描き出していく。

2 トラビシヤの賭けの方法

先述のとおり、闘鶏場では二つの賭けが存在する。鶏のオーナー同士の賭け「パラダ」と観客同士の賭け「トラビシヤ」である。本章が注目するのは後者の賭けである。

ピットを取り囲む観客は、そのほとんどすべてが、賭けるために集まっている。闘鶏場の喧騒は、トラビシヤの賭けを成立させようとする人々の叫び声を主たる熱源としている。彼らの手には、小さく折りたたまれた貨幣が握りしめられ、ファイトが終わるたびに、その貨幣は手渡しで移動したり、人々の頭上を行き交ったりする。観客席からパラダの賭け金の差額（デパレンシア）に賭ける（つまり鶏のオーナーを相手に賭ける）ことも可能であるが、デパレンシアの額は往々にして高額であり、賭けたい金額やオッズを自由に設定できないため、トラビシヤが選好される(1)。

トラビシヤで賭ける人々は、ピットに上がってウォーミングアップをする鶏を観察し、メロン／ワラのどちらに賭けるかを判断する。決まれば、賭けの相手（カラバン）を観客の中から探す。カラバン探しは、一朝一夕では到底身に着かないしそもそも理解すらできない、特殊な身体技法が要される。人勢の観客の中から自らの賭け

図6－1　振りかざされる手（2018/9/12、ディゴス市）

たい額・オッズに適したカラバンを探し当てるために、闘鶏家は「メロン／ワラ」、「オッズ」を叫びながら、金額とオッズを示すハンドサインを四方に掲げる。自分の要望に合ったオッズ・金額を提示するカラバンを見つければ、目を合わせ、改めて賭ける対象、金額とオッズをハンドサインで確認し、最終的にアイコンタクトで賭けの合意に達する。カラバンの提示した金額が自分の賭けたい額に満たない場合、複数のカラバンと賭けの契約を結ぶ。カラバンの探索から合意形成までの、眼と声と手を用いた遠隔コミュニケーションは、4、5分の間で完結する。

金銭の授受は試合終了後に行われる。勝てばカラバンから契約に応じた金額を受け取り、負ければ賭けた額をカラバンに渡す。この複雑な行程を「クリスト（賭けの仲介者）」に任せ、勝った場合は、闘鶏場をあとにする際に勝ち金の一部を「バラト」としてクリストに渡すのがマナーである。負けた場合であっても、いくらかの心付けを渡すべきとされる。

複数人で賭けることも多い。2、3人で賭け金を出し合い、賭ける方法を「バカス（*bakas*）」という。バカスをすることで賭け金が高額になるため、自らの賭け金が少額すぎてカラバンが見つからないといった事態を回避できる。勝てば収益を折半し、負ければ損失を折半する。また、他者の賭けに便乗して賭ける「アバイ（*abay*）」という行為もある。アバイは「上乗せ」という意味で、同額ではなく賭け金の一部を負うことを指す。

トラビシヤの賭けで重要なのが、オッズの選択である。オッズはそれぞれ分数方式で理解されるとともに呼称

pareha（パレハ）	10/10（2倍）：1,000ペソを賭けた場合（以下同）、勝＝＋1,000ペソ／負＝－1,000ペソ
nueve（ノエビ）	10/9（1.9倍）：勝＝＋900ペソ／負＝－1,000ペソ
aisco（アイスコ）	10/8（1.8倍）：勝＝＋800ペソ／負＝－1,000ペソ
quatro tres（クワトロトレス）	4/3（1.75倍）勝＝＋750ペソ／負＝－1,000ペソ
dyesti（ジスティ）	10/7（1.7倍）：勝＝＋700ペソ／負＝－1,000ペソ
tres dos（トレスドス）	3/2（1.67倍）：勝＝＋670ペソ／負＝－1,000ペソ
dyes sais（ジシサイス）	10/6（1.6倍）：勝＝＋600ペソ／負＝－1,000ペソ

表6－1　トラビシヤのオッズ（筆者作成）

もそれに則っている（表6－1）。小数にすると、1・6倍から2・67倍の範囲内で設定可能ということになる。「メロンに1000ペソをアイスコ（1・8倍）で賭ける」という表現は、メロンが勝った場合にカラバンから800ペソを獲得し、負けた場合はカラバンに1000ペソを支払うという契約内容を指す。この契約においてワラに賭けるカラバンは、勝てば1000ペソを獲得し、負けても800ペソの支払いで済む。どのオッズを適用するかはカラバンとの賭けの合意に至る過程で決まる。基本的に、人気の鶏への賭けはオッズが低くなる。

鶏の「人気」は、各闘鶏家の判断に委ねられながら闘鶏場の空間内で即時的に形成される。闘鶏家は各々、鶏のオーナーの賭け額、ピットに上がった鶏のパフォーマンス、オーナー陣営の知名度・実力、鶏の血統、色、メロン／ワラどちらが連続して勝っているかなどの多岐にわたる判断基準に基づいて賭ける鶏を判断する。鶏の個人的な選好がカラバンを探す掛け声によって表明されることで、鶏の人気／不人気の集合的な傾向が闘鶏場内に浮かび上がる。闘鶏家はカラバンを探すなかでどちらの鶏が人気を博しているのかという闘鶏場内の空気感も同時に読み取りながら、オッズを模索していく。人気が拮抗している場合は、パレハ（2倍）で容易に合意に達することができる。空間内で人気の鶏に賭ける場合は、ノエビ（1・9倍）の提示ではカラバンが見つからず、賭けの成立失敗という恐れが生じるため、アイスコ（1・8倍）やジスティ（1・7倍）を提示して合意する相手を探す。反対に、人気薄の鶏に賭ける場合には、低いオッズを提示している相手を探し、高配当率での合意を目指す。人気薄の鶏への賭けは行う観客が少ないため、カラバンを容易に探すことができる。自ら叫んで手を振りかざすことなく、周囲を静観して条件に見合った相手を選ぶことも可能だ。

オッズの選択と合意は、賭け1回当たりの自らの収益/損失を規定する重要な要素である。そもそも、賭け金額とオッズに適した相手と交渉ができるかどうかが、闘鶏家にとって賭けの第一関門であり、闘鶏場内で相手と合意に達せなければ賭けに参加することすらかなわない。人類学者のアルジュン・アパドゥライはデリバティブ市場について、「デリバティブ取引の真のリスクは、価格について交渉することに合意してくれる誰かを見つけ出して、あるデリバティブについてマーケット・メイクしようとする一定の努力がまったく実を結ばないかもしれないというリスクなのである」(アパドゥライ 2020: 95)と、市場を作り出すこと自体が内包するリスクについて指摘している。取引に合意するトレーダーの具体的行為がデリバティブ市場を作るのと同じ事態が、実際に、闘鶏場においても展開している。

3　鶏を選択し賭けを決断する知

前述のような方法で繰り返される闘鶏の賭けについて、闘鶏家はそれぞれ一家言を有している。勝つための選択と決断の方法は共通理解がなされている部分もあれば個人によって異なるこだわりも散見される。ファイトや賭けの流れによっても揺れ動く。彼らの流動的な賭けの方法を、ここでは便宜的に「ビジネス・マインドの賭け」「鶏の強さを判断する賭け」「不運を制御する賭け」の三つに分けて考えていきたい。なお、「闘鶏家」という語は包括的な用語《アンブレラターム》であり、前章で着目した「ハンドラー」「ブリーダー」「アモ」に加え、賭けにのみ関与する「賭博者」を含めたさまざまな下位語が含まれる。下記に登場する人物もそれぞれの属性を重複して有するが、本章は彼らの「賭博者」としての属性に着目している。よって、以下では「闘鶏家」という語は「賭博者」と同義で用いる。

ビジネス・マインドの賭け

まず、資金運用に主眼を置き、闘鶏の賭けのシステムの中で金銭的利益の最大化を目指して行われる賭けがある。

闘鶏家は、確実に損をしない方法を知っている。それが、「ビジネス（*negosyo*）」的な賭けだ。勝つための賭け方を闘鶏家に訊く中で最も多い返答は「ビジネス・マインドで賭けること」である。ジャンレイはその一つの方法として「ベース」を伝授してくれた。

「1ペソも種銭《たねせん》がなくても、闘鶏場に行くだけで金を作れる方法、知ってるか。たとえば、金を持ってる友だちと2人で行く。カラバンを探して、メロンにパレハでまず俺が500ペソ賭ける。同時に俺が、一緒に来てる友だちを相手にして、アイスコでワラに賭ける。もしメロンが勝てば、カラバンから500ペソ貰う。そして友だちに400ペソ渡す。そうすれば、俺の手元には100ペソが残るだろ。もしワラが勝てば、友だちから500ペソをもらって、カラバンにその500ペソを渡す。この場合はプラスマイナスゼロだけど、また続ければいい。そしたら金は減らない、どんどん金は増えていく」（2018/3/30、L町）

要点は、メロンとワラ両方に賭けること、そして「オッズの差額」を利用して、その差額から利益を得るというところにある。損失が収益を上回ることのないオッズで賭けを一度に複数成立させることで、少額ずつではあるものの、自分の所持金に一切手を付けずに収益を増やしていくことが可能となる。この方法を実践している闘鶏家は調査地で多く観察された。複数人との賭けを成立させ、即興的に異なるオッズを操り計算する能力を駆使し、賭けを淡々と捌《さば》く姿は、合理的経済人以外の何者でもない。彼らにとって闘鶏場は稼得《かとく》機会の場として、オッズは確実な利益を創出する要素として認識される。賭けとは自分が決断したどちらかの鶏に託すゼロサムゲームではなく、オッズの計算に基づいて合理的に交わされる複数の契約であり、端的に金銭を積み上げていく行為となる。

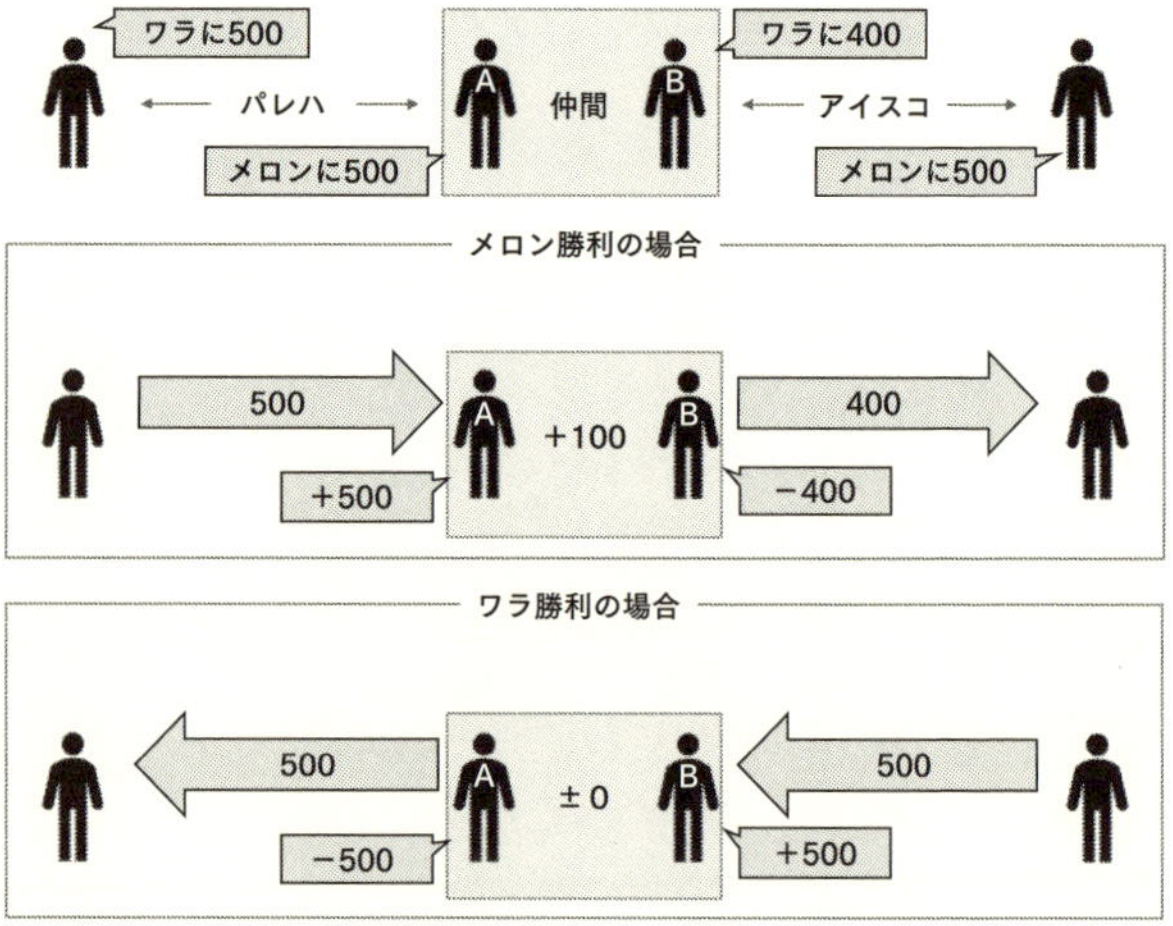

図6－2 「ベース」の仕組み

ロイは、闘鶏の賭けを「ビジネス」として捉えることの重要性を以下のように語った。

「〔闘鶏は〕ビジネスとして考えないとダメだ。賭博がしたいんじゃなくて、ビジネスがしたいと思わないといけない。じゃないと闘鶏場から出てこられなくなる。アディクト〔中毒〕になる。一日で金持ちになりたがる人が闘鶏場にはたくさんいるけど、「チャイニーズ・メンタリティ〔商売人の精神〕」で臨まないとダメだろうな。1ペソずつ、稼いでいくんだ。試合が終わっても〔闘鶏場に〕残ってハンタックをしてる人たちは、みんな闘鶏で負けた人たちだ。勝った人たちはビハッグを料理しに早々に帰ってるだろ」
(2018/9/5、P市)

前章で紹介したとおり、ロイは持ち前のビジネス・マインドを生活の随所に発揮していた。闘鶏の賭けに関しても、賭博として闘鶏に関与することが、大金を稼ぐことへの執着を生み、闘鶏やその他の賭博に依存することにつながるがゆえに、「賭博」としてではなく「ビジネス」として取り組むべきだとの持論を理路整然と提示した。

金への執着を生まないために、さまざまなルールを自らに課す闘鶏家も多かった。その中でも頻繁に耳にしたのが、（第4章でも述べた）「リミットを設ける」という方針である。再びジャンレイの言葉を借りる。

「俺は150ペソから始めて、1万3000ペソまで増やしたことがある。L町で9連勝したときだ。賭けの正攻法は、「勝つときは大きく、負けるときは小さく」だ。キャピタルを決めて、キャピタルには手を付けずに、勝った分だけを増やしていく。負けが自分の決めたリミットに達したら、すぐにやめる。今回、2000ペソがキャピタルなら、8000ペソまで勝ったら1回中断する。そして300ペソくらいからまた賭けをやり直す。イエローレッグが勝ってたらそっちに、ブラッグレッグが勝ってたらそっちに賭けろ。6回賭けて1勝もできない不運はありえない」（2018/9/12、L町）

ジャンレイは負けの上限だけに言及したが、「目標金額まで勝ったら深追いせずに潔くやめる」というように、確実に勝ちを確保するために、勝ちが負けに転じる前にやめ時を見計らうことを重視する闘鶏家もいた。また、「賭け金を倍々にしながら賭ける方法（マーチンゲール法）」や「勝った金額を次のファイトで全額賭ける方法（シュート、*shoot*）」も、闘鶏家の常套手段だった。むしろ、これらは賭けの基礎知識であり、それを踏まえずに賭けるのは己の無知と無謀さを露呈することに等しかった。私は大敗した際に、こうしたことをまざまざと思い知ることになった。

［事例6－1］3コックダービー、D市闘鶏場

ジェフのチームが鶏を6羽出す（2エントリー）ダービーを観戦しに、ジェラルドとジャンレイとトライシクルに乗り込み、14時頃にL町を出る。全部で121エントリーもあり、10時頃からすでに始まっている。現地でレイモンドと合流し、数戦を様子見する。一番ピットから近い1階のガラス張りの部屋に座っているVIPがメロンに26万ペソを賭け、そのカラバンをヤマドール（ピット上のMC）の1人が観客から探す。ワラが勝ち、大

量の1000ペソ札がヤマドールに渡され、客席に大量にばらまかれる。「たかが鶏で」とジャンレイが呟く。そんな様子を観つつ、ジェラルドやジャンレイとバカス（賭け金の折半）をしながら、レイモンドやジェラルドがクリストとなって、私は賭け始める。

鶏の選択はほとんど彼らに任せていたが、私は賭け金を大体1000ペソで固定していた。早速5戦連続負ける。「さっきまでホワイトレッグがブラックレッグに勝っていたけれど、今は逆になっている。だから次はブラックレッグのワラに賭けよう」「これはウェイティング・チャンピオンの鶏だから強いはずだ」というジャンレイや、「この場所はマラス（不運）だから横にずれろ」というジェラルドの助言に従うも、負け続ける。「ボス・ヤンヤンの鶏だ」とジェラルドが言うのでバカスして賭けるも、3戦全敗する。11戦目、私たちの隣に座るクリストにカラバンを探してもらうと、勝つ。そこから勝ち、負け、勝ち、負け、負け、勝ち、負け、と繰り返す。19戦目、隣に座るクリストが「100ペソ賭けて負けたら、次は200ペソ、といったように賭け金は倍々に増やして賭けていかないとダメだよ」と口出ししてくる。1000ペソ勝つと、「次は2000ペソにしなきゃ」と言ってくる。しかし私は怖気づいて1000ペソ固定のまま賭け続ける。

また負けが続く。27戦目、ジャンレイが「〔レイモンドは〕ツイてない。俺がクリストをする」と言って賭け、勝つ。次戦、「この鶏はマニラでよく闘ってるやつだ」と言うジャンレイは「俺の方がブイナス（幸運）だから」と、先ほど勝った1000ペソ札を私に渡さず握り続ける。しかし負ける。ジェフのチームの鶏にも2戦賭け、両方負ける。負けると「フミコが迷ったから〔負けた〕」だとか、難癖をつけられる。32戦目、23時20分。ファイトは続くが、私たちはこれで最後にする。ワラに1000ペソ賭け、引き分け。私は9700ペソ負け。かつて働いていたNGOの現地スタッフの月給は確か8000ペソだったなぁとぼんやり思い出す。

ジェラルドは3000ペソ以上負けて「お金がない」としょげている。レイモンドは650ペソ、ジャンレイは1500ペソ負けたと言う。闘鶏場からの帰り道、レイモンドは「1000ペソ勝ったら次は2000ペソって、増やしていかないとダメなんだ。でも、ブイナスだったら勝ってた。今日は彼らの番だった。次は俺たちだ。

今日でマラスは使い切った」と私に言う。私は「なんでこんなに負けるのか」とジャンレイに訊くと、「ハンドラーの良し悪しによる。いくらいい鶏でも、ハンドラーの腕が悪いと負ける」と彼は返す。「でも強い鶏だって負けてたじゃん」と言い返すと、「80％くらいで強い鶏は勝つ」と。「次は9月2日、ジェフの娘の誕生日の日だから、きっと勝てる。次は勝った分全部次のファイトに賭けないと。リミットも決めないと」とジャンレイが念を押す。レイモンドもジャンレイも、私の賭け方が大敗の原因だとでも言いたげだ。（2018/8/31、D市）

隣で見ていたクリストやジャンレイ、レイモンドは口をそろえて、「倍々の金額で賭けなかったこと」「勝った金額を全額次のファイトで賭けなかったこと」を敗因として指摘してきた。同行した彼らも私と同様に賭けていて、同様に負けはしたものの、なぜか結果的に私（とジェラルド）だけが大敗した。大金を突っ込んだり知り合いの鶏に付き合いで賭けるジェラルド（後述）はともかく、私の大敗は彼らにとって、賭け方を知らない初心者が犯す初歩的な技術的ミスとして映っていたようだった。

厳密さに程度の差はあるものの、数百ペソの賭けを積み上げていく確実な方法から大敗しないための心構えに至るまで、闘鶏家は大なり小なり、鶏への賭けから収益を上げるための合理的な賭け方を模索していた。その方法に準じて賭けることは、彼らの基本動作だ。

しかし、闘鶏家はこうしたビジネス・マインドの賭け方を知ってはいるものの、毎回実施したり遵守したりするわけではなかった。ビジネス的な賭けを推奨するロイは（第4章で述べたように）、惜しみなく闘鶏場の仲間に勝ったお金でビールをおごり、クリストにバラトを渡していた。収益を上げ、得た収益を確保するという観点からすれば、こうした行為はビジネス・マインドの思考からは逸脱するものである。だが、勝者が見せるべき気前の良さを正しくあらわし闘鶏場の人間関係を維持することは、彼が闘鶏に継続的な関与をするための必要コストとも言える。もしくは、闘鶏の空間において金銭が「風の金（131頁参照）」として即時的に浪費される対象へと転化しているという事態を反映しているとも考えられる。

さらには、闘鶏家の思考の中に一貫した賭けのメソッドはないとも言える。彼らは闘鶏で収益を上げる方法を理解しており、他者に伝授もするが、それが当人たちにとって必ずしも「楽しい」賭けとはなりえない。彼らは時にビジネスとして賭けに興じるし、時には緻密な計算を無視し「楽しさ」を追求した賭けに魅了され転じることもある。

［事例6－2］俺たちは賭博がしたい

あるとき、負けてばかりいた私はビールを飲みながら「マーチンゲール法（209頁参照）で賭けることにする」と宣言した。すると、以前その方法を私に推奨していたレイモンドが酔っぱらいながら意見してきた。「コインゲームでも倍々にして賭けていく人を見る。闘鶏でも見る。VIPなんかは特にそうだ。確かに勝てるだろうけど、それはビジネスだよな。俺たちは賭博がしたいんだ」（2018/9/26、L町）

闘鶏家たちは、収益を上げることを目的として常に念頭に置いてはいるものの、闘鶏が賭博である限り、賭け自体の楽しみに浸りながらそれを達成することを企図している。では、彼らは闘鶏への賭けのどこに、楽しさを見出しているのだろうか。

鶏の強さを判断する賭け

闘鶏における賭けが有する面白さは、ハンドラーが鶏の育成に魅了されるのと同じように、やはり鶏に付随している。それは競馬に似ていると言えばわかりやすいだろう。競馬と闘鶏は多くの点で異なっているが、賭けの思考には重なる部分がある。前走や血統、体重、騎手などのデータを読み込んで予想する競馬ファンに通じるように、闘鶏家は、鶏に関する知識を蓄積し、勝つ鶏を判断する鑑識眼・洞察力を身に着け、その知識を駆使しながら賭けを繰り出す。闘鶏家にとって闘鶏は第一に、鶏の選択、賭けの決断において多層的な知識を要し、総合的な予想の技術がモノを言う賭博である。鶏を知っていくこと、鶏の強さに迫っていくこと、ここに、鶏への賭けの面白さが存在する。

その知識とは、「血統、ケア、カラーコーディング、ハンドラーとガッファーの幸運。これらがわかれば闘鶏を楽しめる」（2018/9/4）というニックの言葉に集約されている。最後の幸運については後述することにして、鶏の強さを判断するために用いられる「鶏と人間のケアに関する知識」と「鶏に対する民俗知的理解」について、人々がいかなる知識体系を形作っているのかを見ていこう。

鶏と人間のケアに関する知識

闘鶏家たちは、鶏がピットに上がり、パラダ（オーナー同士の賭け）が調整され、鶏が士気を高め準備万端となり、蹴爪のカバーが外されハンドラーの手から解き放たれるまでのたった4、5分の間に、どちらの鶏に賭けるべきかを判断しなくてはならない。賭ける彼らに事前に用意されている情報源はダービーの対戦表（図6－3）のみであり、そこから入手できる情報は基本的に、エントリーチーム名と重量だけである。ハックファイトに至っては、文字情報はない。ピットに上がった鶏を即時に鑑別し、見極め、どちらに賭けるかが即座に決断される。

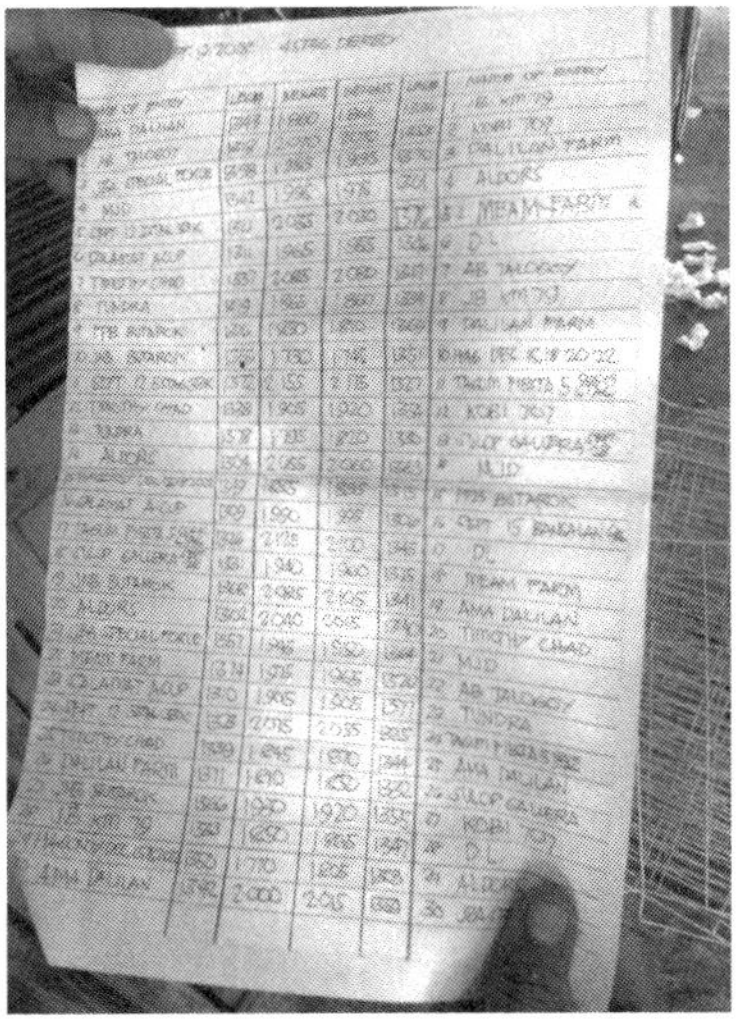
図6－3　対戦表（2018/9/9、M町）

数分で決断を迫られる賭けの選択の際に、闘鶏家が最優先で確認するのは無論、どちらの鶏が強いのか、である。彼らはしばしば、強い鶏を「格好いい（*gwapo*）」と表現する。「強い鶏が勝つ」ことは、闘鶏家でなくとも理解できる当たり前の話である。しかし、「どのような鶏が強いのか」「どのような鶏が格好いいのか」についての知識は膨大であり、鶏に関する深い関心と理解がなければ的確な判断はできない。瞬間的に強い鶏、「格好いい」鶏を選択するために、闘鶏家は鶏に関するさまざまな知識を短時間の間に参照する。

鶏の強さを決定づけるものの一つは、「血統」である。前章で触れたように、鶏にはまずハイブリッドと在来種があり、前者が強いとされる。在来種はファイトの最中に戦意喪失してしまいがちであることは闘鶏家の間の常識だ。在来種が活躍するのは、村や町のハックファイト程度である。

［事例6－3］ビサヤにパラダを積む

A町のI村のフィエスタで、ハックファイトが開催される。ゴム林を奥に進むと、男性の人だかりが見えてくる。地面に竹で丸く囲われた狭いピットがある。

鶏の育成を始めたばかりのロイは、近所の人から譲り受けた鶏を出場させる。「生後1年くらいのビサヤだからパラダは少なくしよう」と言う。対戦相手がなかなか見つからず、うろうろしていると、同じくうろうろしている黒い鶏を見つけ、つつき合いになり、対戦成立。すぐに蹴爪を付ける。

ロイと私はそれぞれ500ペソをパラダに賭ける。私たちはワラになる。審判からデパレンシアの600ペソを要求され、しぶしぶ300ペソずつ増やす。始まると、互いにつつき合い、蹴り合い、すぐにロイの鶏は深く蹴爪を刺される。たまらず逃げ出す。おお、と観衆から声が上がる。すると敵も同時に逃げ出す。観客から笑いが起こり、引き分け。

「歩けるけど、傷が深いし、もう怖がって闘えない。食べよう」とロイ。ガッファーに100ペソを渡し、潔く退散する。（2018/8/27、A町）

ロイの例のように、自分が育成した鶏であっても在来種の場合は強さに確信が持てないため、パラダの賭けでさえも弱気になる。このハックファイトでは定説どおり在来種は逃げ出し、負けはしなかったものの、実戦で恐怖を覚えてしまい、1戦だけで現役引退となった。

ハイブリッドの中でも、多岐にわたる血統があり、複数の「強い血統」が存在する。ブリーダーはどの血統を掛け合わせた鶏なのかを明示したうえで販売するため、育成を担うハンドラーはその鶏の血統をよく理解している。しかし、ピット上の鶏の血統を遠い観客席から即座に判断することは難しい。よって闘鶏家たちは、「とってもいい鶏だ。ハイブリッドだ。お尻に白い毛もある。2000ペソ賭けてもいい」(ロイ、2018/9/5)といった風に、脚の色や羽の色の配置など鶏の外見で大まかな血統判断をすることになる。

血統という内在的な特質と共に観察されるのが、ピット上の鶏の「パフォーマンス」である。確認する点は主に、「体軀の大きさ」「蹴りの強さ」「俊敏さ」「コンディショニングの状態」である。身体が大きく、蹴りが強く、俊敏な鶏は強い。しかし、体軀の大きさと俊敏さは時に両立せず、体軀が小さいが俊敏な鶏を「格好いい」と判断する闘鶏家ももちろんいる。コンディショニングの状態は、羽や嘴《くちばし》の状態などからうかがい知ることができる。たとえばジェラルドは、「疲れている鶏は一撃食らっただけですぐに負けてしまう。嘴を見るんだ」「蹴爪が歩行の妨げになっていないか見るんだ」(2018/8/31)と私に助言した。鶏が万全の状態に調整されているかどうかも、重要な確認項目である。最終コンディショニング中の鶏の姿こそが、闘鶏家たちが目視できる範囲内で最も明確な、強さの判断基準だと言える。

コンディショニングの状態や血統の良し悪しなどは、鶏のハンドラーやアモから推察することもできる。「十分に世話している鶏は全部勝つ」という前章のカルロの台詞が物語るように、鶏の強弱は日々の世話の質に大きく依ると考える闘鶏家は多い。ピットに上がるハンドラーが名うてであった場合、その鶏のコンディショニングは万全だろうと闘鶏家たちは推測する。名の知れたアモのエントリーの場合も、その鶏の血統は担保されているとみなされやすい。また、高額なパラダは陣営側の鶏の強さへの自信の表れとも捉えられる。鶏自体だけではなく、鶏を戦士として仕立て上げ、闘いに出す人間の情報も、賭けの判断の際には考慮に入れるべき事項である。

人間関係に埋め込まれる

ハンドラーやアモが鶏の強さの判断基準になる事態は、闘鶏家の賭けが人間関係に埋め込まれているという事態を連続的に浮かび上がらせる。闘鶏家は仲間とのバラトの応酬をはじめとした互酬関係やアモとのパトロン－クライアント関係など、闘鶏場の内外に広がる人間関係を有している。この人間関係が賭けの判断に影響を与えることがある。

［事例6－4］人間関係を優先する賭け

D市の創立記念日にダービーが開催される。私と150ペソずつバカスをしていたジャンレイは、ジェフの鶏がピットに上がるのを見るや、「ジェフの鶏だから」と言って賭け金を250ペソに上げる。負け。「150ペソ勝って250ペソ負けた。本来なら150ペソだけ賭けるべきだったのに。でもジェフの鶏だったから」と、自らの法則を曲げたことをジャンレイは悔やむ。

この日はジェラルドも負けたという。夜中に闘鶏場をあとにする際、ジェラルドは「5000ペソの賭けが……。格好いい方に賭けようとしたら、相手がボスの鶏だったから、そっちに賭けざるをえなかった。負けた。5000ペソの賭けが……」と悔しそうに呟く。(2018/9/12、D市)

たとえ強い鶏であっても、対戦相手が知人や上司の鶏だとわかってしまえば、そちらに賭けざるをえない。「もし対戦相手に賭けて、勝ってしまえば、金で喧嘩が起きてしまう」（レイモンド、2018/9/28）からである。彼らの賭けは知人や上司に監視されているわけでもないが、対戦相手に賭けて儲けていたことが何かの拍子で知れてしまった場合を考慮して、人間関係を優先した賭けが選択される。

あるいは、同郷の闘鶏家を応援するというロジックも働いている。（P市の闘鶏場にて）「あれはA町の人の鶏だ。僕の知り合いではないが、クリストの知り合いだ」（ロイ、2018/9/5）と発見してそちらに賭けるという具合である。

特に、地元から離れた闘鶏場や、ビッグ・タイムのファイトにおいて同郷のハンドラーを見つけた場合、闘鶏家たちは自らと鶏を結ぶ地縁に強く惹かれ、賭けに誘われているようだった。

鶏に対する民俗知的理解

さて、強い鶏を見極めること、そのための知識を蓄積することは、賭けの基軸をなす。しかし、「いい鶏、輸入物、いい薬、高給取りのいいハンドラーがいれば勝てる。ダービーに出てる鶏はそんな強いやつばかり」(40歳代男性、2018/9/7、P市)であり、闘鶏の勝敗は、鶏の絶対的な強さだけでは測りきれないとの認識もまた、闘鶏家の中には存在する。対戦する鶏には、勝敗を事前に決定づけるほどの力量差がないことの方が多い。また、いくら鶏の蹴りの強さや俊敏さを比較しても、いざファイトが始まったときに、その蹴りを最初に深く入れることができるかどうかという点は、闘鶏家にとって不可知の領域にある。闘鶏家たちに事前提示される鶏に関する情報量の少なさや、鶏が動物であるがゆえの予測不可能性も、闘鶏を「難しい賭博」たらしめているゆえんである。

そこで闘鶏家は、鶏の絶対的な強さを図る尺度とは異なる角度の評価軸を参照する。それが、「この日・この場所」における鶏の強さを判断するための知識体系である。民俗知的に構築されるこの知識は、「鶏の強さは外的要因に応じて変動する」という前提に則っている。その外的要因として最も重要なのが、月の満ち欠けである。月の満ち欠けに連動した鶏の強さを測る技術は「カラーコーディング(color coding)」と呼ばれる。「満月のときは、羽も明るい色で脚も白い鶏は勝つ。反対に、月が出ていないときは暗い色を選ぶべきだ。黒い羽根、グレーや緑の脚だ」(ボイ、2018/10/8)というように、月の明るさと鶏の身体の色の明るさを単純に連動させる思考が土台となっている。しかし、鶏の色に対しては前章で述べたように、微細な差異に着目した分類がなされており、同じ白でもその種は多岐にわたる。よって、市場にはさまざまな種類のカラーコーディング表なるものが出回っている。スマホに保存された画像やラミネート加工されたカードとピット上の鶏を突き合わせながら、どちらの

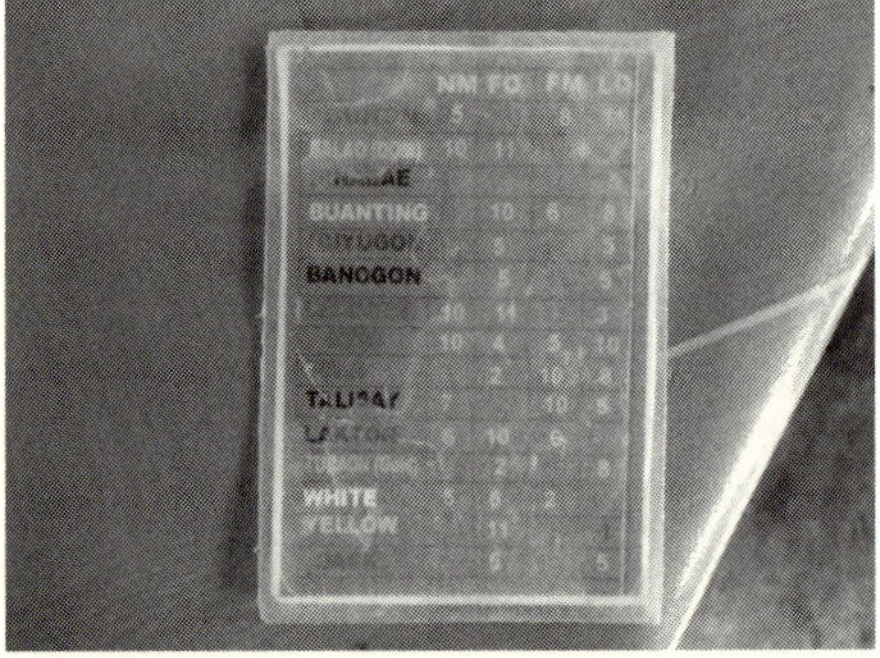

図6−4　カラーコーディング表（2017/9/15、A町）

鶏の評価が高いかを確認して賭ける闘鶏家の姿は時たま見かけられた。流通しているカラーコーディング表では基本的に、新月、上弦の月、満月、下弦の月の4時期における、鶏の羽の色と脚の色それぞれの強さが数値化されている。月の満ち欠けのほかに、日付によってそれぞれの色の鶏の強さが変動するとみなすコーディングなどもある。

鶏の出場試合を決める際にも、カラーコーディングは考慮される。ニックの義兄ボイのバックヤードを見せてもらったとき、彼は次に出場させるダークカラーの鶏を私に見せながらこう語った。

「まだこいつは11カ月だけど、次のファイトで闘わせるよ。来月まで待つと月が明るくなっちゃうから。前回の満月の日は、オフカラーが何度も勝ってた。月が明るいと、白が勝つ。でも、赤い鶏にカラーコーディングは通用しないんだよな。一度勝ちだしたら、ずっとその日は勝つ。タリサイ〔クリーム色に3色以上が混交した羽色の鶏〕もビナバエ〔雌鶏のような鶏〕も、1回勝てば、その後のファイトで勝ち続ける」（2019/2/4、P市）

カラーコーディングは多分に考慮されつつ、しかし、この日・この場所で強い鶏は、カラーコーディングだけでは判断できない。ボイの言葉が意図する事態を理解するために、次節では闘鶏場に生起する連続性、そのリズムに光を当ててみよう。

4 闘鶏場の反復的時間と賭けのリズム

闘鶏場に反復する時間

「一度勝った色はその日勝ち続ける」という言明が示唆しているのは、鶏のこの日・この場所での強さの傾向は、ファイトの連続性の中で現前し、把握されていくものとして存在するということである。闘鶏場において闘鶏家は、鶏の絶対的な強さの指標や、カラーコーディングを考慮しながら、この日・この場所で実際に「どの鶏が勝っているのか」についての確認を怠らない。繰り返されるファイトの中で彼らは、何色の脚／羽の鶏が勝っているのかをしきりに気にかけ、賭けの重要な判断材料にしていた。以下は、闘鶏場から帰ってきた私とニックとの会話である。

［事例6－5］テンポを読み解く

ニックが「アドバイスは使ったか」と私に訊く。「今日はオフカラーがずっと勝ってたよ」と返すと、「ほらね」とニック。「でも月が出てなかったから、ダークカラーの日だと思ったよ」と言うと、「連勝しだした方に賭けるんだ。連勝しだしたら、そいつの日なんだ」とニック。彼は続けてこう言う。「大切なのはテンポだ。カラーコーディングも、当たらないときは少ししか賭けちゃだめだ。〔当たらなかったら〕カラーコーディングとは逆の方に大きく賭けるんだ。当たればそれがテンポだ。それがブイナス〔幸運〕な鶏だ。出場してる鶏はみんないい鶏なんだ。だから闘鶏場のテンポに任すほかない」（2018/9/7、P市）

ニックの言う「テンポ」とは、闘鶏場におけるファイトと賭けの連続性のことである。闘鶏が開催されれば、少なくとも5戦、多くて100を超えるファイトが連続して行われる。その間、闘鶏場ではファイトが反復し続

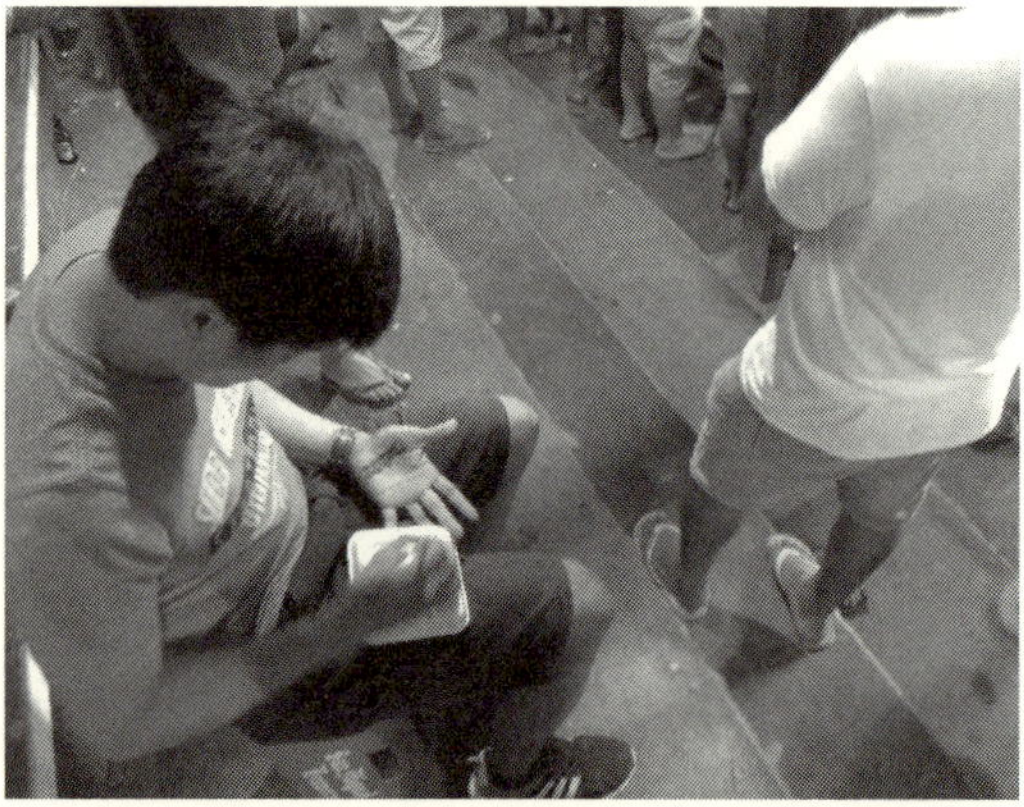

図6－5　書き留められるファイトの勝敗（2018/9/12、D市）

ける。鶏がピットに上がって最終コンディショニングをするまでの間が5～10分程度、ファイトが最短数十秒・最長10分、決着がついて鶏がピットを降り、次のファイトの準備をするのに5～10分程度。平均しておよそ20分程度の周期で一連の出来事が繰り返される。

この一連の出来事は、ほとんど同じように繰り返される。ピット上が箒《ほうき》で掃かれ、ハンドラーが鶏を抱えてピットに入り、ヤマドールがパラダの額をアナウンスし差額を埋め、ピットの両端で鶏がヒーター相手に闘志を掻き立てる。ピットを取り囲む闘鶏家たちが賭けのために声を張り上げ、叫び声が場内の熱量を最高潮に達せしめる。審判が蹴爪のカバーを外し、鶏がハンドラーの腕から放たれるとともに、闘鶏場に静寂が訪れる。鶏が翼を羽ばたかせる音と、闘鶏家たちの掛け声が時々静寂を切り裂く。決着がつき、鶏が息絶える。ハンドラーが鶏を持って退場し、ピットが整えられ、闘鶏家たちはざわざわと金銭のやり取りをする。

闘鶏場を流れるのは、この反復する時間である。闘鶏場の喧騒と静寂は、この反復と共に代わる代わる訪れる。ファイトの反復を作り出しているのは入れ替わり立ち替わりピットに立つ鶏だが、闘鶏場の時間のリズムは、ファイトと共に繰り返される闘鶏家たちの叫びと彼らの賭けの動作が相まって生成される。闘鶏家の賭けは、一回性の事象としてではなく、闘鶏場の反復的時間の中で、常にファイトに伴って連続的に生起する。

闘鶏家はこの意味において、賭けを連続した出来事として理解する。そしてその連続性から勝ちのパターンを浮かび上がらせる。これは、バカラの罫線から浮かび上がる模様に基づく予想技法（劉 2024）や、「流れ」を重視する麻雀戦術（齊藤 2023）に通ずるものがある。「闘鶏には法則がある。連続でどちらかが勝ち続ける。メロンに4回賭けたら、次はワラに1回賭けるといい。連勝したら、1回休憩するべき」（ザルディ、2017/9/14）というように、メロンとワラの勝敗の傾向はパターンを形作る最たる要素である。結果を記録しその蓄積から賭けを予想する者もいる。闘鶏家は連続性の中でこの日・この場所で強い色の鶏やメロン／ワラの結果の傾向をパターン化し、それに沿って複数の知識を統合するように賭け、失敗した場合はパターンを読み替え、異なる知識体系を持ち出す。ここまで説明してきた鶏の強さに関する知識の多層性は、この日・この場所の闘鶏場の連続性に応じた賭けを闘鶏家が繰り広げるための、拠り所となっている。

賭けのリズムの生成

彼らの賭けがこの反復的な時間の中でいかに連続的に立ち現れているのか、彼らがいかに自らの賭けのリズムを生成しているのかを、闘鶏場での二つのシーンから見ていこう。丸数字はファイトの順番、○＝勝、×＝負、△＝引き分け、ー＝賭けなし、を示す。

［事例6－6］6スタッグダービー、マティナ（ダバオ）闘鶏場

ダバオのダービーに、ピーターと兄アドール（50歳代）、アドールの彼女（30歳代）と観戦に行く。ピーターは祖父が日本人で、苗字はサトウという。兄のアドールは埼玉のホンダの部品工場で働いていて、ちょうど帰国していた。「パチンコ、スロットは昔よくやっていたが今はお金がかかりすぎるのでやっていない。ロト、ナンバーズが一番好き。週に2、３０００円使う。一度、13万円当たったことがある」と、日本でもフィリピンでも賭けに精を出す。

18時35分闘鶏場着。すでに58試合目が行われている。入場料は５００ペソ、全員分をピーターが払う。場内にはサンダーバードなど闘鶏関連メーカーのブースが並ぶ。欧米人男性が2人、クリスト（賭けの仲介人）を介し

て賭けている。私たちは2階の席に着く。

①○　前に座る人にピーターがクリストを頼む。ピーターは5000ペソ、うち2000ペソをアドールが出し、ワラに賭ける。あっさりと勝つ。

②×　ピーターはメロンに1万ペソ、うちアドールが2000ペソを賭ける。負ける。

③○　ピーターがワラに5000ペソ、うちアドールは2000ペソ賭ける。勝ち。「ブリック〔白と茶の斑点模様の鶏〕はマラス〔不運〕だ」と、3戦を経てピーターが言う。

④×　真白の方のメロンにピーター5000ペソ、うちアドール2000ペソ。ワラのブリックが勝つ。「ブリックが勝ってしまった！」とピーター。ピーターがワラに5000ペソ。メロンはタリサイ。ワラの勝ち。「俺は常に2000ペソを賭ける」とアドール。以下、アドールはピーターの賭けに2000ペソずつアバイ〔賭けの一部を上乗せ〕する。私も1000ペソずつアバイする。

⑤×　ピーターは長い時間鶏を観察し、ワラに8000ペソ。すぐに致命傷を負ってしまい、負け。

⑥○　2羽ともブリック。「どっちにする」とピーターがアドールに訊き、アドールが彼女に訊く。「ワラ」と言う。計8000ペソ賭ける。もつれる。「メロンは体に当たったがワラは脚にしか攻撃を食らってない」とアドールが戦況を呟く。「あと4分」とピーター。6分50秒でダウン。メロンが死に、ワラの勝利。彼女が「私、上手！」と喜ぶ。

⑦△　「どっちにしよう」とピーターが私に訊き、さっき白が赤に負けたので赤のワラを選ぶ。負けかと思いきや引き分け。

⑧○　鶏と対戦表を代わる代わる見て、ピーターがワラを選択。ジスティ（1・7倍）で計9000ペソ賭け、勝ち。

⑨○　「黒い脚がブイナス〔幸運〕だ。メロンにしよう」とピーター。計1万ペソ賭け、勝ち。

⑩○　アドールが「メロンにしよう」と言う。白い鶏に1万ペソ賭ける。今までの流れだと白は勝たないが、と

私が思っていると勝ち。ピーターとアドールは顔を見合わせて笑う。
⑪×　ピーターがアドールに「どっちにする」と訊き、アドールが彼女に訊き、ワラにする。クリストに「1万ペソ、ワラ」と注文する。「負けだ」と開始早々ピーターが呟く。負け。「メロンだったか」とピーター。
⑫×　アドールがトイレへ。ピーターがワラにアイスコ（1・8倍）で5000ペソ賭け、4200ペソ負け。
⑬ー　帰ってきたアドールが「メロンにしよう」と提案するも、「休憩しよう」とピーター。両方とも黒い脚のファイト。
⑭〇　1戦見て、ピーターがワラを選択。しかし2000ペソ分しかカラバン（賭けの相手）を見つけられず。勝ち。「残念」とピーター。
⑮△　席を中央に移動する。ピーターがワラに5000ペソ賭ける。負けそうだったが相手も力尽きる。場内からは「うわっ」と歓声が上がり、ピーターもほっとしたように笑う。
⑯〇　ピーターがメロンを選択。私もメロンだと思う。相談せず、黙ってピーターが1人で決め、クリストに伝える。8000ペソ賭け、勝ち。
⑰〇　「黒いのはブイナスだ」とピーターは言い、8000ペソをメロンに。「少額がいいな、大きく賭けだすと負ける」とピーター。勝ち。
⑱ー　ピーターがすぐにメロンのサインをクリストに送る。ジスティ（1・7倍）で探すも、カラバンが見つからず、キャンセル。ワラが勝ち、「負けるとこだった」と顔を見合わせて笑う。
⑲×　「ワラはM町の州議員だ」とピーター。ワラに8000ペソ賭ける。クワトロトレス（1・75倍）。負け。「あちゃー」とピーター。
⑳ー　「はっきりしないな」とピーターが言い、賭けず。ワラの勝ち。
㉑〇　「パリハス（2倍）、メロン」とピーターがクリストにサインを送り、8000ペソ。メロンはタリサイ。勝ち。

㉒〇　私は目標の５０００ペソ勝ったのでアバイ終了。ピーターとアドールはワラに賭け、勝ち。賭ければよかった。

㉓ー　「先出るね」と言ってアドールと彼女は席を立つ。ピーターは最後に1戦見て帰ると言い、メロンに1万ペソ。トレスドスしかカラバンがおらず、やめる。メロンの勝ち。「ダークカラーだった。勝ってたのに」とピーター。

席を立つピーターは近くにいた知人にバラトで５００ペソを渡す。「勝ったか」と訊きに来た知人にも「少しだけ」と言いながら５００ペソを渡す。クリストには１０００ペソを渡す。闘鶏場をあとにしながら、「たぶん４万ペソくらい勝ったんじゃないかな」とピーターが言う。残り30戦ほどを残して21時30分に退散。カラオケバーに行く。

L町に帰宅後、「いくら勝った?」とジェラルドが、「ピーターはフミコにとってのブイナスだった?」とレイモンドが私に訊く。「いやもうすごかったよ!」と興奮冷めやらぬうちに私は大勝を伝える。（2018/9/29、ダバオ市）

このダービーで、ピーターは勝利が連鎖するリズムをうまく作り出した。決断のほとんどはピーターに委ねられた。彼は「ブリック（白と茶色）はマラスだ」「黒い脚がブイナスだ」というように、どの色の鶏が連続して勝っているのか、どれがこの日の強い鶏なのかをしきりに確かめながら選択していた。時折、対戦表と鶏を見比べながら、鶏の吟味に時間をかけた。この日のピーターの判断は明晰で、着々と勝利を重ねていった。

ピーターは、連勝しているときには淡々と賭けを繰り出し、自らの正しい判断を維持しながらそのリズムに身を委ねた。一方、鶏の選択を誤って負ければ、次戦では今までの見立てを少しずらすように修正した選択をした。自らの見立てでは判断できない場合（同じ色同士のファイトなど）は選択を他者に託した。また、「はっきりしない」、つまりどちらが強いのか判断がつきかねる場合にも、無理して賭けを継続せず、様子を見た。２連続で負けると、賭けを中断した。そのまま負けの流れに巻き込まれないよう、リズムを断ち切りリセットするかのように賭けを止め、次の賭けを再開した。ピーターは冷静沈着だった。闘鶏場のファイトの反復の中で、自らの賭けのリズムを器用に操作して連敗に陥ることを阻止し、連勝を毎回摑み直すことに成功していた。

次のシーンは、険悪なムードで闘鶏場をあとにした日のことである。

［事例6－7］ 2ウィンズハックファイト、P市闘鶏場

ロイのバイクの後ろに乗って、11時過ぎに到着。すでに3戦終えている。カルロは先に着いており、「今までメロンの全勝だ」と教えてくれる。ロイの友人がクリストになって、賭け始める。

①×「さっきオフカラーが勝ったから、オフカラーにしよう」と言ってカルロがメロンを選択。500ペソ賭け、負け。

②×「1回だけ選んでみて」とカルロが私に言い、気が荒いと思ったのでメロンを選ぶ。500ペソ負け。ロイは300ペソ、カルロは200ペソ負け。

③×「僕が選ぶ」と言ってロイがメロンを選択。メロンがよそ見をしている間に一撃を食らい、200ペソ負け。「集中できていなかった」とロイ。「あれはハンドラーの過ちだ」とカルロ。ロイがビールを買う。

④×カルロが真剣な顔つきで黙って思案し、「ワラ」と言う。「ずっとメロンが負けている。次もワラだろう」とロイも同調する。ワラは途中で逃げ出し、200ペソ負け。「これでメロンが4勝、ワラが3勝だ」とカルロが確認する。

⑤×メロンにロイは500ペソ、カルロは200ペソ、私は200ペソ。ロイとカルロは「強いぞ」と固唾《かたず》を飲んで見守るも、メロンは自分の蹴爪で自分を蹴ってしまい、負け。

⑥○ピット上の数字くじを挟み、試合再開。カルロが「大きな試合で勝っている人だ。今ウェイティング（あと1勝でチャンピオンになる状態）だ。このハンドラーの腕はいい。フィナンサーはシーマンだ」と自信満々に

言う。カルロの知り合い。ジシサイス（1・6倍）でメロンに300ペソ賭ける。一瞬で勝負が決まり、勝ち。「すごく強いな」と2人。ジシサイスと少なかったが、「勝ちは勝ちだ」とカルロ。

⑦×　「さっきタリサイは負けてた」とロイ、メロンのハッチを選ぶ。ノエビ（1・9倍）でロイは700ペソ、私は300ペソ賭ける。負け。

⑧－　「休憩だ、休憩」と言ってたばこを吸いに外に出る。戻って席を正面から右側に移動する。

⑨△　ヤンヤンの甥の鶏がメロンに。「負けても金があり余っている」奴らだとロイが言う。ワラにロイと私は500ペソずつ賭ける。引き分け。「惜しかった」とロイ。

⑩○　カルロがメロンを選び、ロイと500ペソずつ賭けようとするも、2人で700ペソしか賭けられず。ジスサイスで勝ち。

⑪○　カルロがメロンを選択。アイスコ（1・8倍）で500ペソ勝ち。

⑫○　再びヤンヤンの親戚。カルロがメロンを選択し、アイスコで1500ペソをシュート（209頁）する。一瞬で勝負が決まる。賭けを当て続けるカルロが私たちの金を握り続ける。

⑬○　カルロがワラを選択。ジスティ（1・7倍）で1500ペソ賭け、勝ち。カルロの選択で4連勝。

⑭×　連勝し、カルロとロイは口数が減り、鶏に向ける視線がより一層真剣になる。カルロがクリストに「2000ペソ、メロン」と指で伝える。ジシサイス。膠着状態が続き、「死ぬな」「そこでくたばってろ」という声が場内に響く。6分過ぎようとする時に、メロンが先に息絶える。負け。「残念、いい試合だったのに。大きく賭ける意味のある試合だった」とロイが落胆する。

⑮－　メロンに賭けようとするもまたワラの歩行不良によりノーゲーム。

⑯○　カルロがメロンを選択。ロイと私はアイスコで1500ペソ勝ち。「さっきまでの2000ペソの負けを取り戻した」とカルロが静かに確認する。

⑰○　カルロが選んだメロンに1500ペソ、トレスドス（1・67倍)。クリストが席を外したのでカルロが叫ぶ。

「負けたと思った。支払わなきゃと思ったよ」。私が下の椅子に移動しようとすると、「こっちにいなよ、ここがブイナスだ」とロイ。

⑱× 真っ白のメロンをカルロが選び2000ペソ。優勢だったのに相手の一蹴りが中心に入ってしまい、負け。カルロがトイレに行く。「トイレに持っていくとマラスだから」と言って自分が握っていたロイと私の賭け金をロイに渡す。一度休憩をはさむ。

⑲× カルロがメロンを選択、1000ペソをアイスコ（1・8倍）で賭け、負け。私は1850ペソ、ロイはそれ以上負け、最後に組まれたファイトを終える。ロイは「彼の生活は厳しいから」と言って私と折半してバラト500ペソをカルロに渡す。闘鶏場内の食堂でビールを飲みながら、「最初から正面じゃなくて左側に座ってたらよかったのに。残念。明日はA町で闘鶏だ。そっちではフミコはブイナスだ」とロイが言う。「なんで負けるんだろう」と私が訊くと、「最初だけだ。今が一番下なんだ。じきに上がる。僕もそうだった」とロイは私を鼓舞する。（2018/9/7、P市）

賭けの決断は基本的にカルロに任され、ロイも意見していた。この日は、最初の5連敗と終盤の高額な賭けの連敗が主たる損失となって、敗北を喫することとなった。ピーターとは反対に、この日のロイとカルロは勝ちのリズムを作り出しはしたものの、それにうまく乗ることに失敗した。彼らは連敗を止めようとさまざまな手段に出た。カルロが選択を誤ったのち、判断は私に、さらにロイに委ねられ、またカルロに戻り、彼がその判断に過剰な自信を見せた5戦目にようやく勝利した。「さっきはオフカラーが勝った」「さっきタリサイ〔クリーム色に複数色が混ざった鶏〕は負けた」「メロンは負け続けている」など、彼らは連続的に浮かび上がるファイトのパターンを把握し、修正しようとしたが、その見立てはことごとく裏目に出た。

転機は、一度闘鶏場を出てたばこを吸い、席を移動したときだった。ここからカルロの判断は当たるようになり、4連勝に至った。このリズムを変えないために、カルロが私たちの金を握り続けた。しかし、大きく賭けを張り、ほかよりも一層真剣に臨んだファイトで、勝利を逃した。連勝のリズムを維持・加速させるための肝心な賭けに負けた。彼らは自らの賭けを勝ちのリズムに乗せきることができず、負けの連続性に巻き込まれてしまった。

勝利したピーターも、敗北したロイとカルロも、鶏の強さを見極める力能という点では遜色なく、類似した判断基準に依拠していた。しかし、連続する賭けの中で、一方は勝ちのリズムの生成に成功し、他方は負けのリズムを断ち切れず陥落してしまった。賭けが繰り返されるなかで、ピーターもロイもカルロも、徐々に言葉数が少なくなり、闘鶏場を流れる反復的時間にのみ込まれているようだった。だが彼らは、その時間に無為に身を任せているわけではなかった。反復するファイトに対して、いかにそこからこの日・この場所の勝ちパターンを描くのか、いかに自らの賭けのリズムを連続させるのか——リズムを維持するのか、切り離しゼロから始めるのか——が、賭けのたびに常に彼らには問われていた。

5　前景化する不運

感想戦

賭けを終え、闘鶏の反復的時間から離脱したときに、人々が繰り広げるのは「感想戦」である。

［事例6－8］敗戦後の感想戦

L町での3コックダービーに、ジェラルドやジェフがエントリーする。ジェラルドの鶏は2敗。最後の1羽を、ジェラルドの友人ですでにチャンピオンを確定させた、ブイナスなハンドラーに抱いてもらってピットに上がる。勝つと、ハンドラーもジェラルドも大げさに飛び跳ねて喜ぶ。場内に笑いが起こる。「金がなくなったから俺は身銭を今回は1ペソも賭けなかったけど、すごく嬉しいよ」と、普段感情をあまり表に出さないカルロがテンションを上げる。

一方でジェフは、ウェイティング・チャンピオンとして緊張の3戦目のピットに上がるも、負けてしまう。ジェフとドクターはうつむき加減に悲しそうな顔をしてピットを降りる。「今日はドナの誕生日だから、ジェフはよっぽどチャンピオンになりたかったんだ」と、観客席から見ていたジャンレイが推察する。

終了後、ドナの誕生日会にジェフのハンドラー仲間6、7人が遊びに来る。ドナの祝いもそこそこに、彼らは終始、酒を飲みながら今日の闘鶏の話をし続ける。最終戦の負けについて、「ストレッチを十分にしなかった」「目が全然光ってなかった」とジェフが振り返る。撮った動画をみんなで囲みながら、「あの鶏は相手の高い角度からの蹴りに対応できなかった」「あの鶏はあそこのファームの血統だ、いい血統って決まってた」「今日はタリサイが1回しか負けなかった」「今日チャンピオンになった人はとてもブイナスだ」などと、各ファイトを思い出し、感想戦に花を咲かせる。(2018/9/28、L町)

「なぜあの鶏が勝ったのか」「なぜ負けたのか」。ファイト終了後に結果を語り合うこともまた、闘鶏家たちの楽しみの一つだった。彼らが語るのは、それぞれのファイトにはその結果に至った理由が存在し、そしてその理由は単一ではなく、前述のようにさまざまな知識体系に基づいた複数の観点から遡及的に考えることができるからである。闘鶏家にとって、「鶏の強さ」とは鶏に関する知識をもって説明可能な分析対象である。なぜなら、鶏は、人間がさまざまな知識を駆使したうえで、人間の手によって強くなるよう育て上げられた存在だからである。自ら鶏を育成し、ケアの知識を注ぎ込みながら、強い鶏とそうでないものを数多く見てきたハンドラーの場合は、鶏の強さの背景――どの血統の鶏にどの薬を使い、何を餌とし、どの頻度でビタミン剤を投与するかなど――に対してより分析的な態度になる。

また、鶏について語り合うこと自体を目的として楽しんでいる節《ふし》もあった。彼らは鶏について語る際、闘鶏に精通した者しか理解することのできない専門用語を用いたり、闘鶏界の人間模様や産業のことに言及したりする。

闘鶏に関する情報が巷に溢れており、そしてそれらが素人にはわからない専門的で特殊な（ともすれば闘鶏をしない者にとっては不要な）意味を有するからこそ、それらを理解し操ることができるのはおのずと闘鶏愛好者に限られる。闘鶏家同士でしか疎通のできない専門知識に基づいてファイトの事後分析を繰り広げ語り合うことは、「闘鶏仲間」という排他的な関係性を強化し、闘鶏の営為に帰属する者のみしか味わえない楽しみを深く創造し共有することにもつながる。

さて、個別のファイトの結果を分析して、「なぜ負けたのか」に対するいくつかの確からしい原因を当てはめることは可能である。しかし、「連敗」の場合、話は異なる。以下は前章第6節に記載した4コックダービーの終盤シーンと、別の日の2コックダービーのことである。

［事例6－9］マラスの日

3敗1分けで試合を終えたジェラルドは私たちの隣の席に着くなり、放心した顔で「マラス」と呟く。のちほど、ジェラルドの鶏のガッファーになぜ今日はこんなにも負けるのかと私が訊くと、「闘鶏ではマラスでも、人生ではブイナスだったらいいだろ」と片づけられる。「闘鶏家は負けを計算したりしない。金がなくなれば土地を売るだけだ」と彼は続ける。その場にいたレイモンドは、「マラスは墓場にあるものだよ！」と明るくふるまう。（2018/9/9、M町）

［事例6－10］マラスなだけ

「今日闘鶏があるけど来るか。2コックダービーだ。58エントリーある。俺は家の鶏から2羽出す。17時スタートだ。でもクリスティの誕生日だから早く帰ってくるつもりだ」とジェラルドが言いに来る。その後戻ってきて、「ジャンレイはマラスだから行かないって。フミコもマラスだから来ない方がいい。パラダで500ペソずつ賭けて、あとは夜のビールに残しておいた方がいい」と意見を変える。私は闘鶏場に行かず、1000ペソを預ける。

19時過ぎ、ジェラルドから電話を受けたクリスティが「負けたって、ゼロだってさ」と言う。30分後、ジェラルドが帰ってくる。「9日からマラスだ。ずっとゼロだ」と言う。

ビールを買う雑貨屋への道すがら、ジャンレイが「［ジェラルドのバックヤードには］もう8羽しか鶏がいなくなっちゃったな。5羽はM町で、2羽は今日負けて」と言う。なぜ彼の鶏はこうも負け続けるのかと訊くと、「マラスなだけだ」とジャンレイ。じゃあ私が大きい鶏を判断して賭けてても負け続けるのはどうしてだと、ジャンレイの友人（20歳代男性）に訊くと、「月の満ち欠けもあるからね」と返される。（2018/9/26、L町）

ジェラルドは私の調査期間中、自らの鶏の多くを失った。あらゆる試合で負け続けた。彼の連敗に対して人々は、厳密な原因追及をしなかった。ただ、「マラスなだけ」と言葉を添えるのみであった。ジェラルド自身も、連敗をただ不運な事態として述べるだけだった。連敗の際には、闘鶏の醍醐味であるファイトの分析が放棄され、ただ不運の一言で片づけられるのはなぜだろうか。

理解しがたい連敗、前景化する不運

第4章にあるとおり、「マラス（*malas*）」とは「不運」を意味するセブアノ語であり、スペイン語の*de malas*を語源とする。反対に、闘鶏において幸運を意味する語には「ブイナス（*bwenas*）」が最も頻繁に聞かれる。ジャンレイは、闘鶏における運について、以下のように説明してくれた。

「賭博はまったくもって確実性（*kasiguruhan*）がなく、その代わりに、不運と幸運がある。不運だったら、毎回負ける。幸運だったら、何に賭けてもいつでも勝ち続ける。俺が一つだけ信じていることがある。闘鶏には幸運と不運が確かにあるということだ。なぜなら、闘鶏にはメロンとワラの二つしか選択肢がなく、自分でどちらかを選ぶ。それなのに、負け続ける〔ことがある〕。なぜか。幸運と不運があるからだ。たとえば、２０００ペソを持っていって、幸運になるまで賭け続ける。幸運になれなければ、負けは２０００ペソだ。けれども、もし勝てれば、〔種銭は〕１万ペソにも、それ以上にもなるだろう?」（2018/10/14、L町）

すでに何度も述べているように、闘鶏の賭けには知識が要請され、その知識を身に着け、鶏の強さを見極める鑑識眼を養い、賭けの場で自らの能力を発揮して勝つこと、すなわち鶏を知っていくことが、闘鶏家にとっての賭けの楽しみであった。一方でジャンレイは、賭博全般を「不確実」だと表現したうえで、「闘鶏には幸運と不運が確かにある」と断言した。鶏を知ることが勝ちに近づく方法であること、しかし知り尽くすだけでは常勝できないのが闘鶏であることを、闘鶏家は認識している。連敗とは、まさに不運をあらわす事態だった。

その理由にはまず、連敗という事象が本来の闘鶏の確率的数値と乖離するという点がある。つまり、２分の１の確率で勝利できるはずなのに、負け続けることの不可解さに起因する。闘鶏家は賭けの判断を誤って負けることがある。一度きりの誤りならば、自己の判断基準を調整することで対応できる。しかし、知識を柔軟に参照し運用しても、連敗に陥ることがある。２分の１の選択で、しかも強い鶏を判断しているのにもかかわらず、である。彼らにとってそれは自分の力能で推し量りうる範囲を越えた、「不運」な事態として現出する。

次に、動物としての鶏の予測不可能性がある。ハンドラーによって操作され作り出される鶏の身体は、創造主である人間が把捉可能な能力——蹴りの強さや俊敏性、集中力など——を宿すことになる。プログラミングするかのように育て上げた鶏を、ハンドラーたちはその強さに絶対的な自信を持ってピットに上げる。しかしひとたび鶏同士が交われば、その後の動きは鶏同士の接触によって（人間にとって）偶発的に生じるものであり、そこに人間はもはや関与できない。よって、すべてのファイトは常に人間にとっての不可知の領域を含み込むことになる。

そして、先述した「闘う鶏はすべて強い」という思想である。ビッグ・タイムのファイトには特に、人間による十分なケアが施された良血統の鶏が出場しており、それらは甲乙つけがたいほどどれも同等に強い。どれも強い鶏であるから、ファイトの結末は運でしかないのだという結論に至る。「ハイブリッドと良質な餌と、幸運があれば勝てる。ダービーで勝つか負けるか、その差は幸運だけだ。自分の道に幸運があれば、俺たちは100万ペソでも稼げる！」（ヘンス、2018/8/27）といった類の発言は、闘鶏家からしばしば聞かれる。鶏の育成方法を説いた書籍は、以下のように説いている。

闘鶏が、勝つのが非常に難しいスポーツになってきたのは言うまでもなく、我々を勝利に、あるいは敗北に導く要因はたくさん考えられる。我々は勝つために、とてつもなく大きなディスアドバンテージに対抗するほどの幸運を、自らの側に置いておかねばならない。しかし、多くの人々が闘鶏を運の遊戯だと思い込んでいるが、我々はその運を偶然に委ねたままにしてはいけないのだ。(Sabong Culture and Art 2018: 2)

闘鶏は知識の賭博であるとともに、運の賭博である。しかし、「その運を偶然に委ねたままにしてはいけない」。闘鶏家たちは実際、とりわけ不運に陥った際、自らの運の布置を浮かび上がらせ、そこに働きかける。

不運の時間的／空間的認識

連敗や大敗に関する不運を、闘鶏家はどのような性質の存在として認識しているのだろうか。

まず、闘鶏の不運は時間的な継続の幅を有したものとして語られる。ピーターは、「マラスは続くときがある。俺も8月はマラスだった。マラスのシーズンもあれば、ブイナスのシーズンもある。待つしかない」(2018/9/27)と説明した。ボイも「不運続きの時期はあるもんだ」(2018/10/8)と言った。事例6－7のロイは私に「最初だけだ。今が一番下なんだ。じきに上がる。僕もそうだった」と声を掛けていた。不運は季節のようにめぐり、そのシーズンは波の形をとって到来する。不運はグラデーションの様相を呈しており、一番下、つまり最も不運な時期が過ぎれば幸運に向かって上昇していく。

また、不運には限度がある。すなわち、不運は永遠に続くことはなく、「使い切る」ことで消滅する。「今日でマラスは使い切った」（2018/8/31）、「これで本当にマラスは使い切ったでしょ」（2018/9/2）とレイモンドが繰り返し言うように、大敗の不運に遭遇すれば、それは不運を大量に消費したことと同義に捉えられる。

これと関連して、個人に降りかかる不運の総和が定められているという考えもある。闘鶏での不運が、他の領域での幸運とトレード・オフ関係にあると捉える例が最たるものである。事例6-9のガッファーは「闘鶏ではマラスでも、人生ではブイナスだったらいいだろ」と言った。「賭博でマラスだったら、恋愛でブイナスだ」（20歳代男性、2019/12/27）という言葉もあった。闘鶏の不運は真なる不運ではないという思考は、同じく事例6-9のレイモンドの発言（「マラスは墓場にあるものだよ！」）からうかがえる。運の観念が個人の生全般に広がって観想されることで、その総和の内で闘鶏の不運が理解される。

不運は可動的でもある。ロイと共に賭けたときにクリストをしてくれた男性（30歳代）は「今日は俺たちの日ではなかった。明日こそは君の日だよ」（2018/9/5）と私を励ました。レイモンドも「今日は彼らの番だった。次は俺たちだ」（2018/8/31）とたびたび発言した。幸運や不運はひとところには留まらず、移動する。運は順繰りに人々の間をめぐるものとして想起される。

不運のあり方は、賭ける場所や同伴する人などによって変化するともみなされる。ロイにL町の闘鶏場で大敗を喫したことをSMSで伝えたあと、彼は以下のように返信してきた。

誰が、どこが、君に幸運を授けるのか確かめてみろ。僕は6月から、ラストトゥーでも闘鶏でも勝ち続けてる。君はここ［A町］では負けたことないんだから大丈夫だ。絶対に、次のI村のファイトではチャンピオンになれる。だから僕の鶏に1000ペソずつ賭けるんだ。（2018/9/4）

ロイの文面は、ある空間では不運であっても異なる空間的条件に移行することで、個人の不運の様相は変化することを示している。事例6－6においてレイモンドが「ピーターはフミコにとってのブイナスだった？」と訊いてきたのも、同様である。闘鶏家は、自らと場所・人間の相性を観想することで不運の空間的布置にも目を向ける。

不運を制御する賭け

闘鶏家たちは、自らや他者の不運を、時間的幅を有する存在／空間依存的な存在として捉え、自らや他者の運の様相を言語化する。そうした運の布置に対して彼らは、不運の時期を避け幸運の時期が到来するまで「待つ」、幸運を授けてくれる場所と人を選択する、不運を「使い切る」といった働きかけを通して、過度な不運への呪縛に絡めとられないように図る。(2) 不運を制御するような実践は、闘鶏場の外側に、あるいは闘鶏場における賭けのただなかに広がっていた。

賭けの最中では、不運の布置を変えようとする試みが至るところに見られた。連勝が止まったり連敗に陥った際に一旦闘鶏場の外に出たり、座る位置を変えたり、賭けの判断を他者に任せたりなどがそれに当てはまる。事例6－1において不運な場所からの移動を促すジェラルドの助言や、「新鮮な空気を吸いに行こう」「一度ハンタックをしに行って生き返ろう」（ライアン、2017/9/14）といった提案など、事例には枚挙にいとまがない。「君の予想を当てにしたい、何に賭けるんだ」（2018/9/28）と隣にいた見ず知らずの男性に訊かれることもあった。彼らは不運につながる悪いリズムを敏感に察知し、その不運が何を根源としているのか――場所なのか、人なのか、「空気」なのか――を推し量り、現状とは異なるリズムを作り出そうとしていた。

反対に、事例6－7において連勝中に私が場所を移動しようとするのをロイが止めたのは、その場所に留まることで幸運の状態を維持しようという意図があった。幸運はつなぎとめておかねばならない。不意の動きが、幸運を手放すことになりかねない。複数人で賭けている際には、幸運な者が金を握り続ける姿もまま見られた。私が連勝中、ジャンレイに「どっちにする?」と訊くと「フミコが決めるんだ。ブイナスじゃないか」(2018/9/28)と言って予想を任されることもあった。

また、身に着ける物や摂取する物と幸運・不運を関連づけることで運の布置を操作しようとする様子もうかがえた。「ビールを飲むと頭がさえる。不運だったら、ビールを飲めばいい」(2018/9/5) と言うロイや、第６章第５節で鶏のウイニングバンドを私のカバンに潜めたジェラルドの行為が示唆するように。こうした実践は、野球選手のゲン担ぎを呪術的実践として論じたジョージ・グメルクが指摘するところの「フェティッシュ」的行為——物に超自然的な力を見出す行為——として考えることができる (Gmelch 1971: 41)。

１９７０年代の闘鶏実践を論じたグッゲンハイムは、不運を回避し幸運を得るための諸行為を「民間信仰」(Guggenheim 1994: 145) として記録している。彼が書き留めた「民間信仰」的行為は、今現在でも多様に展開している。その中でも調査地で最も頻繁に耳にし、実践されていたのが、「闘鶏の前に水浴びをしない」という禁忌だった。闘鶏場に行く前の私にベスは「闘鶏場に行くの? なら水浴びしちゃダメ! 昨日勝った幸運が残ってるんだから。洋服もそのままでいい。パンツだけ替えて出かけなさい」と真剣に叫んだことがあった。「水浴びしてきたのか、マラスじゃないか」(ジャンレイ、2018/9/9) といった会話は挨拶のごとく闘鶏場内外で交わされていた。

闘鶏前の水浴びの禁忌は、「水浴びをすると幸運が流れ落ちてしまう」という思考に依っている。この禁忌は闘鶏家ではない人々も口にするほどに、調査地では広く知られていた。幸運は身体にまとわりつくものであり、身体の浄化はその幸運を反対に喪失させてしまうという認識が一定の共通理解となっていることがうかがえる。逆に、不運が身体にまとわりついているとみなされる場合、水浴びは推奨される。

[事例６－11] マラスを洗い流す

D市のダービーで大敗した翌日、マニキュア塗りのおばさんがヘルナンド家に出張に来ていたので、私も足の爪に塗ってもらう。黄色を選択すると、「ブイナスのためにね。爪の表面も研《と》いだし、マラスはもうないよ」と横で見ていたドナが言う。爪を塗られながらローズは「闘鶏場ではズボンにすべきなんだって」と言い、私が訊き返すと「うん、闘鶏場に行く女性はそうしてるらしい、真偽のほどは知らないけど」とクリスティも話に乗ってくる。

マニキュアが終わったらトンギッツをしようという話になる。すかさずメアリーとクリスティが「まだ水浴びしてないでしょ。トンギッツする前に水浴びした方がいいよ。マラスを洗い流すために！」と私に強く言う。

（2018/9/1、L町）

洗い流したり、そぎ落としたり、上塗りするような身体の改変が、運の布置を変える。自己の身体にまとわりつく運については、ほかにもあらゆる形で想起される。

「家を出るときに私があなたにお祈りをして、そのあと猫もあなたの服を摑んだから、幸運だったんだよ」

（ベス、2018/9/7、K市）

「ひげを生やしているハンドラーは幸運だ。俺がピットに上がったとき、俺がひげを生やしていたから、こっち側にみんな賭けた。実際に、相手は4勝の鶏で、こちらはスタッグだったが、俺が手を離すと、4勝の鶏は怖がって喧嘩できなかった。カラーコーディングで、もし同じ色の鶏が対戦したら、ハンドラーやガッファーが幸運かどうかで判断するんだ。ひげを生やしているかどうかだ。帽子をかぶるのも不運だからやめろ」（ニック、2018/9/8、K市）

付言しておかねばならないのは、女性の参加率が少ない男性中心の闘鶏の世界における、女性に関する禁忌の存在である。以下は私とロイが闘鶏場に入る前の場面である。

［事例6－12］月経の禁忌

闘鶏場に入る前に、「生理用のナプキンを買いに行きたい」と私がロイに申し出る。ロイは眉間にしわを寄せながらも雑貨屋に連れて行ってくれる。購入し終わると、「闘鶏場のほかの人には〔生理中だと〕言っちゃダメだよ。幸運のために鶏を抱いてくれと頼まれても、断るんだ。血が流れることを意味するから」と小声で伝えてくる。（2017/9/17、A町）

月経中の女性は、その存在自体が「血」を意味する。闘鶏において血が流れることは、すなわち負けることに等しい。血を象徴する存在が鶏に触れればそれは、その鶏が血を流し敗北するというメタファーとして機能してしまう。闘鶏家にとって慎重に避けるべき忌々《ゆゆ》しき事態だ。しかし、こうした女性に関する禁忌の存在によって、女性が闘鶏から除外されているとみなすのは早計である。ある闘鶏家（20歳代男性）は私に、「妊娠すればブイナスになるから、妊娠すればいい」（2018/9/5）と助言したことがあった。闘鶏家たちは運の布置を、賭ける人間のあらゆる身体的状態と密接に連動させながら読み取り、浮かび上がらせているのである。(3)

6　「わからない」現実と賭けの不運——鶏が他者として浮かび上がるとき

知のレイヤーの構築

闘鶏家たちは身に着けた知識をもって強い鶏を判断するだけでなく、自らの運の布置を見定めそこに作用を及ぼすことで、賭けに勝とうとする。不運を排除しようとする彼らの姿には、物に超自然的な意味を付与して操作したり、禁忌を破らないことで悪しき結果を妨げたりなど、呪術的思考と連続性を有する実践が多分に見出される[4]。ここまでの闘鶏家の賭けのあり方から明らかになるのは、彼らが、「経済合理的」「科学的」「伝統的」「呪術的」といったカテゴリーに囚われることのない知識と実践を総合的に運用しているという実相である。それは、2羽から1羽を選ぶだけという単純さの中に潜む複雑性に闘鶏家たちが対峙していることを露呈させる。

疑う余地もなく、予測不可能性や偶然性はあらゆる賭博を駆動させる性質だが、この性質の源が鶏という動物だという点が、闘鶏の賭けに関する知識の運用をより複雑に、より流動的にしている。鶏の育成から賭けに至るまで、闘鶏の営みの総体は、人間と非人間、自然的なものと社会的なもののハイブリッドによって成っている(Latour 1992)。ハンドラーが仕立てて「強い鶏」となったピット上の鶏は、さらに闘鶏家たちの鋭い査定を通じて「賭けに値する鶏」として価値づけられる。人間によって意味を付与された鶏同士が、人間の意を介さぬ領域で闘い、その結果が、闘鶏家の賭けの知識を塗りなおす。

この繰り返しの中で、賭けの知識は構築される。闘鶏家の知識の構築に関わるのは鶏だけではない。2分の1の選択という単純な所作において闘鶏家は、鶏の生物学的側面や鶏の身体への人為的介入の程度だけでなく、鶏のハンドラーやアモ、賭けの交渉とオッズ、満ち欠けする月、反復するファイト、自らの賭けのリズム、運の布置など、闘鶏を構成する諸要素を思案の材料とし、それらに対する意思を織り込むように賭けを決断する。諸要素が相互作用するただなかに闘鶏家の知のレイヤーはそれぞれ立ち現れるとともに、それらの関係性が賭けを契機として絶え間なく組み代わることで、異なるいくつもの知のレイヤーを通じた行為が生成される。闘鶏家による知識の運用とは、こうした闘鶏世界の諸物のつながりを彼らが探索するプロセスであり、その探索の結果として彼らの賭けの決断は生起している。ここ——複雑性の超克＝賭けに勝つことに向かう内——に、闘鶏家たちの「ディープ・プレイ」、つまり深い遊びは醸成されていくのである。

運に転落するとき

最後に、闘鶏において要請される「知識」と浮かび上がる「運」の力学的関係について考えたい。知識による因果推論が、不運の観念へと転がり落ちる瞬間に何が生じているのか。換言すると、知識の蓄積と利用を正攻法とする賭けが、「負ければ不運、勝てば幸運」と表現されるような、運の遊戯へと様相が移行する瞬間に何が起きているのか、である。

闘鶏家は、「鶏がなぜ負けたのか」「自分がなぜ賭けの判断を誤ったのか」と事後に問うことで、「負け」という結果が生じた原因を追究する。こうした因果関係の認識を、ここでは「過去の経験に基づいた習慣的な心の決定に帰着する」（一ノ瀬 2001: 43）ものと措定して話を進めたい。すなわち、事象Aと事象Bの間の因果性をその事象に内在する実在的なものとしてではなく、認識者の知覚において生じる観念的なものとして考える。[5] 闘鶏家は、鶏が負けた、あるいは自らが賭けを誤った結果に対して、目の前で繰り広げられたファイトから得る視覚情報などに自己や他者の知識や経験を組み合わせ総合することで、ふさわしい原因を指定しようとする。闘鶏に関する理論や知識、経験をふんだんに有する闘鶏家はなおさら、鶏の観察においてその闘いの因果を分析的に深く知覚する。[6] そうして各々が見定めた原因を彼らは、「致命傷を先に負わせた」「鶏の集中力が欠けていた」「小さい身体の俊敏性が勝った」「コンディショニング不足だった」「今日はこの血統の日ではなかった」と、ああだこうだと語り合う。

鶏が負けたことの原因を決定的に一つに絞ることは難しい。なぜなら、想起されるどの原因も一様に確からしいからである。想起されるどの原因も同等に確からしいのは、鶏が負けた「真なる」原因を人間が特定することができないからである。視覚情報などから「どちらが先手を打ったのか」「どの攻撃が致命傷になったのか」を確定することはできても、「なぜ先手を打つことができたのか」「なぜその攻撃が致命傷になってしまったのか」という高階の位相については、確実な原因を措定できない。それは、人間が関与することのできない、鶏の不可知性の領域に位置する問題だからである。しかし、自らの知識と技術を通して鶏の身体を人為的に改変する立場にあるからこそ、その領域に対しても闘鶏家は説得力のある確からしい原因を見出そうとする。こうして鶏の負けという結果には、確からしいが確実とは言えない原因が溢れることになる。つまり、物語の一つの結末に対して、闘鶏家がそこに辿り着くまでのプロットが過剰に存在するということになる。

これは、「原因の充満」――一つの結果に対して、認識者が認識する原因が溢れ、それらの原因はやがて認識者にとっての意味を失う――という因果関係が麻痺する事態を引き起こす[7]。負けという一つの結果に対して過去へ視点を移し、そこに確からしい原因が充満する様相を認めることで、「事象Aは事象Bによって生じた」という一対一の因果関係の知覚が瓦解する。「因果の充満」という言葉で類似の事態を論じる入不二は、そもそも一定の因果関係とは「人間の都合で張りめぐらされた、か細い綱渡りのロープのようなものであ」り（入不二 2015: 277）、ひとたび現実性に巻き込まれて、現実（結果）からありうる過去（原因）へ認識を移動させると、そのロープから転落してしまうと述べる[8]。

因果関係のか細いロープから転落してもなお、闘鶏家は原因追及を止めない。そこにあらわれるのが、不運である。原因の充満を経た彼らが、再び摑む因果関係の主たる構成要素となるのが運の観念である。彼らは闘鶏を端《はな》から運の遊戯だと考えているわけではない。鶏や闘鶏について知り尽くそうとした先に、そうした知識では理解できない不可解な事象に遭遇し、もはや運としか言いようがないという境地に達している。「〔負けるのは〕不運のせいじゃなくて誤った判断のせいだ」という闘鶏初体験後のクリスティの言葉（事例4－16）は、彼女の闘鶏への洞察の浅さを、彼女が闘鶏家ではないことを、まさに露呈している。闘鶏家は、闘鶏の因果性に、賭ける自己／他者の運という要素を織り込むことで、その運の布置に対する働きかけを可能たらしめる。そうすることで、鶏の不可知性という根源的な（人間にとっての）偶然性に対する賭けにおいて、ひたすらに、賭ける自己の能動性を発揮し続ける余地を担保する。

闘鶏家を運の観念へと接近させ、その観念を強化させるのは、ファイトの繰り返しとそれに伴う連続的な賭けが作り上げる闘鶏場の反復的時間である。闘鶏場の反復的時間とは、鶏の死という不可逆的な時間性を含みつつ、それを覆い隠すように、同じような、しかしそれぞれに差異をはらむファイトが繰り返される時間性である[9]。この時間に身を置きながら、闘鶏家は自らの賭けのリズムを刻んでいく。彼らは、賭け、言葉少なに賭け金を飛び交わせ、感情を大きく露わにすることなく、次にピットに上がった鶏を見極め、賭ける。この一連の行為を何時間も、時に一日中繰り返す。賭けは徐々に機械的になり、闘鶏家はやがて無表情になっていく。この没頭のありさまは、フロー状態に入り込むこと――能力を要する課題への統制感と行為への没入――と表現してもよいだろう（チクセントミハイ 1996）。

闘鶏場において彼らが没頭している、あるいは巻き込まれているものとは、眼前で反復する鶏の闘いが湛《たた》える現実性である。いくつもの知のレイヤーを通して鶏を見極め、自らの運を操作するように環境に働きかけ、可能な限りの算段を尽くした賭けの先にあるのが、鶏が勝つか、負けるか、引き分けるかという現実である。その現実は、闘鶏家たちの賭けなどお構いなしに、ただ生起する。その現実は、人間がまったく関与することのできない鶏の不可知性によって支配されている。ハンドラーの手を離れピットに放たれた鶏は、人間の操作がまったく及ばない、完全なる他者として立ち現れる。ピットを囲む闘鶏家や見守るハンドラーなど、すべての人間と断絶して、鶏の闘いはピット上でただ繰り広げられる。

そこでは、創造主である人間を裏切るかのように、鶏は闘う。得意の蹴りをお見舞いする間もなく致命傷を食らって果てたり、時にはハンドラーやアモの期待とは裏腹にピット上を逃げまどったりする。この、鶏たちによる人間への裏切りに、闘鶏家たちは賭けていると言ってもいい。彼らの賭けもまた、ただ生起する鶏の闘い＝現実にたやすく裏切られる。賭けの負けだけが裏切りとは限らない。試合展開や鶏のファイトスタイルなど、鶏の闘い自体が、観戦する闘鶏家に小さな裏切りと興奮をもたらす。

ファイトのたびに現前する、自らの期待を裏切るような結果が、闘鶏家を驚かせるとともに次なる賭けの養分となる。現実と自らの賭けの間《あわい》を駆けめぐるようにして、次の闘いに向けて、異なる知を持ち出し、運の布置を再確認し、またしても賭ける。本章で述べてきた、彼らの絶え間ない知の運用と運の観念の想起を駆動させているのは、鶏の闘い＝現実の不可知性である。そして同時にそれらは、現実の不可知性を闘鶏家が十全に享受し、その不可知性が満ち満ちた闘鶏場の時空間に耽溺することを可能とさせているとも言える。

第Ⅲ部　数字くじ——無根拠性の内に増殖する自己と世界の接続

第7章　つまらない賭博への没頭
――数字で世界を埋め尽くす

第Ⅱ部で論じた闘鶏がフィリピンを表立って代表する賭博であるとすれば、数字くじはその裏の賭博世界を圧倒的な存在感でもって支配してきた賭博だと言える。派手さこそはないものの、大衆社会への浸透度で言えば右に出るものはない。老若男女がこぞって賭ける。しかし、ただ単に数字を選んで小銭を賭けるだけという実践の、一体何が面白いのかがわからない。そんなミンダナオの調査地で日々購入される数字くじ「ラストトゥー」の魅力に迫っていくのが第Ⅲ部である。第7章では、人々が数字を予想し、結果を解釈する行為の中で構築されていく数字の意味世界を探る。そこでは数字くじが、生活環境にあらわれる当せん数字の徴《しるし》を探すような謎解きゲームへと遊び変えられながら、賭ける自己の幸運を測定するための実践として遊戯されていることがわかっていく。数字の意味世界を構築し、その幸運の物語の中に棲《す》まう人々にとって、数字への賭けは、理論上の確率の問題から、自らが邂逅した数字が「当たる」か「当たらないか」の二択の事態へと変位する。この思考の流転を、人々が賭けによって現実性に肉薄していくことのあらわれとして考えていくのが、第8章である。

1　つまらない賭博、数字くじ

「さっきは何が出た？（*Unsay gawas ganina?*）」

高齢女性が知り合いの中年女性の家を訪ね、お決まりのセリフを吐く。「何が出た」とは、数字くじの抽せん結果のことである。大抵、訊かれた当人が返答するか、知らなかったとしても周囲の人間が結果を知っていて、たとえば、「51だったよ。また昨日と同じ数字が出た」などと返す。すると大体、「まあ！　私の数字は50だった」などと会話が続く。この場合、高齢女性が実際に賭けていたのかいなかったのかはさして問題にならない。彼女の予想した数字が結果とニアミスしていたことが重要であり、さらに会話は周囲の人々を巻き込みながら盛り上がっていく。「なんで賭けなかったんだ」やら、「なんでそれを予想していたの」やら、数字をめぐる応答が続く。そしてまた、彼らは数字を買いに行く。

調査地において、このようなコミュニケーションは決して稀なことではなく、人々は頻繁に数字に関する会話をしていた。これは、来客との会話や井戸端会議、酒の席などの場面で天気や芸能人のゴシップを話すのと同じくらいのたわいなさ、日常感を帯びていた。彼らが熱中していたのは、数字くじラストトゥー（last two/*lasto*）だ。ミンダナオ島内で販売されるこの数字くじは、00から99までの2桁の数字を当てるという単純な賭けである。毎日欠かさず朝昼晩一日3回の抽せんがある。人々は2桁（あるいは3桁）の数字を選択し、くじを購入し、100分の1（3桁であれば1000分の1）の確率で抽せんされる結果を確認する。ただそれだけの極めてシンプルかつ純粋な「賭博」である。熱中度や参加度には濃淡があるものの、この単純な賭けにほぼ毎日参加する人々が調査地には一定数いた。

私は当初、人々がハマっているラストトゥーの一体何が楽しいのか、さっぱりわからなかった。実際に、ニックやベスらが購入するタイミングに合わせて日常的に購入するようになり、継続すれば魅力がわかるのかもしれないと思って賭け続けたが、結局、私自身はまったく面白さを見出せなかった。これを書いている今も同じ心境である。まったくもってつまらない。なにせ賭博としても遊戯としても、そして暇つぶし・時間つぶしとしても、まったくもって魅力がない。ランダムに抽せんされる2桁の数字を考える行為の中に、自分の力能が今、まさしく発揮されている！　と悦《えつ》に浸れる瞬間はどこを切り取ってもない。そもそも当たらない。当たったとしても、10ペソ賭けて700〜800ペソほどである。この金額は当たったらうれしいが、確率的には100回に1回しか当たらないのだから、大体は損をするわけであり、私にとっては、毎日賭けるほどの魅力には到底ならなかった。

しかし数字くじは、国を動かし、時には揺るがすほどに、フィリピンの大衆を魅了してきたのは事実である。第2章で論じたように、20世紀初頭から興隆した違法数字くじは、警察権力や地方政治家の資金源としてフィリピン全国に拡大した。運営を担うシンジケートは、地方権力者の庇護を受けながら、売人のネットワークを拡張することで販路を増やしていき、大衆がいつでもどこでも購入できる環境を整備していった。やがて国家リーダーがその利潤に目をつけるほどの巨大市場に成長し、2000年にはエストラーダ大統領が違法数字くじ運営者などから2億2000万ペソにも上る献金を受け、政権が退陣する事態にまで発展した。数字くじ合法化を経て現在は、国家の重要な税収源となっている。この巨大市場を支えてきた／いるのは、日々小銭を賭け続けるフィリピン全土の大衆層であり、具体的には、ニックやベス、リータのような調査地の人々だ。

なんでこんなにつまらないことに、みんな賭けているのだろう……。ラストトゥーに関する人々の日常実践について記述していく本章は、私の素朴な疑問を議論のスタート地点としている。数字を選んで当てるだけという、魅力的なゲーム要素が皆無に等しい「つまらない遊び」であるラストトゥーに、なぜ人々は賭けるのか。なぜその遊びに没頭しているのか。

2 「人はなぜ賭けるのか」をめぐる応答

あらゆる学問が、なぜ人は賭けるのかについて考えてきた。提示されてきた大量の応答は、「経済的」「象徴的」「快楽的」「消費的」動機に大別できる（Cotte 1997; Binde 2013）。「金銭が欲しいから」という動機はどんな賭博にも総じて当てはまる基本事項である。象徴的動機とは、ありふれた日常に賭博（アクション（ゴッフマン 2012））を差し挿《はさ》むことで、象徴的にリスクと対峙し自らの運命を試す契機として賭けを創出・希求するような態度である。闘鶏を象徴的行為として分析する視角もこの分類に入る。快楽の追求も賭博の参加動機として容易に理解できるだろう。遊戯自体を楽しむことが目的化されるというヨハン・ホイジンガなどの見解（後述する）はここに分類される。今日の消費社会においては、新しい知や感覚の獲得、自己同定、他者とのコミュニケーション、人生一発逆転の希望といった体験を消費することが、数ある娯楽の中でも賭博を選択する人々の目的に挙げられる(1)。

なぜ「富くじ」なのか

さて、数ある賭博の中でもなぜ富くじに賭けるのかという問いにもまた、数々の考察がなされている。社会学者のマーク・ルターらは、その見解の多くが、個人的要因に着目した経済学者と心理学者による不確実性下の意思決定論や認知バイアス論に収斂してきたと述べる（Lutter et al. 2018）。第8章で詳述するが、大雑把に言えば、くじ購入は人々の無知と非合理性と認知の歪みがもたらす確率の誤謬によって促進されているという分析である（McCaffery 1994）。こうした認知科学的知見は継続的なくじ購入を誘う要因についての説明は果たすものの、確率の誤謬に陥るきっかけは何なのか、そもそもなぜ人々はくじを購入し始めるのかという問いに対する十分な答えを用意できない（Kocher et al. 2014）。一方、個人の認知の問題だけでなく、くじを購入するという個人的決断の背景にある社会的要因の影響力の大きさを指摘する研究潮流も存在する。主に社会学の領域において蓄積されてきたこの研究群の見解は、「ネットワーク効果」「消費理論」「緊張理論」に分けて整理することができる（Lutter et al. 2018）。

まず、社会関係の形成・維持の目的化によるくじ購入の促進が、富くじ参加の社会的動機として重視されている（Rogers 1998）。ネットワーク効果に着目した諸研究は、くじの購入は家族や友人などの影響を強く受けており、さらにくじを共同購入する集団は、経済的効用の最大化のためではなく成員同士のつながりを強化し友情を深めるという象徴的な意味において存続しているという事実を質的・量的に明らかにしてきた。[2] この議論は、アメリカの黒人コミュニティにおける数字くじの活況の文化的・制度的要因を分析したライトの研究が嚆矢となっている（Light 1977）。彼は、金融機関にアクセスできない状況下において、黒人の間で数字くじが貯蓄・投資の制度的代替となっていったことを突き止めた。ロベルト・ガルビアは、スペインにおいて個人購入が可能になって以降も共同購入が継続し続けた背景に、金融資産としてのくじ購入が地位や集団への帰属を示す象徴へと変異してきた点を指摘している（Garvía 2007）。この見地からは、富くじの購入実践が社会構造に埋め込まれており、社会関係とともに継続・拡大していく実態がよく理解できる。[3]

所得や教育水準、民族的マイノリティーと富くじ購入行動の負の相関を説明するのが緊張理論である（Beckart & Lutter 2013）。この議論では、成功への強い社会的圧力に対する緊張のはけ口として、富くじへの参加が理解される（Frey 1984）。たとえばエマ・ケイシーは、労働者階級の女性たちがイギリスのナショナル・ロトを自らの社会経済状況の不条理さを解決する糸口として捉えていること、くじ購入が彼女たちの主体的な「幸福」「良い生活」の想起と経験になっていることを明らかにしている（Casey 2003）。賭博の中でも富くじは、属性にかかわらず購入者のすべてに平等なチャンスを提供するという性質によって、社会構造に起因する不平等さからたまっていくフラストレーションを解消する最適な方法となる（Haisley et al. 2008）。社会的に抑圧され阻害され、日々のルーティンに不満を抱く人々にとって、社会的地位の逆転をもたらしうる富くじの購入は現実逃避の機会として存在する。

社会的地位の逆転や現実逃避と連続性を有するのが、消費理論を通じて、希望を消費・創造する行動として富くじ購入を理解する方途である。くじを買うことはすなわち一攫千金の希望を買うことであり、富くじへの参加はよりよい未来を想像することを可能にさせる体験である。そこには経済的投資とは異なる価値がくじに見出されている。マルティン・コッハーらは、当せんの期待を膨らませる一定の購入者が結果の判明を先延ばしにしたいと思う傾向があることから、くじ購入の価値の一部が希望といった感情の消費に充てられているという事態を導いている（Kocher et al. 2014）。

人類学における富くじ

抑圧された現状や不確実性の高い状況における希望の消費・創造として富くじ実践を描く議論は人類学にも多く見られる。荒木健哉はナイジェリアの数字くじの事例から、人為の介入が最小限に抑えられた数字くじが「不確実だが不条理ではない」ために生計手段の一つとして頼られている背景を分析した。そのうえで、数字の予想技術が存在すること、技術を有する他者が存在することがくじ購入者の希望として現前し、その希望が社会関係内で共有・贈与されるさまを描出している（荒木 2018）。ほかにも、社会的に疎外されたキュラソーの人々による富くじ購入のルーティンを、偶然を受け入れながら不確実性を創造的に乗り越えていく未来志向のあり方として分析する研究（Rotmeijer 2023）、貧困層による南アフリカ国営富くじの購入が、金融リテラシーの欠如によってではなく彼らを取り巻く不確実な社会状況に対する柔軟な対処法の一つとして促進されており、「チャンスを摑む」ための計画的で控えめな投資として機能している実態を明らかにする研究（van Wyk 2012）、イスタンブールにおける富くじ購入者の実践を、彼の希望を刷新し、直面する不確実な社会・経済・政治的現実に耐えるための「生存の技術」（報われない労働がもたらす疎外感に対抗し、生を再活性化させる行為）として示す研究（Hassan 2023）などがある。

社会関係の強化、現実逃避、一攫千金の希望の創造……。こうした観点はラストトゥーにハマる人々がくじを購入する動機をまんべんなく説明してくれるだろう。確かに人々は、仲間と数字について話しながら、日常にささやかな棚ぼた的臨時収入を期待して、くじを購入している。しかるに、人々の疎外的状況に対抗する手段としてくじ購入を捉えてしまうと、社会的地位が高く生活にゆとりのある人々もまたくじを買い続けている実態を理解しきれない。私の周りでことさらに数字くじを愛好していたのは、ピカピカのアメ車（フォード）を所有する、れっきとした金持ちのリータだった。また、ラストトゥーには前述の先行研究が前提としている一般的な富くじや数字選択式くじとは異なり、富くじの中では比較的高頻度の抽せん回数（一日3回）や高い当せん確率（100分の1）をその特徴としている。この遊戯構造の性質は人々の賭け実践にも差異をもたらしているだろう。もっと言えば、こうした社会的要因は、賭博あるいは数字への賭けがなぜ面白さを伴って人々を魅了しているのかという点までは説明できない。彼らが一攫千金の希望のために賭けているのはもっともだが、しかしその目的と相まって（いやそれ以上に）、数字への賭け自体に、人々を日常的に数字に没頭させるような何か面白さが潜んでいるのではないか。その面白さに彼らは誘惑されているのではないかと、日々数字を探索するベスやリータを見て、私は直感的に思ったのである。

3　遊戯の面白さと没頭

では、面白さとは何か。賭博を含めた「遊び」の面白さについて、つまり遊戯が人々を魅了し没頭させる構造について、遊び研究が重ねてきた議論を簡潔に整理しよう。

遊びの面白さ

遊び研究の第一人者ホイジンガは、人間が遊ぶ理由を面白さの主体的な追求として分析することで、遊戯を機能主義的に捉えるのではなく自己完結的な実体として論じた（ホイジンガ 1973）。以降、遊びにおける面白さがいかにもたらされるのかについて、今日に至るまで幅広い学術分野において研究がなされてきている。

社会学者のゴフマンは、「ゲームの面白さ」（ゴッフマン 1985）の中で、面白いゲームの特徴とは、遊戯への自律的関与を前提として、結果が不確定であること、かつ、遊戯者が遊戯の外部に広がる社会的世界に関連した特性を発揮できることであると指摘した。コイン投げのように、遊戯の結果が単に不確定なだけならば遊戯者を没頭させせられず、技術介入や賭け金の設定といった他の要素を加えたルール構築が必要である。偶然性に起因する結果の不確定性と自律的関与の配分が、遊戯の面白さの鍵となる。そして遊戯の世界と外部の世界が一致することで、人々は遊びの楽しみを見出すという。

ミハイ・チクセントミハイは「フロー」という語を用いて、心理学的な観点からゴフマンと類似の指摘をしている（チクセントミハイ 1996）。フローとは、ある活動に面白味を感じ、その経験自体が目的となって深く没頭し続ける状態を指す。この没入状態は、眼前の課題と自己の能力のバランスが適正に保たれ、心地よい統制感と時間の感覚の変化を覚えることでもたらされる。彼はフロー状態を遊戯だけでなく労働などを含めた広範な日常生活の作業から論じているが、どの作業においても、課題は安易すぎても困難すぎてもいけない。適正なバランスが作業への集中を呼び込み、面白さをもたらす。闘鶏の賭けはまさに、このフロー状態を闘鶏家たちに生成していると言える。

両者の議論は共通して、自律的関与／能力と偶然性／課題の配分を内包する行為・遊戯が面白さを生み出すという構造を明らかにしている。この要素の内の偶然性を軽視し、賭博を遊戯から除外したホイジンガに対し、それを批判して偶然性を遊戯の重要な側面に据えたのはロジェ・カイヨワであった（カイヨワ 1990: 32–33）。カイヨワは遊びを、①自由な、②隔離された、③未確定な、④非生産的な、⑤規則のある、⑥虚構の活動としてその特徴を列挙した。そしてこれを四つの基本的範疇に分類した。すなわち、競争（agon）、偶然（alea）、模擬（mimicry）、眩暈（ilinx）である。偶然の遊びの領域に賭博を位置づけたカイヨワは、「偶然の気紛れそのものが、遊びの唯一の原動力になっている」(ibid.: 50) 行為として定義し、賭博の価値を論じた。予見、想像、投機の能力を必要とする偶然の遊びは人間と動物を画然と区別する行為であり、ゆえに賭博は優れて人間的な遊びであるという (ibid.: 53)。しかし、カイヨワの論考においても、賭博をはじめとした「アレア(運)」の遊びは、「意志を放棄し、運命に身を委ねる」(ibid.: 51) 受動的な行為としてのネガティブな意味づけに留まっていた。

ゴフマンらが指摘するように、偶然性の要素は遊戯者の能力行使と両輪をなす遊戯の面白さの源泉であり、偶然の遊戯における遊戯者の態度を意思の放棄だと断言するのは早計だと言わざるをえない。むしろ、偶然性は意志からの撤退ではなく主体が構築される場であると捉えられる (小原 2011: 15)。偶然性のアリーナで遊戯者が主体的に能力を行使し、結果に影響を与えることが遊戯者の没頭を促し、それを可能とする構造の内に遊戯の面白さは胚胎している (サレン&ジマーマン 2011: 352–53)。

デザインされる賭博への没入

西村清和は、偶然性に対して宿命の宣告を待つという受動性やそれに伴う不安や打算的思索は人生における賭けではあっても「遊び」ではないと批判したうえで、偶然の契機を際立たせ、それを遊びへと構造化するところに賭けの遊びの本質が存在すると指摘した (西村 1989: 324)。檜垣立哉は、徹底した計算を施したうえで偶然性の彼岸に触れることが賭けの遊戯の快楽であると論じた (檜垣 2008)。賭博者が自らの技術や計算能力を十分に発揮すること、そして同時に、賭博者のコントロールが及ばない偶然性に左右されることを、檜垣は賭博の醍醐味として挙げる。

彼らの言葉が示唆するように、遊びの中でも賭博は特に、偶然性の性質が遊戯者の情動に強く働きかけ、面白さをもたらす性質を有している。面白い賭博、特に商業的な賭博は、能力と偶然性の配分が調整され、賭博者を没頭させるようにデザインされている。たとえば、ブラックジャックやポーカーをはじめとしたライブゲームの愛好家は、偶然性の要素に加えてプレイヤーの技術がゲームに大きく影響を及ぼすこと、自身のエージェンシーが賭けの結果を左右することを魅力に挙げる（Scott 2013）。

また、個人の能力が関与しない純粋な偶然の遊戯であっても、偶然の結果を制御可能に見せかけたり、賭けの連続性と高い発生頻度を備えたりすることで、面白さを生み出す設計がなされている。その筆頭がパチンコやスロットマシンである。一定の確率のもとで乱数生成による抽せんが繰り返されるスロットマシンの遊戯内には、ゲームの勝敗を超えた操作のフロー自体に快楽を覚えさせるための膨大なテクノロジーが、マシンのデザインやカジノの空間設計に詰め込まれている（シュール 2018）。マシンゲームへの没頭はやがて遊戯する自己の主体性をはぎ取り、賭博者を現実逃避型の無感覚状態、「ゾーン」に達せしめる。

賭博への没入強度は一般的に、綿密なシステム設計が施されたマシンゲームが最も高いとされ、次いでサイコロやカードゲームの賭けが挙げられる（Shaffer 2004; Mazar et al. 2020）。こうした遊戯は共通して、連続試行によって没頭を促す、あるいは、能力と偶然性の配分を調整することで面白さを引き出す性質を有している。マシンのようなシステム設計のない完全なる偶然性のゲームも、賭けの連続試行が人々を没頭に誘い、高額なベットが人々をヒリつかせる。たとえば、丁半博打のバカラ[4]は「運に賭けるしかないからこそ、頭脳プレイのゲームとは違った醍醐味がある……ツイているときは信じられないくらい勝つ一方、運に見放されれば呆れるくらい負ける。だからこそおもしろい」（井川 2013: 170–72）と、カジノで106億円を溶かした当事者が現に語っている。

一方、没頭強度の最も低いものとして富くじが位置づけられる。一般的な富くじは賭けの発生頻度が低く、断続的な試行に留まる。かつ、遊びの面白さの要となる、自律的関与の余地と偶然性の配分が十分にデザインされていない。賭けの結果はランダムネスによるものであり、購入者の能力が賭けに影響を及ぼすことは物理的に不可能である。つまり、富くじは遊戯・賭博としての面白さをその構造の内に有していないと言える。

偶然性のみが駆動する賭け

これまでの話と照らし合わせると、ラストトゥーが没入強度の最も低いカテゴリに属していることは一目瞭然である。まず、遊戯の面白さの本質の一つである能力の行使余地に乏しい。2桁の数字は100分の1の確率でただ機械的に抽せんされる。知識や技術、人々の意志などが数字の抽せんに作用することはない。マシンゲームが搭載しているようなゲーム性や賭けに没入させるシステムデザインもない。また、調査地の人々は大きく賭けてもせいぜい日本円で700円ほどであり、賭け金という要素が緊張と歓喜の感情を強く喚起することはまれである。ラストトゥーの遊戯構造自体に見出せるのは偶然性のひたすらなる駆動だけで、そこに面白さの胚胎は見つけられない。であるとしたら、愛好家たちは一体ラストトゥーのどこに面白さを見出して、賭け続けているのか。調査者の立場から言えば、私は彼らの賭けにどのような意味を見出せるのだろうか。

序章でも言及したとおり、賭博全般の有意味性に関する人類学的応答の一つに、賭博の虚構的世界が日常の非虚構的世界を象徴する、あるいは予測不可能性や制限を追体験させるという見解がある。ギリシャ・クレタ島の人々の賭博実践の民族誌を著したマラビーは、賭博は偶然に満ちた生をより理解しやすい形に抽出するかのごとく、日常生活の不安定性を屈折した形で反映し、種々の遊戯への参加が、人々の生における他のリスク領域でなされるべき行為の予行演習的な役割を果たしていると論じている（Malaby 2003: 147; 2007: 109）。こうした知見は、賭博が賭博者の日常生活や社会に与える作用を機能主義的に明らかにするが、賭けの世界を日常の副次的世界として位置づけることで、賭けに没頭する人々による賭けの世界それ自体の構築過程が見えづらくなってしまう。いや、むしろ、賭博と日常の世界を分かつ境界線を頑強とみなす姿勢を疑ってかかった方がよさそうである（シュール 2018）。賭けが日常を侵食し、日常が賭けと連続するかのように特定の賭博が人々を魅了するという現象への、より実証的で微視的な見方が必要とされる。

この点を踏まえて本章では、ラストトゥーにハマっている人々の数字予想の方法や結果の解釈などに関する彼ら自身の個別具体的な語りと実践の微視的な検討を通じて、くじを日々購入するという行為がいかに生起しているのかを分析する。そこでは、数字への賭けが、日常的な生活のあらゆる場面、彼らを取り巻く環境のあらゆる物事をきっかけとしている様子が見えてくる。そうやって人々が数字に没頭する道程を探っていくなかで、数字への賭けに見出されている、あるいは作り出されている面白さについて考えたい。その延長線上で、「人はなぜ賭けるのか」という問いに対する一つの応答を提示してみたい。

4　ラストトゥーの日常

数字くじラストトゥー

そもそも富くじを賭博として解釈するか否かには、議論の余地があるだろう。だが、調査地において、数字くじはれっきとした「賭博」として認識されていた。くじをほぼ毎日購入し、運営の経験も持つ男性（30歳代）に訊くと、「ラストトゥーだってもちろん賭博だ」と即答された。また別の場面では、数人の男女が賭ける数字と金額について盛り上がっている最中に、聞き耳を立てていた女性（50歳代）が、「あなたたち、賭博者ねぇ」と揶揄した。また、くじの購入の際には「買う（*palit*）」ではなく「賭ける（*taya*）」という語が用いられる。よって、ここでも数字くじは賭博の一種として扱う。

ラストトゥーとは、冒頭でも簡単に紹介したとおり、00から99までの2桁の数字を選び、その数字に金を賭ける、単純な数字選択式富くじである。[5] その名のとおり、フィリピン慈善富くじ事務所（ＰＣＳＯ）が運営する公営富くじの抽せん番号（4桁あるいは6桁）の下2桁を結果として流用してきた。一口10ペソが常であり、これが当せんすると７００ペソから８００ペソが当せん金として獲得できる。購入する2桁にもう1桁足して、3桁の数字に賭けることもできる。０００から９９９までの3桁に賭ける場合はストレート（straight）と称される。ストレートの場合、10ペソの賭けの当せん金はおよそ５０００～５５００ペソになる。

第Ⅰ部で述べたように、大規模であれ小規模であれ、「違法」の枠組みで運営されていたフィリピン各地の数字くじは２０１７年以降、多くの地域で合法化を果たしている。私の調査期間は、ちょうどこの転換期に当たっていた。つまり、違法時代と合法時代の事例が混交している。制度上は大転換だったが、しかし、抽せん頻度やオッズなど数字くじ自体の遊戯構造にほとんど変化は生じず、よってくじを購入する人々の日常にもほとんど変化が見られなかった。そのため、特段のことがない限り、以下では違法運営と合法運営のくじ購入を分けて論じることはしない。なお、合法化によってくじの正式名称がSTLとなって以降も、依然として調査地では「ラストトゥー」という呼び名が用いられていたため、2桁のくじは総じてラストトゥーと表記する。

調査当時、10ペソあれば雑貨屋で菓子パンが二つ、あるいは、食堂でライスが1皿購入できた。トライシクルやジープ（乗り合いバス）の運賃も10ペソ前後だった。800ペソとなれば、フィリピンで一番大きい紙幣が1000ペソであるからして、それなりに大金ではある。800ペソあれば、1リットルのビールを6本買って、さらにつまみのスナックも十分な量が手に入った（つまり、友人を集めて一晩飲み明かすことが可能な金額であった）。1羽160ペソほどの鶏の丸焼きも、自分の家庭用に一つ、友人にも一つ購入してお釣りがきた。10ペソ硬貨をなくしたらがっかりはしつつ、まあいいやと思えるが、800ペソをなくしたら、数日の間、落ち込む。必死に探して、出てこなければ誰かに盗まれたのではないかと疑ってしまうほどであった。ストレートで獲得できる5000ペソという額はれっきとした大金であり、少なくとも1週間は働かず豪遊できるのではないだろうか。

抽せんは毎日、朝昼晩の一日3回行われる。常連客の家には売人が訪問してくることもあって、一日1回（あるいは2回、3回）の賭けをルーティンにしている人は多かった。しかし厳密に毎日賭ける、とルール化している人は少ないようだった（ロロ・ロミオはくじを毎日購入する数少ない人物だった）。仕事で忙しかったり遊びに出たりしていて賭けない、小銭がないから賭けない、数字が思いつかないから賭けないなど、くじを購入しないタイミングも往々にしてあった。1回あたりの購入金額も、人それぞれである。10ペソだけ購入する高校生もいれば、一つの数字に50ペソ賭けたり、複数の数字を選んで一度に計300ペソも購入するリータのような高額遊戯者もいた。いくら賭けるかは、個人のその時々の懐具合と相談しているようだった。

一口10ペソのラストトゥーの期待値は8ペソである。ストレートの場合は一口5・5ペソだ。一口300円で149円程度の期待値に留まる日本の宝くじと比較すると、かなり高いと言える。(6) 合法化以前のラストトゥーの制度的特徴は、還元率が変動するという点であった。日本の宝くじの場合、払戻金は「発売総額の100分の50以内」と法律で定められており、それに準じて当せん金額が設定されている。当たり前だが販売するくじの番号はすべて異なっており、各等級に対する当せん番号が定められた本数どおりに配置されていく。一方ラストトゥーの場合、各番号の販売数に上限が定められていないため、まんべんなく各番号が売れることもあれば、特定の番号に人気が偏ることもあった。競馬のようにオッズ制[7]を導入し、人気のある番号への払戻金を下げるなどの方策をとれば運営は安定するだろうが、そのような複雑な計算は織り込まれていない。たとえば、「00」を買う人がたくさんいる中で、もし「00」が抽せんされてしまえば、発売総額より多くの払戻金が必要となり、胴元が赤字になることもあった(第3章)。反対に、当せんした番号の発売額が少なければ、胴元の支出は減る。一般的な賭博運営において、胴元は損をせず、売上が増すほどに収益を確保できるよう制度化されているものだが、ラストトゥーの場合は、胴元も大なり小なり博打を打っているようであった。

合法化以降、「売り切れ」という概念が明確に導入された。各組合の管轄下における各番号の売上はリアルタイムで各売人に共有され、定められた発売総額の上限に達した番号は「売り切れ」となる。売上管理システムの導入によって特定の番号への一極集中と赤字になるリスクを低減することが可能となったが、いまだに存在する違法運営においては依然として、胴元の破産のリスクが潜在している。

毎日のようにくじを購入するような愛好家であれば、2、3カ月に1回は800ペソの当せんを得ているようであった。何カ月も当たらないときもあれば、数日連続して当たるということもあるため、自らの当せん頻度についての表現は人によってまちまちであり、個々人のそのときの状況によってもムラがあった。ストレートで5500ペソを獲得した経験となるとさらに個人差があり、人生で1回あるかないかという人が多いなか、すでに4、5回は当てている高額配当常習者もいた。

ちなみに私は、ラストトゥーでさえ一度も当たったことはない。

売人の営業努力と賭けのルーティン化

違法・合法の時期を問わず、ラストトゥーは、都市／農村、中心部／周縁部という社会・地理的条件に左右されずにミンダナオ島内のあらゆる地域で行われていた。これは、前述のとおり、ラストトゥーを実施・販売する組織的ネットワークが各地に発達しており、そのネットワークの最末端である売人がどこにでも存在しているからである。販路の拡大は利潤追求を目指す胴元（国家、あるいは政治家や警察が庇護するシンジケート）による企業努力とも言える。調査地の組合管轄下のある売人（50歳代男性）は、売上の10％が収入になるのに加えて、自身が売ったくじの中で当たりが出た場合にはバラトがもらえると話していた。「１５００ペソ売れば１５０ペソ、ごはんは食べられるんじゃない」（2019/12/27、P市）とリータは言うが、10ペソ単位の小口の賭けが多くを占めるラストトゥーにおいて、１回の抽せんで１５００ペソを集めるのは至難の業だ。売店で客が来るのをただ待つだけの者もいるが、それだけではなかなか食べていけない。よって、自身の売上が日給に直結する売人たちは「スキ（*suki*）」[8]と呼ばれる常連客の家や人が集まる闘鶏場などに出向いて賭けを呼び込む。特に常連客の家には一日２、３回決まった時間に足を運び、世間話に花を咲かせつつ、「それで、何の数字にするの?」などと賭けを誘導する。このとき、売人はそれぞれの常連客に応じた巧みなセールストークを展開する。

［事例７－１］売人のセールストーク

リータの家の軒先で、彼女の親戚や友人と座っていると、売人のジェーン（50歳代女性）が17時頃にやってくる。開口一番、「16時の出目、26だった！　あなたの数字だよね」と私に言う。以前、年齢を訊かれて26と答えたのだった。もう27歳になったので、26には賭けていないのだと説明すると、「あらそうなの、惜しかったね」と返答し、隣に座るリータに「賭ける?」と訊く。「数字を持っていない（わからない）から賭けない、きっと外れるもの」とリータが言うと、「昨日は96、今朝は92で、９が続いてるよ」とジェーンが提案する。リータはしばらく考えたあとに「96、19、どれがいいかな」とジェーンに訊く。「どちらもいい感じ。ランブル（１の位と

図7－1　売人ジェーン（右）から数字を買うリータ（左）（2019/12/28、P市）

10の位が入れ替わること」するかもしれないから、69、91も賭けておくべきね」と言い、リータは669、696、69、96の四つの数字に50ペソずつ賭けることにする。[9] ジェーンは「きっと今賭けたら当たるよ！　おじさん、あなたの数字、55だったよね」と周りで話を聞いていた友人にも声を掛ける。話しかけられた人々は「じゃあ俺は55に賭けるよ、お前も一緒に賭けるか?」などと話し、その場にいた4人が20ペソほどずつ購入する。（2019/12/28、P市）

このとき私は、ジェーンが私の年齢の数字を覚えてくれていたことにまず感動し、次いで彼女の言葉巧みな数字談議に思わず「賭けた方がいいのではないか。10ペソを渋って賭けなかったらまた私は当たり損ねて後悔するんじゃないか」と逡巡した。ジェーンは、常連客を定期的に訪ねるだけでなく、常連客がいつも賭けている数字を覚えることで客との親密さを演出したり、賭けに消極的な場合には出目《でめ》の傾向を伝えたり数字選択のアドバイスをしたりすることで人々を賭ける気にさせていた。こうした売人たちの日々の営業努力によって、常連客の生活リズムの内部にくじ購入の習慣が作られていき、賭けが日常のルーティンにはまりこむようになる。

数字2桁か3桁を選ぶだけというルールの簡単さと10ペソから賭けられる手軽さも、ラストトゥーの人気を支えており、老若男女を問わない参加を促進しているのは確実である。ジェーンとリータの話を横で聞き、賭けを勧められた数人がつられて購入したように、ラストトゥーの賭け金は人々が「付き合い」程度の感覚で賭けることができる額である。毎日賭けても家計に響かない額を自身で設定することができるため、賭ける気はなくとも「ついつい」誘いに乗ってしまうのである。

身近にある幸運

しかし、ラストトゥーへの賭けも過熱すると「付き合い」程度の金額ではなくなっていく。それは、依存症のような傾向を示すこともある。メアリーは、かつて毎日賭けていたことを懺悔するかのように語り出した。

メアリー（以下M） 昔は毎日賭けてたの。でも途中で気がついたの、賭けるなら米を買った方がいいって。

筆者（以下F） そうだよね、20ペソあればご飯が買えるもんね。

M 違うわ、1回200ペソくらいを毎回賭けてた。アディクト〔中毒〕だったの。

F それだったら、当たったときとってもオイシイじゃない。

M そう。でも考えてみたの。一体今までいくら負けたんだろうって。だって、100個数字があって、当たるのは一つだけでしょう。99％は負けて、1％しか勝てない。まだラストトゥーよりも闘鶏に賭けた方がいいじゃない、フィフティ・フィフティだから。〔ラストトゥーに賭けた〕お金はみんな金持ち〔運営者〕に行く。〔運営者に〕ドネーション〔寄付〕してる。お金がなくてもみんな賭けてしまう。私はラストトゥーに狂ってた。

F 確かに、毎日賭けてる人いるよね。なんで賭けるんだろう。

M わかんない。たぶん、お金がなくても、あの、なんていうの？ 幸運を得ることを、お金を得ることを夢見てしまうんだよ。でもお金を賭けるだけで、ラストトゥーは楽しくない。トンギッツ〔カードゲーム〕の方が楽しい。ラストトゥーは数字を選んで賭けて、当たり、はずれ、ってだけだけど、トンギッツは自分で努力して、楽しんで賭けられる。（2020/1/7、L町）

メアリーは、当せん確率や賭け金の行方などを冷静に考えることで、日常化していたラストトゥーへの賭けが他の賭博と比べて「つまらない」ものだと気づいた。毎日賭けていた当時を「アディクト」、「狂ってた」状態だったと表現している。そして金がなくても賭け続けてしまう理由を、「幸運を得ること」、「お金を得ること」を夢見てしまうからだと説明している。

ラストトゥーは、幸運すなわち「スウェルテ（*suwerte*）」のゲームとして調査地に存在している。STL転換以降の3桁のくじの正式名称「*swertres*（幸運の3桁）」がまさに体《たい》を表している。前章で論じたように、闘鶏の賭けには不運（マラス）が前景化する様子がよくうかがえた。一方、ラストトゥーの賭けにおいて、「マラス」という言葉が使われることはほとんどなかった。外れた際には、単に「外れ」という意味の「プソイ（*pusoy*）」が用いられる。数字くじの当たりが幸運ではあっても、その外れが不運とはみなされない。これは、数字くじ自体がめったに当たらない賭けとして認識されていることがまず挙げられる。基本的に外れる回数の方が人々の経験則的にも多いため、外れることは「普通」であって「不運」ではないのである。また、賭け金が少額であることも挙げられるだろう。数十ペソの賭けは、多くの人々にとって「大損」のリスクとはみなされない。数字くじの賭け金は、失っても嘆くほどの不運にはならない。こうした性質は、闘鶏での不可解な連敗が「不運」の概念で説明される状況とは対照的である。闘鶏とは逆に、当せんの発生頻度の低さ、少額の賭けで大金を得るというローリスク・ハイリターン性が、ラストトゥーを純然たる「幸運のゲーム」たらしめている。闘鶏における幸運の表現「ブイナス」と数字くじにおける表現「スウェルテ」の差異は、こうしたところに認めることができるかもしれない。

ラストトゥーに当たること、つまり幸運を得ることへの人々の欲求は、当せん数字や当せん者に関する日々の情報交換によって増大する。抽せん結果はもとより、当せん数字に誰が、いくら賭けていたのかなどの情報は往々にして、売人や親戚、友人、近隣住民など縦横に築かれたつながりによって即座に共有されるため、ラストトゥーによって幸運を得たという語りは人々にとって身近に耳にするものである。

当せん金は、隠匿されて個人で消費されたり貯蓄されたりすることは少ない。やはりそれは「バラト」として友人や仲間内でシェアされることが通例である。たとえばベスは「私は運がいいから、よく当たるの。当たったらいつも一緒に賭けている友人と鶏の丸焼きを贈り合うと決めている」と言っていた。ベスの弟ナドナドは「当せん金は仲間と酒で使い果たした」などと言って実際に一夜で気持ちよく散財していた。

金銭や食料、飲料などの形で贈与されるバラトは、当せん者の幸運の具現化として人々に受け取られる（第4章）。知り合いにラストトゥーの当せん者が出たことを聞きつけると、「当たったんだって？　バラトちょうだい」といった風に当せん者のおこぼれに自ら与《あずか》りに行ったり、宴に参加したりする。バラトを介してラストトゥーの幸運を間接的に経験することで、当せんのリアリティが浮き彫りになる。自らの生活のすぐ近くに、くじに関する情報が溢れていて、幸運を手に入れた人物が時折出現し、その幸運のかけらに自らも軽く手を触れる機会が存在する。ラストトゥーの幸運が身近に揺らめいている状況が調査地の至るところに広がるなかで、人々は賭けに誘引されていた。

5　数字を予想し、解釈する

第4章で言及したように、フィリピンにおいて幸運とはただ受動的に舞い込んでくるものというよりも人間の能動的態度によって獲得可能なものであり、それを摑むための道筋が存在する。細田が描き出したような、キリスト教的善き行いの実践を通じた神とのコミュニケーションは、その道筋の一つであった（細田2019）。ラストトゥー愛好家たちの間でも、幸運の獲得とは、数字の選択・予想を経た賭けという能動的態度を通じて達成されるものとみなされる。よって彼らは、当せんという幸運を得るために、賭ける数字を丹念に精査し、選択する。日常的に交わされる数字くじに関する会話においても、いかに数字を予想するか、いかに結果を理解するか、そしていかに当せん者が幸運であるか、というトピックに力点が置かれる。本節では、人々が語る「なぜこの数字に賭ける／賭けたのか」という予想と解釈の方法を辿りながら、彼らが数字くじにどのように没頭しているのかを明らかにしていく。

数字を持つ

人々がラストゥーに賭けるときとは、「数字を持っている（*naa koy number*）」状態のときである。逆に、事例7－1のリータのように「数字を持っていない」状態のときには賭けがはばかられる、あるいは賭けない。

図7－2　ニックとベス（2014/8/31、P市）

［事例7－2］数字を持っているか尋ねる

ニックはほぼ毎朝、家から歩いて3分ほどの売店へ賭けに行く。ベスもニックに数字を言付《ことづ》けたり自分で買いに行ったりする。

朝9時頃、ニックが売店に行く際に、「賭けるか？」とベスに訊く。ベスは「まだ数字がないから賭けない。きっと外れちゃう。1回寝て、夢を見てから賭けることにする」と笑いながら返答する。「数字持ってるか（*Naa kay number*）？」とニックは私にも尋ねる。私がフィールドノートを書きながら「ない」と返すと、ベスはノートをのぞきながら「あるじゃないの、数字」と言って数字の書かれた一文を指す。ニックは昨日と同様に、「自分の数字」である18に10ペソを賭けに行く。

昼12時過ぎにニックがベスに賭けるかと尋ねると、「まだ探し中（*Mangita pa ko*）」とベスが言う。（2018/8/23、P市）

「数字ある？」――「まだない（*Wala pa*）」「探し中」、というフレーズは、ラストゥーに賭けてみたいと思う稀有な読者は覚えておいて損はない。ニックに誘われたベスは、「まだ数字がない」ので賭けない、と返答した。「数字がない」とは、賭けるべき数字が思いつかない状態を指す。当せん結果は完全に偶然のたまものであるから、賭ける数字の選択はあてずっぽうでも構わないはずである。しかし、人々は「数字を持っている」とき、つまり賭けるべき数字が自分のもとに存在するとき、あるいは数字を見つけたときに賭けるのである。「まだ〔数字を〕探し中」というベスの発言のとおり、ラストトゥーの実践において、数字は探索される対象となる。では、いかにして人々は数字を探しているのだろうか。

数字を探す

数字の発見方法にはまず、数字の分析「アナライシス（*analysis*）」がある。これは、当せん数字の出目に法則性を探り、次に出る数字を予想する方法である。ラストトゥー愛好家の多くが、このアナライシスに熱中していると言ってもよい。一口にアナライシスと言ってもその方法は多様であり、個々人が異なる自己流の分析をしている。「昨夜の当せん数字の下1桁を絡めた数字を翌朝の抽せんに賭ける」（20歳代男性）、「ここ最近、2が連続して出ているから次も2を入れた数字に賭ける」（リータ）というように純粋に過去の当せん数字との連関から数字を予想する方法が基本である。当せん数字の規則性は、記号的な類似性や連関性などのイメージからも想起される。「66が出たら、次はシンディカト（*sindikato*）が出るかもしれない。ゾロ目の99か、シンディカトの69か」（ムンムン）、「俺の数字の55がまったく出ない。22に変えるか」（ザルディ）。シンディカトとは、本来シンジケートを意味するが、ラストトゥーにおいては形の似た数字群を意味し、6と9、2と5、3と8、4と7などが当てはまる。ほかにも「753だったから次はランブル（*rambol*）を狙って537にする」（30歳代女性）というように、当せん数字の順序が入れ替わるランブルなどが、数字の分析における特殊用語として用

図7－3　カレンダーに書き込まれる当せん数字（2015/8/12、B村）

図7－4　書きつけられる数字（2018/8/29、P市）

図7－5　数字の分析をするロロ・ロミオ（2015/8/14、B村）

いられる。

　日常生活で最も目にすることの多い数字の羅列である、カレンダーを用いたアナライシスも定石だ（図7－3）。「俺なら、カレンダーから、一つ前の当せん数字の左右上下にある数字を組み合わせて賭ける」（ランディ）といった具合に、当せん数字をカレンダーの日付に当てはめて分析する。ロロ・ロミオはカレンダーに当せん番号を書きつけるのを日課にしていたし、ニックは頻繁にカレンダーをにらんでは日付と当せん番号の連関をあぶり出そうとしていた。当せん番号が26だったときには「今日は19日だよね。26は19の下にある。賭けなかった、残念。俺が賭けた07は明日出るだろうな。20日の下に27があるだろ」（2019/10/19、P市）と、また、22だったときには「やっぱり22だ。日付をさかのぼっているんだ。今日は23日。昨日が22日で、21だった」（2019/2/23、P市）と推理していた。

　さらに、競馬新聞さながら、数字予想新聞なるものも存在する（図7－6）。数字予想新聞は数種類が毎日発行され、ラストトゥーの売店に置かれている。表面《おもてめん》には、数字が隠れている挿絵や、前日の当せん数字から導き出した本紙本命予想、そして予想新聞独自の「ロト・カレンダー」などが載っている。裏面には最近1カ月の当せん数字や、漢数字とアラビア数字の互換表など、数字予想のための情報があふれている。愛読者は、特に各紙独自のロト・カレンダーに穴が空くほど見入り、そこから数字を予想する。リータはしばしば、真剣な顔つきで数字を書きつけた自作のメモとロト・カレンダーを突き合わせ、賭ける数字を考え込んでいた。
これら一連のアナライシスは、当せん数字に隠された規則性を見出し、背後にある法則性を読み解くことで当せん数字を知ろうとする努力である。時に、公正公平であるとされる抽せんの仕組み自体に疑いの目を向けることにもなる。

［事例7－3］陰謀論に至る

昨夜に続きまたしても、朝11時の抽せんで64が出る。結果を知ったザルディは「またか。ひどい結果だ。本当にむかつくぞ。これがあいつらのやり方なんだ」と腹を立てる。（2018/8/27、P市）

図7－6　数字予想新聞

立て続けに同じ数字が抽せんされたことで、ザルディは、抽せんのシステムが何者かによってコントロールされているとの考えに至り立腹していた。数字の書かれたボールを無作為に抽出する模様は定時にテレビで生中継されており、抽せんの公平性は担保されているようではある。それでも、数字の出目によっては人々の思考は陰謀論に結びつく。この陰謀論的な語りには同時に、陰謀の裏をかくアナライシスによって当せんに至ることが可能であるという解釈も含まれている。
また、夢（*dango*）も極めて信頼度の高い数字の予想方法として用いられる。

［事例7－4］夢から数字を読み取る
朝6時15分。アダが朝ごはんを食べながら興奮して言う。「ねえ、夢を見た！　ATMでお金を下ろそうとして、暗証番号の1080を押してもお金が出てこないの。1080を何度も押すのに、全然出てこない。何回も繰り返して、ふと気づいたらATMの後ろ側にお金がたくさん出てきてたの！」。するとベスが、「108、180だね。億万長者だわ、私たち」と含み笑いをしてささやき、朝食後に108と180を賭けに行く。
（2019/10/14、P市）

数字が明確に登場する夢を見ることとは、無意識下で個人が特定の数字を授かった状態であるとされ、ラストトゥーに賭ける絶好の機会となる。数字を連想することができるものや出来事に関する夢も、数字への解釈を通じて予想につながる。たとえば、クリスマスの夢ならば「25」、兄弟が登場する夢であればゾロ目の数字など、そのものや出来事が示唆する数字への賭けが妥当になる。
数字の読み取りと解釈は、夢の次元に限った話ではない。日常生活で目にするもの、耳にすることにも同様に、人々は数字の意味を読み取る。テレビからふと視界に飛び込んでくる2桁の数字や、ままごと遊びをする子どもが発する数字など、数字が記号としてそのままあらわれるのならば、それはれっきとしたラストトゥーのサインとして理解される。数字のサインは自然の中にも潜んでいる。鳥の鳴き声やハンモックの揺れ、地面に転がる果物、木からぶら下がる蜘蛛――。自然の中のあらゆる存在から、数字の意味が読み取られうる。この数字の意味解釈方法は、自己流もあるが、多くはラストトゥー愛好家の共通理解となっている。「今日はやたらとあの木が目について離れない」となれば、それは数字を探るきっかけとなる。数字の意味は仲間や家族で話し合ったり、数字の意味体系に詳しい売人にアドバイスを乞うたりすることで解釈が深まっていく。ラストトゥーに没頭する人々においては、日常の「何か」との邂逅が、すなわち数字との邂逅なのだと言えよう。

生死と関係する数字

さまざまな数字の予想方法を挙げたが、最も簡単かつ頻繁に用いられる手段は、「自分の数字（*akong number*）」を保持することである。ラッキーナンバーと言い換えることもできる。一般的には、自身や家族の生年月日や年齢といった、賭ける人間やその周辺に本来的に備わっている数字から考える。事例7－2におけるニックの「自分の数字」18とは、彼の誕生日である8月31日に由来する数字である。ニックはほかにも、生まれ年1966にちなんだ66等を「自分の数字」として定期的に購入していた。この「自分の数字」をいくつか、あるいは複数、毎日賭ける場合もあれば、1週間や1カ月賭け続けて別の数字に変更する場合など、継続性はまちまちである。特定の個人に付随するこれらの数字には、誕生日当日や命日、通夜の期間中などにはさらに特別な意味が付与され、賭けは通常よりも頻繁かつ高額になる傾向がある。以下は、私の誕生日とロロの逝去が偶然重なったときの数日間の出来事である。

2月5日、私の誕生日前日。レイモンドが私に「何歳になるの?」と訊いてくる。「28」と答えると、「ラストトゥー賭けな」と言って笑う。続いて「生まれ年は?」と訊いてきたので「1992年」と返すと、あごに手を当てて考えるそぶりを見せる。「昼は12 8が出たって。夜は10が出たって。10は勝った人がたくさんいるって友だちの売人が言ってた。28に賭けなよ、友だちにテキストして送るよ」と、レイモンド。ジェラルドも来て、彼も私の生まれ年を訊く。考え込み、「292がいける。誕生月は2だろう、192でもいいな」と言う。

2月6日9時、ジェラルドに連れられてヤギを一頭購入したあと、ヘルナンド家が営む町営市場内の雑貨屋にビールを買いに行く。メアリーとジェフ、家の手伝いをする親戚のラブリー（10歳代女性）が店番をしている。

「今日、お前の誕生日だな」と私に生まれ年と年齢を訊いたジェフは「俺は228に賭ける。当たるはずだ、お前も500ペソ一緒に賭けろ」と言う。メアリーは「500ペソがもったいない」と言う。「いや、当たらないでしょう」と一旦私は断る。

直後、昨日10に賭けて当たった女性客が来る。メアリーが「〔バラトを〕ちょうだい」と女性客に言う。女性客は「ラストトゥー〔2桁〕だけだし、10ペソしか賭けてないから。私は賭博者じゃないし」とお茶を濁す返答をする。帰ろうとする女性客にメアリーは「あとでペプシおごってね」と呼び掛ける。

この女性客の来店でジェフは「俺は228に賭けるぞ」と意を固め、「一緒に賭けようよ、〔誕生日パーティーの〕出費を全部取り返せるから」と私を誘う。結局、朝11時の抽せんに、228を50ペソ、28を100ペソずつ買うことにする。「228が出れば3万ペソ以上、28だけでも7000ペソだ」とジェフが説明する。くじを買いに行ったラブリーが戻ってくると、「私も23に5ペソだけ賭けちゃった。運試ししてみただけ。お金なくなっちゃった」とお茶目に言う。

家の鳥小屋の脇で、ヘルナンド家の男性たちとその友人たちがヤギの調理に取り掛かる。11時過ぎ、ジェラルドが「また10に戻った。勝っていれば出費全部取り返せたのにな」と朝の抽せん結果を教えてくれる。「同じ数字ばかり！」と言うジャンレイに、私は28に賭けたと教えると「おい！　28は出たばっかだよ」と言う。「昨日の朝が38、昼が28、夜が10、今朝が10……。220がいい」「200ペソ賭けるぞ」と、ジャンレイはヤギを捌《さば》く料理人の友人（30歳代男性）と話す。

16時25分、料理人が「506が出たって」とスマホで16時の抽せん結果を確認する。「残念だな。お前の誕生日、今出たよ」とジャンレイ。私の誕生日06が出た。「賭けてない……」と落胆している私にジャンレイは「7000ペソ勝ってるはずだったのにな」と追い打ちをかける。料理人が「誕生日って本当に出るもんなんだなあ」と感慨深げに呟く。調理の場にいたメアリーは、「日付も買わなきゃいけなかった、誕生日のときは日付も賭けるの」と言う。

夜、やっと誕生日パーティーが始まり、ビールを飲み始める。ラストトゥーの話になると、料理人が「実は昨日２１０に賭けてた。ストレートだけ。４１０にしていれば……！　次はフミコの誕生年の２９２にする」と言う。レイモンドは21時の抽せんに賭けたらしい。「何に賭けたの」と訊くと、「秘密。バラしちゃうと、勝てる数字が勝てなくなっちゃうからね」と明かしてくれない。

21時が過ぎ、レイモンドがスマホで結果を調べ、「おい見ろよ！　94だった。残念だ、俺の数字は92だったのに。すごく近かった」と叫ぶ。彼は私の生まれ年にこっそり賭けていた。

22時、Ｐ市のレイエス家からメッセージが来る。ロロが亡くなったという。動揺し、一緒に飲んでいたレイモンドにそのことを伝えると、「ロロは何歳だったんだ」と訊いてくる。「81歳だったって」と返すと、「ラストトゥーだ」と少し笑いながら、しかし真剣な顔をして言う。メッセージをくれたムンムンからも、「たぶんラストトゥーで出る」と返信が来る。「日曜日にＰ市の闘鶏に行くって言ってたよね。そのときはロロにお願いするんだ。そうすれば勝てる」と言うレイモンドに「どうして」と訊くと、「場合によるな。いつも勝てるわけじゃないけど。そうなんだよ」と返される。

２月７日。朝ごはん中に、ロロが81歳で亡くなったからＰ市に戻るとジェラルドに伝えると、「ラストトゥーだ、多分出る」と笑って言う。

図７−７　棺桶の下から数字を探すジャンジャン（2020/2/7、Ｐ市）

12時過ぎ、レイエス家に着く。９日間続く通夜の１日目はもう始まっていて、家の前にはビニールシートの屋根が張られ、その下にはパイプ椅子が並んでいる。その前に、棺桶が置かれている。ロロは白い

図７－８　葬式賭博（2020/2/13、Ｐ市）

顔をして寝ている。夜中、「おしっこ！」と言って立った時にトイレで倒れ、病院に運ばれたがそのまま息を引き取ったのだという。道中、さぞかしみんな落胆しているはずだ、どう話しかけようなどと心配したのは完全なる杞憂だった。着いて早々「さっき、みんなでラストトゥーに賭けるためにロロから数字を探してたんだよ」とケルケルが言ってくる。ダバオから来たジョイスは、「11時は78だった」と悔しそうな顔をしている。「棺桶の下の面、ロロの頭の下あたりに87を見つけたの。81にも見えたんだけど。87があると思ってムンムンに言ったら、ムンムンは「81だろ」って。そうこうしてるうちに時間になっちゃって、結局賭けなかったの。87、78に賭けてれば……」と言う。「なんで賭けなかったんだ」、「数字を見つけたら誰にも話しちゃだめ」と周りの親戚がジョイスにまくしたて、ジョイスは「だってさぁ」と困った顔をしている。ミサをしに来た神父とニックが「何歳だった」「81」「昨日は94だったね」と話す。

15時近くなり、また人々が棺桶の周りから数字を探し出す。ジャンジャンは棺桶の下を覗く。キンキンは「見つけた」と言ってアルコール消毒液のボトルのバーコードを指す。「これとマッチした？」とジャンジャンはロロの誕生日が書かれたポスターを指しながらキンキンに訊く。ケルケルは、「ロロが授けてくれる数字だから。ロロはきっと授けてくれるから」と呟く。

通夜の期間中、集まった親族や知人たちはラストトゥーを買い続ける。彼らの主な数字はロロの年齢「81」、生まれ年「38」、生まれ月「04」、誕生日「10」、命日「06」などである。１人当たり10ペソから１００ペソを毎回賭けている。「昔、ラストトゥー狂だった」と話すロロの妹マミー（70歳代）は特に熱心で、紙に数字を書きつけながら、「次はゾロ目が来る」「5だけは合ってた」「まだ14は出てない？　じゃあそれを60ペソだけ」など、棺桶が置かれた屋根の下で日がな一日数字を計算している。「あの女の子、身長５・７〔フィート〕〔約１１０センチメートル〕だって」というベスの台詞を訊いて「え？　何が出たって？」と聞き間違えるほどにハマっている。

２月10日、通夜３日目。葬儀会社のスタッフが来て、ロロの生年月日と命日が書かれたポスターを見ながら「昨日の昼、38が出たよね。３３８。生まれ年だ。この前06も出てたよね、10もだ」とニックに話しかける。ニックは「そうなんだよ。04も出てる。10はもう何回目かだ。81はまだ出てないんだ」と返答する。

21時のくじを買いに行く道すがら、「昨日38出たんだって？　誰か当たった？」と私が訊くとベスは「ニックが当たった」と言う。「本当はケルケルも賭けるはずだったのに、忙しくて賭けに行けなかった。賭けてれば、２０００ペソになってたのに！　当たった８００ペソは通夜の来客用の飲み水代にした。ニックは口口の葬式で忙しく働いてたから当たったんだよ。ロロが〔数字を〕授けてくれた。私はダメだった。81がいつまでたっても出てこない。大損。もう賭けない！」とベスは言行不一致な発言をする。

２月14日、通夜７日目。マミーとベスが「何が出た？」「夜は10だった」「10？　また？」と会話する。ベスは、「夢を見て、ロロがまた『誕生日の数字』を授けてくれたのに、またか、多いな、と思って。私自身の誕生日だと思って、30に賭けちゃった」と言う。そこにベスの親友のタンボック（40歳代女性）が来て、「06出たね、勝った？」と訊いてくる。私の誕生日を覚えていたようだ。「フミコの誕生日に06が出て、その夜にロロが死んだの」とベスが説明する。「10も出てるね、ロロの誕生日。ニックの誕生日も出たね、31。私の数字は30だった！」とタンボック。ベスが先ほどの夢の話をし、「81はまだ出てない？」とタンボックが訊き返し、そのまま２人の間でロロと数字の話が延々と続く。（2020/2/5～14、L町、P市）

私の誕生日すなわちロロの命日から通夜期間は、数字の話題で持ちきりだった。生者と死者の数字と関連した数字が本当に抽せんされていくのを、私自身も、驚きをもって経験した。私の誕生日には、賭けた数字は当たらなかったものの、関連する数字が抽せんされたことで、誕生日にそれらの数字に賭けることの有効性が改めて確認される結果となった。ロロの死に際しては、「死者が数字／幸運を授けてくれることで当せんできる」という理解が共通認識として働いていたことがうかがえる。人々があてにしていた数字は、歴然と死者に関係のあるものだけではなかった。死者は、世界に痕跡を残したり、夢枕に立つことで、数字を授けてくれる。そうした痕跡を、生きている人々は辿っていた。レイエス家の部外者である神父や葬儀会社のスタッフが当せん数字に関する発言をしていたことからも、死という出来事を数字くじへの賭けに結びつけて考えるという状況は、調査地において稀なことではないと言えるだろう。

ラッキーナンバーを持つ、死者の残した数字の痕跡を辿る、出目の規則性を分析し次の当せん数字を予想する、数字の夢を見る、日常の中で数字と出会う。数字探索方法の例を挙げればきりがない。人々は、ラストトゥーへ賭ける数字を持つために、身の周りに存在する数字を頼り、過去のデータの蓄積から次の数字を導き出し、感覚的に日常生活から数字を探し、時に死者を想起する。これらはすべて、当せん数字との因果関係がまったくない、意味のない行為である。しかし、特定の数字が自分の手元にあるという状態は、数字の当てが何もない状態と比べれば、格段に「今この数字に賭けたら、当たるかもしれない」という希望的観測を人々にもたらす。「今ここで、この数字と邂逅すること」の意味は、「今ここで、ラストトゥーへ賭けるべきであること」に等しく、連続している。

ニアミスを創り出す

各人それぞれその時々に応じた数字予想を繰り広げた末にラストトゥーは賭けられるが、数字が抽せんされ結果が開示されれば、その予想が正しかったのか、はたまたかすりもしなかったのかが自ずと明らかになる。繰り返しになるが、このような予想行為は抽せん結果と何の因果関係も持たないのだから、そもそも予想に正誤というものは存在せず、予想の当たり外れを討議することもまた無意味である。しかし、当せん数字を目前にすると、人々は再び数字についての解釈の渦に巻き込まれる。

［事例7－5］ニアミスの経験

8時過ぎ、ベスがザルディに「何が出た？」と昨夜の結果を訊くと、「77」と言われる。私は27に賭けていたことをベスに伝えると、「私は07だった。7は当たってたのに、惜しいことをした」とベスが言う。「昨日も〔当せん数字が〕37で、7が入ってたよね。最近は7ばっかり出るじゃない」と、ベスとザルディが立ち話をする。

9時頃、ベスと一緒に賭けに行く。私は27に10ペソ、ベスは店先の数字予想新聞を見て207と07に10ペソずつ賭ける。ベスは7の出目《でめ》が続く流れに乗ろうとし、前回の賭けから数字予想を変えない。

16時52分、人づてに抽せん結果を耳にしていたベスにニックが「何が出た？」と訊く。「32。私たちは外れた」とベスが返す。ニックが壁に掛けてあるカレンダーに目を向ける。「今日は24日か。気づかなかったけど、あったじゃないか！」と、ニックがカレンダーの24日の両隣に3と2があることを指摘する。真剣なまなざしでカレンダーを眺めながら次に賭ける数字を考えるニックに、私が「21はどうか」と訊《たず》ねる。「21は出たばっかりだから出ない」とニックは断言する。「あとで分析するよ」と言ってニックがカレンダーから目を離すと、2歳のライカーが「僕は04に賭ける！」と叫ぶ。「俺たちが訊くんじゃなくて孫が自分から数字を言ってきたときは何度も当たってるんだ。賭けた方がいい」とニック。分析を経て、ニックは21時の抽せんに04と07を賭けに行く。

翌朝、昨夜の抽せん結果を売店で確認したニックが落ち込んだ顔で「06だった」と言いながら帰ってくる。「〔自分の賭けた数字と当せん数字が〕なんて近いんだ。勝ってたはずなのに、残念だ」と、ニックはベスに一日中ぼやき続けている。

19時頃、ニックが「朝の結果は16だったぞ。0の次には1が来ることは承知済みだった。次はゾロ目が来るぞ。毎日そうなんだ」と意気込む。（2019/10/24; 25、P市）

事例7－5は、ラストトゥー愛好家の行動や語りを示す典型的な例と言ってよいだろう。ベスは「77」という抽せん結果を受けて、自身の賭けた「07」という予想が近かったこと、7の出目が連続していることを理解した。そして、7の出目は次も続くであろうと解釈し、数字予想新聞を参照したうえでもう一度「07」に賭けた。しかし結果は「32」と、ベスの予想は大きく外れた。一方でニックは、「32」という抽せん結果をカレンダーの数字の羅列から解釈し直したところ、カレンダーには抽せん結果を示唆するサインが存在していたことを理解した。そして、カレンダーに基づいたアナライシスの末にニックが（ベスに引き続き）賭けた「07」という数字は、奇しくもニアミスした。

このようなニアミスの経験は、予想が（ほとんど）正しかったという認識につながり、当せんの機運が高まっていることの証左となり、さらなる賭けへの原動力へと転じる。[10] 逆に、予想が大きく外れた場合、抽せん結果は（賭ける前の予想とは）異なる観点から解釈し直される。その理解の過程には、「今にして思えば……」という遡行的な解釈が駆動する。

〔事例7－6〕目についていた車のナンバー

昼の抽せん結果は357だった。リータが私に向かって神妙な面持ちで、「見て、家の前に停まっている赤い車のナンバー」と言い、指をさす。その車のナンバーは当せん数字と同じ357である。彼女は、「賭ける前に目についていたの。なぜかずっとあの車のナンバーが目について見ていたの。でも私の〔予想していた〕数字は89だったから賭けなかった」と言う。（2018/10/9、P市）

〔事例7－7〕新聞を見直す

朝の抽せん結果が06だった日の昼に、マナンは52に賭けた。結果は22であった。マナンは数字予想新聞を見返しながら、『クヤ・エリー』〔数字予想新聞の一つ〕のカレンダーガイド、06の隣に22が書いてあった！」と驚いてロト・カレンダーを指し示す。（2019/8/29、P市）

日常生活の中でわずかに感覚が揺らいだ記憶を思い起こしたり、日頃参照しているデータを丹念に読み直したりする作業を通じて、「今にして思えば……」という抽せん結果に対する理解に至る。数時間前の過去を遡って当せん数字を再探求していくなかで、やたらと目について離れなかった車のナンバーが抽せん結果を示唆していたことや、愛読紙に記されているロト・カレンダーが次の当せん数字を的中させていたことに気づく。数字のヒントがすぐそこに確かにあったのだという事実に直面し、驚く。

たとえ数字予想が結果と大きく乖離していても、抽せん結果は先の予想とは別の視角から捉えられ、個々人の記憶と経験から遡及的に解釈される。そして、結果を暗示するヒントが存在していたにもかかわらずみすみす見逃していたという理解に辿り着く[11]。これは、過去の予想行為と賭けの決断の位相におけるニアミス経験とも言い表せるだろう。つまり、予想数字と当せん数字との実際のニアミスとは異なるニアミス状態——過去に存在していたヒントと自己とのすれ違いの様相——が創り出されているのであり、そこに人々は自らを置くのである。そして遡及的に思いを馳せられたニアミス経験によって、次なる賭けへの期待値が上げられる。

幸運を分配する

さて、以上はすべてラストトゥーに外れたときの結果の解釈の方途である。では、当せんした場合はどうなるのか。ロロの通夜中に当せんしたニックが当せん金を葬儀の費用に充てたように、当せん金はその使い道としてふさわしい物品の購入や生活の必要を満たすために用いられることもあるが、すでに述べたように、当せん者の多くは、その多少はあれど、当せん金をバラトに用いる。たとえばロイは、「3連続で当たったことがある。当たって、友だちとその金で飲んで、予想して、また当たって、自分の取り分を少しもらってまたみんなで飲んで、予想して、そしたらまた当たったんだ。すごい幸運だろう」とその経験を語った。ロイの例が如実に示すように、数字くじで得たあぶく銭を独占せずに分配するという寛大な態度が、次なる幸運をもたらすとされる。

幸運の分配に際して、飲み会が催されれば、そこでは「当せんの方法」が自ずと話題に上る。「だれがよく当せんしている」という噂も、コミュニティ内では自然と拡散される。幸運なる当せん者は「なぜ勝ったのか」という人々からの問いに遭遇し、自らの数字選択の仕方を饒舌に答える。

［事例7－8］予想方法を共有する

ベスを訪ねに来た友人のドドン（20歳代男性）が、ここ数週間で3回ほどラストトゥーに当たっており、2400ペソ程度勝ち取ったと話す。ベスが「あなたが最近幸運だって話はすでに聞いてたよ。いつも勝ってるんだって？　それは〔新聞やカレンダーを用いた一般的な〕分析で？　それとも自己流？」と予想方法をドドンに訊く。「稲の数とか収穫量とかの数を賭けてるんだよ。摑んだ稲を数えてそれが72本だったら、72に賭けるとかね」と、実家の稲の収穫に絡めた数字予想をしているとドドンは語る。（2018/10/7、P市）

当せん者は自身の分析や、数字を選択した理由などを、同じくラストトゥーに没頭する人々と共有する。彼らの幸運の語りに人々は耳を傾けながら、数字を吟味し予想することで、あるいは身の周りに存在する数字を読み解くことで、確かにラストトゥーに当せんすることは可能なのだと、賭けへの熱意をより深めていく。

6　数字で世界を埋め尽くし、偶然性に深入りする

「何でも」から「何か」へ

さて、ここまで論じてきた、数字のサインを日常から読み解き、翻訳し、賭けるという実践は、コスモロジーと全体論に関する論考の中でマルティン・ホルブラードが占いの実践と比較しながら描いたキューバの数字くじの実践と重なる（Holbraad 2010）。ハバナの人々も、日常生活の中で偶然に遭遇した出来事を「ラ・チャラーダ」

という1から100の数字の象徴体系に当てはめ、数字を予想する。個人差が多く存在するラ・チャラーダに加えて、それ以外の予想も多岐にわたってなされる。こうした数字の象徴体系の開放性・柔軟性によって、日常に溢れる「何でも」の事物が「何か」特定の当せん番号に変換されているとホルブラードは考察する。

「何か」から「何でも」を推測する占いと数字くじの逆転構造を指摘するホルブラードは、前者は神話に基づくコスモロジーの論理によって特定の出来事が生じる「理由」を提供するが、後者はそうではないと述べる。占い師が「物事の理由」を理解できるのは、神話の中に「すべて」があるとされる宇宙論が手元にあるからである。一方でくじ購入者は、コスモロジー的な理由を持ち出してくじの結果を説明するのではなく、むしろそのような理由を構成する要素がどのようにして最初に生成されるのかという問いに取り組んでいるのだという。その傍証としてホルブラードは、くじ購入者がラ・チャラーダを介した数字予想を「ただの偶然」として処理する様子を取り上げる。彼らは偶然に数字と遭遇することを賭けの契機とする。能動的に探し出そうとすればたちまち当たらなくなる。

ホルブラードはここから、ラ・チャラーダの象徴性は特定の出来事から抽せんを説明するためにあるのではなく、むしろその抽せんに対して彼らの生活環境（ホルブラードが言うところの宇宙）全体の「何でも」が関係することを可能にさせるためにあるのだと分析する。占い師はコスモロジーによって宇宙の把握を可能にするが、宇宙の全貌は不透明のままであり続ける。それに反してくじ購入者は、宇宙の偶然的な現れを相手取ることで、コスモロジーの土台を提供しようとする。それは外れたときに明瞭になる——宇宙的な啓示は事象の理由を構成するものではなく、因果とは無関係であるということだ。

環境の「何でも」が数字と結びつくこと、そうした数字予想が閉じたコスモロジーを形成するのではなく、開かれた宇宙自体と関係していることは、ラストトゥーの実践からも言える。数字の予想は、「ハンモックが3を意味している」から「ただこの数字が好き」に至るまで、何でもありの様相を呈してなされる。それはホルブラードが指摘するように、彼らの予想が00から99までの数字の抽せんという閉じた記号のセットに向けられるからである。限定的な数字であるからこそ、彼らは生活環境の至るところにその数字群と関連する物質や事象を発見することができる。「死者に関連したしかじかの数字」「カレンダーから読み解くしかじかの数字」「蜘蛛が意味する8」「目に留まっていた車のナンバー」といった徴で埋め尽くすようにして、数字くじに賭ける人々は自己の生活環境に数字の意味世界を構築している。

しかし、ホルブラードの文章に登場するハバナの人々と、ラストトゥーに賭ける人々の実践の差異は、偶然性への態度において明らかに存在する。すなわち、ハバナの人々は数字との偶然なる邂逅を賭けの契機とし、結果と自らの賭けの符合（あるいはズレ）を「ただの偶然」として処理するのに対し、ラストトゥーに賭ける人々は自ら進んでその偶然を「探し」に行く。ラストトゥーにおいてももちろん、彼らが能動的に数字を探しに行くなかで特定の数字を見つけること自体は偶然であり、賭けた数字と結果が符合することもまた偶然である。ハバナの人々はそうした賭けを通じて偶然性という宇宙の本質を認める。ラストトゥーに賭ける人々は、その偶然性を宇宙の本質としてではなく、その偶然性と出会った自己にとって意味のある事象として読み解こうとする。外れてもなお、数字の徴が自らの生活世界の中に存在していたという偶然を探索するのは、偶然的な存在に意味を見出そうとするからである。

そこに見出されている意味の一つに、自己の幸運に関する事柄がある。くじの偶然性を承知しながらも、その偶然性に深入りしていく彼らが浮かび上がらせている幸運の位相について、最後に考えていきたい。

幸運の位相

ラストトゥーに没頭する人々は、過去の当せん番号をデータとして参照し、日常の生活環境に存在する物事を介して当せん数字のヒントとなるべきサインを探し、賭けるべき数字と邂逅していた。賭けの結果は、「今にして思えば……」という解釈を経て理解に至っていた。この数字予想の方法や結果の遡及的理解は、個人の胸に留められるのではなく、親族や友人、売人などの他者と日常的に共有されていた。予想し、賭け、結果を解釈し、理解を共有する一連の賭け実践が、ラストトゥーへ賭ける日常を紡いでいた。

数字を予想することについてロイは、「予想して、いろいろな分析に基づいて賭けるのは、時々効果的だし、時々効果的じゃない」と言ったことがあった。数字を探索する技法は、数字に賭ける人々にとって必勝法として存在しているわけではなく、どれも非固定的で流動的である。当せんするために頼っておく分には何も損しないものとして当てにされ続けている程度と言ってもいい。それでもあてずっぽうに数字が選択されるのではなく、技法が当てにされ続けているのは、彼らが数字と賭ける自己を常に結びつけようとするからである。

そこには、幸運は自己の能動性によって獲得されうるとする人々の態度が明瞭に見て取れる。複数の先行研究が、フィリピンにおいて幸運とは個人の知識や技術によって交渉可能なものとされると指摘してきた（Aguilar 1998; 細田 2019）。すでに述べたように、当せんはまさに「スウェルテ」とみなされる。時に「（神からの）祝福（*blessing*）」や「恩寵（*grasya*）」と呼ばれることもあった。これらの表現からは、幸運の本源をカトリシズム的な神として考察する妥当性が認められる。しかし、ラストトゥーがもたらす当せん＝幸運に至る道筋は、神のみを回路としているわけではなかった。過去の痕跡や身の周りの物質、他者や死者、現前する数字それ自体、そして自分自身など、生活環境に存在するあらゆるものから当せん数字のヒントが探し求められていた。彼らは自らの広範な日常生活の中から、アクセスしうるすべてに交渉しながら、幸運を手に入れようとしていた。

日常的な仲間同士での数字の話し合いやバラトにおける幸運の分配のたびに、数字を予想する数々の手段や当せんの経験は共有されていた。数字くじ愛好家たちの集合的な経験に基づきながら、多岐にわたる数字予想の技法は繰り返し繰り返し運用され、そのたびごとに、幸運に至る道筋を彼らの前に浮かび上がらせていた。

幸運の測定——「有効性」を測り知る

自らの生活環境の内にちりばめられた当せん数字のサインを、数々の予想の技法を用いて探し出し、賭ける。そうなると、いかに徴を読み解くか、幸運に至る道筋をいかに観測するかという個人の力能が、当せんを左右するようになる。こうして偶然的な賭けに自律的関与の余地が作り出され、ここにラストトゥーの面白さが存在する。

もっともらしいが、これだけでは、人々が他の賭博ではなく数字くじを選好する理由を十全に説明したことにならない。賭博の意味世界を構築し、そこにあらわれる予兆を読み解くという過程が遊戯の魅力を増幅しているとの指摘は賭博行為全般に当てはまるからである。競馬の哲学を論じた檜垣の言葉を借りれば、賭博者は自己の世界を「未来を指し示すシーニュ」（檜垣 2008: 26）へと転じさせ、その世界に溢れる記号と賭け実践をつなぎ合わせる。遊戯がはらむ偶然性を受容可能にするために、遊戯者は往々にして自己の選択に「意味を注ぎ込む」（サレン&ジマーマン 2011: 367）。ここで分析を止めるのではなく、愛好家たちがあえて数字くじに楽しみを見出すのはなぜかを考えなくてはいけない。

数字の予想と結果の解釈を通じて人々が取り組んでいるのは、なぜ幸運が手に入ったのか（手に入りそうになったのか）、いかに次なる幸運を手に入れるのかという事柄である。数字への賭けの過程は、過去と未来にまたがる幸運の位相を、数字を媒介してその都度認識する作業だと言える。言い方を換えれば、ラストトゥーの賭けが幸運について認識する機会を人々に提供しているということになる。

ラストトゥーは幸運を確認する機会である。これが、数字くじという純粋な偶然性への賭けになぜ人々が興じ没頭するのかという問いに対する答えの一つである。調査地の人々は、賭けに際してしばしば、「賭けなければ当たる（*daog*）／外れる（*pusoy*）こともない」、「賭けなければ幸運になれない」と言う。彼らは、能動的にラストトゥーに賭けることが幸運を得る手段であることを認識している。とともに、この言葉には、自分が幸運であるかどうかは、ラストトゥーに賭けることで判明するという意味も含まれている。ラストトゥーに対する人々のこの認識と態度は、ラストトゥーの賭けに当たるために必要な幸運を自身が持っているかいないかは、皮肉にも、ラストトゥーに賭けることでしか確かめることができない、という事態を露呈させている。

パプアニューギニア高地のゴロカにおける賭けカードゲームを、メラネシア社会との構造的類似性から分析したピックルスは、カードプレイが賭博者に何をもたらしているのかについて、以下のように述べている。

ギャンブルのような行為がなければ、クラ円環の人々が取引を用いて自身の名声を測るのと同じように、意図や有効性（efficacy）を測るのは難しい。カードプレイをすることで、ゴロカの人々は勝利の恩恵に与《あずか》るだけでなく、ツイていないことや、鍵を閉めて家に閉じこもっていた方がよいことなどを知ることができる……内在するジレンマは、金銭を失いそうか否かを測るために、人は負けるかもしれない行為に参加しなければならないという点だ。戦術の有効性や他者との関係の現在的状況を測ることは、カードプレイやクラを通じて、モノを自身に惹きつける試みによってしか、できないのである……関係を確かめるために人々はギャンブルを必要としているようである（Pickles 2013: 103–04）。

ピックルスの観察した賭けカードゲームでは、他者の思考の曖昧性に対して自分の技術や発想がいかに通用するのか、自分の一手に対して他者がいかに応答するのかなど、賭けに参加する人々は自己と他者の取引を応酬する。それを経ることで彼らは、自分自身と他のプレイヤー／カードとの関係性、身体の清浄／不浄さ、ツイている／ツイていないなど、自己の現在的状況を測る。ゲームに参加し、他者と関わることで、幸運の有無や自他の関係性、世界において自分自身とは何なのか、といった有効性について知ることができるのだという。

カードプレイとは異なりラストトゥーは、他者との関係や自身の力量が直接的に結果に影響を及ぼさない賭けである。しかし、他者と予想を話し合ったり、他者の誕生日や死者の命日に賭けを関連づけたり、身の周りに存在する物事から数字のサインを読み取ったり、賭ける自己と他者・物事・生活世界・数字自体との関係性が認識されることで「数字を持つ」ことが可能になっていた。数字予想や結果解釈は、自己と外部の関係性の認識の上に成立していた。

数字の無根拠性

この関係性の認識を成立させているのは、数字くじの無根拠性である。ここで言う無根拠性とは、特定の数字が抽せんされることや、当せん数字と個人の賭けた数字が重なり合うことの無根拠性、そして数字自体の無意味性までをも含む。ラストトゥー全体を覆う無根拠性が、賭ける人々をして数字予想の方途や結果の解釈を無数に想起せしめることを許している。無機質な数字とそれを予想する人間の間を取り持つと想定されるア・プリオリな存在は何もない。ゆえに、人々は恣意的に自己を数字に接続し、意味を与え、賭ける自己と数字の間の無に、何でもありうる根拠を創り出している。この恣意的な根拠づけによって賭けの経験が受容される場合において、ラストトゥーへの賭けは自己と外部世界とのつながりの現在的諸相を想像する契機となる。

重要なのは、数字への賭けが、幸運か否かという自己の有効性の現在的状況をどの遊戯よりもより明確に示す契機となっている点である。それは賭けが絶対的な偶然性に向けられていることに起因している。ラストトゥーの過去の抽せん結果や賭けの経験は次なる幸運を獲得するために有益な痕跡として、未来の賭けのために読み解かれ、参照される。しかし、この技法が次の賭けにおいても確かに幸運をもたらすとは限らない（ことを人々はわかっている）。丹念な数字予想と結果の解釈がラストトゥーの当せんを得るための技術的介入の方法として機能してはいるものの、結局のところ、数字は人々の意思に関係なく無根拠に抽せんされ、数字くじの偶然性は絶対的であり続ける（ことを人々はわかっている）。賭けの結果が、過去のデータの解読や賭博者の技術・経験の多寡などの諸要素によって左右される遊戯であれば、そこには個人の力能の影響が少なからず認められるがゆえに単なる幸運とはみなされがたい。実際には技量も力量も経験も要さない純粋な偶然性への賭けであるからこそ、幸運以外の語彙では理解することのできない「純粋な幸運」として、当せんはあらわれる。

『遊びの現象学』において西村は、偶然の遊戯とは幸運「と・遊ぶ」ことであり、賭けの構造は幸運との遊び関係にあると論じている。遊戯者の幸運が、蓋然性を含まない純粋な偶然性の瞬間に置かれることで、偶然の遊戯は「幸運を狩りたてる」遊びとなり、彼はこの遇運・幸運との戯れに、遊戯の本質を認めている（西村 1989: 333–

34）。この意味では、数字への賭けに没頭する人々は、純粋な幸運を狩りたてる人々だと捉えることができるだろう。西村の言葉で言えば、ラストトゥーの諸実践とは、幸運を導く数字「と・遊ぶ」ことであり、この数字との戯れに興じる愛好家たちは、「幸運の女神を相手の鬼ごっこ、いない・いない・ばあ」（ibid.: 333）のような狩りの構造をそこに見出している。

ここには、愛好家たちによる数字くじの遊び変えが発生している。ゴフマンは、元来つまらない遊びであるものは、面白さを主体的に追求する遊戯者によってルールが調整されて面白い遊びへと変容していく、つまり、つまらない遊びは淘汰されていくと考えた（ゴッフマン 1985: 64）。先にも述べたが、ラストトゥーに日々賭け、数字に没頭する人々は、純粋な偶然性への賭けの中に、賭けに勝つための自律的関与の余地――生活環境に存在する数字のサインを探し出し読み解くこと――を自ら作り上げる。これによって、自身の有効性を高純度で示し出すような「幸運を狩りたてる」あるいは「その徴を読み解く謎解き」の遊びへとラストトゥーを遊び変えている。世界の謎を解きながら幸運を摑むこと、これが数字くじに見出される面白さなのではないだろうか。

7　世界の謎を解き、幸運を狩りたてる

本章では、ラストトゥーへの賭けに没頭する人々の賭けのあり方を探りながら、数字への単純な賭けの一体どこに面白さが見出されているのかを検討してきた。彼らの一連の賭けは、「数字を持つ」こと、「数字を探す」ことを発火点としていた。日常生活の中で自らと数字が偶然的に邂逅するシーンを、身を乗り出して探し出すことで、賭ける数字を選択していた。偶然性に深入りしていくようなこの態度は、幸運の獲得に対する能動的な交渉として考えることができる。生活環境の中のあらゆる事物から数字を読み取ることを通じて、人々は自らの世界の内に幸運を摑む道筋を浮かび上がらせていた。

賭ける自己と数字の間には、常に何らかの接続が見出されていた。これを駆動させているのが数字くじの無根

拠性だった。数字自体の無意味性や抽せんシステム自体のランダムネスなど、数字くじの遊戯全体が本質的に無根拠性に覆われていることで、人々は賭ける自己と数字をいかようにも結び合わせることができる。むしろ、自己と数字の間に恣意的に見出された関係性のみが、抽せん結果の根拠として、リアリティをもって浮き彫りになる。偶然性と無根拠性しか存在しない領域に賭ける自己の存在が恣意的にねじ込まれることで、無機質な数字くじは幸運の物語が司る賭けへと再構築される。愛好家たちは、こうした無根拠な存在に根拠を探し求める身構えによって、自らの生活環境の中に数字を探索する実践を成立させていた。

日々数字を探索し、賭け、幸運の道筋を浮かび上がらせようとする人々の生活環境は、数字の徴で満ち溢れる。賭けない人々にとってはそのものであること以外の何も意味をなさない物質や現象が、賭ける人々にとっては予想に重大な影響を及ぼしうるサインとして有意味に立ち現れる。自らの世界を数字で埋め尽くすように、彼らは、数字の意味世界を構築していた。

世界内に数字の予兆がいかにあらわれるか、自らがそれをいかに読み取り賭けることができるのか。数字の意味世界を読み解き、数字に賭けることとは、自己と他者、自己と数字、自己と日常の生活環境などの諸関係性の現在的状況を確かめ、自己が今現在、幸運か否か（のグラデーション）を測り理解するための実践でもあった。偶然任せの遊戯だからこそ、賭ける人々の幸運の有無を白黒はっきり提示する機会として数字くじはその存在意義を有している。そして「賭けなければ幸運になれない」からこそ、自己の幸運をめぐる今ここの状況をアップデートするために、その機会を毎日与えてくれる数字くじに、人々は賭けているのであった。

ラストトゥーの面白さは、数字の無根拠性に介入することで純粋な幸運を狩りたてるという点に存在している。愛好家たちはその豊かな創造性をもって、数字を選択するだけのつまらない賭博を、自らを取り囲む徴を解読する謎解きへと遊び変える。その中で、彼らは数字の無根拠性と遊び、最終的に賭けの偶然性に相対することで純粋な幸運に触れる契機を得る。フィリピン社会において、数字くじという単純な賭けは、純粋な幸運と戯れるための要件を満たすのに最も適した遊戯として人々の間で希求され、連綿と続いてきたのだとも言える。

単純で浅い遊びや賭けであっても、それに遊び、遊ばれる人々の実践には、賭けを楽しまんとする賭博者の能動的態度によって深い意味世界が創造されている。自己を取り巻く事象に意味を追求する人々の精神と、賭けがもたらす数多《あまた》の偶然の瞬間が交差するところに、賭けの面白さというものは自ずと湧き出るものなのかもしれない。

第8章　確率的思考の流転と現実性への接近
――異なるレイヤーを往還する

1　当たらないとわかっている、けれど賭ける

賭けは理にかなっているか

　前章では、ラストトゥーに賭ける人々の日常的な数字予想と結果解釈の方途を探りながら、幸運を狩りたてようとする人々によって、数字くじのつまらない遊戯構造が謎解きゲームさながらに遊び変えられている様子を記述した。本章では、ラストトゥーの当せん確率に対する人々の思考に着目することで、次なる問いを考えていきたい。すなわち、当たることの方が少なく損をすることの方が多いのは明白なのに、なぜ彼らは賭けるのか、という問いである。

「100個数字があって、当たるのは一つだけでしょう。99％は負けて、1％しか勝てない。まだラストトゥーよりも闘鶏に賭けた方がいいじゃない、フィフティ・フィフティだから」。これは前章で引用した、かつてラストトゥーに依存していたメアリーの言葉である。彼女のこの見立てに多くの読者も頷くところだろう。大仰だが、彼女の言明の正しさを数学的に証明することもできる。前述のとおり、一口10ペソのラストトゥーの期待値は8

ペソ、期待利益はマイナス2ペソである。一方の闘鶏は、賭け金500ペソ、オッズはパレハ（2・0倍）と単純化して計算すると、期待値は500ペソ、期待利益は0ペソとなる。期待利益がマイナスの時点で賭博者にとって不利な賭けとなる。闘鶏の場合、期待利益はプラマイゼロだが、賭けには闘鶏場の入場料支払いという経費が発生する。ほとんどの賭博がそうであるように闘鶏も、胴元が儲かる仕組みの構築によって、賭けに参加した時点で損をするマイナスサムゲームが前提となっている。それでも期待値原理からのみ考えれば、数字くじより闘鶏に賭ける方が理にかなっていると言える。期待利益約マイナス151円の日本の宝くじをはじめとして、世界的に見ても富くじの還元率は他の賭博と比して低く、賭けるに値しないものである（Clotfelter & Cook 1991: 228）。

しかし、賭けが理にかなっているかどうかは期待値ではじき出せるほど単純ではない。二つの賭けの間の選好は、期待値計算だけではなく、勝ったときの満足度の度合い、すなわち期待効用の大きさに左右される。この期待効用を最大化するようにして人間は最善の行動・選択をしていると考えるのが、不確実性下（どの事象が生じるかはわからないが各事象の発生確率は判明している、リスク的状態）における意思決定論の土台をなす、期待効用理論である。この理論に基づくと、単純に期待値、あるいは当せん確率からして「ラストトゥーより闘鶏の方がいい」とは言い切れなくなる。期待効用には、意思決定者のリスクに対する態度が含まれるからである。つまり、リスク回避的な人物は高額な賭け金（損失）を嫌うため、50%の確率で勝てる闘鶏に500ペソを賭けるよりも1%の確率で800ペソを獲得できるラストトゥーに10ペソを賭ける方を選択する可能性が高い。経済学では多くの場合、リスク回避的個人が想定されるが、一方でリスク愛好的な人物からすれば、確実な500ペソを保持することよりも賭けて勝てば倍になるという期待効用の方が高くなるため、ハイリスク・ハイリターンな闘鶏の方が選好されるだろう。つまり、どちらに賭ける方がより合理的かどうかは、個人のリスク態度によって異なり、その選好に従えばどれも合理的選択なのだと言える（川越 2020: 75）。

こういう事情があるため、ここでは賭博の選好における人々の合理性についてこれ以上深く掘下げる気はない。そうではなく、「99%は負けて、1%しか勝てない」というメアリーの言葉が体現するような、「当せん確率10

0分の1」「(論理的)勝率2分の1」といった確率的数値で特定の出来事を把握・評価・比較する人々の想像力に足を止める。「1％しか勝てない」のだからラストトゥーには賭けない方がいいというメアリーの論理は、数字くじの当せんに対する確率的な観念に基づいている。ラストトゥーから足を洗った彼女だけでなく、現役の愛好家たちにとっても、数字は大体当たらないものとして認識される。当たらないと「わかっている」、けれど彼らは賭け、賭け続ける。

「非合理」な実践の意義

前章で描出したラストトゥーに賭ける実践は、100分の1の確率でしか当たらない稀な事態に対して湧き上がってくる、「なぜ」という問いへの説明体系を用意するものとして理解できる。くじ購入者の意思決定と数字の抽せんに因果関係が存在しない状況に対し、人々はそれでも「なぜその数字が当せんしたのか」を求め、考える。この「なぜ」という疑問を呈しそれに応答することを可能にしているのが、身の周りから賭ける数字を見つけたり、生活環境の内に当せん数字の存在を探し求めようとしたりする、信念や行動であった。

自分で数字を探索しようが、生成AIに選ばせようが、どんな方法で数字を選択して賭けても、当せん確率は変わらない。ランダムネスに対抗するのは、この点において無益な行為である。こうした「一見非合理な信念／行動」が、当事者やその社会にとってどのような機能を有しているのかという問いは、人類学の主要な関心領域の一つを形成してきた。呪術的実践や思考が、「いかに」ではなく「なぜ」その災厄が特定の人物に降り注いだのかを理解するための説明体系として持ち出されることを示したエヴァンズ＝プリチャードの図式は、高い汎用性を有している(エヴァンズ＝プリチャード 2001)。ラストトゥーにおける数字予想や結果の解釈なども例に漏れずこの図式から考えることができるが、そこでは、エヴァンズ＝プリチャードの議論で説明の対象となっている「災厄」ではなく、「幸運」(特定の数字が抽せんされること、あるいは特定の人物が当せんすること)に対する説明が提供される。人々の間で外れる経験の方が圧倒的に多いなかで「(当せん番号と自らが賭けた数字の)ニアミス」が

「不運」と表現されることはあっても、外れることが災厄とみなされることはほとんどない。当せんという稀な出来事に対して、人々の「なぜ」を満足させるような説明が、数字探索の実践を迂回することで求められる。

　こうした方向の分析は、一見非合理的な信念／行動の社会的な存在意義を明らかにしていく。一方で機能への着目は、非合理的（に見える）実践それ自体の持続力や価値を不透明にしてしまうのではないだろうか。非合理な実践にあえて能動的に身を投じ、それを繰り返し、希求するという事態が一体どのように現象しているのか。すなわち、「確率的に１００回に1回しか当たらないとわかっている」事態と、「しかしそれでも賭ける」事態の間に、何が生じているのかを検討するのが、本章である。

　二項の間の跳躍について考えるために切り口とするのが、賭け実践の最中で変容していく賭博者の確率的思考である。大体当たらないと「わかっている」のに、しかしなお、賭け、賭け続ける。そこには、確率的存在である数字くじが、賭けの実践を通じて異なる存在へと変化していく様相が見て取れる。この様相について、非合理性に関する認識が翻り、ある思考の形式を超え出て、異なる価値の世界へと接続していく人々の認識の流転に注視しながら、以下では素描していく。

2　確率的思考

　本章が取り上げる確率的思考とは何か、簡単に整理しておきたい。確率とは一般的に、ある事象の起こりやすさを、数字で表現して区別する手立てである。事象に確率を割り当てる方法には大きく三つある（ギルボア 2014）。一つは、完全な対称性を前提として、あらゆる結果に等しい確率を割り当てる「数学的確率」である。中学校の数学の授業で習ったような、「サイコロの1の目が出る確率は6分の1である」という言明などはこれに該当する。6面すべての出る可能性を対称的に等しく捉え、現実のサイコロの「立方体の歪み」や「重心の偏り」など、出目に影響を及ぼすと想定できる物理的な要素は考慮しない。ゆえに、幾何学における「イデアの存在物」と同じであり、理想的な数値という枠を出ない（小島 2005: 48–49）。

次に、「頻度主義」に基づく方法がある。膨大なデータをとり、ある事象のデータ内における発生割合を算出することで、その起こりやすさを示すものである。無限回の実験をすれば、ある事象の発生確率は期待値に収束するという大数の法則は、頻度主義的な確率観である。（歪みや重心の偏りのない完璧な）サイコロも、無限回振れば1の目が出る確率は数学的確率である6分の1に近似する。頻度主義的アプローチは、①事象の確率が過去の実験で観察された相対頻度と等しい、②現象の無記憶性（今起きた結果が、今後の確率分布に影響を及ぼさないという性質）、③確率変数の独立性という仮定に拠っている。[1] つまり、サイコロの1の目が出たということは1回限りの独立的な出来事であり、この事象が次の出目に影響する要素は何もないという考え方をする（ギルボア 2014: 54）。

客観的確率と総称することもできるこれらの確率論と対比する概念に、主観的アプローチがある。人間の曖昧な主観的信念や直感をモデル化する方法として、確率論に関する数学的道具を提供し、推論や意思決定の正しさを事前確率に基づいて整理し数的に評価するのが主観的確率である。データを積み上げるプロセスの中で事前確率分布を修正し、未来の事象に対する確率判断を更新していくのが、客観的確率と大きく異なる性質である。

さて、本章において確率的思考と表する際には、「ある事象が生じる程度や確からしさを、客観的確率に基づいて静的にかつ緩やかにイメージする世界観」を指すこととしたい。「緩やかに」という点が重要である。つまり、数字くじの抽せんに客観的な独立性、つまりランダムネスが実際に成り立っているとしても、この独立性についての数学的理解の正確さは厳格に問わないこととする。たとえば、「ラストトゥーの当せんは100回に1回だ」という台詞は、100回に1回必ず当たるわけではないので厳密に正とは言えないが、当せんが生じる程度を100分の1という論理的な確率とその数値からイメージして表現しているという意味で、確率的思考に含む。「3連続で当たるなんて！」という感嘆の言葉も、独立性の仮定のもとではそういうこともありうると一蹴できてしまうが、こちらも100分の1の確率というイメージが基となっているため、確率的思考の一つだと捉える。「確率100分の1」という数値的な表現/イメージから派生するものを、広く確率的思考として扱う。さらに大雑把に、世界の不確実性に対して確率のイメージから派生した「目盛り」を付し「程度」を測ろうとする思考、と言ってもよい[2](デューク 2018: 87–93)。不確実性を数値化することで、摑みどころのない未来の事象に推測の余地を一定量与えてくれるのが、確率的思考である。

また、これ以降、合理的という言葉は「期待値や頻度を基準とした判断や行為」という特殊な狭い意味で用いることとしたい(小島 2005: 211)。「汗水たらして1カ月働いてようやく800ペソを得る」ことと、「もしかしたら10ペソの小銭を賭けるだけで800ペソが棚ぼた式に得られるかもしれない」ことを天秤にかければ、後者の行為が合理的だと判断することもできる。前述のとおり、非金銭的な利得を含めた総合的な期待効用を考慮すれば、ラストトゥーに賭けることはあながち非合理的ではないと言える。合理性を広く位置づけた観点からの考察は別の場に譲ることで、本章では確率的思考に焦点を絞った議論を展開し、人々が確率的存在としてのラストトゥーを別様に変えながら賭けに誘引されていく姿を描出する。

3　賭博における確率的思考と認知バイアス

賭博と確率論の関係は深い。賭博は根本的には確率の遊戯である。むしろ、賭博に関する問題が確率計算の起源であることを考えれば、確率論は、賭博を理解するために発展してきたと言っても過言ではない[3]。勝つ見込み、負ける見込みを計算することは、中世ヨーロッパや古代インドにおいて、賭博に関与するうえで非常に重要な関心事であった。現在においても、賭博者にとって確率論は賭博行為の中で重要な位置を占めている。たとえばポーカーなどでは、特定の状況における特定の行為によって変動する勝率を素早く、冷静に、客観的に計算する能力がプレイヤーに求められる。

ブレーズ・パスカルが期待値を最大化させる選択を最善の意思決定として説いた(パスカル 1973)ように、そしてダニエル・ベルヌーイが18世紀前半に発表したサンクトペテルブルクのパラドックス(4)が前述の期待効用理論の導因となったように、今でも賭博の現場は人間の不確実性下における意思決定を測定する実験場として機能している。中でも富くじは絶好の実験場であり続けた。なぜならそこには、確率に対する人間の認知バイアスが多分に観察されるからである。

富くじ購入者の認知バイアス

ジョン・フォン・ノイマンとオスカー・モルゲンシュテルンが定式化した期待効用理論はのちに、実際の意思決定における人々の心理的傾向を摑み損ねているという批判に晒された（川越 2020: 82–86）。期待効用の最大化だけでは理解できない意思決定をめぐって心理学者が注視したのは、確率に関する人間の認知の歪みについてであった。その嚆矢《こうし》となったのが、行動経済学の祖と言われるダニエル・カーネマンとエイモス・トヴェルスキーによるプロスペクト理論である（Kahneman & Tversky 1979; Tversky & Kahneman 1992）。人間は往々にして低確率を高く見積もり、高確率を低く見積もる傾向（確率荷重関数）や、利得より損失を重視する傾向（損失回避性）などが、この理論によって明らかになった。

こうした探索は、人々がなぜ富くじを購入するのかという疑問にも同時に答えていくこととなった（Ariyabuddhiphongs 2011）。意思決定論に取り組む心理学および行動経済学がこれまでに明らかにしてきた「なぜ人々は富くじを買うのか」という問いへの回答、つまり富くじ購入者に観察される認知バイアスをここで簡潔に整理しよう。

まずプロスペクト理論からは、富くじに参加する人々には、当せんという低確率の事象を数値よりも高く見積もってしまう認知の歪みが働いていることがわかる（Rogers 1998）。次に、同じくトヴェルスキーとカーネマンが提唱したヒューリスティックの作用が見られる。たとえば、当せん者だけがメディアに取り上げられることで生じる頻度・確率の誤謬（利用可能性ヒューリスティック）や、自身が経験した小さいサンプルが母集団を代表するとみなし、結果の均等性を想定してしまうという早まった一般化（代表性ヒューリスティック）がある（Tversky & Kahneman 1971; 1974）。試行回数が少ないなかで生じた結果の偏りに対し、主観的な法則を導いてしまう「少数の法則」が、ここでは働く。

「2連続で5が出たから次はもう5は出ないだろう」などといった代表性ヒューリスティックの事例は、賭博者の誤謬と称される。賭博者の誤謬とは、それぞれが独立的な事象であるにもかかわらず、前に起こった事象を考慮して次に起こる事象を期待してしまう事態である（Tversky & Kahneman 1974: 1125）。特に、「ランダムな事象はムラがなくなるように自ずと発生するようになっている」という大数の法則の誤認によって、一度起きた事象は続いて生じないと推論することを指す。[5] 特定の数字の当せん直後にその数字に賭けられる金額が急激に減少し、その後数カ月かけて徐々に元のレベルに回復するというメリーランド州の数字くじの消費傾向は、くじ購入者が賭博者の誤謬に陥っていることを裏付けている（Clotfelter & Cook 1993）。この事例は、特定の数字への短絡的な信念ではなく、より強固で長期的な偶然性の出来事に対する誤認識によって誤謬が働いている様子を示唆している。

賭博者の誤謬と対をなすのが、「ホットハンドの誤謬」である。これはもともと、バスケットボールのシュート成功率に関する選手や観戦者の認知の歪みとして分析された。すなわち、シュート失敗後より成功後の方が次のシュートの成功確率を高く見積もってしまうという傾向である（Gilovich et al. 1985）。

ランダムな事象において、ネガティブリーセンシー（ギャンブラーの誤謬）とポジティブリーセンシー（ホットハンドの誤謬）が両方検出されるという事態に対し、意図を有する人間の繰り出す行為にはポジティブな連続性が、ルーレットや数字などの無生物にはランダムネスを実現させるようなネガティブなばらつきが期待されるという議論もある[6]（Rabin & Vayanos 2010）。一方、賭博者の誤謬を犯す者はホットハンドの誤謬にも陥るということをルーレット遊戯者の例から示した研究は、双方に共通の根本原因が横たわっている可能性を示唆している（Sundali & Croson 2006）。ポジティブにせよネガティブにせよ、富くじ実践においてランダムネスの誤謬が強力に作動するという傾向は、当せん番号が非ランダムに見える状況下でくじ購入が加速したという調査結果から導出されている（Rogers & Webley 2001: 196–97）。ランダムネスに対するある種の信仰によって、過去の当せんデータを知っている方が有利だというまた別の信仰が生まれる。

また、ほぼ勝利に近い負けが遊戯者の報酬回路を異常に活性化させ、持続的な遊戯を促進させるというニアミス効果も指摘されている（Reid 1986; Kassinove & Schare 2001; Clark et al. 2009）。当せんや勝利が徐々に近づいてくるように錯覚させるニアミス効果は、特にマシンギャンブリングや数字くじで頻繁に観察される。

技術と運の誤謬

人間の認知バイアスは、遊戯自体や賭けの結果に対してのみならず、自己の能力や運に対しても働くことが報告されている。つまり、前章で言及した遊戯の構成要素「（賭博者の）自律的関与の余地」と「（賭博の）偶然性」のうち、後者だけでなく前者にも誤謬が生じるということだ。

その代表的な存在が制御幻想である。制御幻想とは、「主観的な成功確率の期待値が、確率的に保証される客観的な期待値よりも不適切に高い」（Langer 1975: 311）ことを指す。純粋な偶然の結果に自身の技術が影響を与えうるという誤った信念であり、この信念の根源には、偶然性と因果関係についての誤解がある。富くじ実践の中であらわれる制御幻想には、「運の認識（自己の持つ運によって他者よりも当せん可能性が高いと感じてしまう）」、「迷信的思考（ある種の儀式的行動が偶然の結果に影響を与えると信じてしまう）」などが挙げられる。こうした制御幻想は、遊戯への主体的な関与によって強化されていく（Ladouceur & Mayrand 1987）。

そもそも賭博における運の認知について、遊戯には総じて技術と運の要素が備わっているなかで、遊戯によってその認知のあり方には差異が生じているとされる（Allcock & Dickerson 1986）。マカオのカジノ経験者をサンプルとした研究は、スロットマシンとスタッドポーカーには技術に対する信念と賭け頻度の間に正の相関が、サッカーくじ、富くじ、バカラには運に対する信念と賭け頻度の間に正の相関があることを明らかにした（Zhou et al. 2012）。

シャントールとヴァルランは「技術」と「運任せ」の賭博の性質を競馬と富くじから比較検討している（Chantal & Vallerand 1996）。自己決定理論（Deci & Ryan 1985）に基づいた分析によると、適度な難易度の課題への挑戦・楽しみ・自己関与を助長する競馬は、賭博参加の判断に対する賭博者自身の内発的動機づけが顕著に見られる一方、運の要素が賭博者の真の関与を妨げ、個人を物質的な利益に向かわせる富くじは、非自己決定的な動機づけが多数を占める。非自己決定的な動機づけには外発的動機（報酬への期待や、同じ数字を買い続けるなどの自己に課したルールの順守）と無動機（amotivation）がある。後者は参加動機がなく、賭博の結果と自己の判断の間に関係性を見出さない賭博者の、賭けに対する選択とコントロールの感覚が損なわれている状態を指す。真の目的や意味を持たずに運任せの遊戯に参加することで満足感を得る賭博者を彼らは「強迫性ギャンブラー」として位置づける（Chantal & Vallerand 1996: 411）。

運の認知が人々の自発的賭博参加を促進することを示す研究の蓄積も多い。たとえば、大敗寸前の経験をした者と大勝寸前の経験をした者のどちらが「個人的に運がいいと思っているか」を比較した研究では、前者の方が個人的な運の認識を高め、次回の賭け金額を大幅に上げる結果となった（Wohl & Enzle 2003）。ヴァーヘナールとケレンは、偶然と運の認知の棲《す》み分けについて議論している（Wagenaar & Keren 1988）。偶然（chance）は驚くべき・予期しない出来事によって作用していると認識される一方、運はネガティブな結果からの脱出や、重要かつ難しいことの達成において認識されることを明らかにした。偶然が支配するカジノの場がもたらす否定的な予期を克服する観念として、運が用いられる。ランダムな事象を偶然／運と捉える志向の差が意思決定に差をもたらすという研究もある（Friedland 1998）。そこでは、偶然志向の人物は推定された確率に依拠し、運思考の人物は個人的な運の自己帰属に頼って確率を無視するという傾向が示された。

確率を無視するという事態は、イギリスの国営富くじ購入者の社会心理的背景について調査したロジャーズとウェブリーも報告している。彼らは、約3分の1の購入者しかジャックポットの確率の数値を知らないという事実や、教育水準の低さと購入頻度の負の相関などを定量的に明らかにした。しかし、数学の教育水準と購入頻度が無関係であること、定期的購入者と非定期的購入者の間で確率に関する知識に差がないことから、くじ購入者はそもそも「当せん確率を無視」し、自らの運と当せんの見込みを過信して非現実な楽観主義を抱くに至ると結論づけた（Rogers & Webley 2001: 195）。

以上、富くじ実践における確率／個人的運に対する認知理論を概観してきた。富くじ参加者の認知的特徴は、次のように大雑把にまとめられよう。すなわち、くじの抽せんが確率的問題であることを正しく認識しない／できないこと、そうであるという認識が備わっているにもかかわらずその上に生起する数々の、遊戯のランダムネスや結果の発生確率あるいは自己の運に対する誤謬、さらには賭けを助長する強迫性、である。確率やランダムネスに関する無知あるいは誤謬が（ここまで列挙してきた複数のバイアスを連関的に作動させるという意味において）、富くじの実践に固有である非合理的な思考形式の根底をなしている（Rogers 1998: 119）。

4　確率的存在としての賭博

確率やランダムネスに対して、ラストトゥーに賭ける人々は無知、無関心だと果たして言い切ることができるだろうか。確率や当せん頻度の認知的誤謬があるとしたら、心理的作用として検出されるそうした認知の歪みに達するまでに、人々は何を経験しているのだろうか。ここからは、「認知バイアス」として心理学的・行動経済学的に考察されてきた人々の確率的思考の歪みが、ラストトゥーの実践の中で実際にどのように観察されるのかを検討していく。

メアリーの言葉を借りて冒頭で述べたように、ラストトゥーに対して人々は、「100分の1で当せんする」くじとしての認識を常識的に有している。これは普段の人々の何気ない言葉遣いからも読み取れる。ジャンレイはたとえば、違法運営をする立場から、ラストトゥーがうまい商売であることを以下のように私に力説した。

「闘鶏で勝つのは簡単だ。だって二つのうちから一つを選べばいいだけだから。ラストトゥーの方が難しい。だって100あるうちの一つしか当たらないんだから。コンビネーションがたくさんあるからね。でも、フィナンサー側に立つと、話は変わってくる。100個売ってる数字のうち、99個の数字はこっちのもので、一つだけが購入者のだ。いい商売だろう」（2020/2/6、L町）

ジャンレイもメアリーも、ラストトゥーの当せん頻度を客観的確率で把握するだけでなく、闘鶏の論理的勝率2分の1と比較したうえで、当せん確率の低さを定量的に表現しようとしていた(7)。ラストトゥー以外の賭博に対する確率的言明も見てみよう。

［事例8－1］ワラが5連勝する

飲み会で、A町で開催された闘鶏のダービーの話題になる。ロイは最後の5戦を振り返り、「3戦連続ワラが勝ったのに、またそのあとワラが2戦も続いたんだよ。こんなこと考えられるか！」と、ダービーに参加しなかった友人たちに驚きの表情で力説する。話を聞いていた友人たちも、驚きの面持《おも》ちである。（2017/9/15、A町）

［事例8－2］酔っ払いが8連勝する

ダービー終了後の飲み会で、闘鶏の話から転じてハンタックの話題になる。闘鶏場の外側で行われていたハンタックは、胴元が負けて終了したという。ひどく酔っ払った男性がシューターになり、「黒い面だよね？」と自分の手のひらに置いたコインの裏表も判別できないほどに泥酔しながら投げていたという。「その酔っ払いが8連続も表を出したんだよ！　8連続だ。酔っ払いは賭け金を増やしていったんだ、倍々に増えていく賭け金を毎回全額賭けて、ついに胴元を負かしたんだよ」とタボン（20歳代男性）がそのときの様子を興奮して話す。「何もわからない酔っ払いがやったのか。すごいな」とその場にいた一同は驚く。（2017/9/18、A町）

［事例8－3］ペリヤで「K」が出続ける

M村のフィエスタに伴って、バランガイホールの裏で夜間に1週間だけ開帳されるペリヤ（アーケードゲームの一種）にベスと行く。ポップミュージックが大音量で鳴り響くなか、ライトで照らされたペリヤの台に集まった参加者は、自分の賭けた数字を連呼したり、手でピンポン玉を誘導する仕草をしたりして漏斗《ろうと》から飛び出す玉の動きをコントロールしようとする。

15歳くらいの男の子が「K」に20ペソを賭け続け、10連勝する。「あの男の子と同じように賭けよう」とベスが私に耳打ちする。「K」が2回連続で出なくなると、男の子は対面の席に移動し、また「K」に賭け始める。するとまた「K」に玉が止まり出す。「またKが出た！」と驚きを隠せず興奮する他の参加者もこぞって「K」に賭け出す。男の子は増えた20ペソ札を親指で数えたあと、何も言わずに去る。他の参加者も続々と席を立つ。

その場に残ったのがベスと私だけになると、胴元が店じまいを始める。「やめるの？」とベスが訊くと、「みんなの運がいいからね（*Kay bwenas mo*）」と胴元の男性は答え、いそいそと金庫をしまう。

（2017/9/19、P市）

図8－1　ペリヤ（2017/9/19、P市）

これらの事例では、同じ結果が連続して発生したことに、人々は驚きを見せている。この驚きは、同じ結果が連続することは確率的に考えれば稀なこと、ありえそうにないことである、という理解を前提としている。すでに述べたとおり、独立事象において同じ結果が連続することは確率的に稀ではない。大数の法則に影響された誤謬である。しかし、闘鶏でワラが5連勝する事態、ハンタックのコインの裏が8連続で出る事態、アーケードゲームで同じ絵柄が当たり続ける事態は彼らの「経験上」、稀な出来事である。彼らの経験においてそれらは「低い確率の出来事」として受容され、驚かれている。

人々は時に「probability」という語を用いながら、ラストトゥーに限らずさまざまな賭博の勝てる見込みについて、客観的確率をあてがうことで理解しようとしていた。元来「不確実（*dili segurado*）」で法則性のない、摑みどころのない賭博事象の発生頻度を、確率的思考を介することで数値として表現し、目盛りを付して相対的に把握しようとしていた。このように確率的存在として賭博を語ることで、「当たりやすい」「負けやすい」「レアなケースである」などの各賭博に対する一定の評価が、人々の間で可能になっていたとも言えるだろう。

5　確率的思考の流転

数字との邂逅

不確かな賭けのありさまを把握し、表現し、評価するために持ち出される確率的思考は、賭博実践に身を投じることで姿を変えていく。ラストトゥーにおいては、数字を予想し結果を解釈することが、賭けの根幹をなす実践であった。

賭けるべき数字を探すために愛好家たちは、過去の数字の出目を分析して当せん番号に規則性を読み取ろうとしたり、カレンダーに数字を当てはめてその数字の羅列から次に出る数字を推測したり、数字予想新聞を参照したりしていた。誕生日や年齢など自らのラッキーナンバー、家族や友人など他者の誕生日や命日なども、賭ける数字となった。テレビに映る数字、子どもが不意に発する数字など、日常生活において明示的に数字とばったり出会えば、それは当せん数字の予兆として解釈された。直截的な数字との出会いだけではなく、日常生活に存在するモノや出来事がそれぞれ有する数字の意味体系から、数字を探していた。日常生活でなぜか目について離れないモノや出来事と出会えば、それらと関連づけられた数字が想起された。人々は友人同士で話し合ったり数字の意味体系に詳しい売人に助言を乞うたりして、数字の意味をひもといていた。蝶は8、鳥が「パスコ（*pasko*、クリスマス）」と鳴けば25など──日常生活におけるふとした経験やモノとの邂逅が、その人にとっての数字の予兆となった。そうやって彼らは「数字を持つ」ようになっていた。

当せん結果もまた、解釈の対象だった。記憶を振り返り、過去の自分の身の周りに存在していた（が賭けそこねた）数字の手がかりを探す。「娘の年齢23に昨日は賭けていたのに今日は賭け損ねた」「双子の夢を見たので66に賭けたら69だった、見誤った」。当せん数字の徴と賭ける自己が過去において確かにニアミスしていたのだという状況が想起された。結果の遡及的な解釈を経て、日常生活の中で出会う数字のサインの存在の確かさを認めることで、日頃の数字探索行為が理にかなったものとしての意義を深めていった。

こうしたラストトゥーの実践において、極めて重要な賭けの契機となっていたのが、「数字との邂逅」である。

［事例8－4］切株の数字

ニックは朝の抽せんで34、０３４に10ペソずつ賭けていた。出た数字は「03」と「４０３」。「ランブル、残念」と悔しがる。ニックはベスやケルケルに、いかに惜しかったかを語る。「朝、木を切ったら切株の断面に0、3、4と書かれてたんだ」と言って地面に切株の絵を描く。左上に0、右上に3、下に4が見えたという。「えぇ！」と一同。「だから0、3、4の順に買ったんだよね。でも順番が違った。4からだった。ああ、もったいない」と言って絵を描くために持っていた小枝を放り投げる。「しかも5ペソずつ買うつもりだったんだけど、〔売人に〕「いい賭け方だ」って言われて10ペソにしたんだよ。ラストトゥーとストレートで、５７５０ペソ、勝ってたはずだったのに」とひどく悔しがる。（2017/9/14、P町）

［事例8－5］当たるはずだったラストトゥー

娘の誕生日のために、シセルはラストトゥーを当てて鶏を買おうとしていた。ベスが「50」に関連する夢を見たことを聞きつけたシセルは、ダニーに50を買うよう頼んだ。しかし、ダニーは昼から酔っぱらっていて、ラストトゥーを発注しそびれた。

次の日、結果を聞くと50であった。「10ペソ賭けていたから、８００ペソになっていたはずだったのに」と、シセルはベスやインダイ、ロロ・ロミオに不平を漏らす。鶏は買えず、誕生日パーティーは翌日に繰り越すことになった。

その日の昼過ぎ、シセルが「玉ねぎを1キログラム、20ペソで買う夢を見た」と言ってダニーのところへ来る。ダニーと相談した結果、42と24に賭けることにする。「ランブルするから両方買っておく」とシセルは言い、「これで鶏を買う」と意気込む。

夜、ナドナドがビデオケ屋からラストトゥーの結果を聞いてくる。97。(2015/8/18、B村)

「切株」や「自己/他者の夢」のように、賭けに至るまではそれぞれ、その数字と賭博者との「出会いの瞬間」が存在している。数字は理由なく選択されることはない。賭けようとすれば「夢を見たの?」と尋ねてくる人がおり、旅先から帰ってくれば「そっちで数字は見つけた?」という話になる。数字くじに没頭し、数字の世界を構築する人々の間では、日常生活の中で探し出したり、目に入ったりする数字が大切に扱われ、そこに特別な意味が付与されている。

この数字との邂逅の瞬間が、人々にとってラストトゥーへ賭ける契機となっているだけでなく、ラストトゥーの「確率的存在」というあり方に、変容をもたらす契機でもあると考えられる。

賭けの判断に至る過程

当せん数字に規則性があると考えること、特定の数字を当たりやすいと認識すること、ニアミスの経験が次の賭けを誘引することなどは、心理学的に捉えるならば「賭博者の誤謬」や「制御幻想」の典型例として漏れなく当てはまる。そこでは、当せんのランダムネスや客観的確率が誤認されているかあるいは認識自体が放棄されているかに見える。数字くじの不確かなありさまを客観的に把捉していた確率的思考は、実践の最中で確かに歪んでいるようである。では、不確実事象に対する人々の認識はいかに変質していくのだろうか。この点について、特定の数字が立ち現れる場面を切り取ってもう少し掘り下げてみたい。

数字くじに関与しない人にとっては「ふと数字が目に入った」ことでしかない出来事に、数字の探索と賭けを日常に織り込んでいる人々は意味を見出す。それは、ベスの言葉を借りれば、「今出会ったこの数字は、当せん数字を示唆しているのかもしれない」という意味である。生活環境に数字の意味世界を構築する人々において、特定の数字と邂逅することは、その数字へ賭けるべきであることに連続している。賭けへの意志と数字との邂逅が重なるとき、数字はただの記号ではなくなり、当せんの予兆として現出する。そして、数字と邂逅した自己の前には、「私と邂逅した数字」だけが当せんの予兆というリアリティをもって存在し、それ以外の数字は後景に退く。

［事例8－6］授けてくれるか、くれないか

ラストトゥーに当たったためしがない、と私が弱音を吐くと、レイモンドが「ラストトゥーに当たるか当たらないかは、神様が授けてくれるか授けてくれないか、の話でしかないんだ。授けてくれたら、それはフミコのものだ」と言う。（2018/8/31、L町）

［事例8－7］8が出るか、出ないか

昨日の夜の抽せん結果は888だった。朝の8時、ニックの家の軒先で、83、81、88と、ずっと8が続いているという会話をする。ケルケルの彼氏が「もう8は出ないよ。だってもう昨日で出尽くしたから」と言う。そこにザルディが通りかかり、「あの爺さんは88を当てたらしいぞ」と言う。「あの爺さんは、いつも8で当ててい

る」とニックが応答する。ニックは私が78に賭けていたことを覚えていて、続けて「フミコはいいな、8の波に乗ってるじゃないか」と言う。

そんな中、11時の抽せん結果が出る。ニックやザルディたちの関心は、8が出るか、出ないかである。結果を見てきたザルディが、「出た、82だ。また8だ」と報告する。またもや、8である。そして、今日は8日である。

（2018/9/8、P市）

事例8－6ではレイモンドが、ラストトゥーの当せんは「神様が授けてくれるか」「授けてくれないか」の問題として説明した。事例8－7では、連続して当せんしている8への注目が集まり、ニックやザルディの関心は、もっぱら「8が出るか」「出ないか」に絞られていた。両事例から言えることは、人々は、当せんを「授けてくれるか」「くれないか」や、「8が出るか」「出ないか」などの「二択の事態」として捉えていたということである。そこでは、00から99までの100ある選択肢の総数は宙づりにされている。そして、人々が選択した数字が「出るか」「出ないか」という二択の事態だけが、彼らの認識の中で前景化している。

人々は数字との邂逅を経て、その数字に賭けるべき対象としての意味を付与し、賭けの決断に至る。そうして100ある選択肢の中から選ばれた数字が賭けられると、その数字はもはや彼らの手の内にはない状態になる。数字の抽せんに自らの意思を作用させることができない彼らは、賭けの決断に至ったあと、抽せん結果が出るまで無力になる。一度賭けてしまえば、そのあとに人々が行えることは、賭けた数字が「当たるか」「当たらないか」、どちらか判明するのを、ただ待つのみなのである。数字の意味世界の中で特定の数字と邂逅したとき、すなわち特定の数字が予兆として浮かび上がるとき、そして自己の数字を賭けへと投擲したとき、ラストトゥーは「二択の事態」となる。ここにおいて、人々の確率的思考の揺さぶりが見て取れる。つまり、賭けるべき数字との邂逅と賭けへのコミットメントによって、「(「100分の99」で外れるのだから) 大体当たらない」という数字くじに対する客観的確率の認識が逸脱しだし、「(賭けるべき数字と出会ったのだから) 当たるかもしれない」という異なる認識が生起してゆく。

確率の潰れ

当せんの客観的確率「１００分の１」が現実の実践の中で希薄化・無効化していくような事態を、入不二は「確率の潰れ」として論じている（入不二 2018）。確率の潰れとは、日常生活における確率の誤謬であり、現実性と確率論的システムとの間で生じる認識の歪みである。入不二は、「結局のところ、（サイコロの）或る特定の面は実際に出るか出ないかのどちらかであり、その面の現実の確率は「６分の１」ではなく「2分の１」だ」と発言する人物を仮定する。「さいころの特定の面が出る可能性は「2分の１」である」と言うとき、「特定の面が出る」か「出ない」かという非対称の分割が、（「コインの裏が出るのは2分の1だ」と言うときのような）相対的な数値としての「2分の１」に重なることで、この人物が言うところの「2分の１」は確率の潰れとなる。確率空間内には存在しない現実の事象を、無理やり確率空間内に位置づけようとすることで生じる確率の潰れから読み取れるのは、純粋な生の現実を捕捉しようとする感性である（ibid.: 31）。現実性への没入が深まるほどに、（アクチュアリティを持たない）論理上の確率的数値は無意味化していく。確率的数値では説得力をもって認識しえない現実が、非確率的に認識され立ち現れていくありさまの中に、確率の潰れは生起する。

言わずもがなであるが、確率論においては、ラストトゥーの「00」から「99」までの当せん結果の出現は（0から1の範囲の数値に収束する）対等な独立事象であり、よって任意の数字の当せん確率は「１００分の１」だと言える。一方、賭けに没頭する人々においては、現実に起こるのは自分が邂逅して賭けた数字が当たるか、当たらないかのどちらかでしかなくなる。入不二の表現を用いるならば、ゆえにその数字が出る実際の確率は１００分の１ではなく2分の１であるという認識が生じる。当せんは、確率空間における「１００分の１」という相対的数値ではなく、現実空間に発生しうる「2分の１（当たるか、当たらないか）」の事象として認識されるようになる。

ラストゥーに賭ける人々は、当せんの客観的確率を2分の1だと誤認していると言いたいわけではない。ここで言う2分の1とは、「当たる」「当たらない」という二つの可能な事象を対称的に分割した数値ではないという点には注意が必要である。「当たるか当たらないかはフィフティ・フィフティである」という確率的思考に基づいた把捉ではなく、「現実には当たるときには当たるし、当たらないときには当たらない」という、非数値的な分割の「2分の1」として事態が立ち現れている。

さらに説明を加えると、確率の潰れ（2分の1）は、確率空間における数値（100分の1）と、確率空間の外にある純粋な現実性（1）の中間に位置づけられる存在である（ibid.: 33–34）。

ラストゥーにおける確率と現実性の認識

①100分の1：確率空間における（0から1までの）相対的数値（客観的確率）

②2分の1：確率の潰れ（現実性と相対的数値が接触する、非数値的な分割）

③1：確率空間の外（絶対的な現実性）

非数値的な分割における「2分の1」は、0から1の（現実に起こる確率の）中央に存在する数値ではない。「当たる確率2分の1」と「当たらない確率2分の1」を足せば現実「1」となるような、現実化する可能性の選択肢を示すものではなく、それは現実全体（1）と等しくなる。「当たる（2分の1）」が起これば それが現実であり、すなわち「1」になる。「当たらない（2分の1）」が起きても、それが現実であり「1」になる。つまり、「2分の1＝1」であり、「2分の1＋2分の1＝1」という等式の成立は前提とされていない。こうした非確率的思考は、「それが現実になれば現実であり、すべてである（現実は全体でも部分でもある）」と感覚するような、純粋な現実への認識に接近することで力動化する[8]（ibid.: 32–33）。

確からしさへとシフトするレイヤー――確率的思考から数字の意味世界へ

ラストトゥーの当せんの程度が客観的確率100分の1であるという理解は、賭け実践で霧消するのではない。数字くじを確率空間の数値として捉える思考が、数字との邂逅を契機とした賭けへの没頭の最中で純粋な現実性に接近していくうちに、客観的確率「100分の1」が「当たる／当たらない」の二択の事態として一時的に、質的に現前するようになるということである。

「純粋な現実性への接近」という事態は、「事象を認識するレイヤーのシフト」とも言い換えて考察できるだろう。不確実な賭けのありさまに目盛りを付し世界を定量的に把捉しようとしていた「確率的思考」のレイヤーから、「数字くじの意味世界」のレイヤーへのシフトである。このシフトは、より賭けの現実に肉薄すること、かつ、より確からしいことへの希求によって発生している。

数字の意味世界は、生活環境のそこかしこに数字の意味を付与し、数字との邂逅に価値を置き、その数字を賭けに投擲し、当せん番号を生活環境内部の数字から解釈する、循環的な賭けの中に構築される。自己と邂逅した数字を賭けて実際に当せんするという経験は、数字の意味世界の中から賭けることの確からしさを高める。当せんせずとも、抽せん結果の解釈を通じて当せん番号と自らの賭けた数字のニアミス状況を頻繁に想起することによってもなお、自らの身の周りに存在し邂逅する数字への信念は強くなる。自らの世界に存在する手がかりの読解と数字の解釈を繰り返すことで、数字の意味世界というレイヤーを通して賭けを繰り出すことが当せんに近づくことと同義になる。自身の賭け（た数字）と当せん（番号）との間を結ぶ接続を現前・把捉可能にさせるという点において、数字の意味世界のレイヤーはより「確からしい」のである。

数字の意味世界の存在自体は、他者の数字世界の常態的な共有と参照によってさらにその確からしさを深めている。(9)

［事例8－8］あなたの数字

ランディとその友人らと昼から酒を飲んでいるとき、ランディが姉のリータに電話をかける。「早く来なよ、来ないのか。豚肉を2キロ買って持ってきてくれよ、焼くから」とランディが勢いよくまくし立てる。リータは「疲れてる、行けそうにない」と返答し、続けざまに「そういえば、昨日の夜は156だったでしょう。あなたの数字でしょう、賭けてたんじゃないの」と訊く。ランディは大きな声で「まじかよ、156だったのか！」と言い、「まじか、15には賭けてたんだよ。15と615。ワン、ファイブ、シックス、ワン、ファイブ……。ワン、ファイブ。当たってたのに」とだんだん声を弱めながらつぶやく。「惜しいことをしてるじゃない。次は何に賭けるの」というリータの問いに、「24かな、いや、外れそうだな。いや、あれだ、2023年から2024年だし、24でいいんだ。ああ、56は俺のモノだったはずなのに、豚の丸焼きのはずだったのに……」と空を見上げながら返答する。（2023/12/31、P市）

［事例8－9］私の誕生日を知っている

近所の葬式賭博にジーンと行く。道中ジーンが夜の抽せん結果を電話で聞く。「18。私の誕生日。今日は隣町のフィエスタの日15に賭けてたの。くそ、なんで賭けなかったんだろ。賭けないときに限って18ばっかり出る」と憤慨する。通夜の場で、ジーンは知り合いの村評議員の男性に「何が出た？」と出会い頭に訊かれる。「18」と返すジーンに男性は即座に「おお、おめでとう」と手をたたく。「15に賭けてたの」と返答しつつジーンは私に「彼は私の誕生日知ってるんだよ」と言う。（2018/10/12、L町）

賭ける数字を相談したり、結果を教え合ったりなど、数字を賭ける実践は一個人で完結するのではなく、往々にして家族や友人などの他者と共に形作られている。

日常の世間話や何かの用事のついでに、何に賭けたか、何に賭けようか、何が出たか、どこの何某《なにがし》がどの数字で当たったかなど数字くじの話題が浮上することで、人々は意図せずとも賭けを他者と共有するようになる。事例8－8のリータや事例8－9の村評議員のように、他者の賭けた数字や他者のラッキーナンバーなどをよく覚えているのは特殊なことではない。事例8－7のザルディやニックのように、名前も定かではない「あの爺さん」の賭けまで把握していたりする。当せん番号が発表されれば、その結果は自己の賭けに対してのみならず、他者の賭けに対しても重ね合わせられる。

ザルディ「32だって、フミコの数字じゃないかー！」
アダ「こら、フミコはまだ27歳だよ」(2019/10/13、P市)

ベス「パパ、自分の誕生日に賭けそこなったね。831。31だけ賭けるなんて」(2020/1/14、P市)

ニック「422か、ザルディは当たった、ザルディの数字だ」(2020/2/23、P市)

ベス「ケルケルが妊娠している時の私はすごくスウェルテだった。勝ってばっかりいた」
ザルディの妻「ザルディもあの時はよく勝ってた」(2020/2/10、P市)

とりとめのない日常のやり取りを通じて、人々は自らだけでなく他者をも数字と接続させていく。さらには、他者と自己の賭けをも接続させていく。他者の数字や賭けを把握することは、自己の数字の意味世界とパラレルに存在する他者の数字の意味世界のレイヤーに触れることにつながる。複数の他者と共有する賭けでは高頻度で、誰かしらが当たりそうになったり、時には見事に当たったりする。たとえ自らが的外れな賭けをしても、他者が当せんしていたりニアミスしていたりすれば、それは他者が有する数字の世界が確かに当せんと接続していることとのあらわれとなる。当せんやニアミスは、日々の賭けが他者に開かれ他者と共にあることで、そう珍しくない出来事として発生し続ける。この状況が、自己、家族、友人などの数字世界が並行的に複数存在する構造において、自己のレイヤーではなくとも複数あるレイヤーの中のどれかが確かに、その時々の数字の手がかりを鮮明に浮かび上がらせるのだという事実を人々に提供する。

「アンアン、リータの数字って何だったけ?・覚えてる?・」(ランディ、2020/2/22)と、時たま確かめるようにして、人々は他者の数字世界をのぞき込む。自己の世界だけでなく、他者の数字の意味世界においても生起する邂逅を目撃することで、数字の意味世界自体への信念やそのレイヤー越しから賭けること自体の確からしさを醸成していくのである。

6　現実性への肉薄

本章では、数字くじに賭ける人々の確率的思考が遊戯の過程においてどのように変容するのかについて、検討を試みた。人々は、当せんの客観的確率を100分の1として定量的に把握しようとすることで、賭けの見込みに評価を与えていた。一方で、賭けのただなかにおいては、この確率的思考は異なる位相の思考へと変容していた。賭けの現実性への接近によって、確率空間に存在する100分の1の相対的数値はアクチュアリティを有さない仮想的・非現実的な存在として無意味化し、同時に、「自己が邂逅した数字」か「それ以外」かの二択の事態が現実に肉薄する様相として現前していた。賭ける人々は、生起する現実の事象(賭けのありよう)を理解するのには不十分である確率的思考(100分の1)を一旦宙づりにし、出来事をより彼らの実感にそぐうように説得力をもって理解しうる思考(2分の1＝1)へと、その認識を変質させていた。

こうした思考の流転からは、生活環境に発生する事象を把握する複数のレイヤーの存在と、そのレイヤー間のシフトが見て取れる。賭けは本来的に不確実である。摑みどころのない賭けの事象は、緩やかな客観的数値の目盛りを各事象に付す確率的思考というレイヤーを通じて、相対的にその程度を把捉することができる存在になる。しかしひとたび数字の予想、解釈、賭けに身を投じれば、確率的思考からは見出すことのできない、賭けるべき数字との邂逅と当せんを求めて、事象を認識するレイヤーが数字の意味世界へとシフトしていく。数字の意味世界が人々にもたらす確からしさは自らの循環的な賭けによって補強されていくとともに、その存在自体が他者の世界との接触や参照によって深く了解されていく。

数字の意味世界のレイヤー越しに眺められることによって、確率的存在としての数字くじ／確率的事象としての当せんは、ランダムネスに委ねられる対象から、自ら当せんを恣意的に手繰り寄せる対象へと変質する。数字の世界に自らや他者の賭けの履歴を積み上げ、痕跡を辿り、自らの日常生活に存在する確かな数字の手がかりを探すという能動的なコミットメントによって数字くじの賭けは循環し、この循環が人々を賭けに誘引する。

シフトするレイヤー越しに世界を捉えることとは、根源的に無秩序、無法則、無機質に存在する世界に、目盛りや有意味性、秩序、自己／他者の経験などを刻みこみ、それによって世界の確からしさをゼロから作り上げていくようなことである。複数のレイヤーの往還には、単一のレイヤーからでは理解しきれない不確実な世界をより納得できる方法で把捉し、それぞれのレイヤーが浮かび上がらせる、それぞれに差異をはらむ確からしさを更新していくような人々の認識のあり方があらわれている。ただ理由なくある現実に接触することと、自らや自らの生きる世界に意味を与えていこうとすることの絶え間ない往復運動によって日常を鮮やかに彩る。ここに数字くじへの賭けが内包する価値はある。

終章　意味に満ち満ちた世界

1　賭博者の世界

「コイン1枚でもあれば、俺たちは賭けられる」

2017年8月13日。夕方からロイとその友人5、6人と飲んでいるとき、子どもの頃に熱中していたコインゲームの話で盛り上がった。立ち上がってジェスチャーを交えながら、各々が記憶を辿る。「手のひらにこうやってコインを置いて、カンカンカンと地面に投げて、そのコインの鋳造年を当てるやつ、よくやったな」「ライン・ラインだろう」「小学生の頃はさ、コインの裏面の星印の大きさとか数字の大きさとか、側面のギザギザ模様とか、コインの薄さとか、それぞれのコインの特徴を覚えて当てる研究をよくしてた」「逆に、特徴を相手に覚えられないようにコインを地面に擦り付けて光沢を出したり、サンダルで擦《こす》ったり、最終手段はあれよ、コンクリの地面に擦り付けて裏の模様を見えなくしちゃうんだよ」「やった、やった。みんなサンダルにコインの跡がついてた」「コインを壁に投げて跳ね返る距離を競うのもやったな」「地面に置いたコインに別のコインを当てて枠から出す遊びもした」。「お金は賭けてたの?」と私が訊くと、「もちろんだろ!」「イージーマネー〔あぶく銭〕だよ」「コインが1枚でもあれば何でも遊びにして、賭けられる。金があれば、賭けの始まりだ」「1ペソずつ賭けて20ペソまでいけば、おかずが買えたもんな」と矢継ぎ早に言葉を重ねては当時を再現しようとコインを投げる仕草をする彼らは、少年のように大きな声を出して大笑いしていた。

賭けの内に作り出されるもの

コインを投げていた小学生の頃から10年以上を経て、彼らはそれぞれ、働いたり、家族を養ったり、町の行政を担ったり、祖国を離れて暮らしたりして、各々のやるべきことを果たすように日々を送っている。時々金に困ったり、家族と揉めたりしながらも、平穏な日常を紡いでいる。本書は、そうした平穏な、あるいは退屈な日常をきらりと光らせるようにして、日常の内部にある賭博に興じる人々について考えてきた。本書に出てきた闘鶏や数字くじに賭ける人々は、金を増やすためにただ淡々と、提供される遊戯の基礎的な枠組みの内側で、忠実なプレイヤーとして（一部では違法な）賭博産業を肥やしているだけではなかった。彼ら自身にとっての面白さを自ら作り出すようにして、賭けていた。それはきっと、コイン1枚に熱中し、それに何時間も大騒ぎできるほどの面白さを作り出せてしまうような、小学生時代のロイらの心性と地続きにあるだろう。

　コイン1枚を投げそれに賭けるという単純動作の内に詰め込まれ試される、膨大で繊細な技術や知識の熱量。表に返され、鋳造年が明らかになる瞬間の興奮や驚き。昔話となった今でも、思い出して語り合えば大笑いできてしまうほどの面白さとくだらなさ。コイン投げを面白い賭博に作り変えるように、闘鶏家は鶏の身体状況と月の満ち欠けを結び合わせ、数字くじ愛好家はカレンダーの数字の並びと当せん数字の一致を発見していた。提供される遊戯を提示されるがまま遊ぶのではなく、遊戯を自らの思考や自らの手の内、自らの生活環境に引きずり込むようにして、鶏や数字、自分自身や他者に意味を与え、賭けの対象に思いを籠《こ》めることで、彼らは賭博を面白くしていた。

　賭博者の行為の核をなすのは、賭ける自己とそれを取り囲む世界を接続させ、そのありさまから賭けを導き出すという態度である。この態度が、闘鶏場の中で連勝のリズムを知覚させる感覚を自らの内に作り出し、日常生活を数字の徴《しるし》に満ち満ちた世界へと作り変える。

作り出されるのは、賭けの面白さだけではなかった。賭博の営為は、第2章で論じたように国家の統治の浸透度を端的に表すバロメーターであると同時に、人々が生活を紡ぐ感性を浮かび上がらせる領域でもあった。第3章、第4章で触れたように、賭けながら、あるいは賭博者たちを横目で見ながら人々は、どのような行為が善き事であり逆に何が受け入れがたい悪しき事になるのかをその都度線引きするようにして、社会生活における道徳や倫理を彼ら自身の形で示していた。それは国家や教会といった権力が提供するパッケージと重なりつつも異なるあり方で、彼ら自身にとって重要で、彼らの生活にとっての善き生のために経験的に作り出され見定められる、賭博の道徳、あるいは賭博の域を超えて飛躍していくような倫理観だった。

賭博の諸行為によって人々が作り出していく諸価値の中でも、決定的に重要な姿で彼らの賭けにあらわれていた運の観念について、本書の最後に考えたい。人々の口をついて出る「スウェルテ」「ブイナス」「マラス」という言葉、つまり運とは、一体何だったのか。そこを糸口にして、賭博者が作り出している面白さ――あるいは「まえがき」で引用したジャンレイの文章の中にある「喜び」――とは一体何なのかを言葉にしてみたい。

2　醸成する運の観念、自らの側に引き寄せる世界

受容可能な物語の結節点

不運な闘鶏の連敗、幸運な数字くじ当せん者。賭けに際して運の観念があらわれ、賭けの結果が幸運／不運という言葉で認識される事態をどのように捉えればよいのか。

それはまず、「理解実践」（一ノ瀬 2006）として考えることができるだろう。理解実践とは、偶然性が蔓延している事態をリアリティとしてそのまま受容しつつ、そのありようを整理して秩序立てていく認識の過程を指す。当せん数字と邂逅することができたこと、闘鶏場で判断を誤り続けたことに対して、その事態をもたらした特別

な事象が存在しなかった（偶然であった）としても、その事態は無意味の状態で捨て置かれることはない。その事態は、賭博者の幸運／不運によってもたらされたのだという認識に沿って、出来事の理解が進んでいく。

1回の賭けとその結果は独立的な事象としてあり、過去や未来の賭けには無関係な出来事である。しかし、ニアミスや（連続）当せんの経験、闘鶏の連敗の経験は、その希少性から、「異常な偶然の符合」（浜本 1989）として人々の前に立ち現れる。この異常な偶然の符合の原因に、人々は運という観念を据える。幸運／不運の出来事として体系化し整理することで、本来は連続性がないはずである個人の1回きりの勝ち・当たり／負け・外れの経験が一連の物語として組織化される。「しかじかの理由によって数字を予想したから当たった」という無数の個別で差異をはらむ出来事が、「幸運だから当たった」というメタ・レベルの語りによって寄せ集められ、幸運についての一つの物語としてまとめ上げられる。

野家啓一は、「物語り行為は世界制作の行為に他ならない」（野家 2005: 324）と述べている。それ自体分節化されていない偶然の事象は、意味を付与されること、すなわち物語化の途《みち》を辿ることで人間にとって受容可能な出来事になる。物語の中で事象が意味を獲得すると、その偶然性は失われる（アレント 1994）。賭博の現場においては、理由もなく起こる賭けの事象の偶然性を退けて受容可能とするために作られる物語の結節点として、スウェルテ、ブイナス、マラスといった運の観念が自ずと浮かび上がっている。

有限性を超えて、世界と相関し続ける

運の観念は、物語の結節点として駆動しているだけではない。スウェルテ／マラスの指示対象は変幻自在で流動的であり、生起した事象を柔軟に包括し、言語化し、理解可能な意味領域に位置づけうる。雑誌『ソーシャル・アナライシス』で運をテーマに特集を組んだジョバンニ・ダ・コルはその序で、運の観念とは、偶然に重なり合った個別の出来事の意味や力がはらむ矛盾を一貫した多数性に転換する言葉であると指摘している（da Col 2012: 6）。

つまり、個別具体的で無関係の各事象に「幸運／不運」のラベリングを施すことは、幸運／不運の出来事として社会的かつ通時的に共通理解の可能な事象を抽出する作業だと言える。「水浴びをすると不運になる」「場所を移動すれば運気が変わる」「負けが込んできたら休息した方がいい」「死者は数字を授けてくれる」「カレンダーから結果を読み解くことができる」「蜘蛛は8を意味する」といった、闘鶏で勝利を獲得したり数字と出会ったりするための多岐にわたる方途と知識は、賭博者たちの集合的な経験と物語に基づいた、運を司る道標なのだと言える。

ダ・コルは、人間と非人間、生物や物質が人間のバイタリティによって接続していく社会的トポロジーを浮き彫りにするイディオムが運であると総括する（ibid.: 16）。第7章で触れたように、人々は自らの運を確かめるために、数字に賭けていた。身の周りの事物や他者といった世界と関係を取り結びながら発見される数字が当せんすることとは、世界と相関する自己の、世界に対する働きかけの有効性、あるいはバイタリティを明らかにする事態だ。バラトはまさに、幸運な勝者の良きバイタリティを物質的にあらわす行為である。反対に、「不運の季節」と称して闘鶏場通いを中断するのは、闘鶏家たちが自らの賭けの当たらなさ、つまり世界に対する自己の有効性の減退を感知した結果である。

最も重要だと思われるのは、運の観念こそが賭ける自己と世界との絶え間ない相関を可能にしているという点である。世界から数字の徴を読み解く、鶏の強さを多角的な見地から判断するといった思索の果てに、賭博者は自らの関与不可能な領域（現実）に賭けを放つ。不可解な現実を目の当《ま》たりにしてもなお、人々は運の流れを浮かび上がらせたり操作したりする行為を介して、生起した賭けの結果に自らを接続し、さらなる賭けを能動的に繰り出そうとする。ここにおいて、運とは、理由なく生起する賭けの結果と賭博者の間の断絶を埋め、偶然の事象に自らのエージェンシーを常に働かせるチャネルを創造するための観念だと言える。運という意味領域に賭けの結果を位置づけ、自らや他者の運の位相からその事象を理解することは、賭けの結果の不可知性・無根拠性に対する自己の知識と技術の有限性を乗り越え、その不可知性・無根拠性に有用に働きかけ続けるための、賭博者による能動的実践の一つなのである(1)。

現実との邂逅が運の存在を湧き上がらせ、運が現実を受容可能な出来事へまとめ上げていく。この循環によって運の観念を醸成していくこととは、世界を他者的にではなく、自己の、われわれの側にあるものとして想像し、耕していくような行為だと言える。運を観想し、その運をどうにか操作しようとしたり、その運を通じて出来事を理解しようとしたりすることで、賭博者はどこまでもいつまでも、世界と切断されることなく相関していくことができる。

3　創出する特異的現在、先鋭化する現実

賭けに知を詰め込む

本書に出てきた賭博者は、賭けに勝つために、知を総動員していた。闘鶏であれば、鶏それ自体に対する知識を当てはめ、この日・この場所で強い鶏を闘鶏場のリズムから看取し、自らの運の布置を揺さぶるように己の身体に働きかけ、鶏に賭けていた。こうした予想の過程で彼らが迫ろうとする先は、ほかでもなく、最後までピットに立っている鶏は果たしてどちらなのかという、不可知性を多分に含んだ問題であった。彼らは自らの知をもってこの問いに極限まで迫ることはできても、自らの選択が正しかったのかどうかは、他者である鶏の闘いに委ねられた。賭けた鶏があっという間に負けるさま、予想外の形で圧勝するさま、接戦を呼吸の差で制するさまを、固唾《かたず》をのんで目撃する賭博者は、知を詰め込んだ賭けがいとも簡単に裏切られるという事態に晒された。目撃した鶏たちの生死は、次なる賭けの指針となった。闘鶏場では鶏の生死が繰り返されるとともに、その生死を始発点として、人間たちの賭けもまた繰り返し繰り出されていた。

数字くじについてはどうだったか。数字くじ愛好家たちもまた、ありとあらゆる経験と知に基づいた方法で賭ける数字を探し出していた。彼らにとって重要な数々の瞬間が、彼らを数字の世界に誘っていた。特定の数字と

の邂逅はもちろんのこと、当せん番号と賭けた数字のニアミスの発覚、他者の当せんの知らせ、過去に存在した数字の徴の発見といった、自己と数字が結びつく数々の瞬間によって、人々は自らが賭けるべき数字を持つようになっていった。無根拠性が充満する数字くじの仕組みそれ自体において、自己が数字と邂逅したという事実を始発点とする賭けは、過去の賭けの痕跡と来るべき当せんを架橋するようにして、賭ける自己だけでなく他者をも巻き込みながら、日々繰り返されていた。

闘鶏家と数字くじ愛好家たちは、勝利のために自らの力能や知を存分に発揮し世界を操作することを目指すと同時に、そうした自らの関与がまったく及ばない領域に触れることを、希求しているようであった。予想と現実の落差が賭博のヒリつき、快を生成すると言ってしまえばそれまでだが、ここに賭博者たちが魅了されるという事実について、現実への肉薄のあり方からもう少し考えてみたい。

現実の代えがたさを感受する

さて、往々にして現代の私たちは、社会の中枢を流れる時間に同期するように生きている。多くの段階において私たちは、未来のために現在を投資的に利用することに必死だ。つまり、現在は現在としてではなく、未来に従属する現在として常にある。今日の社会において、近い未来、遠い未来を志向せずにいるのはなかなか難しい。私たちの生は基本的に、単線的に進む時間の中に規定されていると言ってもよい。

賭博者も、未来の賭けのために現在を利用するようにして生きている。賭けの予想とは、現在から過去を想起しその痕跡を辿るような行為、あるいは今目の前にある対象物に対して分析的な思索を加える行為を通じて未来に起こることを推測することにほかならない。

しかし、彼らの賭けは、延々と未来に向かっているのではなく、明確な来るべき未来、あるいは特定の現在を着地点として志向している。鶏が致命傷を与える局面、私が数字と出会う局面。こうした局面、つまり賭けにおいて決定的に重要な事象が生起する特定の現在に晒《さら》されることを、賭博者は自らの賭博実践を通じて希求している。賭けの結果が明らかになる瞬間や賭けの徴と邂逅する瞬間は、不可知性や無根拠性が充満する、人間の関与不可能な領域にある。そして、今まさに生起している／生起した事象は賭博者にとって、変更不可能であるという事実性で満たされている。

本書に出てきた賭博者たちは、こうした現実の事実性に触れる契機を、現実を先鋭化させる賭けを通じて日常の内に幾重にも創造している人々だったように思う。

現実とは、入不二流に言えば、私たちの生を流れる一であり全の力であって、それは潜在的に存在し透明に働いている（入不二 2000: 17–55）。透明で非時間的な現実の力は、特異的に現在と接触することで、色濃くあらわれることがある。それは「現に何かが起こっている」状態であり、私たちはその生起を現に目撃することで、顕在化した現実の絶対性を垣間見る（ibid.: 381–82）。雑誌の占いで書かれていたことがそのままそっくり実現したときや、席替えで「○○くんの隣の席になれますように」と強く願ってくじを引いたら本当に隣になったとき、あるいは、自転車を漕ぐ帰路を西へ曲がったら、驚くべき美しさをたたえた夕焼けが眼前に広がったとき。思いがけない偶然の出来事や祈った先にある決定的な顚末、目を奪われ思考が止まってしまうような事態が、それ以外の何物でもなくそのありようで生起した／しているという代えがたさを、私たちはふとした拍子に知ることがある。

賭博者は、賭けを通じてこういう一時を作り出していた。彼らは自らの知を注ぎ込むようにして特定の時点における鶏の生死や抽せんされる数字を予想する。この予想を携えて、特定の鶏が死に、特定の数字があらわれるような賭けの出来事の生起を目撃せんとする。彼らの賭けが常に特定の、一回性の出来事に向かっているという意味において、賭けとは特異的な現在を意図的に設定し、そこで生起する事象の現実性、事実性を恣意的に感受する行為だと言える。

知を詰め込み、運の摂理にかなうように構築される賭博の予想行為は、賭博者の思い籠めとは無関連の断絶領域——鶏の不可知性や数字の無根拠性の内——に生起する賭けの出来事＝顕在化する現実に向かって、賭けとして放たれる。他者性を多分に帯びた事象を眼前にすることで、賭博者は、それがすべてでそれしかないという現実の現実性を浴びるとともに、現実と自らの予想の一致あるいは乖離を迎え入れる。そしてまた彼らは、生起したその事象を、賭けた自己に意味あるものとして受容することで、次なる賭けに転じさせる。特異的現在において顕在化する現実に肉薄するように予想し、突き放されるように現実を目の当たりにする。賭けと現実の往還が、知を組み替え、運の布置を読み替え、幸運の物語をスクラップ・アンド・ビルドする賭博者の実践の核をなす。

4　現実に驚く

予期する賭博者

さて、知識を詰め込んだ予想をもって結果に対峙し、自らの知識によって結果を理解し、賭けの精度を高めていこうとする賭博者の予想行為は、科学的な予測の営為と重なって映るかもしれない。科学は、物事を説明するための科学的知識を構築することで、世界を秩序づけることを可能にしてきた。科学的知識によって私たちは、カテゴリに分類し概念に固定したうえで物事を理解し、求める答えに到達することができる。科学の営みにおける予測とは、その知識をもって生起する事象の説明責任を果たしうるという科学の自負であり、予測外の出来事は知識の革新を促すとともに、人類を無知から啓蒙状態へと誘った。私たちは、その予測の技法によって、自らの目標に対してなす選択の確実性を高めるような理性を働かせることができている。しかし、不確実性は消え去らない。不確実性を逓減させたいと望む人々、あるいは現代社会にとってそれは知識の欠損／世界の未観測状態を意味し、科学がその全体像を把握しより強固な予測可能性を備えることを是とするが、展望は思わしくなく、未来は息苦しく横たわる。

この現状は見田が言う「脱色の精神」の成れの果てであり、ティム・インゴルドに言わせれば「不確実性の呪い」(Ingold 2023) である。不確実性を欠損ではなく余剰として見出すことを提言するなかでインゴルドは、予測

(prediction) に対置する言葉として予期 (anticipation) をあてがう。確率や確実性の論理に位置する予測に対し、可能性の領域にある予期とは、未来の予見ではあっても出来事の最終形態をあらかじめ決定することではなく、期待によって即興的に道を開き進んでいくような態度であると述べる。その先には、驚愕 (astonishment) の境地で世界と共鳴するという姿勢がある (ibid.: 29–31)。

予想行為を含む賭博者の一連の賭け実践は、インゴルドの言う予期に近いものである。なぜなら、彼らはある一点に生起する事象を予想する行為の内に、そうした予想とは異なる位相、自らのまったく関与の及ばない領域に生起する現実に晒され、それに「驚く」ことを志向しているからである。

「これが賭博だ」

実も蓋もない話だが、鶏や数字に賭ける人々がその実践に見出している喜びは千差万別である。大金が得られるかもしれないという期待感、予想の的中、仲間内で交わす予想行為それ自体……「あなたにとって賭博の喜びとは何か」と訊ねれば、こうした答えが返ってくる。理性に照らすように形式的に、彼らは自らの賭けの理由を、賭博に外在する意味や目的に基づいて言語化する。

しかし、彼らが「これが賭博だ (*kini ang sugal*)」と思わず呟き、賭博の本髄を認めるような場面の多くは、「こうなるであろう」という彼らの漠然とした予期を裏切るかのように生起する出来事と決定的に邂逅したときだった。「さすがに3連続当せんはないだろうと思っていたらまたもや当たった」「ワラが8連勝もした」「何度賭けてもなぜか勝てない」という言葉が、興奮や啞然の面持ちで、時に嘆息を伴って、彼らの口をついて出た。賭博者は、自らの予期を爆破させるような力を持って現実が生起するのに立ち会うことを、賭けることそれ自体に内在する意味として、あるいは賭けの喜びとして、享受していた。

偶然性は人々に驚異の情緒を促す様相だと述べたのは九鬼周造である (九鬼 [1935] 2012: 234)。数多の可能性の中から実現し全一の現実となった事象、「こうならなくてもよかったのに、こうなった」事象は、驚きの情緒を賭博者に促す。闘鶏家は、鶏の一蹴りや羽ばたき、生死が鶏同士の絡まりの中でただ「そうなる」ということに見惚れる。数字くじ愛好家は、数字がはっきりと浮かび上がる切株に誘い込まれ、数字が「そうある」事態に息をのんでたたずむ。煌々《こうこう》と光る月を見上げて明るい羽色の鶏の強さに引き寄せられていくこと、落ちていたカードの絵柄に足を止めて数字の物語を構築していくこと……。賭けを繰り返す人々の驚きの境地は、賭けの一瞬から日常へと広がるように浸潤する。彼らの予期とは異なる位相に、ただそのようにある現実に対して、彼らは日々、自らの世界を止めるようにして驚く。ここに彩色の精神が、「地を地として輝きにあふれたものとする感覚」（真木［1977］2003: 146–47）として展開する。

5　賭博者的な生

循環的時間の中で

賭けの驚きは、人知を超えるところに現実が常にあることを賭博者に知らしめるとともに、世界に対する敬虔な態度を構築していく。インゴルドは、世界を驚愕の境地で経験し続ける、世界に対して開かれた注意深い人々は、「世界が予測可能であると信じるほど傲慢ではなく、世界が説明責任を負うと考えることもない」（Ingold 2023: 31）と言う。賭博者の場合、自らではどうしようもできない次元に生起する現実に驚くことの先にあるのは、「それでもなお、この現実が自らの前にあらわれた」意味の模索であり、これが次なる賭けを駆動させる。

賭博者の予想と賭けは、鶏の生死や数字との邂逅といった決定的な出来事の生起を始発点とした、現実との接近と離反を循環する運動である。賭けの出来事が生起すると、賭博者はただそれに晒される。そして、「こうならなくてもよかったのに、こうなった」ことへの驚きはやがて「こうなったのには意味がある」という解釈へ、その意味を探るための世界探索へと舵が切られる。自らの予想と出来事の間のズレや一致が認識されていくとともに、認識された乖離が次の賭けを予想する重要な手がかりとなる。次の来るべき賭けに向かって彼らは、異な

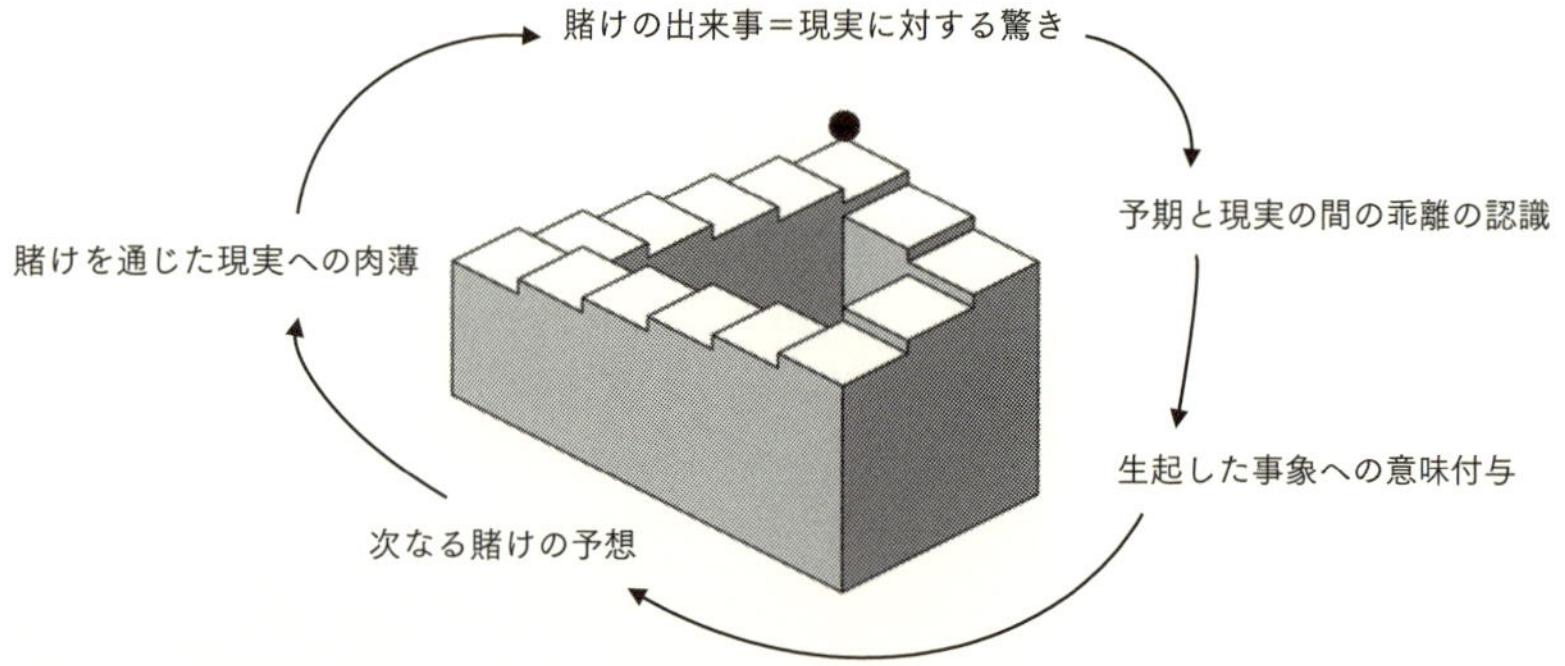

図終－1　賭博者の時間

る知識や世界の見方を持ち出し、自らの運を操作する。そうして、生起する賭けの出来事に肉薄するように賭けを投擲する。そこで再び、自らの予期とはまったく別位相に生起する賭けの出来事の現実性に、彼らは投げ込まれる。予想と賭けの実践において発揮され続ける能動性は、賭博者が向かう先の現実へと接触した瞬間に、無に帰す。そこでは、賭けの出来事と賭博者がただ共在するという状況が生まれる。

この循環運動は、「世界を止める」ことと「世界を作る」こと（真木［1977］2003: 120–21, 140）の往還とも表現できる。生起する現実を驚きの情緒で迎えることは、自らの作り上げてきた世界を止めることに等しい。賭博者の世界の外側に生起する出来事の現実性に接触し、その異様さや不思議さを認めることで、自らの世界の自明性が突き崩される。そこから再び意志をもった賭けに向かうなかで、賭博者は事象に意味を見出し、再び世界を作り、次なる賭けへ能動性を発揮していく。

賭博者は賭ける限りにおいて、この循環的な時間にある。それはマウリッツ・エッシャーのリトグラフ『上昇と下降』で描かれる、不可能図形「ペンローズの階段」を駆け回るような様相を呈する（図終－1）。彼らは常に賭けに勝つために現実に肉薄しようとし、同時に、その現実が自らを裏切るように生起するありさまを目撃せんと欲する。騙し絵の階段をめぐり続け、それに騙されるのを意図して楽しむように、彼らは賭けを反復する。現代社会において、目的に向かって単線的に進む時間の中にある私たちは、自らがその時間を生きる意味を目的に外在化させている。循環的時間の中にあって賭けを繰り返す賭博者たちは、騙し絵の階段を賭け回ることそれ自体に、意味を、面白さを見出している。

生を彩る賭博者たち

賭博者は、現実の絶対性との接触を始発点とした循環運動の内に、他者や生物、物質を含みこんだ世界と自己とのつながりを生成しては作り変えていくことで、次なる賭けを放つ。賭けの面白さは、この過程に詰まっている。最後にこの点について、第7章で扱ったホルブラードの議論と再び比較しながら考える（Holbraad 2010）。

ホルブラードは、ハバナの数字くじ愛好者たちの賭けを同地の占い実践と比較して論じるなかで、占い師は彼らの依拠するコスモロジーから世界（に生起する出来事）を説明するが、賭博者はそうではないと指摘する。コスモロジーは世界がかくある理由をその内の論理から説明することはできても、世界自体を取り扱うことはできない。一方の賭博者は、世界にあらわれる数々のサインとの偶然的な出会いをきっかけとして数字へ賭ける。しかし彼らは、賭けの結果と彼らが依拠したサインとの間に必然的な因果関係は存在せず、自らの賭けた数字が当せんしたことは「偶然」であると理解するのだという。つまり彼らは、数字くじの結果が説明不可能な無根拠の内にあることを知っている。こうしてホルブラードは、賭博者が賭けを通じて触れようとしているのは、世界がなぜかくのごとく存在しているのかという理由ではなく、世界（宇宙）の発生の不思議についてであり、いかにその発生が因果関係からでは理解できない偶然によっているのかを、見て取っているのだと結論する。

ホルブラードは、賭博者の賭けを、偶然性に回収されゆくものとして描いた。彼の文章からは、「私に関係なく、しょせん世界はこうなっているんだから」という半ばニヒリスティックな態度で生きる賭博者がイメージされる。ともすればそれは、世界の無意味性に近づいていくような、脱色の精神だと言えるかもしれない。

しかし、本書の賭博者たちは、そうではなかった。彼らは確かに、賭けの出来事を通じて、自らの制御しがたい領域にまざまざとあらわれる現実が、自らの恣意性の外にあることを目撃していた。その不可知性や無根拠性に晒されていた。しかしこの目撃は、世界との断絶を促すのではなく、彼らが世界といかようにも接続するための契機として駆動していた。なぜその数字が出たのか、なぜこの数字と出会ったのか、いかにしてその数字と私がすれ違っていたのか。どの鶏がこの日・この場所で強い鶏なのか、なぜ私は連敗するのか、いかにして不運の流れを変えることができるのか。彼らは常に、賭けにまつわる事象を、自らに引きつけるようにして受容していた。原因など何もなく、偶然の末に生起する事象――出会った数字、当せん番号、勝った鶏、負け続ける人間――に、それらが起こった意味を、自らと関連させながら、探求していた。その過程において彼らは、過去と未来をまたぐようにさまざまな事物が相互に連関し、他者の世界が織り交ざり、幸運や不運が還流するような、自らのための世界を作り上げていた。

本書における賭博者たちとは、こうやって自らの生を彩色していく者たちであった。現実への驚きを契機として、自己にとっての意味に満ち満ちた世界を作り上げ、そこに生き、そこから賭ける。賭けの出来事に邂逅するたびに、世界を異なるありように浮かび上がらせていく。日々のよしなしごとや、ちょっとした日常との差異に足を止めながら、自らをつなぎとめるようにしてそこに意味を見出していく。その意味が、動物や無機質が生起させる出来事によって霧散したり、変形したりする。それに驚き、そこにまた意味を見出す。未来の予想と現在の現実を往還する運動に、彼らの賭けの面白さは詰まっている。

日々をあやなし、驚きと不思議に溢れた相貌で世界を捉え、それを面白がる。日常の些末なことの不思議さにその都度足を止め、その意味を鋭敏に読み取り、生活を面白さで満たす。これが、彼ら賭博者的な生である。彼らの生きざまの破片を私たち自らの内に招き入れて日々を暮らしてみれば、そこには、世界が別ようの形で自己に開かれていくさまが、色鮮やかに広がるかもしれない。

注

序章

（1）市野澤（2011）を参照。
（2）岡本（2021）を参照。
（3）１９７７年、世界保健機関の「国際疾病分類第９版（International Classification of Diseases, 9th Revision: ICD-9）」に過剰な賭博が精神疾患として分類されたことで、初めて公式な病理となった。１９８０年には米国精神医学会による「精神障害の診断と統計マニュアル第３版（Diagnostic and Statistical Manual of Mental Disorders, 3rd edn: DSM-III）」に、「衝動制御障害」として「病的賭博（pathological gambling）」が分類された（Fauth-Bühler et al. 2017: 885）。現在（ICM-11、DSM-V）の医学的名称は「ギャンブル障害（gambling disorder）」。
（4）本来、生産倫理を損なうものとして措定されてきた賭博の悪性は、賭博産業の規制緩和や新自由主義的な価値の浸透に伴い、自己制御、自己実現、責任、理性の価値観に基づく「消費倫理」のイデオロギーに反するがゆえの悪へと転化した。この意味において、今日の「病的賭博者」像は消費社会の下に形成されていったとリースは論じる（Reith 2007）。
（5）Shaffer & Korn（2002）及び Beckert & Lutter（2013）を参照。
（6）Woodburn（1982）を参照。
（7）偶然性に基づくゲームであっても、その結果得られる金額は賭博者それぞれが所持する賭け金の多寡に依存するため、平等主義的な再分配は達成されないとして、安易に賭博を贈与と接続する議論を退けている（Pickles 2013: 40）。
（8）ゴフマンなどを指しながらシュールは、「こうした研究者たちは例外なく、プレイと現実の関係の性質について、さらには前者がどのように後者を壊し、前者が後者の予行になり、前者が後者を区切り、前者が後者を屈折させるのかについて関心があった……だが……離れたり予行したりするものでも、日常の経験の限界を定めたり屈折させたりするものでもない……日常生活とマシン・ギャンブリングの区別がなくな（る）」（シュール 2018: 284–85）と指摘している。
（9）浅田（1983）や、霜山（1975）を参照。
（10）田中（2021）を参照。
（11）狩猟採集民グイの動物に関する経験世界を描いた菅原和孝（2015）は、狩人の実践の基層をなすのは原野にある指標的記号や兆候に注意を研ぎ澄ます活動だと述べている。動物の足跡や痕跡、異常行動などによって、かつて動物がここにいたことをありありと思い浮かべたり、不吉な兆候を感覚したりする。その時に狩人が取り結ぶ環境とは、今ここの環境とは異なったバーチャルな領野「虚環境」である。虚環境は様々な形や程度で環境とモザイク状に相互滲透しながら、環境と双発的に生成される。前景化する現在の世界の様相から未来の賭けの結果を読み解く賭博者の心性は、菅原が描いた「予見または回顧という方向の志向姿勢をおびながら虚環境を探索する」（菅原 2015: 152）想像力と重なる部分がある。

第１章

（1）当時、ネグロス島から移住してきたニック家の隣人は、母語であるヒリガイノン語では村で意思疎通ができないためセブアノ語を話す努力をしていた。

（2）このときは、病の原因と思《おぼ》しき食べ物の皮などをバケツに入れ、そこに熱湯を注ぎ、湯気に当たるというスチーム療法を施してもらった。

（3）イスラーム教徒、キリスト教徒、ルマドの人口統計は２０００年の統計に基づく数字である（MinDA 2012: 68）。

（4）「モロ」とはもともと、7世紀に北アフリカからイベリア半島に定着したベルベル人を指す名称だったが、スペイン人はフィリピン群島のムスリムの蔑称として用いた。１９６０年代以降の分離独立戦争において、「モロ」という名称はフィリピン人ムスリムの統合原理として重要な意味合いを併せ持つようになった（谷口 2020: 54）。

第2章

（1）Migdal（1988）を参照。

（2）https://www.pcso.gov.ph/About/History.aspx（２０２４年12月19日閲覧）。

（3）一方、イギリスの植民地支配下におけるマレーシア・シンガポールでは、アヘンや賭博は徴税請負の対象の一つとなり、華僑に独占権が請け負われた。海峡植民地政府は、アヘンや賭博に興じる華僑社会から国家運営に必要な金を吸い上げていた（白石 1999: 272–73）。

（4）この姿勢は、先住民の賭博を廃止し国家を成立させたアメリカの独立時（１７７４年）と同じ歩みである（Davis 2013: 558）。

（5）https://www.pcso.gov.ph/About/History.aspx（２０２４年12月19日閲覧）。

（6）政府は禁止された賭博に対して警察権力を行使することに強い留保を示していた。副総督ライトは、１９０３年に、「〔賭博は〕最大の諸悪の根源の一つ……もしすべての警察に賭場へ強制捜査をする権利を与えたとして、そこで賭博が行われていなければ、人家のプライバシーを侵害することになる」（Gleeck 1986: 79）と述べている。これは、当時のレッセフェールの趨勢が与えた影響であろう。

（7）法令１５３７号をめぐっては、１９０８年の議会において競馬の開催日を増やすために、修正案である議会法案１０４号が提出されたが、棄却された。修正案は通過しなかったものの、競馬の開催日拡大のための議会法案提出は、競馬運営事業の既得権益を握っていた人々が規制強化に反発し、政治的に画策していたことを示している（cf. Worcester 1930: 549–50）。

（8）法令１７５７第7項には以下の記載がなされた。「金銭や価値のある代替物の勝ち敗けが偶然によっている、モンテ、フエテン、あらゆる形式の富くじや数字くじ……は禁止されている」。

（9）アメリカを宗主国とする各地域における、闘鶏の規制・管理と国家形成については、Davis（2013）に詳しい。

（10）「賭博法違反」の容疑で逮捕された人数は、１９０６年の２５６人から１９０７年には４７９人に増加した（Villamor 1909: 14）。

（11）同時期の１９３０年代、植民地化を免れたタイにおいても、犯罪や貧困と賭博を結びつける認識が政府内で醸成された結果、合法賭博の枠組みと規制制度が確立した（Warren 2007）。

(12) 町の警官が賭場の入口を監視することでカビテ州知事が違法なモンテ（カードゲーム）に参加していた例や、ブラカン州知事が賭場を庇護し、違法数字くじで選挙キャンペーンの資金繰りをしていた例などが皮切りとなった（McCoy 2009: 156）。

(13) フエテンは中国人貿易商によってフィリピンに導入され、スペイン植民地期にはすでに遊戯されていた。中国語で「フエ」は「花」、「テン」は「賭け」を意味するという（Smart File 1993/1/1a）。

(14) 賭け金と配当金はMcCoy（2009）による記述である。マニラ・ブレティンによると、25センタボから１ペソの賭け金で、その配当金は４００ペソから１０００ペソに及んだという（Manila Bulletin 2019/8/3）。

(15) フエテンの賭けには、予知夢や数字のサインなどを用いる民族知が用いられ、その実践が一種の大衆文化として集積し根付いてきたことが、人々に一攫千金の夢を抱かせ続ける要因にもなっている（Smart File 1993/1/1a）。Decierto et al.（2011）によると、こうした民族知に基づく予想は、パンパンガでは *degla*（タガログ語で *diskarte* の意）と呼ばれる。

(16) Abraham & Schendel (2005) を参照。

(17) このピラミッド型の仕組みはミンダナオにおける違法薬物の流通と似通っている。仲介人によってリクルートされる末端の薬物の売人はその仲介人の顔しか知らず、連絡先もわからない。ピラミッドは何層にも重なり、その仲介人も一つ上の層の仲介人しか知らず、ピラミッドのさらに上層に存在する仲介人やファウンダーを知ることはできない。この強靭な秘密主義のシステムのおかげで、たとえ末端の売人が逮捕されても組織が崩壊することはなく、麻薬市場は撲滅されない（Guiam & Schoof 2016）。

(18) https://www.pcso.gov.ph/About/History.aspx（２０２４年12月19日閲覧）。

(19) チャリティーの範囲は多岐に及び、１９４２年２月の抽せんは「退役軍人富くじ」と名付けられ、「［米比戦争時に］国と自由のために闘ったフィリピン人退役軍人を助けるためにくじを売ろう」という宣伝文句が掲載されていた（PFP 1941/12/13）。

(20) PFP（1940/9/28）を参照。

(21) https://www.pcso.gov.ph/About/History.aspx（２０２４年12月19日閲覧）。

(22) 週刊誌面では、ＰＣＳＯの不振に対し、私営の賭博にも許可を与え合法にして国家歳入を増加させるべきであるとの意見がなされた（PM 1939/9）。

(23) 日本占領期におけるマニラでは、馬が略奪され食用にされたために停止した競馬に代わり、用水路にボートを走らせる賭けレースが開かれていた（Orient 1960/6）。

(24) ハイアライ（*jai alai*）とは、スペイン・バスク地方発祥のスポーツで、グローブで壁に球を打ち付ける競技である。

(25) 賭博法が警察・役人によって適切に行使されていないだけでなく、法律自体が脆弱であるという点をめぐって、１９６０年代以降、賭博の合法化の議論が加熱した（PFP 1963/5/18; 1968/5/11）。

(26) フィエスタや祝日の期間に催されるマイナーな賭博に関しては地方自治体による管理が継続された。

(27) 大統領令１６０２号には、「［従来の賭博法が］この有害な行為を根絶するには不十分」であり、「国民の活力と資源を消散する社会の脅威と闘うために重罰化する」という前文のあとに、「運・能力の遊戯に現金、財、財に代わるものを賭けることを禁ずる」、「管轄地域で賭博の存在を黙認する村役人は一時停職に処する」、「密告者には没収された金銭・財の20%を報酬として付与する」ことなどが明記された。また、違法賭博の例には、無認可の闘鶏、フエテン、ハイアライ、競馬、ナンバーズ、ビンゴなど、他の形式の富くじ、カライクルズ、ポンピアン、7－11など、その他サイコロを用いたゲーム、ブラックジャック、ラッキーナイン、ポーカー、モンテ、バカラ、クアハオ、パンギンギなど、その他カードゲーム、パイククエ、ハイアンドロー、麻雀、ドミノなど、その他プラスチックタイルを用いたゲーム、スロットマシン、ルーレット、ピンボール、その他機械ゲーム、ドッグレース、競艇、カーレースなど、その他レース、バスケットボール、ボクシング、バレーボール、ボーリング、卓球など、その他個人あるいはチーム戦、以上が挙げられている。この大統領令１６０２号が、現在でも「賭博法」の基本的なものとして機能している。

(28) Republic Weekly（1969/8/29）を参照。

(29) ＰＡＧＣＯＲは60%が政府出資、40%が民間出資（ロムナルデスの所有）という準政府組織であった（シーグレーブ 1989: 194–95）。

(30) １９８６年2月のメモランダムオーダー１号（M.O. No. 1）による。１９８６年10月のメモランダムサーキュラー20号（M.C. No. 20）では遊戯資格を観光客・外国人・前年度5万ペソ以上の収入のあるフィリピン人に限定し、政府役人や国軍、21歳以下、学生の遊戯を禁止した。

(31) 拡大する賭博市場に対し、「フィリピン人にとって、賭博は食う・寝ると同じくらい自然なものだ」、「賭博はフィリピン人の第二の天性になった」という道徳への問いと、賭博によって潤沢な税金が収められている事実との間で葛藤する週刊誌記事が、当時の世情を示している（PP 1990/2/11; 1990/3/4）。

(32) １９９５年9月、自身の解任をきっかけにして元バタアン州警察本部長が警察幹部のフエテンへの関与を告発し、芋づる式に上院議員や下院議員などのフエテン関与が報道された（川中 1996: 330）。

(33) この時期にルソン地方の運営者たちがフエテンから稼いだ金額は、一日に６０００万ペソにも及んだという（PDI 1995/11/20）。特に中央ルソンのフエテン運営者ロドルフォ・ピネダの年間収益は43億８０００万ペソと推定された（PDI 1995/11/21）。

(34) １９９２年時点でフィリピン国家警察は、売上の15%が売人へのコミッションとして、30%が配当金として充当され、残りの25%が運営者の利益となっていると推定していた（Manila Chronicle 1995/11/12）。

(35) エストラーダがサン・フアン町長時代、そして国家犯罪対策委員長を務めていた副大統領時代に、違法賭博市場とどのような関係性を築いてきたかについては、資料不足のため別稿に改めたい。

(36) ２０００年6月、チャビットが仕切っていた南イロコスの賭場に警察が強制捜査を行った。この強制捜査によってチャビットはビンゴ２ボールのフランチャイズ権を剥奪され、ビンゴ2ボールの指導者であるアンはチャビットのライバルだったフエテン運営者にその権利を譲った。チャビットは、取り巻き間の仲間割れによる自身の利益の喪失という窮地に追い込まれたことで、暴露に至った（Coronel 2000: 34–35, Chua 2000: 136）。

（37）エストラーダは２００７年に、５億４５００万ペソをフエテンから不正に受領したとして有罪判決を受けたが、その１カ月後にアロヨ大統領によって恩赦された（Inquirer. net 2013/7/8）。２０１３年にマニラ市長に当せんしたエストラーダは、違法賭博に対する全面戦争を宣言したが、フエテンに関しては売人の生活保障を理由に合法化をすべきであるという姿勢は崩さなかった（Inquirer. net 2013/7/9）。

（38）地方社会における収入機会としてフエテンが草の根レベルで蔓延している状況や、政治・警察権力との深いつながりを維持・再生産する仕組みに関しては、Philippine Center for Investigative Journalism and the Institute for Popular Democracy（2000）、Co（2003）において詳述されている。

（39）フエテンのフィナンサーによる贈賄は、「ジャーナリスト」や「新聞記者」にも及んでいるという（Smart File 1993/1/1a）。

（40）「違法数字くじからの即自的な金銭の獲得は成功と同等にみなされているため、よき労働、忍耐力、倹約の価値への人々の無関心さへ影響を及ぼす要素である。そのため、蔓延した社会の脅威、腐敗の根源になっている」としたうえで、違法数字くじとしてフエテン、マシアオ、ラストトゥーの３種類を具体的に定義した。違法数字くじの運営に関わるアクターとして、売人、コーディネーター、マネージャー、フィナンサー、庇護者を定義し、それぞれへの罰則を定めた。

（41）当時のＰＣＳＯ議長セルヒオ・バレンシアは、フエテンの市場を50%奪取することを念頭に置き、50億から１００億ペソの年間収益を目標にした。収益の10%を地方政府に、５%を州政府に配当して医療サービスの拡大などに充当し、残額の55%は配当金に、30%は慈善事業に、15%はＰＣＳＯの運営に充当する計画を立てた。ＳＴＬの推進は雇用創出にもつながると期待し、ケソン州だけでも約１万５０００人の雇用が創出されたと強調した（Philstar Global 2006/3/24）。

（42）２００５年には、アロヨの親族（夫のホセ・ミゲル・アロヨ、長男のフアン・ミゲル・アロヨ、義弟のイグナシオ・アロヨ）が中央ルソンのフエテンから収益金を得ていることが、ビコール地方のフエテン運営者によって告発された（Fabella 2007: 115）。同時期に大統領選挙結果の不正操作疑惑も浮上し、政権不支持率は60%近くに達した（鈴木 2006: 313–15）。さらに、大統領自身にも、任期終了前の２年半の間で、ＰＣＳＯの資金３億６６００万ペソを使途不明金として不正利用した嫌疑がかけられた（Inquirer. net 2016/9/16）。

（43）また、２０１０年10月に上院に提出されたフィリピン国家警察による報告書では、７地域のフエテンは月に計25億７５００万ペソの収益を得ていた一方で、ＳＴＬの２００６年２月から２０１０年８月までの間の総収入は95億ペソに留まっていたことが明らかになっている（Inquirer. net 2013/6/17）。

（44）人気のないゲームがフエテンを打ち負かすことはできないことから、ＰＣＳＯは、２桁だけではなく３桁の数字を用いた数字くじなど、多様な種類のゲームを認可する計画を提示した（Inquirer. net 2012/9/19）。

(45) Inquirer. net（2012/9/19）によると、当時のパンパンガ州のＳＴＬ売人の場合、集めた賭け金の10％（ある売人の場合、1回の抽せんで40ペソから１００ペソ）と、当せん者から分配される配当金の一部を収入として生計を立てていたという。

(46) ＰＬＢの導入の効果については、当初から懐疑的な声が上がっていた。違法数字くじ撲滅を主眼に活動する教会運営の団体「フエテン・フリー・フィリピン（*Krusada ng Bayan Laban sa Jueteng*）」代表のオスカー・クルス名誉大司教は、ＳＴＬは長い間「絵に描いた餅」であったと述べたうえで、「ＰＬＢ……これもきっと大失敗になるだろう。特に、一般的なフエテンのヒエラルキーを用いるのであればなおさらだ」（Inquirer. net 2012/9/18）と述べ、ＰＬＢが既存のフエテンの運営ネットワークを利用することになれば、その仕組みは簡単に違法運営者の手に落ちるだろうと指摘した。ＳＴＬ運営者の中でも、「何とでも言える。警察が違法営業に同意している限り、違法賭博を根絶することは不可能だ」といった声が上がっていた（Inquirer. net 2013/6/17）。

(47) ＰＣＳＯは、違法賭博の撲滅は組織の管轄外だとして、警察権力などにその責任を転嫁した。ＰＬＢの試運転と称してマニラ首都圏でＰＬＢの職員を装った売人による違法なくじ売買が蔓延《はびこ》った際、当時のＰＣＳＯ議長マルガリータ・ジュイコは、「ＰＣＳＯには法律を執行する権限がないため、違法数字くじの蔓延には無力だ」「ＰＣＳＯの使命は、不利な立場にある人々や疎外された人々に奉仕するより良い方法を提供することだ」と語った（Philstar Global 2011/9/21）。

(48) そもそも、アキノが違法数字くじの撲滅に注力していたのかという点は疑問が残る。アキノ政権が発足した２０１０年7月、クルス大司教は、アキノの射撃仲間であり、大統領府でフィリピン国家警察を統括していたリコ・プノ内務次官を、当時のフィリピン国家警察長官ジーザス・ベルソーザとともに、フエテンの「最終的な受益者」として名指しした。しかし、アキノはこの告発を精査することなく却下した。縁故主義を優先し、違法賭博に目をつぶっていたと指摘されている（Manila Times 2014/9/10）。

(49) 推定月間小売売上高は、一日3回、30日分のくじ売り上げ枚数全体の30％に（平均賭け金額である）２・５ペソを掛けて算出された金額である（Inquirer. net 2018/1/25）。

(50) ２０１７年のＰＣＳＯの年間総収入は前年度比34％増の５３０億ペソ、２０１８年は６３５億６０００万ペソであった（Gulf News 2019/7/29）。

(51) ２０１６年に改訂された実施規則には、ＳＴＬ労働者の賃金や給与が規定されていないが、バルタンによると、売人は配当金の一部分配に加えて、７０００ペソから８０００ペソを得ており、医療保険制度（PhilHealth）と公的年金制度（Social Security System）に加入しているという（Inquirer. net 2017/11/18）。

(52) たとえば、フエテンや他の賭博が存在していなかったオーロラ州にもＳＴＬが導入され、教会や地方政治家、住民が反対運動を起こした。「［ＳＴＬは］単なるフエテンだ。人々が農業や漁業で一生懸命稼いだ金を吸い上げようとしている。人々賭博文化を創り出そうとしている」と州知事は強く反対の意を示した（Inquirer. net 2017/6/1）。

(53) ２０１８年1月、南カマリネス州を拠点とするエバーチャンス・ゲーム社（Everchance Gaming Corp.）を裏で所有しているのが、従来から同地域でフエテンを運営してきたピネダではないかという疑惑が浮上した（Inquirer. net 2018/1/30）。

(54) 上院ゲーム・アミューズメント委員会委員長のパンフィロ・ラクソンは、前述のピネダの例を筆頭にＡＡＣｓによる推定月間小売売上高の過少納付が横行していると指摘し、違法運営を率いる最たる者として、アトン・アンらに疑惑の目を向けた（Inquirer. net 2018/1/25）。

(55) 一部地域のＡＡＣｓは1カ月以上の運営停止を余儀なくされた（図２－５）。ＳＴＬ全国一斉運営停止の結果、２０１９年のＳＴＬの収益は２０１８年の２６１億１０００万ペソから62億ペソ減の１９８億７０００万ペソに降下した（Inquirer.net 2020/2/26）。停止期間中の収入源が絶たれた売人の中には「シャブを売るよりはましだ」と言ってフエテンの売人に戻っている者もいるとの報道がなされた（Inquirer. net 2019/8/2）。

第３章

（１）韓（2018）を参照。

（２）フーコー（1977）を参照。

（３）１９８６年当時は週1回だった抽せんだが、調査開始時の２０１５年にはＰＣＳＯは一日3回、朝・昼・晩に4桁あるいは6桁の数字くじの抽せんをしていたため、ラストトゥーも同じく一日3回開催されていた。

（４）なお、以下の事例では、人々が意図的に「ＳＴＬ」と呼称した場合を除いて、ＳＴＬ転換後の数字くじも「ラストトゥー」と表記する。調査地では、ＳＴＬとして売買されている数字くじも含め、２桁の数字に賭ける数字くじは依然として、総じてラストトゥーと呼ばれているためである。

（５）この話には続きがある。「でも、闘鶏のこういう〔関係者が逮捕される〕ニュースは聞いたことがない。Ｍ村でも昔はバランガイ・ホールの裏に闘鶏場があったけど、今はフィエスタのときでも闘鶏は開催されない。村の教会の祭司が厳しいからなくなった。なくなる前、村にはあらゆる賭博があった。カードゲームも、ハンタックもあったのに、全部取り締まられた。俺のいとこの奥さんも捕まった。なぜ取り締まるかって？　闘鶏に人が行かなくなるからだよ。闘鶏は今でもだけど、市長の管理下なんだ。ローカル〔の自治体〕ががっちりコントロールしている。市長次第で禁止も決まる。市長と警察は、闘鶏からたくさん賄賂をもらっている。闘鶏に人が集まらないと、市長や警察はあがったりだからね」。地方自治体によって管理されている闘鶏は、（本当に首長が収賄に関与しているのかは不明だが）権力に裏支えされた賭博として唯一無二の地位にある。

（６）麻薬戦争は多くの国民に支持され続け、麻薬犯罪者に対する懲罰的な規律が求められ続けた。日下はこの理由に、新自由主義の統治性が浸透するなかで、人々が規律と勤勉を信奉する道徳的主体を獲得したことを挙げている（日下 2020）。麻薬犯罪者のような悪しき他者は、自己の成功を阻害する存在であり、国家権力による超法規的排除の対象となってもやむを得ないという論理である。麻薬利用をめぐって人々が抱く善悪の観念が、ドゥテルテの政策と共鳴した結果だとも言える。一方、賭博に関する観念は共鳴しきらなかった。第２章で言及したように、政権が賭博、ことに違法数字くじを、疑いようのない悪である麻薬と比して「小さい悪」と位置づけたことからもわかるように、人間の道徳をいかに毀損するかという賭博の悪性の程度は国家によっても、国民によっても、曖昧に見定められているようだった。

第４章

(1) マシン上のビンゴカードがすべて埋まり、高額配当を得ること。

(2) 檜垣は、賭博の利益が「はずみとしかいいようのない贈与、自然からの贈与」であることに言及しながら、過剰な快や惰性を生む（と思われる）賭博が、能動的な努力によって成立する近代資本主義社会をなし崩しにする脅威＝「悪」と定位されることについて短く思索している（檜垣 2008: 150–52）。

(3) 劉（2019）は「社会的熱」の概念を援用して、老人施設内における麻雀を「負」から「正」の賭博へと変容させる遊戯者の諸実践について分析している。

(4) トンギッツにおけるコールの一種。

(5) シュール（2018）を参照。

(6) 正月、ピャットピャットをしながら、闘鶏場に鶏がいたかどうかをレイモンドがリッチェルの夫に尋ねる。「閑古鳥が鳴いていた」と言うと、それを聞いたメアリーがカードを配りながら、「闘鶏よりカードの方が、負けるお金も少なくていい」と言う。「いやいや、向かいの家では一ゲーム１０００ペソ以上賭けてピャットピャットしてるじゃないか」とレイモンドが反論する。(2020/1/1、L町)

(7) 円滑な人間関係や互酬性を重んじる社会としてフィリピンを描き出してきたリンチなどの古典的研究は、順応的な価値を抽出・強調することで植民地主義に都合のよい存在としてフィリピン人／社会を定位し、そうしたイメージを再生産するものであるとして批判されている（Enriquez 1992; 清水 1996）。

(8) Foster (1972) を参照。

(9) ウルトラロトは、10月14日についに当せん者が２人現れた。キャリーオーバーは10億ペソ台に達した。

(10) 本書の主たる調査地を鑑みた、「低地キリスト教社会」に限定した見解である。

(11) 「正統教理」と「民間信心」の矛盾や一致を単純な二分法で把捉してきた低地キリスト教社会論に対して川田（2003）は、両者の領域の曖昧さを指摘したうえで、フォークとカトリシズムがどのように接続しているのかを、人々の日常的実践における知識のあり方から論じている。また東（2011）は、フォーク・カトリシズムという呼称は日常生活における人々の実践を実感に近い形で表現するものの、いかなる活動が「公式／非公式」かを分類する権威を有するカトリック教会の外部的視角によって周縁化された概念でもあると指摘している。

(12) 新約聖書では明確に賭博を禁じる文言はないため、解釈の余地がある。しかし、金銭に執着することを諌《いさ》め、労働による富の獲得を善とする以下の章句などから、賭博は推奨されざる行為としてみなされる。「金銭を愛することは、あらゆる悪の根である。ある人々は欲ばって金銭を求めたため、信仰から迷い出て、多くの苦痛をもって自分自身を刺しとおした」（「テモテへの手紙一」６：10）。「そして、あなたがたに命じておいたように、つとめて落ち着いた生活をし、自分の仕事に身をいれ、手ずから働きなさい」（「テサロニケの信徒への手紙」４：11）。

　イスラーム法において賭博は明確な禁忌であり、クルアーンでは次のように賭博の禁忌が明言されている。「酒と賭矢についてみんながお前に質問して来ることであろう。答えよ、これら二つは大変な罪悪ではあるが、また人間に利益になる点もある。だが罪の方が得になるところより大きい、と」（第２１６節）。クルアーンに記載がないことから富くじはイスラーム法に反さないとする立場もある（國谷 2011: 10–11）。また、賭博や賭博の道具についての知識人の論争が12、13世紀に記録されていることからも、イスラーム社会において賭博が存続してきたことがわかる（増川 1982: 111–12）。

(13) イグレシア・ニ・クリストとは、１９１３年末に創始したフィリピン独自のプロテスタント教会である。創始者を「神の最後の使い」とし、三位一体論を否定し、カトリック教会を批判する立場をとる。宗教的には少数派であるが、フィリピン国内での社会的プレゼンスは高い（寺田 2002）。

(14) フィリピン・オフショア・ゲーミング・オペレーターとは、ＰＡＧＣＯＲによってライセンスを取得し、フィリピン国内からオンライギンャンブルサービスを提供する企業を指す（Esquire Philippines 2019/7/19）。ライセンス発行は２０１６年に始まった。フィリピン国外向けのサービス提供に限られており、フィリピン国内からのアクセスは禁止されている（GMA News Online 2016/9/14）。ＰＯＧＯｓのほとんどは、本国での運営が禁止されている中国系企業とされる（Philstar Global 2019/6/17）。中国人が経済的常勝を目的にフィリピンでオフショアゲーミングビジネスに従事する様子や、フィリピンに対する経済効果、違法な運営が蔓延《はびこ》る現実、中国政府との緊張関係などを、Rappler（2019/6/12; 2019/6/14）は伝えている。

(15) 第5章で、父親であるジェラルドが闘鶏で家族を不幸にさせた経緯をクリスティが語っている。

(16) このとき、ニックは賭場の開帳を渋った。ロロの長女（第三子）ジンジンの葬式のとき（２０１４年）には実際、ニックが反対して賭場は開帳されなかったという。今回はランディらが説得し、その結果開帳された。しかし1日目にして葬式の噂を聞きつけた人々が大勢集まり、トンが積まれずにカードゲームが行われるテーブルもあったり、無秩序な状態となった。賭博のために集まった人たちは「トンはどれくらい集まったんだ、割合でトンをとってくれ」と言われると「気持ち（*kasingkasing*）があればどんな金額だっていいじゃないか」と口をそろえた。ニックはこうした「煩わしい（*samok*）」状況が父の葬式で繰り広げられることを嫌がっていたのだと私は理解した。

(17) 「超自然」と「宗教」がどこまで重なるのか、どこまでを宗教的という言葉で内包するかは議論の余地があるが、少なくともカトリシズム的な一神教のコスモロジーに基づく物語に賭博の出来事が総じて回収されるわけではなく、「宗教」という強い言葉がなじまないことは確かだ。麻雀において雀士が重きを置く「流れ」、すなわち「偶然性のネットワーク」（齊藤 2023）のような、あくまでそうしたものを見出し、そうしたものと交感する行為であり、その帰結としての幸運の獲得なのである。

第5章

（1）3羽以上の鶏がピットに放たれ生き残りをかけた闘いが繰り広げられる闘鶏もフィリピンやその他地域に存在する。「バトル・ロイヤル」という言葉はイギリスにおいてかつて存在したこの種の闘鶏を語源としている（ロウラー 2016: 142）。フィリピンでは「ロイヤル・ランブル」という。

（2）第2章で言及したように、リサールはミサの人集めのために日曜午後に闘鶏を催す教会と、人々を堕落させる闘鶏自体に批判的であった。それでもなお、闘鶏は彼の眼に、植民地支配を覆すフィリピン人の抵抗と重なって映った。「遠くからこの叫びを聞いた人にも、人気の弱い方が勝ったことがわかる。もし反対だったら歓喜の声はこんなに長くないからである。同じことが国と国の間でも起こる。小さい国が大きな国に対して勝利を占めたときには、それをいく世紀もいく世紀もうたい伝え、語り伝えるものなのである」（リサール 1976: 273）。

（3）コラソン・アキノ元大統領の実弟、ペピン・コファンコの言葉である（山本 1994: 37）。

（4）コロナ禍で闘鶏場が全国的に閉鎖されたのは、歴史上極めて異例な事態であった。ダバオ市では2020年4月16日に、STLや他の賭博と共に闘鶏の開催が禁止された。3月に開催されたマティナ闘鶏場でのダービーを境に市内の感染者数が増加したためである。2023年前後に闘鶏は各地で順次再開されたが、この間にオンライン闘鶏（*e-sabong*）が一世を風靡した。この期間の闘鶏事情については別稿で論じたい。

（5）2018年の大会には、カナダ、マレーシア、インド、オーストラリア、アメリカからのエントリーがあった（Nikkei Asia 2018/3/15）。

（6）1970年代前半、アメリカにおいて闘鶏は未だに1000万ドルビジネスとして栄えており、7万人のブリーダー、50万人の闘鶏家、NY市内だけで250の闘鶏場が存在していた（McCaghy & Neal 1974）。

（7）イギリスの闘鶏禁止の経緯について、自らの過去の過ちに気づき改心し動物の権利を守るために闘鶏を禁止したという物語は作られた美談であり、勤労を阻害する要因を排除することが真の目的だったという分析もある（Boddice 2009）。

（8）クラパンザーノ（1996）は、ギアツのディープ・プレイにおいて現地の人々との対話が皆無であること、民族誌的データが解釈学のお手本を示すための犠牲となっていることなどを指摘しながら、民族誌家が記述することで独裁的に文化を構築してしまうこと、そうしたことが人々の「肩越し」に文化を眺める調査者の権威によって隠蔽されてしまうことといった文化の表象に関する諸問題を提起した。

（9）鶏自体の強さや鶏への賭け金は現実世界の有力者の政治力に直結するとグッゲンハイムは指摘する。人気の薄い鶏が勝つことは貧農にもチャンスがあることを示唆し、現職の町長の鶏に賭けない、遠隔地で違法闘鶏をすることは権力への抵抗の証となるにはなるが、反構造的行為に加担できるのは外様《とざま》の人々であり、権力構造に内包される関係者は闘鶏場に行かないという選択肢以外に抗う方法が残されていない（Guggenheim 1994: 164）。外様による反構造の賭けも成立はするものの、それが現実の構造を転覆させるには至らない。むしろ闘鶏というパフォーマンスの内部で抵抗を示せてしまうことが、実際に権力に抵抗することを遠のかせるのだと彼は考察を加えている。

(10) Leal (1994: 224) を参照。

(11) カヴェシュは別稿で、闘鶏をヘゲモニックな男性性を再生産し成熟させる場としての考察も展開している (Kavesh 2021a)。

(12) 鶏にとっても人間にとってもリアルな闘鶏の営為を把捉しようとする試みにはマルチスピーシーズ民族誌のほかに、映像や音といったテキスト知とは異なるモードを架橋することで闘鶏の実践の総体的なリアリティを描出しようとするマルチモーダル人類学の成果 (Lemeison & Young 2018) などもある。

(13) グレゴリー・ベイトソンとマーガレット・ミード ([1942] 2001) が先鞭をつけ、現在まで多くの研究が蓄積されてきた闘鶏の男性性については、現代フィリピンの闘鶏の文脈においても重要な観点であるが、本書では十分な検討を与えることはできない。現時点で指摘しうるのは、闘鶏は確かに男性が中心的な成員となる男性の空間ではあるが、果たして闘鶏の熱狂は男性性の専売特許なのだろうか、という疑念である。それは女性の闘鶏参加の障壁の低さを、身をもって実感した私自身の経験（第1章）に由来する。

闘鶏家たちは、闘鶏場で賭ける女性を指して「この闘鶏場には女の闘鶏家がいるんだぜ！」と私に教えることがあった。これは確かに闘鶏が男性の空間であること、例外的に女性が参加していることを示していた。また、「ビナバエ」と称される雌鶏に似た外観の闘鶏品種の活躍は、フィリピンにおいて「男」として理解されるトンボイ的存在と重なる部分がある。一方で、女性を排除するような禁忌も存在する（第6章）。

ヤングは女性調査者のアドバンテージとして、「女性であれば闘鶏に参加しない〔賭けない〕という了解が闘鶏家の間にあったため、違法行為に加担することなく調査を行えた」(Young 2017: 1350) という自らの経験を挙げた。フィリピンにおいて、その論理は通用しない。男性性の象徴的な意味体系がフィリピンの闘鶏家にとってどの程度有意なのかについては別稿で真剣に考えたい。

(14) 人口10万人以上の自治体では二つの設置が許されている。

(15) ダバオ市では２０２０年４月の新型コロナウイルス感染症のパンデミックによる闘鶏場閉鎖から3年を経て２０２３年１月に再開されたが、再開の条件として運営に課す娯楽税 (amusement tax) を10%から30%に引き上げた。これによってダバオ市の年間税収は１０００万ペソから２５００万ペソへ増加する見込みが示された (Manila Bulletin 2023/1/16)。

(16) ペナルティを免れるために、監視役が目を離したすきに羽を載せたりする「ずる (*tikasan*)」は横行しているという。

(17) クリストという名は「キリスト (Christ)」に由来している。キリストが神と人間を媒介するように、クリストも賭博者同士を媒介するという「仲裁者」の役割を担うという点、キリストが人類のために磔刑《たっけい》に処され身を捧げたように、クリストも賭けの依頼主のために責任をもって献身するという点に関連していると言われる (Alabanza et al. 1979: 36)。また、カラバンを探すために両手を上げる様子が磔《はりつけ》の姿勢に似ていることを由来とする説もある（ロウラー 2016: 124)。

(18) 蹴爪は片足のみにつけるのが通常であるが、私は一度、「小さいから蹴爪を二つ装着してもいいよ」という対戦相手の申し出によって両足につけて闘わせたことがある。フィリピンでは、攻撃力の高いカーブした蹴爪「スラッシャー」を常用する。フィリピン、メキシコ、中南米のみで主に利用されており、イギリスやアメリカでは良心の呵責《かしゃく》があったのか滅多に用いられなかった（Scotto 1957: 55）。

（19）タオルで蹴爪を拭くのは、蹴爪に毒薬を塗る反則行為を未然に防ぐためである。

（20）西田・Masangkay（1978）を参照。

（21）アシルはスペイン植民地期にフィリピン諸島にもたらされたという通説がある。今日、フィリピンに存在するアシルは軍鶏《しゃも》などを交配した改良種である。ブリーディングにも頻繁に用いられる。

（22）たとえばPigames（2017）。

（23）勝者がビハッグを持ち帰って食すことを「弔う」と書いたが、この表現には検討の余地がある。調査地において、闘鶏における鶏の生命が、食されることで完結するのは確かである。しかし、食すという行為の背後に鶏を悼むという闘鶏家の態度が確かにあるのかどうか、現時点で私は断言できない。ビハッグは闘鶏家が自ら調理して食すこともあれば、闘鶏に関心のない闘鶏家の家族が消費することもある。負けた鶏に執着せず、他者に明け渡すという行為は、無限の可能性をはらんでいた鶏が敗北を通じて不可能性の塊へと決定的に転じた結末であって、それはフィリピンにおいてありふれた存在である鶏自体の価値の低さを映し出しているのかもしれない。

　さらに、ビハッグを「食べる／食べ（られ）ない」の境界線は今日、揺らぎの中にある。闘鶏の中心地であるイロイロでは、大量の薬物が投与された闘鶏品種はもはや人間にとって有毒であるため食されることはなく、敗北し死に至った鶏は闘鶏場の穴に埋められると金澤（2017）は記述している。闘鶏家にとって鶏は弔いの対象なのかという点も含め、ビハッグを食すことについて考察を深めることは課題として残されている。

（24）Young（2017）を参照。

第6章

（1）デパレンシアがなかなか埋まらず、試合が始まらないこともある。その場合は、観客から賭けを集めるために、パラダであっても表6-1のトラビシヤのオッズが採用される（ワラのオッズが高くなる）ことがある。

（2）不運であっても、試合の予定が組まれていれば、出場するしかないこともある。ジェラルドが連敗を喫し続けている時期、鶏を調整していたレイモンドに私が「明日のダービー用の鶏？」と訊ねた。彼は頷いて「またゼロ［全敗］だろうけど」と冷笑した。それを聞いたメアリーが「こら、そんなこと言わないの」と戒めた（2018/9/27）。このときのジェラルド陣営は、育て上げた鶏の強さへの自信が挫かれ続ける不運に絡めとられていた。

（3）妊娠と幸運を結びつける思考は闘鶏に限らず散見され、数字くじやカードゲームなど他の賭博においても幸運の源泉として賭博者の妊娠状態が頻繁に言及された。

（4）マリノフスキー（1997）を参照。

（5）この捉え方は、デイヴィッド・ヒュームの因果論に依拠している。ヒュームは「原因と結果は理性によってではなく経験によって発見されうる」（ヒューム 2018: 55）として、経験主義的・懐疑主義的に、因果関係を人間の知覚の問題として主張した。

（6）ハンソン（1986）を参照。

（7）入不二（2015）を参照。

（8）入不二は「因果の充満」という語の中に、原因だけでなく結果も同様に充満し、あらゆる因果関係の水準において「因果の不在地帯が皆無になる」イメージを込めている。本章では、一つの結果に対して原因が充満し麻痺する事態を特に指すためにあえて「原因の充満」という語を用いている（入不二 2015: 277）。

（9）リーチ（1990）を参照。

第7章

（1）たとえば、ボードリヤールの消費社会論（消費活動とはモノ／記号をめぐる言語活動であり、顕示的な消費が階層に差異をもたらすと捉える理論（ボードリヤール 2015））に則って現代日本の競馬を論じた麻生征宏は、賭博者がそれぞれ情報や映像を解読し自己完結する世界を構築することで、その他大勢の参加者とは異なる競馬の経験を創造していること、それは消費社会で展開される差異の獲得のはっきりとした形であるということを論じている（麻生 2001）。

（2）Adams（2001）及び Guillén et al.（2012）を参照。

（3）反対に、スロットマシンやパチンコをはじめとする個人と機械の二者間で繰り広げられるギャンブルは、社交の機会を生み出さない「孤独なギャンブル行動」であるという（e.g. Bernhard et al. 2007; 大西 et al. 2004）。しかし、ゲーム自体は個人の孤独な世界でなされるとしても、パチンコホールやカジノなど賭場の空間でマシンゲームに集う人々の間には、コミュニケーションが生じる機会がある。「孤独なギャンブル論」は再考の余地がありそうだ。

（4）８デッキのバカラでは、バンカー45・86％、プレイヤー44・62％、タイ９・52％の出現率として計算するのが伝統的である。カウンティングの有効性はないとみなされがちだが、遊戯者によって議論が分かれるところである。

（5）他地域の（違法）数字くじと比較してもルールが特段単純である点は、ラストトゥーの特徴であると言える。たとえば首都マニラのあるルソンを文化圏とするフエテンは、１から37の数字が二つ抽せんされるという時点でまずラストトゥーよりも複雑である。デシエルトらは、パンパンガ州での４種の賭け方を紹介している（括弧内は配当金額）（Desierto et al. 2010: 5）。① *Tumbok:* 二つの数字に賭け、順同一でそれらの数字が抽せんされる（二つの数字のうち高額な方の購入額×３５０ペソ×２）、② *Salud:* 二つの数字に賭け、順不同でそれらの数字が抽せんされる（二つの数字のうち低額な方の購入額×３５０ペソ）、③ *First Ball:* 二つの数字に賭け、一つ目に選んだ数字のみ1番目に抽せんされる（一つ目に選んだ数字の購入額×13ペソ）、④ *Diretsa*：一つの数字に賭け、１番目か２番目にその数字が抽せんされる（購入額×25ペソ）。③と④の当せん確率は高い分（③37分の１（２・７％）、④１３６９分の72（５・２％））、配当金も低額だが、①と②の当せん確率はそれぞれ①１３６９分の１（０・07％）、②７０３分の１（０・14％）と極めて低く、配当金額も高い。

（6）第９８４回全国自治宝くじ（年末ジャンボ宝くじ）の期

待値は149・99円だった。

（7）競馬においてオッズ（概算配当率）は「還元率（約74%）÷支持率（全馬券発売数における特定の券の発売数の割合）」から算出される。

（8）スキとは、商人と顧客間で取引が繰り返されることで信頼や互酬的義務感情が成立して発生する関係性のことを指し、フィリピンの商取引における特質として論じられてきている（Davis 1973）。

（9）日常的にラストトゥーに賭ける愛好家は、ストレートが当たる場合も考慮して2桁と3桁の数字をセットで購入する場合が多い。ストレートに賭けずラストトゥーに当せんした者は、より高額な配当金が得られるストレートにも「賭けておくべきだった、もったいなかった」とほとんど必ず後悔を口にした。

（10）シュールは、ラスベガスのスロットマシンの例を挙げて、マシンのニアミス（ニア・ウィン）効果がプレイヤーにさらなるギャンブル行為を促す点を論じている。スロットマシンはニアミスが頻繁に発生するようにデザインされており、その結果、ゲームの確率や「負け」に対するプレイヤーの認識が歪められるという（シュール 2018: 138–39）。ニアミスの効果に関する心理学的分析は第8章で詳述する。

（11）的外れな数字に賭け続け、連続して外れるような、箸にも棒にも掛からぬ状態の場合にあっても、人々はその状態が引き起こされているのを説明するのに十分な理由を当てはめようとする。たとえば、「毎日賭けているのに一度も当たらない」と嘆く私にニックは、私の目の下にあるほくろを指して、「それは、フミコの顔にほくろがあるからだよ。涙の通り道にほくろがあるから当たらないんだ。涙の通り道にほくろがあると、旦那を早くに亡くしたりする」と諭した（2018/9/8、P市）。

第8章

（1）過去の相対頻度を信頼できるのかについてギルボアは、「帰納には論理的基礎がない」と論じたヒュームを引いて留保を示している（ギルボア 2014: 31–51）。

（2）デューク（2018）はこの確率的思考が「主観のバイアスを逃れ、客観性に磨きをかけること」に資すると述べている。

（3）17世紀半ば過ぎ、哲学者であり賭博者でもあるフランスの貴族、シュバリエ・ド・メレが、「賭博の配当金の分配問題」をブレーズ・パスカルに出したのをきっかけにパスカルとピエール・ド・フェルマーの間で交わされるようになった往復書簡が、確率論史上のエポックメイキングであった。ジエロラモ・カルダーノによって1546年頃に執筆された『さいころ遊びについて（*Liber de ludo aleae*）』が、確率に関する最初の書籍であるという見解が一般的である。この著作では、「2個のさいころを3回振るとき、どの目に賭けるのがよいのか」という問題が議論されている。彼の業績は次世代に直接的な影響を与えなかったものの、当時、彼の講義は人気を博したという（ハッキング 2013: 97–105）。

（4）サンクトペテルブルクのパラドックスとは、期待値が無限大になるゲームであっても、高額の賞金を獲得できる確率が極めて低い場合、多くの人はそのゲームに高額を賭けようとしないという状況を指す。詳しくは川越（2020）を参照。

（5）たとえば、ルーレットで赤が10連続で出たあとに、「大数の法則に従えば、長期的には赤と同じ数だけ黒が出るはずである。黒が赤に追いつくはずだから、次は黒が出る可能性が高い」と推論することが誤謬として挙げられる。古典的統計学に則った頻度主義的アプローチでは、事象は独立であるため、過去の観察から次の事象を推測すること自体ができない。ベイズ推定による場合、過去の統計的学習をするのであれば、ルーレットが赤に偏っていると推測し、黒ではなく次も赤に賭けるのが正となる。こうして、黒に賭けるという推論には、客観的確率、主観的確率どちらを基に考えても不備があるということになる（ギルボア 2014: 62–63）。

（6）当せん者を多く輩出する「幸運の店」のくじ購入数の多さは、店が無生物であることからラビンとヴァヤノスの説明では理解できないが、くじの卸売りに腐敗的な人為が働いていることを想起する人々によって、ホットハンドの誤謬が作動していると考えられる（Guryan & Kearney 2008）。

（7）カジノのビンゴマシンなど、結果の発生確率が自明でない遊戯については、確率論から遊戯の期待値が語られることはほとんどなかった。大島（2023）は、マシンの仕掛けや期待値などが隠されることで賭博者を誘う一般的なマシンギャンブリングに対し、日本のパチンコやスロットは勝負の確率や各台の稼働記録などの情報開示をすることで、賭博者に計算可能性という遊技の魅力をもたらしている点を考察している。

（8）これは確率空間内の数値に現実性が刷り込まれることで、任意の確率的数値（ラストトゥーの当せん確率１００分の１など）もその意味を失い、「１００分の１＝１（抽せんされる数字＝現実）」となることを含意している。

（9）「他者の数字の世界が数字の意味世界の存在自体の確実性を強化していく」という視点は、「飲みゼミ」（2023/12/7）における清水展氏、白石奈津子氏、西尾善太氏、鈴木赳生氏の議論とアイデアに大いに触発されて形成されたものである。

終章

（1）運とは、運命的で避けがたいと思われる事象を交渉可能にするような概念的技術であること、行為主体だけではなく、宇宙をも含みこんだ社会の運・運命と関連していくのが賭博であることを、ダ・コルとハンフリーは論じている（da Col & Humphrey 2012）。

フィリピン賭博用語解説

数字くじ関連

PCSO（Philippine Charity Sweepstakes Office）　フィリピン慈善富くじ事務所。

STL（Small Town Lottery）　スモール・タウン・ロッタリー。かつて違法だった数字くじの多くは現在、この合法の数字くじに転換している。

シンディカト（*sindikato*）　数字くじにおいて、形の似ている数字群。

フエテン（*jueteng*）　ルソン島で行われてきた違法数字くじ。1から37の数字が二つ抽せんされる。

ラストトゥー（last two/*lasto*）　ミンダナオ島で行われてきた違法数字くじ。00から99までの2桁の数字が抽せんされる。

ランブル（*rambol*）　数字くじにおいて、一の位と十の位が入れ替わること。

闘鶏関連

2ウィンズ（2wins）　ハックファイトの種類。戦いに出した2羽の鶏が全勝すれば賞金がもらえる。3ウィンズ以上もある。

アバイ（*abay*）　他者の賭けに賭け金を上乗せすること。

アモ（*amo*）　鶏の出資者。ハンドラーの上司。

ウルタン（*ulutan*）　ハックファイトの対戦相手を探す形式のこと。

ガッファー（gaffer）　ファイト前に鶏に蹴爪を付ける者。

カラバン（*kalaban*）　トラビシヤの賭けの相手。

クリスト（*krist*）　賭けを仲介する者。

蹴爪（*tari*）　鶏の脚に付ける鋼鉄製の刃物。

コック（cock）　ブルスタッグ期（スタッグ参照）の換羽を終えた鶏。単にマノック（*manok*）と言うことの方が多い。

サンポック（*sampok*）　鶏をつつき合わせること。

スタッグ（stag）　生後12カ月までの若い鶏。生後12カ月頃に始まる換羽を終えると「ブルスタッグ（bullstag）」となる。

センテンシャドール／コイミ（*sintensyador/koyme*）　審判。

ダービー（derby）　事前登録制、重量別で対戦が組まれる大会。

チャンピオン（champion）　２ウィンズやダービーで全勝したエントリー。

テキサス（Texas）　アメリカから持ち込まれた種を始祖とする闘鶏品種。ハイブリッド種。

デパレンシア（*deperensya*）　パラダの差額。観客が埋める。

トラビシヤ（*trabisya*）　観客同士の賭け。

バカス（*bakas*）　複数人で賭け、賭け金を折半すること。

ハックファイト（hackfight）　闘鶏当日に鶏を持ち寄り、その場で対戦を組む形式の大会。

パラダ（*palada*）　鶏のオーナー同士の賭け。

ハンドラー（handler）　鶏の管理やトレーニングなど、鶏の育成全般を担う者。

ヒーター（heater）　ピット上で闘う直前の鶏を興奮させるためにあてがわれるサポート役の鶏。

ビサヤ（*bisaya*）　在来の鶏。

ビハッグ（*bihag*）　闘鶏で負けて死んだ鶏。

メロン（*meron*）　パラダの額の多い方の鶏。

ヤマドール（*llyamador*）　ピット内でデパレンシアを観客に集うクリスト。ＭＣの役目も担う。

ワラ（*wala*）　パラダの額の少ない方の鶏。

それ以外の賭博

闘蜘蛛（*sabong sa damang*）　糸の上で２匹の蜘蛛を闘わせる遊戯。男児の遊びとして知られるが、調査地では大人も賭けを楽しむ。蜘蛛が収集できる季節は限られており、その季節になると夜間に大人が収集に出る。収集された蜘蛛はマッチ箱に入れられ、丁寧に育てられる。マテヨフスキー（Matejowsky 2003）によると、フィリピン農村部において、子供にとっての賭博の入り口である闘蜘蛛は、青年期の男児の自立性の構築や友人（*barkada*）の獲得の場であるとともに、「円滑な人間関係」の練習の場として機能しているという。

闘馬（*away kabayo*）　馬を闘い合わせる賭博。牝馬を闘技場の中心に置き、牡馬2頭を争わせる。闘いから逃亡したら負けとみなされる。時には死ぬ馬も出てくる。闘馬に出場する馬は3か月前からコンディショニングをし、鶏の卵など栄養価の高いものを与える。L町の隣町の２０１９年のフィエスタでは、１試合に１００万ペソを賭ける者もいたという。

トンギッツ（*tongits*）　フィリピンで広く楽しまれているカードゲーム。地域によって細かいルールに違いはあるものの、3人対戦で、同じ数字や連番などの3枚の組み合わせを作って一番早く12枚の手札を0枚にした人が勝ちという基本のルールは共通している。手札すべてが3枚の組み合わせで埋まることを「トンギッツ」という。賭け金が積まれずに楽しまれることもあるが、観察された多くは個人宅やビリヤード場で開帳され、賭博として行われていた。

ハンタック（*hantak*）　2枚のコインの裏表を当てる賭博。コインには1ペソ硬貨が用いられる。ゲームはバンケロ（*bankero*）と呼ばれる胴元と、参加者（*puntos*）によって成り立つ。コインを投げるシューター（shooter）は参加者による立候補制である。2枚のコインを両方表（ハリ、*hari*）にすればシューターの勝ち、両方裏（パタイ、*patay*）ならバンケロの勝ちである。2枚とも表あるいは裏になるまでシューターは投げ続ける。直径30センチメートルほどのコンクリート製の台座をめがけてコインを投げるが、コインが台座から落ちても構わない。周囲の参加者はハリ／パタイのいずれかに賭ける。ハリ／パタイのいずれかが出たら賭け金は清算され、また新たな賭けが始まる。シューターはハリを出し続ける限り投げ続けることができる。

ピヤットピヤット（*pyat pyat*）　カードゲームの1種。5枚・5枚・3枚の組み合わせを作るポーカーのようなゲームであり、4人で行う。ワンペアのことをピヤットと呼ぶ。勝負は1回のゲーム内に2回ある。まず、最初に配られた3枚の数字が一番強かった人が、場に賭けられたベットを総取りする（first three）。次に、ペアの強弱の勝負が親（*banka*）と子の1対1で行われる。

ビンゴ（bingo）　5×5四方に書かれたカードの番号を縦・横・対角線上に埋めていくゲーム。特徴的なのは、「パヨン

(*payong*、傘)」といって角の番号三つとその対角の番号を埋めることでもビンゴになる点である。調査地では、最後の数戦はカードの数字すべてを埋める「プノプノ(*puno puno*)」というルールになる。

ビンゴハン(*bingohan*) PAGCOR(フィリピン娯楽ゲーム公社)が管轄する小規模マシンギャンブリング店。「カジノ」とも呼ばれる。開店時間は夜9時頃から早朝までで、ビンゴマシンが60台ほど稼働している。バカラマシンが設置されている店もある。

ペリヤ(*perya*) フィエスタ開催時などに限定的に開帳される賭博。漏斗の形に張られた網を、2メートル四方程度の机が囲み、そこに胴元と参加者が座る。三つのピンポン玉を参加者が投げ入れ、網の下に描かれた9、10、J、Q、K、Aのトランプのどの図柄に止まるかを当てる。

あとがき

結局、この文章を書いている時点の私は、闘鶏では負けがはるかに上回っているし、数字くじもまだ当せんしたことがない。賭博実践単体で見れば、私はどちらかというと運が良くない。しかし、賭博の調査を始めてから、驚くべき異常さを湛えた事態に遭遇したことが幾度かある。

その一つが、自分の誕生日にロロが逝去したことであり、これは本文中にも言及した。

もう一つは、２０１９年コタバト地震をきっかけとした出来事である。10月16日昼前、ニック家の軒先に座っていたとき、マグニチュード６・３の地震が発生した。地面が飛び跳ねるような揺れだった。29、31日に再びマグニチュード6以上の揺れが観測された。家の床が波打っていた。３度目が一番強く揺れ、家の人々は震え泣いて恐れた。近所には人の叫び声や犬の鳴き声が響き渡り、パニックの空気が充満していた。この間、眠っていても目を覚ますほどの強い余震が続いた。コタバト州内では、２万棟以上の家屋が全壊した。セメント造りの立派な邸宅や中心部のホテルなどが粉々に崩れ落ちた。

３度目の大地震から１週間ほど、屋外で生活した。雨をしのぐために、屋根が設えてある墓を生活の拠点にした。親族が眠る墓石の横でご飯を食べ、墓石の上にマットレスを敷いたりハンモックを吊るしたりして寝た。墓石の上で寝るのは初めてだったが、みんなで野宿をするという非日常感も相まって、意外と快眠であったと記憶している。

生活インフラの被害は甚大だった。道路は至るところで割れていた。３度目の地震ではついに水と電気が止まり、復旧に数日を要した。電気がないのはまだよかった。水がないのは、至極過酷だった。トイレには行きたいときに行けず、もちろん体も洗えない。酒を飲みすぎて気持ち悪くなったときに、水がないとたやすく吐けない。

減りはしたものの余震は続き、街中の瓦礫は山積みになり、異常事態時の高揚感が依然として張り詰めるなか、私はどっと生活に疲れてしまった。身体中に痛みを感じながらハンモックに揺られていると、空間を横切る黒い蝶が視界に入った。ぼおっと目で追いかけながら、とりあえず、一旦日本に帰ろうと思い立った。すぐさま3日後の航空券を手配した。

成田空港に着き、横須賀中央駅まで電車に揺られた。母に駅から家までの迎えを頼むと、待ち合わせ場所に、埼玉の下宿で暮らしているはずの弟もいた。「なんでいるの」と訊くと、「ビッグニュースがあるよ、ビッグニュース」と、いつもより高いテンションで返してきた。母が声を少しひそめて、「じいちゃんが亡くなったの、昨日」と打ち明けた。「えっ。なんで教えてくれなかったの」と公共の場で大きな声を出す私に対し彼らは、「なんかあったら困るでしょ、テンパって飛行機乗り過ごすとか」と、のんきであった。

なんという偶然だろうか。あの日、思い立って航空券を探さなければ、私は祖父の葬式に参加できず、数カ月後に帰国して「ああ、じいちゃん、11月に死んだよ」と事後報告を受けていたかもしれなかった。そして思い返すと、あの、ゆらゆら私の眼前を横切った黒い蝶は、あまりにも典型的な、祖父の死を遠いミンダナオの地まで伝えに来てくれた、虫の知らせだったとしか思えなかった。「あの蝶だけが、あのとき、視界の中にくっきりと浮かび上がっていた。完全な予兆だった」と、葬儀の最中にも考えをめぐらせていた。

葬儀後、遺品を整理していると、祖父が若かりし頃に働いていた精神病院の院内新聞が出てきた。職員紹介に祖父の記事があった。そこには、「師田さんは運転手であるゆえ、飲めば強い酒も少々にひかえ、それに反して奥さんの方が競輪、競馬、マージャン、と遊びなれているとのことです。師田さんの趣味は、パチンコ、映画見物だそうです」と書かれていた。これには相当驚かされた。娯楽好きの祖母が麻雀をする姿は幼少期からよく見ていたが（さらにその息子である私の父もかつてはよくパチンコ屋の景品を土産にくれたものだったが）、祖父は健全なアウトドア派で賭博には一切手を出さない人だと思い込んでいた。私の研究の遺伝的なルーツ、あるいは因果のようなものはここに存在していたのかと、隠された大きな物語をひもといているような気分であった。そんな驚きと興奮を心に刻み込んで、調査地に戻った。

黒蝶と、祖父の死と、院内新聞と、私の研究の、円環をなすような一連のつながりは、私にとって、世界が偶然と不思議に満ち満ちているという生の事実へ短絡接触したことにほかならなかった。同時に、世界の思いがけなさと邂逅することで、「私の」物語が紡ぎ出されていく、その渦の端緒の目撃でもあった。人はこうして物語に絡めとられていき、物語の内部に棲まうようになっていくのだと、ストンと腑に落ちた。

本書は、２０２２年３月に京都大学大学院アジア・アフリカ地域研究研究科に提出した博士論文「フィリピンにおける賭博の民族誌的研究――不確実な事象への没頭を通じた現実性の構築」に大幅な加筆修正を施したものである。本書の一部は、次の論文をもとにしている。

第２章　「フィリピンにおける賭博の規制・管理の過去と現在――違法数字くじをめぐる政策の変遷」『アジア・アフリカ地域研究』20（1）、1～31頁、２０２０年。

第３章　「発展する胴元国家、生き残る違法賭博――ドゥテルテ時代の賭博政策をめぐる人々と政治」、原民樹・西尾善太・白石奈津子・日下渉編著『現代フィリピンの地殻変動――新自由主義の深化・政治制度の近代化・親密性の歪み』花伝社、１１３～１３２頁、２０２３年。

第６章　Betting Flexibly: The Utilization of Knowledge in Cockfighting in the Philippines. *International Gambling Studies* 24(3): 357–72, 2023.

第７章　「偶然性に没頭し賭けることの有意味性――フィリピンにおける数字くじの事例から」『文化人類学』86（3）、３６５～３８３頁、２０２１年。

本書にかかる調査の際には、以下の助成を受けた。日本学術振興会特別研究員奨励費（１８Ｊ２２８０６、２０

18～2021年度）、科学研究費助成事業研究活動スタート支援（23K18730、2023～2024年度）。また、本書の出版にあたっては、2024年度「京都大学人と社会の未来研究院若手出版助成」のご支援を賜った。記してお礼申し上げます。

博士論文および本書の執筆に際し、感謝を伝えるべき方々は数多くいるが、まずなによりも、調査地のみなさま――フィリピンの賭博の知恵を授けてくださったみなさま、私のミンダナオでの生活を支えてくださったみなさま、杯を交わしてくださったみなさま、関わってくださったみなさまに、言葉では表しきれない感謝をささげる。*Daghang salamat sa inyong dako nga tabang ug suporta sa akong kinabuhi.*

退職2年前の清水展先生に大学院での指導を引き受けていただけたこと、退職後も博士論文の提出まで面倒を見ていただけたことは、私にとっての唯一無二の幸運である。清水先生は、フィリピンで賭博の研究をするという方向性を大いに肯定してくださった。「ミンダナオの小さな田舎の賭博は、世界を動かす金融市場やグローバルな経済につながっているんですよ」と、出会ったときから今に至るまで、先生がフィリピンという国の奥深さを、そこで賭博に注目することの面白さを少年のように無邪気に説き、叱咤激励し続けてくれているからこそ、私は周りを気にすることなく賭博に深入りできている。

片岡樹先生、小林知先生、藤倉達郎先生は、本書のもととなった博士論文の審査の労をとってくださった。小林先生のように緻密な民族誌を編むことは本書でもかなわなかったし、賭博者の能動性に関して審査時に藤倉先生からいただいたご助言を生かすこともできなかった。自らの体たらくに恥じ入るとともに、お二方からの課題をいつか乗り越えられるよう、精進して参りたい。

そもそも、主査を務めてくださった片岡樹先生の鶴の一声がなければ、私は今でも博士論文を書けていなかったに違いない。安定期に入った頃に意を決して「妊娠したので今年博論を出せません」と報告に行ったとき、「赤ちゃんが生まれたら2年は書けない。だって1歳で歩くんだから。時間が経てば考えも変わってしまって、永遠に博論を書かないことになりかねない。よって、今年書くべきです」と滔々と説き伏せられ、その予想外の展開に私は呆気にとられながら、結局言われるがまま書いたのだった。出産して、先生の言ったことは事実だと身をもって知った。博論執筆時に限らず、片岡先生は常に、私の研究の最もよき理解者、意見者、支援者として、背中を押してくださった。この学恩は簡単に返せそうになく、現在進行形で膨らんでいく一方である。

これまでの私の研究の途に携わってくださった方々にも、この場を借りてお礼申し上げたい。学部のゼミでご指導くださった柿崎一郎先生からは、「現地に行って自分で見る」ことの大切さを教わった。柿崎先生のゼミに入っていなければ、絶対に東南アジア地域研究の道を選択することはなかった。東賢太朗先生は、鋭いコメントを投げかけるだけでなく、フィリピン研究・文化人類学双方の愉快な人付き合いの世界に私を招き入れてくださった。愉快と言えば、この世界に入ってから公私混同の形で共に過ごし支えてくださった先輩、研究仲間のみなさま――岡野英之さん、金悠進さん、田川昇平さん、田川夢乃さん、二文字屋脩さん、挙げればキリがない多くの方々――の存在のおかげで心身の健康を保ちながら生活ができている。そして日々お世話になっている京都大学大学院アジア・アフリカ地域研究研究科の先生方。学生時代から現在まで、この上なく快適な研究・労働環境をありがとうございます。

本書は私以外の多くの人々の知見によって成り立っている。第2章の初出論文を改稿する際に根気強くお付き合いいただき、政治学のものの見方を授けてくださったのは、日下渉先生である。また、市野澤潤平先生と碇陽子先生は第8章の土台となった文章に対して、議論の位置づけや確率の歪みに関する非常にクリティカルなコメントを付してくださった。市野澤先生、土井清美先生を筆頭とした、国立民族学博物館共同研究「確率的事象と不確実性の人類学」および「観光における不確実性の再定位」のメンバーのみなさまの刺激的な議論には、いつも目を見開かされる思いだった。荒木健哉さんをはじめ賭博の人類学を志す仲間たちと賭けの魅力を分かち合えたギャンブル研究会も忘れられない。

本書の成立にあたって最大の感謝をささげるのは、「飲み会のための準備運動ゼミ」のコアメンバーである清水展先生、白石奈津子さん、西尾善太さん、鈴木赳生さんである。この「飲みゼミ」の場で、序章から終章まですべてが生まれたと言っても過言ではない。毎月、西尾さんと共に、原稿を1章分ずつ書いて持っていっては苛烈なコメントを差し挟んでもらった。白石さんは、文章の読みにくさや欠陥を鋭敏に見抜き、議論の危うい点を何か所も指摘し、改善策を端的に提示してくださった。西尾さんは、その豊饒な発想力で私が言いたいことを見事に掬い取ってくださった。鈴木さんには、どこから感謝すればいいかもはやわからない。文章全編にわたって、何が必要で何が不要なのか、明晰な判断を施してくださった。清水先生は、おぼつかない私の思考や研究を、私自身の理解を超越するようにして言語化し、路頭に迷った状況を何度も救ってくださった。個々のお名前を記載することはかなわないが、宮川慎司さん、芝宮尚樹さんはじめ、飲みゼミにいらしたすべてのみなさまに感謝申し上げます。本書は「飲みゼミ」を血肉化した結果だが、もちろん、その内容に関する責任はすべて私にある。

　本書を仕立ててくださった慶應義塾大学出版会の村上文さんにも最大級のお礼を申し上げたい。出版のお声掛けをいただいたこと、スマートなご提案、的確なご助言、身に染みるケアをいただけたことで、本書は形をなしている。私の数多くの不手際にもかかわらず、見限ることなく鼓舞し続け、魅力を幾重にも引き上げてくださった。感謝してもしきれない。

　最後に家族へ。ミンダナオ行きに何も口出しせず、自由に生きさせてくれた両親の寛容さには、面と向かっては言わないが常に感謝している。配偶者の研究への理解と実際的な献身なしには、幼児と生活を共にしながらの現地調査はもとより、学術業界での生存が不可能に近いと思う。そして、世界に触れてはそのたびに驚き、多彩な反応を見せる息子と娘は、本書に大きなインスピレーションをもたらしてくれた。本当にありがとうございます。

2025年1月　鹿ケ谷にて　師田史子

著者紹介
師田史子（もろた・ふみこ）

1992年神奈川県生まれ。京都大学大学院アジア・アフリカ地域研究研究科助教。

2016年横浜市立大学国際総合科学部卒業。2022年京都大学大学院アジア・アフリカ地域研究研究科（5年一貫制）修了。博士（地域研究）。

主要業績に、「偶然性に没頭し賭けることの有意味性――フィリピンにおける数字くじの事例から」『文化人類学』86巻3号、2021年、Betting Flexibly: The Utilization of Knowledge in Cockfighting in the Philippines, *International Gambling Studies*. 24(3), 2023など。

日々賭けをする人々
――フィリピン闘鶏と数字くじの意味世界

2025年3月20日　初版第1刷発行

著　者――――――師田史子
発行者――――――大野友寛
発行所――――――慶應義塾大学出版会株式会社
〒108-8346　東京都港区三田2-19-30
TEL〔編集部〕03-3451-0931
〔営業部〕03-3451-3584〈ご注文〉
〃　03-3451-6926
FAX〔営業部〕03-3451-3122
振替　00190-8-155497
https://www.keio-up.co.jp/
装　丁――――――木下悠
装　画――――――髙城花梨
印刷・製本―――中央精版印刷株式会社
カバー印刷―――株式会社太平印刷社

Printed in Japan　ISBN 978-4-7664-3014-1

索　引

アルファベット

PAGCOR（フィリピン娯楽ゲーム公社）　68–70, 72–73, 82

PCSO（フィリピン慈善富くじ事務所）　65, 70–72, 77–81, 87, 90–91, 93, 104, 133, 256

POGOS（フィリピン・オフショア・ゲーミング・オペレーター）　135

STL（スモール・タウン・ロッタリー）　81, 91–92

ア行

愛着／愛情　149, 156–158, 175, 195, 198–190

アギナルド，エミリオ（Emilio Aguinaldo）　57

アキノ，コラソン（Corazón Aquino）　53, 69–71

アキノⅢ，ベニグノ（Benigno Aquino III）　53, 76, 78

アギラー，フィロメノ（Filomeno Aguilar）　58, 60, 132–133, 141, 155, 281

“アトン”・アン，チャーリー（Charlie “Atong” Ang）　73

あぶく銭　11, 112, 130, 277, 315　→風の金

アメリカ　28, 37, 55–61, 63–64, 66, 83, 151–152, 170–171, 175, 181, 196, 249

アメリカ植民地期／植民地政府　53, 57–61, 63–64, 66, 83, 196

アモ／ボス／上司　69, 98, 166–168, 173, 178–183, 196–197, 206, 210, 215–216, 239, 242

アロヨ，グロリア（Gloria Macapagal-Arroyo）　76–78

憐れみ／憐れむ／憐れ　113, 129–130, 133, 143, 152

意思決定（論）　76, 202, 248, 290–291, 293–295, 298

イスラーム　40–41, 134, 136–137

依存／依存症／中毒／アディクション／アディクト　4, 9, 11, 15, 36, 113, 115–117, 119, 122, 139, 183, 208, 135, 261, 262, 289

祈り／祈る　57, 137, 140–145, 237

今ここ　7, 274, 286

「今にして思えば……」　276–277, 280

入不二基義　16, 241, 307–308, 322

イロイロ（市・州）　25, 35–36, 151, 153, 171, 175, 177, 196

彩る　6, 14, 313, 327　→彩色

因果関係　203, 240–241, 274, 291, 297, 327

インゴルド，ティム（Tim Ingold）　323–325

インフォーマル（性）　52, 70, 75, 80, 82, 84

陰謀論　267

受け入れがたい　115–116, 120, 317

ウースター，ディーン（Dean Worcester）　56, 58

裏切られ／裏切り／裏切る　16, 18–19, 203, 242, 320, 324, 326

占い（師）　278–279, 322, 327

運の位相　280, 282, 319

運の観念　113, 132, 142, 202–203, 234, 240–242, 317–320

運の布置　203, 233, 235–239, 241–242, 236–239, 241–242, 320, 323

運命　140–141, 248, 253

エヴァンズ＝プリチャード，エドワード（Edward Evans-Pritchard）　291

エストラーダ，ジョセフ（Joseph Estrada）　24, 53, 72–76, 81, 84, 135, 247

恐れ（ない）／恐怖　39, 43, 54, 87, 94–99, 205, 214–215

オッズ　62, 93, 164–165, 167, 177, 203–208, 239, 257–258, 290

驚き／驚く／驚か（さ）れ／驚異／驚愕　5, 8, 19, 27, 123, 136–137, 242, 273, 276–277, 298, 300–302, 316, 322–326, 328

面白さ／面白い／面白味　6–8, 18–19, 24, 110, 122, 154, 169, 212–213, 245, 247, 251–256, 282, 285–287, 316–317, 326–328

オンラインカジノ　82
オンライン闘鶏　82

カ行

解釈人類学　154
階層／社会階層　55, 59, 202
カイヨワ，ロジェ（Roger Caillois）　252–253
科学（的）　7, 170, 172, 202, 239, 248, 323
確実（性）　7, 198, 207, 209, 211, 231, 240, 250, 260, 290, 323–324
確率（的）　11, 14, 18, 62, 65, 232, 245–248, 251, 254–255, 261, 289–302, 304–309, 312–313, 324
確率空間　307–309, 312
確率的思考　14, 18, 289, 292–294, 299, 302, 305–306, 308–309, 312–313
確率的数値　18, 232, 291, 307
確率的存在　292, 294, 299, 302, 313
確率の誤謬　248, 295, 307
確率の潰れ　307–308
カジノ　9, 11, 23, 33–34, 40, 47–48, 50, 66–70, 76, 82–85, 109, 111, 115, 135–136, 254, 297–298
カジノ資本主義　9
カジノ（の）合法化　68, 83–84
カスタネダ，カルロス（Carlos Castañeda）　6
風の金　130–133, 211　→あぶく銭
価値規範　113, 133–134, 136, 139
カードゲーム　v, 23, 36, 39, 48, 62, 114, 126, 128, 254, 261, 282–283
カトリシズム　57, 134, 141–143, 145, 281
カトリック（教会）　43, 54, 59, 67, 134–135, 137
カーネマン，ダニエル（Daniel Kahneman）　295
神　54, 57, 113–114, 134, 137, 139–146, 263, 281, 305–306
カレンダー　iv, 32, 100, 265–267, 275–278, 280, 302, 316, 319
かわいそう　98, 106, 129–131, 138, 169, 183–184, 197
還元率　258, 290
環世界　14
ギアツ，クリフォード（Clifford Geertz）　11, 46, 149, 154–155, 157–158, 196–197, 201
規則性／法則性　265, 267, 274, 302, 304
期待値　70, 257, 277, 289–290, 293–294, 297
期待効用（理論）　290, 294–295
期待利益　290
機能／機能主義　7, 9, 11–12, 30, 35, 71, 73, 75, 77, 80, 86, 137, 141, 143, 151, 153–155, 157, 202, 238, 250, 255, 284, 291–292, 295
希望　140, 178, 248, 250–251, 274
客観的確率　293, 300, 302, 305–309, 312
境界領域的世界　47
キリスト教　113, 133–135, 142, 263
儀礼（的）　140–141, 152, 202
禁忌　136, 236–238
近代化　61, 83, 92
緊張理論　249
金融　9, 196, 249–250
金融資本主義　9
偶然（性）　vii, 3, 5, 8, 12, 16, 55, 68, 139–140, 146, 154, 203, 233, 239, 252–255, 264, 269, 278–280, 282, 284–286, 296–298, 317–319, 322, 324, 327–328　→たまたま
九鬼周造　19, 324
グッゲンハイム，スコット（Scott Guggenheim）155, 196, 236
クリスチャン／キリスト教徒　40–43, 56, 135–137, 155, 170, 196, 236
クルアーン　136, 145
ケア／世話　28, 31, 45, 101, 117, 166, 179–181, 215
計算　5, 7, 11, 101, 103, 111, 165, 191, 207–208, 212, 230, 253, 258, 273, 290, 294
競馬　vi, 4–5, 23, 56, 58, 60, 65, 67, 72, 78, 212, 258, 266, 282, 298
ケソン，マニュエル（Manuel Quezon）　64–66, 151
ケチ　109, 111, 127–129, 132
血統　171–172, 175–176, 179–180, 182, 186, 198, 205, 212–215, 229, 233, 240
蹴爪をつけるための鶏　169, 185, 197
原因の充満　203, 241
現実　7–8, 15–19, 49–50, 82, 120, 142, 154–155,

157–158, 203, 238, 241–242, 249–250, 254, 292, 299, 307–309, 312–313, 319–328
現実性　1, 16, 241–242, 245, 289, 307–309, 312, 322–323, 326
健全／不健全　78, 121, 125–126, 128, 137
コイン　v, 23, 36, 154, 191, 212, 252, 300–301, 307, 315–316
コスモロジー　113, 134, 139–143, 145, 279, 327
国家（の）賭博胴元化　53, 76, 82
この現実　16, 325　→特異的現在
「この日・この場所」　202, 217, 218–219, 221, 228, 320, 328
ゴフマン，アーヴィング（Erving Goffman）　11, 13, 252–253, 285
コントロール　18, 57, 79, 150, 190, 198, 253, 267, 298, 301　→制御

サ行

サイコロ　54, 254, 292–293, 307
彩色　3, 6–8, 13, 325, 328　→彩る
在来種　170, 179, 196, 214　→ビサヤ
サイン（数字の）　14, 268, 276, 278, 280–281, 283, 286, 303, 327　→徴
残虐（性）／冷酷／冷徹　149, 195, 197–198,
恣意（性／的）　18, 284, 286, 313, 322, 327
至高（性）　15–18
死者　v, 6, 23, 143–144, 274, 280–281, 283, 319
システム　6–8, 17, 54, 65, 81–82, 118, 155, 207, 254–255, 258, 267, 286, 307
私物化（数字くじの）　72–74, 76, 84
資本家　180–181, 196, 199
社会悪　10, 86, 112
社会規範　10, 53, 73, 76, 113, 134
社会的地位　197, 249–251
射幸性／射幸心　64, 86, 198
シャロー・プレイ　149, 154, 158, 201
宗教（的）　10, 24, 42–43, 113–114, 133–136, 139–146
主観的確率　293
祝福　57, 60, 141–142, 281
呪術（的）　202, 236, 238–239, 291
シュール，ナターシャ・ダウ（Natasha Dow Schüll）　11–12, 254–255
純粋な幸運　284–286
少数の法則　296
消費社会（論）　10, 248
消費理論　249–250
女性性　48, 156–157
自律的関与　252, 254, 282, 285, 297
徴　114, 146, 245, 280–181, 285–286, 303, 317, 319, 321–322　→サイン
親密（性）　156–158, 198, 260
数字（の）世界／数字の意味世界　245, 280, 286, 304–306, 309, 311–313, 320
数字くじ（の）合法化　52–53, 73, 75–76, 80–81, 84, 86–87, 90–94, 100, 107, 247, 256–258
スペイン　51, 53–55, 57–58, 83, 141, 151–152, 231, 249
スペイン植民地期／植民地政府　53, 55, 57–59, 61, 83, 120, 141, 150, 196
ズレ　7, 8, 280, 325
スロット（マシン）　5, 8, 11, 221, 254, 297
制御　57, 149, 201, 203, 206, 235, 254, 304, 327　→コントロール
制御幻想　297, 304
生死　149–150, 151, 158, 199, 269, 320, 322, 325
精神疾患　10
善悪の観念　86, 113, 120
善悪の境界線　14, 112–114, 120, 125
選挙政治　62–63, 83
戦士　149, 152, 159, 170, 186, 190, 195–196, 201, 215
先住民／ルマド　30, 41–43, 55–56
選択的合法化　53, 64, 66
葬式賭博　v, 143–144, 272, 310

タ行

退屈　vi, 4, 7–9, 39, 125–126, 247, 316　→暇
大数の法則　293, 206, 301
太平洋戦争　35, 41, 67
確からしさ　293, 309, 312–313　→確実
ダ・コル，ジョバンニ（Giovanni da Col）

318–319
正しさ／正しくなさ　98, 107, 139, 155, 289, 293
脱色　6–7, 323, 327
楽しさ／楽しみ／楽しい／楽しむ　vi, 4, 6, 32, 114–115, 117–118, 121–122, 125, 132, 152, 169, 176–177, 180, 212–213, 229–230, 232, 246, 248, 252, 261, 282, 287, 298, 326
ダバオ（市）　25–28, 30, 37–38, 93, 95, 144, 159, 161–162, 177, 179, 221, 224, 272
たまたま　40, 121, 131, 141, 180　→偶然
タン，ダンテ（Dante Tan）　73
男根　154–155
男性性　48, 152–158, 196–197, 202
チクセントミハイ，ミハイ（Mihaly Csikszentmihalyi）　242, 252
知識体系　213, 217, 221, 229
“チャビット”・シンソン，ルイス（Luis “Chavit” Singson）　73–76
月の満ち欠け／満ち欠けする月　171, 217–218, 231, 239, 316
つつき順位　170
つまらない遊び／遊戯／賭博　18, 59, 246–247, 262, 285–286, 289
抵抗（支配／権力への）　151, 156
ディープ・プレイ　153–154, 239
手がかり　6, 303, 309, 312–313, 325　→ヒント
テキサス（種）　61, 170–171, 196　→ハイブリッド
デジタル化　92
デリバティブ市場　206
伝統（的）　11, 32, 71, 149–152, 155, 202, 239
テンポ　219
トヴェルスキー，エイモス（Amos Tversky）　295–296
闘蜘蛛　24, 30
闘鶏産業／闘鶏関連産業　18, 83, 152, 196
投資　110, 152, 166, 175, 181, 196–197, 249–250, 321
ドゥテルテ，ロドリゴ（Rodrigo Duterte）　27, 52–53, 79–85, 87, 91, 93–98, 100, 106
道徳（的）　10, 51, 53, 55, 57–61, 67, 73–76, 79, 83, 86, 112–114, 135, 139, 141, 153, 317
闘馬　100
動物愛護／動物の権利　59, 61, 83, 152–153
特異的（な）現在　320, 322–323　→この現実
ドストエフスキー，フョードル（Fyodor Dostoevskiy）　12
賭博者の誤謬　296, 304
弔う　195–196
トンギッツ　36, 39–40, 97–98, 116–117, 125–126, 169, 237, 261

ナ行

謎解き　245, 285–286, 289
西村清和　253, 284–285
二択の事態　245, 306, 309, 312
日本占領期　31, 66
鶏の善き生　159, 197–198, 317
人間－鶏関係　158, 196, 198
認知バイアス（論）　248, 294–295, 297, 299
ネットワーク効果　249
野家啓一　318

ハ行

ハイアライ　66, 71, 78
バイタリティ　59, 114, 319
ハイブリッド（種）　170, 214–215, 233　→テキサス
バカラ（マシン）　34, 110, 118, 220, 254, 297
白人の責務　59
パスカル，ブレーズ（Blaise Pascal）　294
ハストラップ，カーステン（Kirsten Hastrup）　49
パターン　46, 123, 220–221, 227–228
パチンコ　vi, 4–5, 8, 13, 86, 221, 254
パトロン　66, 98
パトロン－クライアント関係　155, 180, 182, 197, 216
バラト　102, 109–110, 113, 126–133, 142, 167, 176–178, 182, 194, 204, 211, 216, 224, 227, 259, 262–263, 270, 277, 281, 319　→分配
ハンタック　36, 95–96, 130, 160, 191, 208, 235,

300–301
反道徳　58–59, 75, 112
反復的（な）時間／反復する時間　219–221, 225, 228, 241
檜垣立哉　253, 282
ピガフェッタ，アントニオ（Antonio Pigafetta）54
ビサヤ（在来種）　170, 179, 214
ビサヤ（地域／言語）　27, 30, 41, 73, 76, 87
ビジネス（・マインド）　28, 39, 41, 56, 62, 66, 90, 112, 116, 119, 150, 152, 176, 206–208, 211–212
ピックルス，アンソニー（Anthony Pickles）11–12, 283
暇／暇つぶし　vi, 4, 39, 125–126, 247　→退屈
ピャットピャット　125–126
ヒューリスティック　295–296
病的賭博　10
ビリヤード　23, 30, 126
ビンゴ（マシン）　33–34, 36, 40, 97–98, 111, 116–118, 122, 124, 129–130
ビンゴハン　33, 40, 109–111, 118, 121–123, 128–129
品種　61, 169–172, 177, 185, 196–197
ヒント　277, 280–281　→手がかり
フエテン　61–64, 69–77, 79–80, 82–83, 87
フォーク・カトリシズム　134, 143, 145
不確実（性）　vi–vii, 7, 11, 232, 248, 250, 290, 294–295, 302, 305, 309, 312–313, 323　→不確か
不可知（性）　203, 217, 232, 240–242, 319–320, 322, 327　→わからなさ
不確か　vi, 15, 47, 302, 305　→不確実
不道徳（的／性）　54, 61
プラグマティック　53, 82, 106
ブラックジャック　253
フロー（状態）　242, 252, 254
プロスペクト理論　295
プロテスタント　58–60, 134–135, 137
分配／シェアリング　11, 73, 93, 113, 125, 127–128, 132–134, 181, 277–278, 281
→バラト
ペリヤ　301
ホイジンガ，ヨハン（Johan Huizinga）　248, 251–252
法的には違法だが道義的には合法／道義的合法性　51–52, 83
ポーカー　253, 294
ボクシング　61
ポスト・ヒューマン　8
細田直美　132, 141–142, 263, 281
ホットハンドの誤謬　296
ほどほど　121, 124
ホルブラード，マルティン（Martin Holbraad）278–279
“ボン”・ピネダ，ロドルフォ（Rodolfo “Bong” Pineda）　73, 81

マ行

麻雀　23, 36, 114–117, 136, 221
マーチンゲール法　209, 212
マッコイ，アルフレッド（Alfred McCoy）　62
マニラ　25, 43–44, 54, 56, 58, 60, 63–66, 68, 87, 123, 132, 151, 153, 162–163, 171, 174–175, 183, 196, 210
マニラカーニバル　60
マネー・ゲーム　9, 17, 197
マラビー，トーマス（Thomas Malaby）　11, 255
マルコス，フェルディナンド（Ferdinand Marcos）53, 67–70, 76, 83–84, 150
マルチスピーシーズ　157–158
見田宗介（真木悠介）　6–8, 323
民俗知　213, 217
民俗分類　172
無意味（性）　7–8, 274, 286, 307, 312
ムエタイ　140
無根拠（性）　18, 284, 286, 319, 321–322, 327
ムスリム／イスラーム教徒　32, 40–43, 134, 136–137
物語　16, 117, 142–143, 145, 157, 215, 240, 245, 286, 317–319, 323, 325

ヤ行
野球　59, 236
有意味（性）　15, 255, 286, 313
有効性　273, 281, 283–285, 319
ユクスキュル，ヤーコプ・フォン（Jakob von Uexküll）　14
夢　v, 6–7, 143, 261–262, 264, 268, 273–274, 303–304
予期　8, 16, 298, 323–326
予行演習　11, 255
予測　7, 323–325
予測不可能性　217, 232, 239, 255
予兆　282, 286, 302–303, 305–306
喜び／歓喜　vi, 17, 58, 156, 194, 255, 317, 324
弱い国家論　52

ラ行
ライン（*lain*）　114–115, 118, 120–121, 125,
ラモス，フィデル（Fidel Ramos）　71–72
ランダム／ランダムネス　v, 18, 247, 254, 286, 291, 293, 296–299, 305, 313
理解実践　317
リサール，ホセ（Jose Rizal）　56–57, 151, 159
リスク　7, 80, 206, 248, 255, 258, 262, 290
リズム　45, 149, 199, 202, 218–221, 224–225, 227–228, 235, 239, 241, 260, 316, 320
リミット　85, 117, 122, 209, 211
両義（的／性）　55–56, 149, 157, 198
ルソン（島）　41, 73, 76, 87, 155, 170
ルーレット　12, 154, 296
レイヤー　14, 202, 238–239, 242, 309, 311–313

ワ行
賄賂／贈賄／贈収賄　63, 72, 89–91, 93, 96–98, 100
わからなさ　17, 29, 149, 203　→不可知

参考文献

日本語文献

アウグスティヌス 2014『告白Ⅲ』山田晶訳，中央公論新社.
赤木攻 2000「家禽化と闘鶏」，秋篠宮文仁編著『鶏と人——民族生物学の視点から』小学館，117–38 頁.
浅田彰 1983「不幸な道化としての近代人の肖像——遊戯をめぐる断章」『現代思想』11（2）：66–81 頁.
東賢太朗 2011『リアリティと他者性の人類学——現代フィリピン地方都市における呪術のフィールドから』三元社.
麻生征宏 2001「現代社会における賭けに関する研究」『スポーツ社会学研究』9：50–59 頁.
アパドゥライ，A. 2020『不確実性の人類学——デリバティブ金融時代の言語の失敗』中川理・中空萌訳，以文社.
荒木健哉 2018「希望の消費から希望の創造へ——ナイジェリア・ラゴス州における数字宝くじをめぐる人／数字のインタラクションに着目して」『文化人類学』83（1）：95–112 頁.
アレント，H. 1994『過去と未来の間』引田隆也・齋藤純一訳，みすず書房.
井川意高 2013『熔ける——大王製紙前会長井川意高の懺悔録』双葉社.
池上俊一 1994『賭博・暴力・社交——遊びからみる中世ヨーロッパ』講談社.
石井正子 2002『女性が語るフィリピンのムスリム社会——紛争・開発・社会的変容』明石書房.
市野澤潤平 2011「リスクの相貌を描く——人類学者による「リスク社会」再考」，東賢太朗・市野澤潤平・木村周平・飯田卓編『リスクの人類学——不確実な世界を生きる』世界思想社，1–27 頁.
一ノ瀬正樹 2001『原因と結果の迷宮』勁草書房.
一ノ瀬正樹 2006『原因と理由の迷宮——「なぜならば」の哲学』勁草書房.
入不二基義 2015『あるようにあり，なるようになる——運命論の運命』講談社.
入不二基義 2018「事実性と様相の潰れと賭け」，日本記号学会編『賭博の記号論——賭ける・読む・考える』新曜社，18–44 頁.
入不二基義 2020『現実性の問題』筑摩書房.
イレート，R. C. 2005『キリスト受難詩と革命——1840 ～ 1910 年のフィリピン民衆運動』清水展・永野善子監修，川田牧人訳，法政大学出版局.
エヴァンズ＝プリチャード，E. E. 2001『アザンデ人の世界——妖術・託宣・呪術』向井元子訳，みすず書房.
大島崇彰 2023「パチンコ遊技体験の諸相——現代日本のパチンコにおける「デザイン」に着目して」『文化人類学』88（2）：349–59 頁.
大西丈二・益田雄一郎・鈴木裕介・石川美由紀・近藤高明・井口昭久 2004「農村地域に居住する高齢者の幸福感に寄与する活動」『日本農村医学会雑誌』53（4）：641–48 頁.
岡本新 2019『アニマルサイエンス 5　ニワトリの動物学［第 2 版］』東京大学出版会.
岡本裕一朗 2021『ポスト・ヒューマニズム——テクノロジー時代の哲学入門』NHK 出版.
小川絵美子 2023「タイ上座仏教寺院と宝くじの関わり——超俗と射倖をめぐって」『日本文化人類学会研究大会発表要旨集 日本文化人類学会第 57 回研究大会』日本文化人類学会，D08 頁.
カイヨワ，R. 1990『遊びと人間』多田道太郎・塚崎幹夫訳，講談社.

金澤大 2017『共闘する人間とニワトリ――現代フィリピンの事例から』修士学位論文，京都大学.
川越敏司 2020『「意思決定」の科学――なぜ，それを選ぶのか』講談社.
川島緑 2012『マイノリティと国民国家――フィリピンのムスリム』山川出版社.
川田牧人 2003『祈りと祀りの日常知――フィリピン・ビサヤ地方バンタヤン島民族誌』九州大学出版会.
川中豪 1996「ラモス政権，問題に直面しつつも折り返し地点通過―― 1995 年のフィリピン」『アジア動向年報 1996 年版』323–48 頁.
川中豪 2001「エストラーダ政権崩壊への過程―― 2000 年のフィリピン」『アジア動向年報 2001 年版』291–318 頁.
ギアーツ，C. 1987「ディープ・プレイ――バリの闘鶏に関する覚え書き」『文化の解釈学 II』吉田禎吾・柳川啓一・中牧弘允・板橋作美訳，岩波書店，389–461 頁.
ギアーツ，C. 1996『文化の読み方／書き方』森泉弘次訳，岩波書店.
ギルボア，I. 2014『不確実性下の意思決定理論』川越敏司訳，勁草書房.
九鬼周造［1935］2012『偶然性の問題』岩波書店.
日下渉 2013『反市民の政治学――フィリピンの民主主義と道徳』法政大学出版局.
日下渉 2020「ドゥテルテの暴力を支える「善き市民」――フィリピン西レイテにおける災害・新自由主義・麻薬戦争」『アジア研究』66（2）：56–75 頁.
國谷徹 2011「連載記事「クルアーンの秘密」に見るイスラーム近代主義――予備的考察（2）」，坪井祐司・山本博之編著『『カラム』の時代 II――マレー・イスラム世界における公共領域の再編』京都大学地域研究統合情報センター，9–16 頁.
クラパンザーノ，V. 1996「ヘルメスのディレンマ」，J. クリフォード &G. マーカス編『文化を書く』春日直樹・足羽與志子・橋本和也・多和田裕司・西川麦子・和迩悦子訳，紀伊國屋書店，93–139 頁.
小島寛之 2005『使える！　確率的思考』筑摩書房.
ゴッフマン，E. 1985「ゲームの面白さ」『出会い――相互行為の社会学』佐藤毅・折橋徹彦訳，誠信書房，1–81 頁.
ゴッフマン，E. 2012「アクションのあるところ」『儀礼としての相互行為――対面行動の社会学』浅野敏夫訳，法政大学出版局，155–276 頁.
小原一馬 2011「遊びの面白さ――遊び理論におけるゴフマン社会学の位置付け」『ソシオロジ』56（2）：3-20 頁.
齊藤竹善 2023「麻雀戦術の歴史人類学――「オカルト／デジタル」戦術のアクターネットワーク」『表象文化』12：22–44 頁.
里見龍樹 2022『不穏な熱帯――人間〈以前〉と〈以後〉の人類学』河出書房新社.
サレン，K. & E. ジマーマン 2011『ルールズ・オブ・プレイ（上）――ゲームデザインの基礎』山本貴光訳，ソフトバンククリエイティブ.
シーグレーブ，S. 1989『マルコス王朝（下）――フィリピンに君臨した独裁者の内幕』早良哲夫・佐藤俊行訳，サイマル出版会.
清水展 1991『文化のなかの政治――フィリピン「２月革命」の物語』弘文堂.
清水展 1996「日本におけるフィリピン・イメージ考」『比較社会文化』2：15–26 頁.
霜山徳爾 1975『人間の限界』岩波書店.
シュール，N. D. 2018『デザインされたギャンブル依存症』日暮雅通訳，青土社.
白石隆 1999「東南アジア国家論・試論」，坪内良博編著『〈総合的地域研究〉を求めて――東南アジア像を手がかりに』京都大学学術出版会，261–81 頁.

白石奈津子 2023「現代フィリピンにおける時間／テンポの加速と揺らぎ――継ぎはぎされる「変化への希求」」，原民樹・西尾善太・白石奈津子・日下渉編著『現代フィリピンの地殻変動――新自由主義の深化・政治制度の近代化・親密性の歪み』花伝社，260–75 頁.
菅豊 1999「闘コオロギからみた中国漢人都市民の自然観」『北海道大学文学部紀要』47（4）：25–92 頁.
菅原和孝 2015『狩り狩られる経験の現象学――ブッシュマンの感応と変身』京都大学学術出版会.
鈴木直 2023『アディクションと金融資本主義の精神』みすず書房.
鈴木伸隆 2023「「白人の国」からフィリピン人入植者植民地へ――20 世紀前半期におけるミンダナオ島入植の再検討」『東南アジア研究』60（2）：183–209 頁.
鈴木有理佳 2006「アロヨ政権の信頼揺らぐ――2005 年のフィリピン」『アジア動向年報 2006 年版』311–40 頁.
高嶋航 2017「フィリピンカーニバルから極東オリンピックへ――スポーツ・民主主義・ビジネス」『京都大學文學部研究紀要』56：113–93 頁.
田中祐理子 2021「ユクスキュルにとっての〈環世界〉――人間・認知・外の世界」，石井美保・岩城卓二・田中祐理子・藤原辰史編著『環世界の人文学――生と創造の探究』人文書院，17–35 頁.
谷口美代子 2020『平和構築を支援する――ミンダナオ紛争と和平への道』名古屋大学出版会.
チクセントミハイ，M. 1996『フロー体験――喜びの現象学』今村浩明訳，世界思想社.
デューク，A. 2018『確率思考――不確かな未来から利益を生みだす』長尾莉紗訳，日経 BP.
寺田勇文 2002「イグレシア・ニ・クリスト――フィリピン生まれのキリスト教会」，寺田勇文編『東南アジアのキリスト教』めこん，54–83 頁.
土佐桂子 2011「予言・運・くじ――「紛争」の地における未来を紡ぐ方法」，西井凉子編『時間の人類学――情動・自然・社会空間』世界思想社，383–408 頁.
ドストエフスキー，F. 1979『賭博者』原卓也訳，新潮社.
難波優輝 2024「ギャンブル的主体――退屈と不可知性の崇高の美学」表象文化論学会第 18 回研究大会.
西田隆雄・J. Masangkay 1978「フィリッピン群島における在来鶏，野鶏および交雑種の形態学的研究」『家畜研究会報告』8：93–103 頁.
西村清和 1989『遊びの現象学』勁草書房.
野家啓一 2005『物語の哲学』岩波書店.
パスカル，B. 1973『パンセ』前田陽一・由木康訳，中央公論新社.
ハッキング，I. 2013『確率の出現』広田すみれ・森本良太訳，慶應義塾大学出版会.
浜本満 1989「不幸の出来事――不幸の語りにおける「原因」と「非・原因」」，吉田禎吾編『異文化の解読』平河出版社，55–92 頁.
原民樹 2021「アキノの改革政治と競争法――包括的競争法成立にみる「包摂的成長」のビジョン」『アジア研究』67（2）：1–20 頁.
韓載香 2018『パチンコ産業史――周縁経済から巨大市場へ』名古屋大学出版会.
ハンソン，N. R. 1986『科学的発見のパターン』村上陽一郎訳，講談社.
檜垣立哉 2008『賭博／偶然の哲学』河出書房新社.
ピガフェッタ，A. 2011「最初の世界周航」『マゼラン最初の世界一周航海』長南実訳，岩波書店，13–254 頁.
菱田慶文 2014『ムエタイの世界――ギャンブル化変容の体験的考察』めこん.
ヒューム，D. 2018『人間知性研究』神野慧一郎・中才敏郎訳，京都大学学術出版会.
フーコー，M. 1977『監獄の誕生――監視と処罰』田村俶訳，新潮社.

ベイトソン，G. & M. ミード 2001『バリ島人の性格——写真による分析』国文社.
ホイジンガ，J. 1973『ホモ・ルーデンス』高橋英夫訳，中央公論新社.
細田尚美 2019『幸運を探すフィリピンの移民たち——冒険・犠牲・祝福の民族誌』明石書店.
ボードリヤール，J. 1979『消費社会の神話と構造』今村仁司・塚原史訳，紀伊國屋書店.
ホワイト，W. 2000『ストリート・コーナー・ソサエティ』奥田道大・有里典三訳，有斐閣.
真木悠介［1977］2003『気流の鳴る音——交響するコミューン』筑摩書房.
増川宏一 1980『賭博I』法政大学出版局.
増川宏一 1982『賭博II』法政大学出版局.
マリノフスキー，B. 1997『呪術・科学・宗教・神話』宮武公夫・高橋巌根訳，人文書院.
宮脇聡史 2019『フィリピン・カトリック教会の政治関与——国民を監督する「公共宗教」』大阪大学出版会.
箭内匡 2002「アイデンティティの識別不能地帯で——現代マプーチェにおける「生成」の民族誌」，田辺繁治・松田素二編『日常的実践のエスノグラフィ——語り・コミュニティ・アイデンティティ』世界思想社，214–34 頁.
山本一巳 1994「Ⅱ東南アジア　5フィリピン　都市は映画，地方は闘鶏」，山本一巳・大岩川嫩編『「あそび」と「くらし」——第三世界の娯楽産業』アジア経済研究所，34–8 頁.
ユクスキュル，J. & G. クリサート 2005『生物から見た世界』日高敏隆・羽田節子訳，岩波書店.
吉澤あすな 2017『消えない差異と生きる——南部フィリピンのイスラームとキリスト教』風響社.
ラビノー，P. 1980『異文化の理解——モロッコのフィールドワークから』井上順孝訳，岩波書店.
リサール，J. 1976『ノリ・メ・タンヘレ——わが祖国に捧げる』岩崎玄訳，井村文化事業社.
リーチ，E. 1990『人類学再考』青木保・井上兼行訳，思索社.
劉振業 2019「「負の賭博」を「正の賭博」に——中国広州市における X 社区「星光老年の家」の麻雀賭博の事例から」『コンタクト・ゾーン』11：172–206 頁.
劉振業 2024「生成され続ける在来知——マカオのカジノのバカラにおける「路」に基づく予想技法の事例から」『現代民俗学研究』16：1–18 頁.
ロウラー，A. 2016『ニワトリ——人類を変えた大いなる鳥』熊井ひろ美訳，インターシフト.
ローザ，H. 2022『加速する社会——近代における時間構造の変容』出口剛司訳，福村出版.

欧文文献

Aasved, M. J. 2003. *The Sociology of Gambling*. Charles C Thomas Pub Ltd.
Abinales, P. N. & D. J. Amoroso 2017. *State and Society in the Philippines* (2nd edition). Ateneo de Manila University Press.
Abinales, P. N. 2000. *Making Mindanao: Cotabato and Davao in the Formation of the Philippine Nation-State*. Ateneo de Manila University Press.
Abraham, I. & W. van Schendel 2005. *Illicit Flows and Criminal Things: States, Borders, and the Other Side of Globalization*. Indiana University Press.
Abu-Lughod, L. 2016. *Veiled Sentiments: Honor and Poetry in a Bedouin Society.* University of California Press.
Adams, D. 2001. My Ticket, My “Self”: Lottery Ticket Number Selection and the Commodification and Extension of the Self, *Sociological Spectrum* 21(4): 455–77.
Aguilar Jr., F. V. 1998. *Clash of Spirits: The History of Power and Sugar Planter Hegemony on a Visayan Island.* University of Hawai’i Press.

Aguilar Jr., F. V. 2005. Betting on Democracy: Electoral Ritual in the Philippine Presidential Campaign. *Philippine Studies* 53(1): 91–118.

Alabanza, M. A., A. B. Gonzaga, & F. Obligacion 1979. The 'Kristo' of the Cockpit: An Unsung Phenomenon. *Philippine Journal of Psychology* 12(2): 36–44.

Allcock, C. & M. Dickerson 1986. *The Guide to Good Gambling*. Social Science Press.

Ariyabuddhiphongs, V. 2011. Lottery Gambling: A Review. *Journal of Gambling Studies* 27: 15–33.

Bankoff, G. 1991. Redefining Criminality: Gambling and Financial Expediency in The Colonial Philippines, 1764–1898. *Journal of Southeast Asian Studies* 22(2): 267–81.

Bankoff, G. 1996. *Crime, Society, and the State in the Nineteenth-Century Philippines*. Ateneo de Manila University Press.

Bautista, J. 2010. *Figuring Catholicism: An Ethnohistory of the Santo Niño de Cebu*. Ateneo de Manila University Press.

Beckert, J & M. Lutter 2013. Why the Poor Play the Lottery: Sociological Approaches to Explaining Class-based Lottery Play. *Sociology* 47(6): 1152–70.

Bernhard, B. J., D. R. Dickens & P. D. Shapiro 2007. Gambling Alone?: A Study of Solitary and Social Gambling in America. *UNLV Gaming Research & Review Journal* 11(2): 1–13.

Binde, P. 2005. Gambling, Exchange Systems, and Moralities. *Journal of Gambling Studies* 21(4): 445–79.

Binde, P. 2007. Gambling and Religion: Histories of Concord and Conflict. *Journal of Gambling Issues* 20(1): 145–65.

Binde, P. 2013. Why People Gamble: A Model with Five Motivational Dimensions. *International Gambling Studies* 13(1): 81–97.

Boddice, R. 2009. *A History of Attitudes and Behaviours toward Animals in Eighteenth- and Nineteenth-Century Britain: Anthropocentrism and the Emergence of Animals*. Edwin Mellen Press.

Briggs, C. W. 1913. *The Progressing Philippines*. The Griffith and Rowland Press.

Cannell, F. 1999. *Power and Intimacy in the Christian Philippines*. Cambridge University Press.

Canuday, J. J. 2009. *Bakwit: The Power of the Displaced*. Ateneo de Manila University Press.

Casey, E. 2008. Working Class Women, Gambling and the Dream of Happiness. *Feminist Review* 89(1): 122–37.

Cassidy, R. 2010. Gambling as Exchange: Horserace Betting in London. *International Gambling Studies* 10(2): 139–49.

Chakraborty, P. & F. Chakrabarty 2016. Social-Cultural Aspects of Cock Fight: A Study among the Santals of Foringdanga, Paschim Medinipur, West Bengal, India. *Imperial Journal of Interdisciplinary Research* 2(10): 2116–20.

Chantal, Y. & R. J. Vallerand 1996. Skill Versus Luck: A Motivational Analysis of Gambling Involvement. *Journal of Gambling Studies* 12(4): 407–18.

Chua, Y. T. 2000. The Company He Keeps. In S. S. Coronel (ed) *Investigating Estrada: Millions, Mansions and Mistresses*. Philippine Center for Investigative Journalism, pp. 132-46.

Clark, L., A. J. Lawrence, F. Astley-Jones & N. Gray 2009. Gambling Near-Misses Enhance Motivation to Gamble and Recruit Win-Related Brain Circuitry. *Neuron* 61(3): 481–90.

Clotfelter, C. T. & P. J. Cook 1991. Lotteries in the Real World. *Journal of Risk and Uncertainty* 4: 227–32.

Clotfelter, C. T. & P. J. Cook 1993. The "Gambler's Fallacy" in Lottery Play. *Management Science* 39(12): 1521–5.

Clymer, K. J. 1986. *Protestant Missionaries in the Philippines, 1898–1916: An Inquiry into the American Colonial*

Mentality. University of Illinois Press.
Co, M. G. A. 2003. Deeper. In J. Nery (ed) *Unholy Nation: Stories from a Gambling Republic*. Claretian Publications. pp. 95–113.
Coronel, S. S. 2000. The Jueteng Republic. In S. S. Coronel (ed) *Investigating Estrada: Millions, Mansions and Mistresses*. Philippine Center for Investigative Journalism, pp. 26-36.
Cotte, J. 1997. Chances, Trances, and Lots of Slots: Gambling Motives and Consumption Experiences. *Journal of Leisure Research* 29(4): 380–406.
Curnow, J. 2012. Gambling in Flores, Indonesia: Not Such Risky Business. *The Australian Journal of Anthropology* 23(1): 101–16.
da Col, G. 2012. Introduction: Natural Philosophies of Fortune: Luck, Vitality, and Uncontrolled Relatedness. *Social Analysis* 56(1): 1–23.
da Col, G. & C. Humphrey 2012. Introduction: Subjects of Luck: Contingency, Morality, and the Anticipation of Everyday Life. *Social Analysis* 56(2): 1–18.
Davis, J. M. 2013. Cockfight Nationalism: Blood Sport and the Moral Politics of American Empire and Nation Building. *American Quarterly* 65(3): 549–74.
Davis, W. G. 1973. *Social Relations in a Philippine Market: Self-Interest and Subjectivity*. University of California Press.
Deci, E. L. & R. M. Ryan 1985. *Intrinsic Motivation and Self-Determination in Human Behavior*. Plenum Press.
Desierto, D. A., J. V. C. Nye & J. M. Pamintuan 2011. The Demand for Unfair Gambles: Why Illegal Lotteries Persist. *UPSE Discussion Paper 2011(3)*.
Dundes, A. 1994a. Preface. In A. Dundes (ed) *The Cockfight: A Casebook*. The University of Wisconsin Press, pp. vii–ix.
Dundes, A. 1994b. Gallus as Phallus: A Psychoanalytic Cross-Cultural Consideration of the Cockfight as Fowl Play. In A. Dundes (ed) *The Cockfight: A Casebook*. The University of Wisconsin Press, pp. 241–75.
Enriquez, V. G. 1992. *From Colonial to Liberation Psychology: The Philippine Experience*. University of the Philippines Press.
Fabella, R. V. 2007. What Happens When Institutions Do Not Work: Jueteng, Crises of Presidential Legitimacy, and Electoral Failures in the Philippines. *Asian Economic Papers* 5(3): 104–25.
Fajardo, K. B. 2008. Transportation: Translating Filipino and Filipino American Tomboy Masculinities through Global Migration and Seafaring. *GlQ: A Journal of Lesbian and Gay Studies* 14(2–3): 403–24.
Fauth-Bühler, M., M. M. Karl & M. N. Potenza 2017. Pathological Gambling: A Review of the Neurobiological Evidence Relevant for its Classification as an Addictive Disorder. *Addiction Biology* 22(4): 885–97.
Felipe II. 2005. Foundation of the Audiencia of Manila. In E. H. Blair & J. A. Robertson (eds) *The Philippine Islands 1493–1898*. vol. 5, pp. 261–305.
Foreman, J. 1906. *The Philippine Islands: A Political, Geographical, Ethnographical, Social and Commercial History of the Philippine Archipelago, Embracing the Whole Period of Spanish Rule, with an Account of the Succeeding American Insular Government*. Kelly & Walsh.
Foster, G. M. 1972. The Anatomy of Envy: A Study in Symbolic Behavior. *Current Anthropology* 13(2): 165–202.
Frey, J. H. 1984. Gambling: A Sociological Review. *The ANNALS of the American Academy of Political and Social Science* 474(1): 107–21.
Friedland, N. 1998. Games of Luck and Games of Chance: The Effect of Luck-versus Chance-orientation on

Gambling Decisions. *Journal of Behavioral Decision Making* 11(3): 161–179.

Gardner, L. L. 1930. Filipino Cock Fighting: With Three Illustrations. *The Condor* 32(5): 242–6.

Garvía, R. 2007. Syndication, Institutionalization, and Lottery Play. *American Journal of Sociology* 113(3): 603–52.

Gilovich, T., R. Vallone & A. Tversky 1985. The Hot Hand in Basketball: On the Misperception of Random Sequences. *Cognitive Psychology* 17(3): 295–314.

Gleeck, L. E. Jr. 1986. *The American Governors-General and High Commissioners in the Philippines: Proconsuls, Nation-Builders and Politicians*. New Day Publishers.

Gmelch, G. 1971. Baseball Magic. *Trans-action* 8(8): 39–41.

Golay, F. H. 1997. *Face of Empire: United States-Philippine Relations, 1898–1946*. Ateneo de Manila University Press.

Guggenheim, S. 1994. Cock or Bull: Cockfighting, Social Structure, and Political Commentary in the Philippines. In A. Dundes (ed) *The Cockfight: A Casebook*. University of Wisconsin Press, pp. 133–73.

Guiam, R. C. & S. Schoofs 2016. A Deadly Cocktail? Illicit Drugs, Political and Violent Conflict in Lanao der Sur and Maguindanao. In L. J. Jr. Francisco & S. Schoofs (eds) *Out of the Shadows: Violent Conflict and the Real Economy of Mindanao*. International Alert and Ateneo de Manila University Press, pp. 189–250.

Guillén, M. F., R. Garvía & A. Santana 2012. Embedded Play: Economic and Social Motivations for Sharing Lottery Tickets, *European Sociological Review* 28(3): 344–54.

Guryan, J. & M. S. Kearney 2008. Gambling at Lucky Stores: Empirical Evidence from State Lottery Sales. *American Economic Review* 98(1): 458–73.

Haisley, E., R. Mostafa & G. Loewenstein 2008. Subjective Relative Income and Lottery Ticket Purchases. *Journal of Behavioral Decision Making* 21(3): 283–95.

Hassan, W. 2023. The Phantasm of Luck: A Precariat's Notion of Survivance in Istanbul. *Journal of the Anthropological Society of Oxford* 15: 69–90.

Hastrup, K. 2004. Getting it Right: Knowledge and Evidence in Anthropology. *Anthropological Theory* 4(4): 455–72.

Hicks, D. 2006. Blood, Violence, and Gender Alignment: Cockfighting and Kickfighting in East Timor. *Cambridge Anthropology* 26(3): 1–20.

Holbraad, M. 2010. The Whole Beyond Holism: Gambling, Divination, and Ethnography in Cuba. In T. Otto & N. Budandt(eds). *Experiments in Holism: Theory and Practice in Contemporary Anthropology*. Wiley-Blackwell, pp. 67–85.

Ingold, T. 2023. On not Knowing and Paying Attention: How to Walk in a Possible World. *Irish Journal of Sociology* 31(1): 20–36.

Jagor, F. 1875. *Travels in the Philippines*. Chapman and Hall.

Johnsen, S. A. 2008. Outside Points of View in the Construction of Balinese Ethnicity and Religion. *The Australian Journal of Anthropology* 19(3): 314–30.

Kahneman, D. & A. Tversky 1979. Prospect Theory: An Analysis of Decision under Risk. *Econometrica* 47(2): 263–92.

Kassinove, J. I. & M. L. Schare 2001. Effects of the "Near Miss" and the "Big Win" on Persistence at Slot Machine Gambling. *Psychology of Addictive Behaviors* 15(2): 155–8.

Kavesh, M. A. 2021a. *Animal Enthusiasms: Life beyond Cage and Leash in Rural Pakistan*. Routledge.

Kavesh, M. A. 2021b. Sensuous Entanglements: A Critique of Cockfighting Conceived as a "Cultural Text." *The Senses and Society* 16(2): 151–63.

Kershner, B. L. 1921. *The Head Hunter and Other Stories of the Philippines*. Powell and White Printers.

Kocher, M. G., M. Krawczyk & F. van Winden 2014. 'Let Me Dream on!' Anticipatory Emotions and Preference for Timing in Lotteries. *Journal of Economic Behavior & Organization* 98: 29–40.

Ladouceur, R. & M. Mayrand 1987. The Level of Involvement and the Timing of Betting in Gambling. *Journal of Psychology: Interdisciplinary and Applied* 121(2): 169–175.

Langer, E. J. 1975. The Illusion of Control. *Journal of Personality and Social Psychology* 32(2): 311–28.

Latour, B. 1992. One more Turn after the Social Turn: Easing Science studies into the non-modern World. *The Social Dimensions of Science* 292: 272–92.

Leal, O. F. 1994. The Gaucho Cockfighting in Porto Alegre, Brazil. In A. Dundes (ed) *The Cockfight: A Casebook*. The University of Wisconsin Press, pp. 208–31.

Lemison, R. & B. Young 2018. The Balinese Cockfight Reimagined: Tajen: Interactive and the Prospects for a Multimodal Anthropology. *American Anthropologist* 120(4): 831–43.

Light, I. 1977. Numbers Gambling Among Blacks: A Financial Institution, *American Sociological Review* 42(6): 892–904.

Lutter, M., D. Tisch & J. Beckert 2018. Social Explanations of Lottery Play: New Evidence Based on National Survey Data. *Journal of Gambling Studies* 34(4): 1185–203.

Lynch, F. [1973] 2004. Social Acceptance Reconsidered. In A. A. Yengoyan & P. Q. Makil (eds) *Philippine Society and the Individual*, pp. 26–103.

Malaby, T. M. 2007. Beyond Play: A New Approach to Games. *Games and Culture* 2(2): 95–113.

Malaby, T. M. 2010. *Gambling Life: Dealing in Contingency in a Greek City*. University of Illinois Press.

Malcolm, G. A. 1936. *The Commonwealth of the Philippines*. D. Appleton-Century Company.

Matejowsky, Ty. 2003. Spider Wrestling and Gambling Culture in the Rural Philippines. *Philippine Studies* 51(1): 147–63.

Mazar, A., M. Zorn, N. Becker & R. A. Volberg 2020. Gambling Formats, Involvement, and Problem Gambling: Which Types of Gambling are More Risky? *BMC Public Health* 20(711): 1–10.

McCaffery, E. J. 1994. Why People Play Lotteries and Why it Matters. *Wisconsin Law Review* 71: 71–122.

McCaghy, C. H., & A. G. Neal 1974. The Fraternity of Cockfighters: Ethical Embellishments of an Illegal Sport. *Journal of Popular Culture* 8(3): 557–69.

McCoy, A. W. 2009. *Policing America's Empire: The United States, the Philippines, and the Rise of the Surveillance State*. University of Wisconsin Press.

Medel, A. G. 2003. A Culture of Dependence. In J. Nery (ed) *Unholy Nation: Stories from a Gambling Republic*. Claretian Publications, pp. 108–9.

Mercado, L. (ed) 1980. *Filipino Thought on Man and Society*. Divine World University Publications.

Migdal, J. S. 1988. *Strong Societies and Weak States: State-Society Relations and State Capabilities in the Third World*. Princeton University Press.

Mindanao Development Authority (MinDA). 2012. *Mindanao 2020 Peace and Development Framework Plan (2011–2030)*. MinDA.

Mitchell, W. E. 1988. The Defeat of Hierarchy: Gambling as Exchange in a Sepik Society. *American Ethnologist* 15(4): 638–57.

Morga, A. de 2004. Report of Conditions in the Philippines. In E, H. Blair & J. A. Robertson (eds) *The Philippine Islands 1493–1898*. vol. 10, pp. 66–94.

Nery, J. (ed) 2003. *Unholy Nation: Stories from a Gambling Republic*. Claretian Publications.

Osias, C. 1940. *The Filipino Way of Life: The Pluralized Philosophy*. Ginn and Company.

Philippine Center for Investigative Journalism and the Institute for Popular Democracy. 2000. Juetemg Country. In S. S. Coronel (ed) *Betrayals of the Public Trust: Investigative Reports on Corruption*. Philippine Center for Investigative Journalism, pp. 279-88.

Pickles, A. J. 2013. *The Pattern Changes Changes: Gambling Value in Highland Papua New Guinea*. PhD thesis, University of St Andrews.

Potts, A. 2012. *Chicken*. Reaktion Books.

Rabin, M. & D. Vayanos 2010. The Gambler's and Hot-Hand Fallacies: Theory and Applications. *The Review of Economic Studies* 77(2): 730–78.

Raon, J. 2018. Ordinances of Good Government. In E. H. Blair & J. A. Robertson (eds) *The Philippine Islands 1493–1898*. vol. 50, pp. 242–3.

Rapport, N. 1991. Writing Fieldnotes: The Conventionalities of Note-Taking and Taking Note in the Field. *Anthropology Today* 7(1): 10–3.

Reid, R. L. 1986. The Psychology of the Near Miss. *Journal of Gambling Behavior* 2(1): 32–9.

Reith, G. 2007. Gambling and the Contradictions of Consumption: A Genealogy of the "Pathological" Subject. *American Behavioral Scientist* 51(1): 33–55.

Rogers, P. & P. Webley 2001. "It Could Be Us!": Cognitive and Social Psychological Factors in UK National Lottery Play. *Applied Psychology: An International Review* 50 (1): 181–99.

Rogers, P. 1998. The Cognitive Psychology of Lottery Gambling: A Theoretical Review. *Journal of Gambling Studies* 14(2): 111–34.

Rotmeijer, S. J. 2023. The Lottery of Life: Practices of Survivance, Future Orientations and Everyday News Routines in the Dutch Caribbean. *Journal of the Anthropological Society of Oxford* 15: 134–53.

Russell, S. D. & R. T. Alexander 2000. Of Beggars and Thieves: Customary Sharing of the Catch and Informal Sanctions in a Philippine Fishery. In E. P. Durrenberger & T. D. King (eds) *State and Community in Fisheries Management: Power, Policy, and Practice*. Bergin & Garvey, pp. 19–40.

Sabong Culture and Art. 2018. *21 Days Conditioning Method*. Sabong Culture and Art.

Sanjatmiko, P. 2021. Men and Cockfight through the Lens of Multispecies Ethnography: From the Symbolism of Masculinity to Multispecies Collaboration. *Journal for Cultural Research* 25(3): 327–46.

Scott, J. E. 2013. Playing Properly: Casinos, Blackjack and Cultural Intimacy in Cyprus. In R. Cassidy, A. Pisac & C. Loussouarn (eds) *Qualitative Research in Gambling: Exploring the Production and Consumption of Risk*. Routledge, pp.125–39.

Scotto, G. R. 1957. *The History of Cockfighting*. Charles Skilton.

Shaffer, H. J. 2004. Internet Gambling & Addiction. https://yourlifeiowa.org/sites/default/files/documents/shafferinternetgambling.pdf（2020年10月20日閲覧）

Shaffer, H. J., & D. A. Korn 2002. Gambling and Related Mental Disorders: A Public Health Analysis. *Annual Review of Public Health* 23(1): 171–212.

Sidel. J. T. 1999. *Capital, Coercion, and Crime: Bossism in the Philippines*. Stanford University Press.

Soon, C. Y. 2015. *Tulong: An Articulation of Politics in the Christian Philippines*. University of Santo Tomas Publishing House.

Steinmüller, H. 2011. The Moving Boundaries of Social Heat: Gambling in Rural China. *The Journal of the Royal*

Anthropological Institute 17(2): 263–80.
Sundali, J. & R. Croson 2006. Biases in Casino Betting: The Hot Hand and the Gambler's Fallacy. *Judgment and Decision Making* 1(1): 1–12.
Tversky, A. & D. Kahneman 1971. Belief in the Law of Small Numbers. *Psychological Bulletin* 76(2): 105–10.
Tversky, A. & D. Kahneman 1974. Judgment under Uncertainty: Heuristics and Biases. *Science* 185(4157): 1124–31.
Tversky, A. & D. Kahneman 1992. Advances in Prospect Theory: Cumulative Representation of Uncertainty. *Journal of Risk and Uncertainty* 5: 297–323.
van Wyk, I. 2012. 'Tata Ma Chance' : On Contingency and the Lottery in Post-Apartheid South Africa. *Africa* 82(1): 41–68.
Vila, J., F. de Santa-Ynes, J. Lopez, L.de Morales & B. de la Santissima-Trinidad 2015. Condition of the Islands, 1701. In E. H. Blair & J. A. Robertson (eds) *The Philippine Islands*. vol. 44, pp. 120–42.
Villamor, I. 1909. *Criminality in the Philippine Islands*. Bureau of Printing.
Wagenaar, W. A. & G. B. Keren 1988. Chance and Luck are not the Same. *Journal of Behavioral Decision Making* 1(2): 65–75.
Warren, J. A. 2007. *Gambling, the State and Society in Siam, c. 1880–1945.* Doctoral Thesis Submitted to University of London.
Wohl, M. J. & M. E. Enzle 2003. The Effects of Near Wins and Near Losses on Self-Perceived Personal Luck and Subsequent Gambling Behavior. *Journal of Experimental Social Psychology* 39(2): 184–91.
Woodburn, J. 1982. Egalitarian Societies. *Man* 17: 431–51.
Worcester, D. C. 1899. *The Philippine Islands and Their People: A Record of Personal Observation and Experience, with a Short Summary of the More Important Facts in the History of the Archipelago*. Macmillan Company.
Worcester, D. C. 1930. *The Philippines: Past and Present*. Macmillan Company.
Young, K. M. 2017. Masculine Compensation and Masculine Balance: Notes on the Hawaiian Cockfight. *Social Forces* 95(4): 1341–70.
Zhou, K., H. Tang, Y. Sun, G. H. Huang, L. L. Rao, Z. Y. Liang & S. Li 2012. Belief in Luck or in Skill: Which Locks People into Gambling? *Journal of Gambling Studies* 28(3): 379–91.
Zuñiga, J. M. de 1973. *Status of the Philippines in 1800*. Filipiniana Book Guild.

新聞・雑誌

Graphic.
1934/1/4. Ten-year-old girl wins big sweepstake prize.
1934/2/8. A jueteng paradise.
IBON Fact and Figures (*IFF*).
1993/1/15a. Illegal gambling of chance.
1993/1/15b. Institutionalized gambling.
Independent, the.
1921/9/3. Boxing will extirpate the cockpit evil.
Manila Chronicle.
1992/11/7. Batangas tops survey on jueteng profits.
1995/11/12. The tentacles of jueteng.
Manila Times, The.

2000/10/25. A nation of gamblers.
Mr. & Ms.
1989/7/25. Filipinos are born gamblers.
Orient.
1960/6. Have we a nation of gamblers?
Philippine Daily Inquirer (*PDI*).
1995/11/20. The politics of jueteng.
1995/11/21. Jueteng king earns P12M daily, says Solon.
2000/10/5. Now, it's 'jueteng' war.
2000/10/6. Gamblers.
2000/10/25. A nation of gamblers.
2000/8/15. A culture of gambling.
2002/9/13. 'A gambling republic' : Erap, opposition blast GMA on slot machine expansion plan.
2000/7/29. Cruelty of the cockfighting.
Philippine Free Press (*PFP*).
1940/2/7. Manila poor people cash in at sweeps.
1940/7/13. The growing gambling evil.
1940/9/28. Philippine Charity Sweepstakes: Big opportunity to win a fortune.
1940/12/7. The big fishes get away.
1941/12/13. Help the Filipino veterans.
1952/1/9. Gambling and corruption.
1952/4/12. "Texas" gamecock.
1959/12/26. Gamblers on the loose.
1963/5/18. Should gambling be legalized?
1968/5/11. On legalizing gambling.
Philippine Graphic (*PG*).
1992/10/26. Recycling vice into virtue.
1992/12/14. The blessing of gambling.
1995/11/6. Lotto mania.
1995/12/18a. Corrupting high society.
1995/12/18b. The metamorphosis of jueteng.
Philippine Magazine (*PM*).
1936/3. President Quezon and the gambling evil.
1939/9. Gambling and revenue.
Philippine Panorama (*PP*).
1990/2/11. Casinos: wrestling with the moral issue.
1990/3/4. A nation of gamblers.
Pitgames
2017 (No. 83). The Hatch.
Republic Weekly.
1969/8/29. Cleaning up pains of Pasay city.

Smart File.
1993/1/1a. Jueteng: The poor man's daily pipe dream machine.
1993/1/1b. When the stakes are high.
Sun Inquirer.
1986/10. Last two: latest gambling racket.
Sunday Times Magazine (*STM*).
1962/4/22. Are we a nation of gamblers?
Today.
1995/11/19. Jueteng, past and future.

オンライン記事・ウェブサイト

Esquire Philippines.（https://www.esquiremag.ph/）（2024年11月26日閲覧）
2019/7/19. Are we playing our cards right? Breaking down Philippine Offshore Gaming Operators: What you need to know about Philippine Offshore Gaming Operators or POGOs.
2020/12/28. Sabong: A billion-dollar national obsession in the Philippines.
Gulf News.（https://gulfnews.com/）（2024年11月26日閲覧）
2019/7/29. Philippines: Illegal numbers game nets $1.4 billion annually.
GMA News Online.（https://www.gmanetwork.com/news/）（2024年11月26日閲覧）
2014/4/10. Sabungera: Tales of women in the cockpit.
2016/9/14. PAGCOR now processing offshore gaming licenses Licensed operators to be called POGO.
Inquirer. net.（https://www.inquirer.net/）（2024年11月26日閲覧）
2012/9/18. Aquino says STL finished.
2012/9/19. PCSO: STL contracts good until June 2013.
2013/6/17. PCSO extends STL for 3 months as IRR for new game Loterya yet to be finalized.
2013/7/8. Estrada to crack down on all forms of illegal gambling, except ‘jueteng.’
2013/7/9. Estrada says ‘jueteng’ covered by crackdown on illegal gambling.
2015/11/11. In the know: Small town lottery.
2016/8/25. Duterte: Online gambling may return if firms pay correct taxes; outlets are located far from churches, schools.
2016/9/16. Duterte: Corruption in PCSO under Aquino term cost gov't P7B a year.
2016/11/29. BI to deport 1,318 overstaying Chinese in illegal online gambling.
2016/12/5. Jack Lam has left PH.
2017/1/15. Duterte's next target: Illegal gambling.
2017/2/10. Duterte orders ‘intense fight’ vs illegal gambling.
2017/6/1. Aurora gambling-free no more.
2017/11/18. STL biggest employer in gaming sector, PCSO exec says.
2018/1/25. Gov't revenue loss in STL: P48B a year.
2018/1/30. Solon says Bong Pineda using dummy to run STL outlet in Camsur.
2018/6/28. Duterte says illegal drug trade may worsen if jueteng is stopped.
2019/6/26. Duterte prefers ‘jueteng,’ says it's lesser evil compared to drugs.
2019/7/26. Duterte stops all PCSO gaming activities including lotto, STL.

2019/8/2. Jobless STL collectors mull return to ‘jueteng.’
2019/8/23. Duterte lifts STL suspension
2020/2/26. STL’s 2019 revenue down by P6.2 B – PCSO.
2022/12/19. Time to (Po) go.
Manila Bulletin.（https://mb.com.ph/）（2024 年 11 月 26 日閲覧）
2019/8/3. STL, jueteng, and why probe is underway.
2022/9/12. Mindanao’s economy moves forward.
2023/1/16. Davao City lifts ban on derbies after almost three years.
Manila Times, the.（https://www.manilatimes.net/）（2024 年 11 月 26 日閲覧）
2013/5/30. Small town lottery goes, Loterya ng Bayan comes.
2014/9/10. Jueteng and ‘KKK’ escalate crime under Aquino.
2019/2/6. PCSO hits P63.56 billion revenue for 2018.
Mindanews.（https://mindanews.com）（2024 年 11 月 26 日閲覧）
2010/7/17. Illegal gambling operations in R-12 now use ‘text’.
2016/8/24. Duterte to use gambling funds for medicines.
Nikkei Asia.（https://asia.nikkei.com/）（2024 年 11 月 26 日閲覧）
2018/3/15. Cockfighting thrives in full view in Philippines
Philstar Global.（https://www.philstar.com/）（2024 年 11 月 26 日閲覧）
2006/3/24. PCSO hopes to capture P10-billion jueteng economy.
2010/10/9. Estrada stops Bingo 2-Ball.
2011/9/21. PCSO disowns trial run of Loterya ng Bayan.
2018/5/21. Gaming officials face ax.
2019/6/17. Special report: Inside a Philippine offshore gaming company.
Rappler.（https://www.rappler.com/）（2024 年 11 月 26 日閲覧）
2019/6/12. A Chinese online gambling worker’s plight in Manila.
2019/6/14. Online gambling: Good for whose business
2022/1/10. Catholic, IFI groups gear up for united front against Opol casino.
Social Whether Stations (SWS).（https://www.sws.org.ph/swsmain/home/）（2024 年 11 月 26 日閲覧）
1999/12/8. Moral attitudes against gambling hardly affect gambling behavior: SWS survey.

法律・法令関係

ACT No. 1537. (1906). An act to limit gambling on horse races in the Philippine islands to certain specific dates and providing penalties for violation of its provisions.

ACT No. 1757. (1907). An act to prohibit gambling, to repeal article eighteen hundred one of the civil code and articles three hundred and forty-three and five hundred and seventy-nine of the penal code.

Administrative Order (A.O.) No. 19. (1987). Providing additional guideline to the task force anti-gambling in the exercise of its functions.

Executive Order (E.O.) No. 13. (2017). Strengthen the fight against illegal gambling and clarify the jurisdiction and authority of concerned agencies in the regulation and licensing of gambling and online gaming facilities, and for other purpose.

General Register (G.R.) No. 125532. (1998). Secretary Teofisto Guingona, Jr.; state prosecutors Jude romano, Leah

Armamento, Manuel Torrevillas, Joaquin Escovar, Menrado corpus; the national bureau of investigation; and Potenciano Roque, petitioners, vs. court of appeals and Rodolfo Pineda, respondents.

Letter of Instruction No. 797. (1979). Proposed letter of instruction amending the name of task force anti-bookies to task force anti-gambling.

Memorandum Circular (M.C.) No. 20. (1986). Enjoining strict enforcement of P.D. No. 1067-B granting a franchise to the Philippine amusement and gaming corporation (PAGCOR) to establish, operate and maintain gambling casinos.

Memorandum Order (M.O.) No. 1. (1986). Creating a task force to oversee and look into the operations of all gambling casinos throughout the country.

Presidential Decree (P.D.) No. 449. (1974). Cockfighting law of 1974.

Presidential Decree (P.D.) No. 771. (1975). Revoking all powers and authority of local government to grant franchise, license or permit and regulate wager or betting by the public on horse and dog races, jai-alai or basque pelota, and other forms of gambling.

Presidential Decree (P.D.) No. 1602. (1978). Prescribing stiffer penalties on illegal gambling.

Presidential Decree (P.D.) No.1067-A. (1977). Creating the Philippine Amusements and Gaming Corporation, defining its powers and functions, providing funds therefor, and for other purposes.

Presidential Decree (P.D.) No.1067-B. (1977). Granting the Philippine Amusements and Gaming Corporation a franchise to establish, operate, and maintain gambling casinos on land or water within the territorial jurisdiction of the republic of the Philippines.

Republic Act (R.A.) No. 9287. (2004). An act increasing the penalties for illegal numbers games, amending certain provisions of Presidential Decree No. 1602, and for other purposes.